Lausanner Studien zur Rechtswissenschaft

herausgegeben von der
Juristischen Fakultät der Universität Lausanne und
Prof. Dr. Andreas Heinemann, Universitäten Zürich
und Lausanne

Band 15

Dr. Axel Brunk

Der Sportler und die institutionelle Sportschiedsgerichtsbarkeit

Zur Wirksamkeit erzwungener Schiedsvereinbarungen im Sport und dem Gebot unabhängiger und überparteilicher Rechtspflege am Beispiel des Tribunal Arbitral du Sport (TAS) und des Deutschen Sportschiedsgerichts (DSS)

Nomos

Die Deutsche Nationalbibliothek verzeichnet diese Publikation in der Deutschen Nationalbibliografie; detaillierte bibliografische Daten sind im Internet über http://dnb.d-nb.de abrufbar.

Zugl.: Lausanne, Univ., Diss., 2015

ISBN 978-3-8487-2637-0 (Print)

ISBN 978-3-8452-6764-7 (ePDF)

1. Auflage 2016

Vorwort

Die vorliegende Arbeit wurde im Sommer 2015 von der juristischen Fakultät der Université de Lausanne als Promotionsarbeit angenommen. Aktuelle Entwicklungen in Lehre und Rechtsprechung wurden bis Juni 2015 berücksichtigt.

Der Fertigstellung dieser Arbeit geht ein anstrengender Weg voraus. Ich bin sehr glücklich, dass ich mit meinem Doktorvater, Herrn Professor Dr. Götz Schulze, einen in fachlicher und persönlicher Hinsicht herausragenden Begleiter an meiner Seite hatte. Für seine Unterstützung möchte ich mich herzlich bedanken. Großer Dank gebührt auch Herrn Professor Dr. Christoph A. Kern, LL.M. (Harvard), der diese Arbeit mit seiner Geduld, seinen wertvollen Ratschlägen und seiner liebenswerten Art bereichert hat. Ich habe es Tag für Tag als ein Privileg empfunden, in einer der schönsten Regionen Europas promovieren zu dürfen. An der Université de Lausanne und dem Institut suisse de droit comparé fand ich zudem perfekte Bedingungen für den erfolgreichen Abschluss meines Promotionsvorhabens vor. Auch meine Kollegen sowie die „gute Seele“ des Lehrstuhls, Frau Daniela Serracca Fraccalvieri, bereicherten meinen Arbeitsalltag.

Für die nötige Ablenkung sorgten meine Freunde in Lausanne, mit denen ich unzählige schöne Momente verbringen durfte. Sie haben Lausanne zu meinem „zu Hause“ gemacht und ich bin sehr glücklich, so fantastische Freunde zu haben. Merci beaucoup, je vous aime!

Zuletzt bedanke ich mich bei den wichtigsten Personen in meinem Leben, nämlich bei meiner langjährigen Lebensgefährtin Dominique, meinen Eltern und meinem Bruder. Sie haben mir den Rücken freigehalten, mich jederzeit unterstützt und aufgeheitert. Während der Ausfertigung habe ich mir wesentliche Eigenschaften meiner Eltern zum Vorbild genommen. So war ich immer bemüht, perfekt und ordentlich zu arbeiten, ohne mich dabei jemals aus der Ruhe bringen zu lassen. Dominique ertrug geduldig meine Launen und stand mir insbesondere an schlechteren Tagen aufmunternd zur Seite. Was ihr für mich getan habt, ist nicht selbstverständlich. Als Dank für eure Mühen und als Zeichen meiner Liebe widme ich euch diese Arbeit.

Lausanne, im Juli 2015 *Axel Brunk*

Inhaltsverzeichnis

Abkürzungsverzeichnis

a.A.	andere Ansicht
a.F.	alte Fassung
Abs.	Absatz
ACNO	Association of National Olympic Committees
AcP	Archiv für die civilistische Praxis
AIOFW	Association of International Olympic Winter Sports Federations
AJP	Aktuelle Juristische Praxis
Art.	Artikel
ASA	Association Suisse de l'Arbitrage
ASOIF	Association of Summer Olympic International Federations
Aufl.	Auflage
BAG	Bundesarbeitsgericht
BB	Betriebs-Berater
BBl	Schweizerisches Bundesblatt
BG	Schweizerisches Bundesgericht Anmerkung: Die zitierten Urteile des Schweizerischen Bundesgerichts ohne weitere Fundstellenangabe sind auf der Internetseite www.bger.ch veröffentlicht.
BGB	Bürgerliches Gesetzbuch
BGBl.	Bundesgesetzblatt
BGE	Entscheidungen des Schweizerischen Bundesgerichts (Amtliche Sammlung)
BGG	Schweizerisches Bundesgerichtsgesetz
BGH	Bundesgerichtshof
bspw.	beispielsweise
BV	Schweizerische Bundesverfassung
BVerfG	Bundesverfassungsgericht
bzgl.	bezüglich
bzw.	beziehungsweise
CaS	Causa Sport
CAS	Court of Arbitration for Sport

CIAS	Conseil International de l'Arbitrage en matière de Sport
CR CC	Commentaire Romand – Code Civil
DFB	Deutscher Fußball-Bund e.V.
d.h.	das heißt
DIS	Deutsche Institution für Schiedsgerichtsbarkeit e.V.
DIS-Sport-SchO	Schiedsordnung des Deutschen Sportschiedsgerichts
DSS	Deutsches Sportschiedsgericht
e.V.	eingetragener Verein
EGMR	Europäischer Gerichtshof für Menschenrechte
EKMR	Europäische Kommission für Menschenrechte
EMRK	Europäische Konvention zum Schutze der Menschenrechte und Grundfreiheiten
EuGH	Europäischer Gerichtshof
EUR	Euro
EWiR	Entscheidungen zum Wirtschaftsrecht
f./ff.	folgend/e/er
FIBA	Fédération Internationale de Basketball
FIFA	Fédération Internationale de Football Association
FIS	Fédération Internationale de Ski
FS	Festschrift
gem.	gemäß
GG	Grundgesetz
grds.	grundsätzlich
GRUR	Gewerblicher Rechtsschutz und Urheberrecht
GRURInt	Gewerblicher Rechtsschutz und Urheberrecht – Internationaler Teil
GWB	Gesetz gegen Wettbewerbsbeschränkungen
h.M.	herrschende Meinung
i.S.d.	im Sinne des/der
i.S.v.	im Sinne von
i.V.m.	in Verbindung mit
IF	Internationale Sportverbände (engl. International Federations)
IJVO	Jahresheft der Internationalen Juristenvereinigung Osnabrück
IOC	Internationales Olympisches Komitee
IPRG	Schweizerisches Bundesgesetz über das Internationale Privatrecht

ISU	International Skating Union
JR	Juristische Rundschau
JZ	Juristenzeitung
KG	Schweizerisches Kartellgesetz
LG	Landgericht
lit.	Buchstabe (lat. littera)
m.w.N.	mit weiteren Nachweisen
MünchKomm	Münchener Kommentar
NJOZ	Neue Juristische Online-Zeitschrift
NJW	Neue Juristische Wochenschrift
NJW-RR	Neue Juristische Wochenschrift – Rechtsprechungsreport
NOK	Nationale/s Olympische/s Komitee/s
Nr.	Nummer
OLG	Oberlandesgericht
OR	Obligationenrecht
RdA	Recht der Arbeit
Rn.	Randnummer
S.	Seite
SchiedsVZ	Zeitschrift für Schiedsverfahren
SJZ	Schweizerische Juristen-Zeitung
sog.	sogenannte/r/s/n
SpuRt	Zeitschrift für Sport und Recht
st. Rspr.	ständige Rechtsprechung
SuR	Sport und Recht
SZIER	Schweizerische Zeitschrift für internationales und europäisches Recht
TAS	Tribunal Arbitral du Sport
TAS-Code	Schiedsordnung des Tribunal Arbitral du Sport
UEFA	Union of European Football Associations
UNÜ	New Yorker Übereinkommen über die Anerkennung und Vollstreckung ausländischer Schiedssprüche vom 7. Juni 1959
UWG	Gesetz gegen den unlauteren Wettbewerb
vgl.	vergleiche
z.B.	zum Beispiel
ZBJV	Zeitschrift des Bernischen Juristenvereins

ZEuP	Zeitschrift für Europäisches Privatrecht
ZGB	Schweizerisches Zivilgesetzbuch
ZGR	Zeitschrift für Unternehmens- und Gesellschaftsrecht
ZIP	Zeitschrift für Wirtschaftsrecht
zit. in.	zitiert in
ZPO	Zivilprozessordnung
ZSR	Zeitschrift für Schweizerisches Recht
ZZPInt	Zeitschrift für Zivilprozess International

Teil 1: Einleitung

Kapitel 1: Einführung in das Thema

Der verbandsmäßig organisierte Sport dient heutzutage nicht mehr nur der Unterhaltung. Er ist zu einer globalen „organised industry" geworden,[1] die für viele der beteiligten Personen eine Existenzgrundlage darstellt. Mit der stetig wachsenden gesellschaftlichen, medialen sowie wirtschaftlichen Bedeutung von verbandsmäßig organisierten Sportwettbewerben, steigt naturgemäß auch die Relevanz der involvierten Interessen und somit die Zahl der zu bewältigenden Rechtsstreitigkeiten.[2] Die Teilnahme am organisierten Sport stellt für einen Berufssportler in der Regel die einzige Einnahmequelle zur Deckung seines Lebensbedarfs dar,[3] für die er oftmals schon vor dem Beginn seiner professionellen Laufbahn einen großen finanziellen, zeitlichen, physischen und psychischen Aufwand erbringen muss. Dementsprechend können Wettkampfsperren oder -ausschlüsse ganze Sportlerkarrieren vernichten[4] und den Wert wichtiger Sponsoreninvestitionen kosten.[5] Lange Gerichtsverfahren und nachträgliche Korrekturen sportlicher Wettbewerbe gefährden darüber hinaus den ordnungsgemäßen Ablauf des Spielbetriebs und können somit das Interesse des Sports erheblich beeinträchtigen.[6] Oft genannte Beispiele, die die lange Dauer staatsgerichtlicher Verfahren und deren Konsequenzen verdeutlichen, sind die Dopingstreitigkeiten der deutschen Leichtathleten Katrin Krabbe und Dieter Baumann.[7] Diese Verfahren kamen erst nach zahlreichen Auseinander-

---

1 *Paulsson*, in: CAS 1984-2004, Arbitration of international sport disputes, S. 40, 41.

2 *Kaiser*, in: Jusletter 16. Juli 2012, Rechtliche Aspekte der Kommerzialisierung des Sports, Rn. 1 f.

3 Oftmals sind an die Wettkampfteilnahme auch lukrative Sponsoringverträge geknüpft, vgl. LG München I v. 26. Februar 2014, CaS 2014, 154, 165 (= SpuRt 2014, 113, 117); *Haas*, ZEuP 1999, 355, 372; *Oschütz*, Sportschiedsgerichtsbarkeit, S. 232.

4 Vgl. bspw. Bern, Richteramt III 22.12.1987, SJZ 1988, S. 85 ff.

5 *Paulsson*, in: CAS 1984-2004, Arbitration of international sport disputes, S. 40, 41.

6 *Handschin*, in: SuR (2. Tagunsband) 2005, Grenzen der Schiedsgerichtsbarkeit im Sport, S. 275, 277.

7 Siehe für eine Zusammenfassung dieser Streitigkeiten bei PHB SportR-*Summerer* 2. Teil/Rn. 191 ff.; *Berninger/Theißen*, SpuRt 2008, 185.

setzungen vor Verbands- und staatlichen Gerichtsinstanzen zu einem Ende und hatten beträchtliche finanzielle Folgen sowohl für die Sportler durch den Wegfall von Start- und Sponsorengeldern als auch für die Verbände durch entsprechende Schadensersatzforderungen.[8]

Zur Gewährleistung reibungslos verlaufender Wettbewerbe besteht mithin das Bedürfnis, Rechtsstreitigkeiten, die mit dem Sport im Zusammenhang stehen, mithilfe von schnellen, vorhersehbaren und einheitlichen Entscheidungen beizulegen.[9] Diesem Bedürfnis können angesichts der Transnationalität sportlicher Wettbewerbe[10] sowie des Territorialitätsprinzips, nach dem sich die Wirkungen hoheitlichen Handelns grundsätzlich nur auf das eigene Staatsgebiet begrenzen, in der Regel eher private Streitbeilegungsmechanismen als die staatliche Gerichtsbarkeit gerecht werden. Zudem herrschte bereits zu Beginn der 1990 Jahre großes Misstrauen der Sportverbände gegenüber staatlichen Gerichten, das auf der Sorge vor einer „unzumutbaren Einmischung des Rechts in die Welt des Sports“[11] beruhte. Folglich liefen die Bestrebungen der Sportverbände darauf hinaus, die staatliche Gerichtsbarkeit von der Beilegung sportrechtlicher Streitigkeiten fernzuhalten.[12] Im Zuge der Entwicklung des verbandsmäßig organisierten Sports, insbesondere der Abkehr der Olympischen Bewegung vom Amateurgedanken sowie der Kommerzialisierung der Olympischen Spiele,[13] hat sich dementsprechend sowohl auf internationaler als auch auf nationaler Ebene die Beilegung sportrechtlicher Streitigkeiten durch spezialisierte Sportschiedsgerichte als gängige Streitbeile-

---

8 *Haas/Martens*, Sportrecht, S. 122; *Berninger/Theißen*, SpuRt 2008, 185.

9 *McLaren*, in: Nafziger/Ross, The Court of Arbitration for Sport, S. 32, 51; *Handschin*, in: SuR (2. Tagunsband) 2005, Grenzen der Schiedsgerichtsbarkeit im Sport, S. 275, 277.

10 Siehe nur den Aufsatz von *Schulze*, *studere 2011, 8 ff., mit dem Titel „Transnationales Sportrecht – zur Einführung“, der den transnationalen Charakter des Sports durch die Erläuterung sportspezifischer Wesensmerkmale, wie z.B. der „Verbandspyramide“ und der damit einhergehenden „global angelegte[n] Verbandsorganisation“, verdeutlicht.

11 „[…] insertion, immixtion intolérables du droit dans la vie du sport.“ *Jolidon*, in: Chapitres choisis du droit du sport, L'arbitrage dans le sport, S. 51, 54 f. Diesen Konflikt sollte man bei der Untersuchung der institutionellen Sportschiedsgerichtsbarkeit stets im Hinterkopf behalten.

12 *Rigozzi*, in: Mélanges en l'honneur de Denis Oswald, International Sports Arbitration, S. 439, 440; *Fallon*, Esport juin 1994, 117, 119.

13 *Adolphsen*, SchiedsVZ 2004, 169, 172; *Adolphsen*, Internationale Dopingstrafen, S. 489.

gungsmethode etabliert.[14] Überdies hat deren zunehmende Institutionalisierung maßgebend zur Anerkennung der Schiedsgerichtsbarkeit im Bereich des Sports beigetragen.[15] Bedeutende institutionelle Sportschiedsgerichte stellen – allen voran – das Tribunal Arbitral du Sport (TAS) in Lausanne sowie das von der Deutschen Institution für Schiedsgerichtsbarkeit e.V. (DIS) in Köln errichtete Deutsche Sportschiedsgericht (DSS) dar. Der Vergleich dieser Schiedsgerichtsinstitutionen führt in vielerlei Hinsicht zu interessanten Erkenntnissen. Dies ist nicht zuletzt auf die Tatsache zurückzuführen, dass sich mit dem TAS eine bereits fest in der Welt des Sports verankerte[16] und mit dem DSS eine noch relativ junge Schiedsgerichtsinstitution gegenüberstehen.[17]

Kapitel 2: Problemstellung

Die schweizerische und deutsche Rechtsordnung normieren in den Art. 353 ff. Schweizerische ZPO, Art. 176 ff. IPRG und §§ 1025 ff. ZPO die Möglichkeit der schiedsgerichtlichen Streitbeilegung und knüpfen den Verzicht auf die staatliche Gerichtsbarkeit an verschiedene Voraussetzungen. Diese Voraussetzungen müssen eingehalten werden, damit ein Schiedsentscheid die staatliche Anerkennung erfahren und seine materielle Rechtskraftwirkung entfalten kann.[18] Demzufolge haben die Parteien für die Zuständigkeit eines institutionellen Sportschiedsgerichts zunächst eine wirksame Vereinbarung zu treffen, aufgrund derer sie auf die staatliche Gerichtsbarkeit verzichten und die Entscheidung ihrer (zukünftigen) Strei-

---

14 „In vielen Ländern sind [...] Schiedsinstitutionen mit dem Ziel entstanden, die Streitbeilegung im Sport mittels Schiedsgerichten zu erleichtern und zu fördern." Siehe *Haas*, SchiedsVZ 2009, 73, 74 m.w.N.; so auch *Maisonneuve*, L'arbitrage des litiges sportifs, Rn. 2.

15 *Haas*, SchiedsVZ 2009, 73, 74.

16 „Ever since the creation of the Court of Arbitration for Sport in 1984 and the IOC's decision to designate CAS as the ultimate legal instance in international sport, arbitration has almost become the only tool for the resolution of disputes in the federation/athlete relationship." Siehe *Martens*, in: Mélanges en l'honneur de Denis Oswald, Disputes in Sport, S. 429, 432.

17 Siehe insbesondere zu den Unterschieden bezüglich der Organisationsstruktur dieser Schiedsgerichtsinstitutionen (Teil 3/Kapitel 2 ab S. 217) sowie bezüglich ihrer Verfahren zur Zusammensetzung des Spruchkörpers (Teil 3/Kapitel 3/A. ab S. 280).

18 So auch Stein/Jonas/*Schlosser*, vor § 1025 ZPO, Rn. 1.

tigkeiten an eine entsprechende Schiedsgerichtsinstitution übertragen. Grundsätzlich muss diese Vereinbarung, um wirksam zu sein, von den Parteien bewusst und frei getroffen werden.[19] In der Praxis kommt es jedoch regelmäßig vor, dass sich eine Partei mehr oder weniger unfreiwillig der Jurisdiktion eines institutionellen Schiedsgerichts unterwerfen muss und darüber hinaus keinen Einfluss auf die Zusammensetzung des Schiedsgerichts nehmen kann.[20] Dies ist in rechtlicher Hinsicht bedenklich, da im Bereich der Schiedsgerichtsbarkeit insbesondere die Garantie der Freiwilligkeit der Unterwerfung, die Einhaltung des Gebots unabhängiger und überparteilicher Rechtspflege sowie der Grundsatz der Gleichbehandlung der Parteien als wesentliche Voraussetzungen zu beachten sind.[21] Im Zusammenhang mit der Unabhängigkeit und Überparteilichkeit der Schiedsgerichtsinstitution ist des Weiteren zu berücksichtigen, dass dieses Erfordernis nicht nur den zu einer Entscheidung berufenen Spruchkörper betrifft, sondern sich auf die gesamte Institution, das heißt insbesondere die Organisationsstruktur sowie das Verfahren zur Zusammensetzung des Spruchkörpers, erstrecken muss. Besondere Bedeutung erlangen die dargestellten Problemkreise, wenn sich beim Abschluss der Schiedsvereinbarung oder im Rahmen einer schiedsgerichtlichen Auseinandersetzung ein Sportverband und ein Sportler gegenüberstehen. Dieses Verhältnis ist durch eine strukturelle Ungleichgewichtslage geprägt, die der besonderen Struktur des Sportverbandswesens geschuldet ist. Das Ungleichgewicht zwischen Sportverbänden und Sportlern ist insbesondere auf die Geltung des sogenannten Ein-Platz-Prinzips[22] zurückzuführen, das

---

19 Vgl. nur *Zen-Ruffinen*, in: Mélanges en l'honneur de Denis Oswald, La nécessaire réforme du TAS, 483, 489.

20 PHB SportR-*Pfister* 2. Teil/Rn. 372 sieht diesbezüglich die größten Bedenken; so bereits *Kornblum*, Probleme der schiedsrichterlichen Unabhängigkeit, S. 123.

21 Siehe Stein/Jonas/*Schlosser*, vor § 1025 ZPO, Rn. 1; nach *Baumbach*/*Lauterbach*, Grundz § 1025 ZPO, Rn. 7, liegt der Hauptnachteil der Schiedsgerichtsbarkeit darin, dass die Schiedsgerichte vereinzelt nicht auf dem freien Willen der Parteien beruhen und nicht immer die Gewähr eines unabhängigen und überparteilichen Entscheidungsapparates bieten; BG v. 13. Oktober 1954, BGE 80 I 336, 342.

22 In der Regel ist ein Sportler Mitglied eines Vereins, der einem regionalen Verband angehört, welcher wiederum einer nationalen Vereinigung unterstellt ist, die letztlich einem internationalen Dachverband zugeordnet ist. Daraus ergibt sich eine monopolistische Pyramidenstruktur, an deren Spitze alleinig der für eine Sportart zuständige internationale Fachsportverband bzw. Dachverband steht. Ausführlich zum Ein-Platz-Prinzip: *Grätz*, Missbrauch der marktbeherrschenden Stellung durch Sportverbände, S. 17 ff.; PHB SportR-*Pfister* 2. Teil/Rn. 156 f.; *Monheim*,

den Sportler als schwächstes Glied auf der untersten Ebene der „Verbandspyramide“[23] eingliedert.[24] Die zentrale Frage der nachfolgenden Untersuchung lautet demnach, ob und auf welche Weise bei der Durchsetzung und Ausgestaltung der institutionellen Sportschiedsgerichtsbarkeit die unterlegene Stellung des Sportlers hinreichend berücksichtigt wird beziehungsweise werden kann.

Kapitel 3: Gang der Darstellung

Oftmals wird die Wirksamkeit erzwungener Schiedsvereinbarungen mit der Gleichwertigkeit von Schiedsgerichtsbarkeit und staatlicher Gerichtsbarkeit begründet. So sei selbst der zwangsweise Verzicht auf die staatliche Gerichtsbarkeit nicht unwirksam, wenn vor dem Schiedsgericht die Garantien an ein rechtsstaatliches Verfahren eingehalten werden.[25] Eine derart zusammenhängende Betrachtung berücksichtigt nach der hier vertretenen Auffassung jedoch nicht die weitreichenden rechtlichen und insbesondere prozessualen Folgen einer erzwungenen Schiedsvereinbarung.[26] Darüber hinaus stellt die Wirksamkeit der Schiedsvereinbarung die Bedingung für den Gang vor ein unabhängiges und überparteiliches Schiedsgericht dar. Mithin handelt es sich um Voraussetzungen, die kumulativ vorliegen müssen, weshalb die Wirksamkeit erzwungener Schiedsvereinbarungen isoliert von der Frage nach der Unabhängigkeit und Überparteilichkeit der Schiedsgerichtsinstitution zu untersuchen ist. Erst bei Vorliegen einer wirksamen Schiedsvereinbarung kommt es in einem zweiten Schritt auf die Rechtsstaatlichkeit und somit insbesondere auf die Einhal-

---

Sportlerrechte und Sportgerichte im Lichte des Rechtsstaatsprinzips, S. 61 ff.; *Holla*, Der Einsatz von Schiedsgerichten im organisierten Sport, S. 10 f.; *Adolphsen*, Internationale Dopingstrafen, S. 42 f. Letzterer weist auch auf die Ausnahmen des Ein-Platz-Prinzips, wie z.B. im Boxsport, hin.

23 Siehe *Schulze*, *studere 2011, 8, 11; *Grätz*, Missbrauch der marktbeherrschenden Stellung durch Sportverbände, S. 18 ff.

24 *Monheim*, Sportlerrechte und Sportgerichte im Lichte des Rechtsstaatsprinzips, S. 348.

25 Vgl. bspw. BG v. 22. März 2007, BGE 133 III 235, 245; siehe ausführlich zu diesem Urteil bei Teil 2/Kapitel 2/A./II. ab S.56.

26 Das Problem zusammenhängend betrachtend bspw. *Niedermaier*, SchiedsVZ 2014, 280 282 f.; *Zen-Ruffinen*, in: Mélanges en l'honneur de Denis Oswald, La nécessaire réforme du TAS, 483 ff.

tung des Gebots unabhängiger und überparteilicher Rechtspflege im Rahmen der Organisationsstruktur der Schiedsgerichtsinstitutionen sowie bezüglich ihrer Verfahren zur Spruchkörperzusammensetzung an.

Die Frage nach der Wirksamkeit von Schiedsvereinbarungen im Sport wird seit jeher kontrovers diskutiert und hat insbesondere mit der Entscheidung des LG München I im Fall der Eisschnellläuferin Claudia Pechstein[27] neuen Zündstoff erhalten. Durch die Entscheidung wurden bedeutende Unterschiede zwischen dem schweizerischen und deutschen Recht aufgezeigt, die insbesondere die rechtliche Beurteilung erzwungener Schiedsvereinbarungen im Sport betreffen. Ob in dem Urteil das „Ende des Schiedszwangs im Sport"[28] gesehen werden kann, muss allerdings in Frage gestellt werden. Zur Erläuterung der Problematik werden in einem Grundlagenteil die durch den Abschluss einer Schiedsvereinbarung regelmäßig betroffenen verfassungsmäßigen Grundsätze dargestellt und darüber hinaus ein Einblick in die Schiedszwangspraxis im Bereich des Sports gegeben (Teil 2/Kapitel 1 ab S. 27). Ein Überblick über die in der Schweiz und in Deutschland ergangene Rechtsprechung zum Schiedszwang ermöglicht eine erste Aufschlüsselung wichtiger Argumente und bietet darüber hinaus Raum für kritische Anmerkungen (Teil 2/Kapitel 2 ab S. 51). Eine vertiefte Auseinandersetzung mit dem schweizerischen und deutschen Recht dient der Herausarbeitung möglicher Unterschiede und Parallelen im Zusammenhang mit dem materiellrechtlichen Schutz der Freiwilligkeit des Sportlers beim Abschluss von Schiedsvereinbarungen (Teil 2/Kapitel 3 ab S. 87). Die Wirksamkeit erzwungener Schiedsvereinbarungen hängt schließlich von einer umfassenden Interessenabwägung ab. Eine generalisierende, das heißt einzelfallunabhängige, Sicht auf die betroffenen Interessen und Rechte ermöglicht die Entwicklung eines allgemeinen Lösungsansatzes, der die durch den Schiedszwang gefährdeten Interessen auf Sportlerseite und die mit dem Schiedszwang verfolgten Interessen auf Verbandsseite in ein angemessenes Verhältnis rückt (Teil 2/Kapitel 4 ab S. 142).

Überdies müssen schiedsgerichtliche Verfahren regelmäßig den rechtsstaatlichen Mindeststandards genügen, damit der abschließend ergehende Schiedsentscheid einem staatsgerichtlichen Urteil gleichgestellt werden

---

27 Siehe LG München I v. 26. Februar 2014, CaS 2014, 154 ff. (= SpuRt 2014, 113 ff.); eingehende Erläuterungen zu der Entscheidung bei Teil 2/Kapitel 2/B./IV. ab S. 75.

28 So der Titel eines Beitrags von *Monheim*, SpuRt 2014, 90 ff.

kann. Dies gilt insbesondere für das Gebot der unabhängigen und überparteilichen Rechtspflege, dessen Einhaltung im Bereich der institutionellen Sportschiedsgerichtsbarkeit aufgrund der weitreichenden privatrechtlichen Ausgestaltungsmöglichkeiten besonderer Beachtung bedarf (Teil 3/Kapitel 1 ab S. 198). Vor dem Hintergrund, dass sich ein Sportler der Schiedsgerichtsbarkeit für bestimmte Rechtsstreitigkeiten[29] alternativlos unterwerfen muss, sind verhältnismäßig strenge Anforderungen an die Vertrauenswürdigkeit sowie an die rechtliche und organisatorische Verselbstständigung der entsprechenden Schiedsgerichtsinstitutionen zu stellen. Diesbezüglich offenbart eine eingehende Analyse der Organisationsstrukturen des TAS und des DSS, dass zur Gewährleistung vollständiger institutioneller Unabhängigkeit vereinzelt Reformbedarf besteht (Teil 3/Kapitel 2 ab S. 217). Darüber hinaus zeigt der Vergleich zwischen dem TAS und dem DSS wesentliche Unterschiede in Bezug auf das Verfahren zur Zusammensetzung der jeweiligen Spruchkörper auf. In diesem Zusammenhang ist zu fragen, auf welche Weise das Gebot unabhängiger und überparteilicher Rechtspflege sowohl im Hinblick auf die Zusammensetzung des Spruchkörpers als auch im Hinblick auf die einzelnen Schiedsrichter bestmöglich garantiert werden kann (Teil 3/Kapitel 3 ab S. 278).

Wenn es in der Literatur um die Frage nach den Vor- und Nachteilen der Schiedsgerichtsbarkeit im Bereich des Sports geht, dann tendieren diejenigen, die für die Sportschiedsgerichtsbarkeit plädieren, oft zu einer einseitigen, die Vorteile herausstellenden Betrachtung, genau wie diejenigen, die die privatrechtliche Streitbeilegung im Sport eher skeptisch sehen, oftmals nur die Nachteile hervorheben.[30] Die vorliegende Untersuchung soll dem Anspruch gerecht werden, die Auferlegung von Schiedsvereinbarungen im Sport sowie die Einhaltung des Gebots unabhängiger und überparteilicher Rechtspflege kritisch und mit besonderer Berücksichtigung der strukturbedingten Ungleichgewichtslage zwischen Sportverbänden und Sportlern rechtlich zu bewerten.

---

29 Siehe hierzu bei Teil 2/Kapitel 4/E./II./3. ab S. 186.

30 So die Ansicht von *Jagenburg*, in: FS für Oppenhoff, Schiedsgerichtsbarkeit zwischen Wunsch und Wirklichkeit, S. 147, zur Schiedsgerichtsbarkeit im Allgemeinen, die jedoch ohne Weiteres auf die vielzähligen Meinungen zur Sportschiedsgerichtsbarkeit übertragen werden kann.

Teil 2: Die erzwungene Unterwerfung unter die Schiedsgerichtsbarkeit im Sport

Die Etablierung der institutionellen Schiedsgerichtsbarkeit im Sport fördert grundsätzlich die einheitliche Anwendung sowie Durchsetzung von Verbandsregelwerken und verbandsrechtlicher Sanktionspraxis, indem die Einflüsse staatlicher Gerichte auf ein Minimum reduziert werden. Unklar ist allerdings, ob und in welchem Ausmaß sich alle am Sport beteiligten Personen der Sportschiedsgerichtsbarkeit zu unterwerfen haben und welche Anforderungen an eine Schiedsvereinbarung im Sport zu stellen sind.

Kapitel 1: Grundlagen

Zur Einführung folgt ein allgemeiner Überblick über die verfassungsrechtlichen Grundsätze, die im Rahmen des Abschlusses einer Schiedsvereinbarung regelmäßig relevant werden. Darüber hinaus gilt es, die beim Abschluss einer Schiedsvereinbarung im Bereich des verbandsmäßig organisierten Sports typischerweise vorzufindende Zwangssituation (sogenannter Schiedszwang) als Grundlage für die nachfolgende rechtliche Beurteilung ausführlich darzustellen.

A. Verfassungsrechtliche Grundsätze

Mit dem Abschluss einer Schiedsvereinbarung einigen sich die Vertragspartner auf die privatrechtliche Streitbeilegung vor einem Schiedsgericht. Es handelt sich somit um einen im Rahmen der Vertragsfreiheit geäußerten Verzicht auf den Zugang zur staatlichen Gerichtsbarkeit.

I. Justizgewährungsanspruch – nationales Recht und Art. 6 Abs. 1 EMRK

1. Herleitung und Bedeutung in der Schweiz und in Deutschland

Durch den Ausschluss der staatlichen Gerichtsbarkeit berührt eine Schiedsvereinbarung stets die verfassungsrechtlichen Garantien des gesetzlichen Richters[31] sowie des Justizgewährungsanspruchs.[32] Der Justizgewährungsanspruch garantiert den Zugang zur staatlichen Gerichtsbarkeit, die umfassende tatsächliche und rechtliche Prüfung des Streitgegenstands in einem förmlichen Verfahren sowie eine abschließende verbindliche gerichtliche Entscheidung.[33] Er gewährt in diesem Zusammenhang nicht nur einen Anspruch gegen die vorhandene staatliche Gerichtsbarkeit auf gerichtliches Tätigwerden, sondern verpflichtet den Staat darüber hinaus, für ein qualifiziertes Verfahren mit abschließender Streitentscheidung Sorge zu tragen.[34] Hieraus resultiert neben dem Anspruch auf eine gerichtliche Entscheidung außerdem das Recht auf wirkungsvollen Rechtsschutz[35], der durch ein unabhängiges Gericht zu gewährleisten ist.[36] Der Justizgewährungsanspruch ist als ein „konstitutives Element des Rechts auf ein faires Verfahren“[37] elementar für das Funktionieren eines demokratischen Rechtsstaats.[38] In der Schweiz wird die verfassungsrechtliche Garantie auf staatlichen Rechtsschutz aus Art. 29a sowie

---

31 Siehe hierzu unten bei Teil 2/Kapitel 3/A./I. ab S. 90 für die Schweiz sowie bei Teil 2/Kapitel 3/A./II. ab S. 91 für Deutschland.

32 Siehe *Haas/Hauptmann*, SchiedsVZ 2004, 175, 176 m.w.N.; *Holla*, Der Einsatz von Schiedsgerichten im organisierten Sport, S. 112.

33 BVerfG, NJW 2003, 1924; BVerfG, NJW 2003, 3687, 3688; BVerfG, NJW 1981, 39, 41; *Maunz/Dürig/Grzeszick*, GG-Kommentar, zu Art. 20 GG, Rn. 133; *Detterbeck*, AcP 192 (1992), 325, 328.

34 *Detterbeck*, AcP 192 (1992), 325, 327 m.w.N.

35 BVerfG, NJW 2003, 1924; BVerfG, NJW 2003, 3687, 3688; BVerfG, NJW 1981, 39, 41; ZöllerZPO/*Vollkommer*, Einleitung, Rn. 50; *Maunz/Dürig/Grzeszick*, GG-Kommentar, zu Art. 20 GG, VII. Rn. 133.

36 *Maunz/Dürig/Grzeszick*, GG-Kommentar, zu Art. 20 GG, II. Rn. 236 und VII. Rn. 133.

37 EGMR Urteil v. 27. Februar 1980 (Ser, A no. 35), *Deweer gegen Belgien*, Nr. 42, EGMR-E 1, S. 463, 473 (Rn. 49).

38 LG München I v. 26. Februar 2014, CaS 2014, 154, 166 (= SpuRt 2014, 113, 117); EGMR Urteil v. 28. Oktober 2010 (1643/06), *Suda gegen Tschechische Republik*, Rn. 48, sowie EGMR Urteil v. 27. Februar 1980 (Ser. A no. 35), *Deweer gegen Belgien*, Nr. 42, EGMR-E 1, S. 463, 474 (Rn. 49).

Art. 30 BV[39], in Deutschland für zivilrechtliche Streitigkeiten aus Art. 2 Abs. 1 GG i.V.m. dem Rechtsstaatsprinzip (Art. 20 Abs. 3 GG)[40] und völkerrechtlich aus Art. 6 Abs. 1 EMRK[41] hergeleitet.

Zwar sehen die nationalen Prozessordnungen in Art. 353 ff. Schweizerische ZPO, Art. 176 ff. IPRG und §§ 1025 ff. ZPO die Möglichkeit vor, dass Privatpersonen die Entscheidung ihrer zivilrechtlichen Streitigkeiten einem Schiedsgericht übertragen können. Allerdings ist für den Verzicht auf den staatlichen Rechtsschutz angesichts der verfassungsrechtlichen Bedeutung des Justizgewährungsanspruchs stets die bewusste und freiwillige Unterwerfung unter die Schiedsgerichtsbarkeit zu fordern.[42]

2. Gewährleistung nach Art. 6 Abs. 1 EMRK

Der Justizgewährungsanspruch erlangt gemäß Art. 6 Abs. 1 und Art. 13 EMRK transnationale Bedeutung.[43] Die EMRK stellt sowohl in der Schweiz als auch in Deutschland direkt anwendbares Recht dar.[44] Zum Rang der Konvention innerhalb der schweizerischen Rechtsordnung gibt es allerdings unterschiedliche Auffassungen.[45] Aufgrund ihrer engen inhaltlichen Beziehung zu den verfassungsmäßig geschützten Rechten aus

---

39 BG v. 25. Juli 2011, 9C_387/2011, E.1.1; BG v. 12. Juli 2010, BGE 136 III 379 ff.; *Hoffmann-Nowotny*, Doppelrelevante Tatsachen in Zivilprozess und Schiedsverfahren, Rn. 281, wonach der Justizgewährungsanspruch den Zugang zu staatlichen Rechtspflegeorganen zwecks Entscheidung einer Streitsache vermittelt.

40 St. Rspr., stellvertretend für alle BVerfG, NJW 1993, 1635 und BVerfG, NJW 1992, 1673; vgl. auch ZöllerZPO/*Vollkommer*, Einleitung, Rn. 50; *Maunz/Dürig/Grzeszick*, GG-Kommentar, zu Art. 20 GG, VII. Rn. 133; *Detterbeck*, AcP 192 (1992), 325, 328.

41 ZöllerZPO/*Vollkommer*, Einleitung, Rn. 48; *Haas/Hauptmann*, SchiedsVZ 2004, 175, 176.

42 *Maunz/Dürig/Hillgruber*, GG-Kommentar, zu Art. 92 GG, Rn. 88; *Schulze*, SpuRt 2014, 139, 141, bezugnehmend auf die Entscheidung des LG München I v. 26. Februar 2014, CaS 2014, 154 ff. (= SpuRt 2014, 113 ff.).

43 ZöllerZPO/*Vollkommer*, Einleitung, Rn. 48; *Frowein/Peukert*, EMRK-Kommentar, zu Art. 6 EMRK, Rn. 45.

44 Nach ihrer Ratifikation am 28. November 1974 wurde die EMRK vom schweizerischen Landesrecht aufgenommen (sog. Adoption) und gilt somit automatisch, „als ob sie schweizerisches Recht darstellen würde.“ Siehe *Villiger*, Handbuch der EMRK, Rn. 56.

45 Siehe *Heermann*, SchiedsVZ 2014, 66, 67 m.w.N.; *Villiger*, Handbuch der EMRK, Rn. 57 ff.

Art. 29a und Art. 30 BV kommt in Betracht, dass eine Verletzung der Konvention einer Verletzung von verfassungsmäßig garantierten Rechten gleichgestellt werden könnte.[46] Der Verfassungsrang eines völkerrechtlichen Vertrags müsste jedoch durch den Verfassungsgeber selbst ausdrücklich bestimmt werden.[47] Dies ist für die EMRK nicht geschehen, weshalb ihr letztlich wohl nur Gesetzesrang zukommt.[48] Der deutsche Gesetzgeber hat der EMRK durch den Erlass eines förmlichen Gesetzes gemäß Art. 59 Abs. 2 GG zugestimmt, womit die Konvention in das deutsche Recht transformiert wurde.[49] Innerhalb der deutschen Rechtsordnung haben die EMRK sowie ihre ratifizierten Zusatzprotokolle somit den Rang eines Bundesgesetzes.[50]

Darüber hinaus ist die Geltung des Art. 6 Abs. 1 EMRK für Schiedsgerichte und Schiedsverfahren unklar,[51] da sich der Wortlaut der Norm, demzufolge jeder Person der Anspruch garantiert wird, ihre Streitigkeiten von einem auf Gesetz beruhenden Gericht entscheiden zu lassen, nur auf staatliche Gerichte beziehen könnte.[52] Eine derart restriktive Auslegung von Art. 6 Abs. 1 EMRK widerspricht allerdings dem Sinn und Zweck der gesamten Konvention, die die Wahrung und Fortentwicklung der Menschenrechte und Grundfreiheiten anstrebt.[53] Ferner handelt es sich bei der Schiedsgerichtsbarkeit um eine alternative Streitbeilegungsmethode, die ihre Legitimation durch die nationalen Prozessordnungen erfährt und deren Entscheidungen wie staatliche Urteile Rechtskraft entfalten.[54] Dementsprechend sind auch die Parteien schutzbedürftig, wenn sie sich durch den Abschluss einer Schiedsvereinbarung der staatlichen Gerichtsbarkeit entziehen. Dies hängt vor allem mit der erwähnten Rechtskraftwirkung eines

---

46 Vgl. bspw. BBl 1997 44 f.; BG v. 19. März 1975, BGE 101 Ia 67, 69.

47 So *Villiger*, Handbuch der EMRK, Rn. 59 m.w.N.

48 So *Villiger*, Handbuch der EMRK, Rn. 59, nach dessen Ansicht der EMRK – wenn auch nicht formell, so zumindest faktisch – Verfassungsrang zukommen mag.

49 Siehe BGBl. 2002, 1054 ff.

50 Vgl. auch BVerfG, NJW 2004, 3407, 3408; BVerfG, NJW 1987, 2427.

51 Ausführliche Darstellung des Streits bei *Knoepfler*, SZIER 2007, 463, 467 ff.

52 So bspw. BG v. 22. Juli 1986, BGE 112 Ia 166, 168, mit der Begründung, dass die Zusammensetzung des Schiedsgerichts nicht auf Gesetz, sondern auf Parteiwillen beruhe.

53 Siehe BGBl. 2002, 1055.

54 *Frowein/Peukert*, EMRK-Kommentar, zu Art. 6 EMRK, Rn. 200 ff.; *Haas*, SchiedsVZ 2009, 73, 75.

Schiedsentscheids[55] sowie den nur beschränkt zur Verfügung stehenden Rechtsmitteln[56] zusammen. Auch nach Ansicht des EGMR müssen deshalb die Grundsätze, die den Verfahrensbeteiligten ein faires Verfahren garantieren, unabhängig von der Frage, ob Art. 6 EMRK direkte oder analoge Anwendung findet, entsprechend für die private Schiedsgerichtsbarkeit gelten.[57]

Art. 6 Abs. 1 EMRK garantiert insbesondere den Zugang zu einem unabhängigen und überparteilichen, auf Gesetz beruhenden Gericht, das in einem fairen Verfahren, öffentlich und innerhalb einer angemessenen Frist verhandelt. Art. 13 EMRK regelt das Recht, bei einer innerstaatlichen Instanz eine wirksame Beschwerde zu erheben. Der vertragliche Verzicht auf den Zugang zu staatlicher Gerichtsbarkeit steht grundsätzlich nicht im Widerspruch zu Art. 6 Abs. 1 und Art. 13 EMRK.[58] Es ist jedoch zu beachten, dass Vereinbarungen, die ihren Ursprung in einer Zwangssituation haben, dem Grundgedanken der Konvention zuwiderlaufen können. Denn der Schutz der Parteien vor Zwang zählt zu den Ansprüchen der EMRK, deren Entstehung auf die „Achtung der Rechtsstaatlichkeit und der Freiheit"[59] zurückzuführen ist.[60] Dementsprechend muss der Abschluss einer Schiedsvereinbarung auch nach Art. 6 Abs. 1 EMRK grundsätzlich erlaubt sein und freiwillig sowie unmissverständlich erfolgen.[61] Inwiefern eine

---

55 So auch BG v. 30. April 1991, BGE 117 Ia 166, 168.

56 Vgl. die Anfechtungsgründe nach Art. 190 Abs. 2 IPRG und Art. 393 Schweizerische ZPO sowie die Aufhebungsgründe nach § 1059 Abs. 2 ZPO.

57 EGMR Urteil v. 28. Oktober 2010 (1643/06), *Suda gegen Tschechische Republik*, Rn. 53; *Knoepfler*, SZIER 2007, 463, 469 f. mit Hinweis auf die Entscheidung der Cour d'appel de Paris v. 18. November 1987, Société Carfa Groupo et Omnium des Travaux c/ République de Guinée; BG v. 30. April 1991, BGE 117 Ia 166, 168; so auch *Rigozzi*, L'arbitrage international, Rn. 907, der die Anwendbarkeit der EMRK mit einem Vergleich der Schiedsgerichtsbarkeit im Sport und der staatlichen obligatorischen Schiedsgerichtsbarkeit begründet.

58 EGMR Urteil v. 28. Oktober 2010 (1643/06), *Suda gegen Tschechische Republik*, Rn. 48; EGMR Urteil v. 27. Februar 1980 (Ser, A no. 35), *Deweer gegen Belgien*, Nr. 42, EGMR-E 1, S. 463, 473 (Rn. 49); *Adolphsen*, Internationale Dopingstrafen, S. 556.

59 Siehe EGMR Urteil v. 21. Februar 1975 (Ser. A no. 18), *Golder gegen Vereinigtes Königreich*, Nr. 19, EGMR-E 1, S. 146, 151 (Rn. 34).

60 EGMR Urteil v. 27. Februar 1980 (Ser, A no. 35), *Deweer gegen Belgien*, Nr. 42, EGMR-E 1, S. 463, 474 (Rn. 49).

61 EGMR Urteil v. 28. Oktober 2010 (1643/06), *Suda gegen Tschechische Republik*, Rn. 48; LG München I v. 26. Februar 2014, CaS 2014, 154, 168 (= SpuRt 2014, 113, 119); *Frowein/Peukert*, EMRK-Kommentar, zu Art. 6 EMRK, Rn. 3.

Beschränkung der Freiwilligkeit beim Verzicht auf den Zugang zu staatlichen Gerichten durch sachliche Gründe gerechtfertigt und dementsprechend in Einklang mit Art. 6 Abs. 1 EMRK gebracht werden kann, ist in der Literatur bisher nicht näher erörtert worden.[62] Ein möglicher Grund für das Fehlen diesbezüglicher Erörterungen könnte darin gesehen werden, dass das Freiwilligkeitserfordernis im Zusammenhang mit dem Verzicht auf staatlichen Rechtsschutz gerade keinen Spielraum für Einschränkungen lässt und somit nicht zur Disposition der Parteien stehen darf.[63] Dem steht allerdings die Rechtsprechung des EGMR entgegen, der ausdrücklich darauf hingewiesen hat, dass das „in Art. 6 Abs. 1 EMRK garantierte Recht auf Zugang zu den Gerichten nicht absolut ist, sondern Beschränkungen unterworfen werden kann“[64]. Diese Beschränkungen können nach Zeit und Ort entsprechend den Bedürfnissen und Mitteln der Gesellschaft und der Einzelpersonen variieren.[65] Ansichten, die den Mangel an Freiwilligkeit auch im Rahmen von Art. 6 Abs. 1 EMRK durch Gründe einer sogenannten „good administration of justice“ ausgeglichen sehen, stützen sich im Bereich des Sports hauptsächlich auf die Notwendigkeit der schiedsgerichtlichen Beilegung sportrechtlicher Streitigkeiten.[66] Ob hierin tatsächlich eine Rechtfertigung für den erzwungenen Verzicht auf staatlichen Rechtsschutz gesehen werden kann, ist fraglich und wird am Ende dieses Teils unter Berücksichtigung des Verhältnismäßigkeitsgrundsatzes beantwortet werden können.[67]

---

62 Siehe *Adolphsen*, Internationale Dopingstrafen, S. 556; nach *Haas*, Bulletin ASA 2014, 707, 717, dient der Begriff „freiwillig“ i.S.d. Art. 6 Abs. 1 EMRK hauptsächlich der Abgrenzung von privater und gesetzlich angeordneter Schiedsgerichtsbarkeit.

63 Heermann, SpuRt 2015, 4, 7; Heermann, SchiedsVZ 2014, 66, 69; a.A. *Haas*, SchiedsVZ 2009, 73, 79 f., wonach der Mangel an Freiwilligkeit nicht allein zu einem Verstoß gegen Art. 6 Abs. 1 EMRK führe.

64 EGMR Urteil v. 18. Februar 1999 (26083/94), NJW 1999, 1173, 1174 (Rn. 59); EGMR Urteil v. 8. Juli 1986 (9006/80; 9262/81; 9263/81;9265/81; 9266/81; 9313/81; 9405/81), *Lithgow und weitere gegen Vereinigtes Königreich*, Rn. 194; EGMR Urteil v. 27. Februar 1980 (Ser, A no. 35), *Deweer gegen Belgien*, Nr. 42, EGMR-E 1, S. 463, 473 (Rn. 49).

65 EGMR Urteil v. 8. Juli 1986 (9006/80; 9262/81; 9263/81;9265/81; 9266/81; 9313/81; 9405/81), *Lithgow und weitere gegen Vereinigtes Königreich*, Rn. 194.

66 So *Haas*, Bulletin ASA 2014, 707, 724; *Haas*, SchiedsVZ 2009, 73, 79 f.

67 So auch *Haas*, SchiedsVZ 2009, 73, 84, nach dessen Ansicht – unter Vorbehalt des Verhältnismäßigkeitsgrundsatzes – auch in den Fällen des (privaten) Schiedszwangs eine Abwägung der beteiligten Interessen möglich bleibt. Mithin läge bei

II. Grundsatz der Privatautonomie

Das Recht, eine Schiedsvereinbarung abzuschließen und hierdurch die Entscheidungsgewalt über privatrechtliche Streitigkeiten einem Schiedsgericht zu übertragen, hat seinen Ursprung im Grundsatz der Vertragsfreiheit als einem Teil der Privatautonomie[68] und „Grundpfeiler unserer Zivilrechtsordnung“[69]. Dieser Grundsatz stellt sowohl in der Schweiz als auch in Deutschland eines der typischen Wesensmerkmale der schiedsgerichtlichen Streitbeilegung dar und erfährt in beiden Rechtsordnungen eine ähnliche Ausgestaltung.[70] In Deutschland wird der Grundsatz der Vertragsfreiheit aus Art. 2 Abs. 1 GG, das heißt der allgemeinen Handlungsfreiheit, hergeleitet.[71] In der Schweiz ist die Vertragsfreiheit gemäß der Art. 1, 11, 19, 21 OR im Obligationenrecht verankert, außerdem über das Persönlichkeitsrecht gemäß Art. 19 Abs. 2 OR i.V.m. Art. 27, 28 ZGB[72] geschützt und verfassungsrechtlich als ein Kerngehalt der Wirtschaftsfreiheit nach Art. 27 BV[73] abgesichert.[74]

Vorliegen von Zwang nicht automatisch ein Verstoß gegen Art. 6 Abs. 1 EMRK vor.

68 St. Galler Kommentar BV/Ehrenzeller/*Vallender*, zu Art. 27 BV, Rn. 37; BG v. 22. März 2007, BGE 133 III 235, 242 f.

69 Siehe Staudinger/*Sack*/*Fischinger* (2011) § 138 Rn. 1.

70 Vgl. u.a. *Rigozzi*, L'arbitrage international, Rn. 468; *Haas*, in: Gilles/Pfeiffer (Hrsg.), Die Streitbeilegung durch Schiedsgerichte im internationalen Sport, S. 40; Anm. v. *Haas/Reiche* zu BGE 133 III 235 ff., SchiedsVZ 2007, 330, 335; siehe *Rigozzi/Robert-Tissot*, in: Jusletter 16. Juli 2012, La pertinence du „consentement“ dans l'arbitrage du Tribunal Arbitral du Sport, Rn. 1: „Le consentement des parties constitue la pierre angulaire de l'arbitrage par lequel les parties renoncent à leur droit constitutionel [...] d'être entendu par un tribunal étatique établi par la loi [...]“; *Vollkommer*, RdA 1982, 16, 32.

71 Siehe BAG, NJW 1964, 268, 269: „Die Entschließung der Streitteile, sich einem Schiedsgerichtsspruch zu unterwerfen, entspringt dem Grundrecht der Vertragsfreiheit nach Art. 2 GG.“; *Steiner*, SchiedsVZ 2013, 15; *Maunz*/*Dürig*/*Di Fabio*, GG-Kommentar, zu Art. 2 GG, Rn. 101.

72 Die Vertragsfreiheit steht in einem unmittelbaren Zusammenhang zum Persönlichkeitsrecht des ZGB, siehe Berner Kommentar OR/*Kramer*, zu Art. 19 OR, Rn. 18 und 20.

73 Die Wirtschaftsfreiheit setzt die Vertragsfreiheit unabdingbar voraus, da sie andernfalls zwangsläufig leerliefe, siehe St. Galler Kommentar BV/Ehrenzeller/*Vallender*, zu Art. 27 BV, Rn. 38.

74 Vgl. auch BG v. 1. April 1987, BGE 113 Ia 126, 139.

Die Vertragsfreiheit erfasst sowohl die negative und positive Abschlussfreiheit als auch die Gestaltungsfreiheit[75] und geht grundsätzlich davon aus, dass die Vertragsparteien in gleicher Weise die Möglichkeit haben, von ihr Gebrauch zu machen.[76] Sie beruht auf dem Selbstbestimmungsprinzip, so dass die Bedingungen für freies Handeln auch beim Abschluss einer Schiedsvereinbarung tatsächlich gegeben sein müssen.[77] Da die Parteien mit dem Verzicht auf den Justizgewährungsanspruch über grundlegende verfassungsrechtliche Positionen verfügen, stellt die freiwillige Unterwerfung unter die Schiedsgerichtsbarkeit grundsätzlich eine „unaufgebbare verfassungsrechtliche Prämisse der Zulässigkeit eines schiedsgerichtlichen Verfahrens“ dar.[78] Die Vereinbarung schiedsgerichtlicher Streitbeilegung wird somit vom Grundsatz der Freiwilligkeit als Kernprinzip der Schiedsgerichtsbarkeit bestimmt.[79] Folglich muss der Wille der Parteien, auf die staatliche Gerichtsbarkeit verzichten zu wollen, unmissverständlich zum Ausdruck kommen.[80]

Insbesondere in Fällen, in denen sich die Parteien einander in einem Kräfteungleichgewicht gegenüberstehen, erscheint die Rolle der Vertragsfreiheit als Legitimationsbasis für die schiedsgerichtliche Streitbeilegung allerdings fragwürdig.[81] Denn häufig wirkt sich dieses Ungleichgewicht

---

75 Für Deutschland: *Maunz/Dürig/Di Fabio*, GG-Kommentar, zu Art. 2 GG, Rn. 101; für die Schweiz: Berner Kommentar OR/*Kramer*, zu Art. 19 OR, Rn. 40 m.w.N.; St. Galler Kommentar BV/Ehrenzeller/*Vallender*, zu Art. 27 BV, Rn. 37.

76 Siehe *Belser*, AJP 1998, 433, 437, denn nur so führt die „rechtliche Gewährleistung der Vertragsfreiheit zu Vertragsgerechtigkeit“.

77 Siehe bspw. für Deutschland: BVerfG, NJW 1990, 1469, 1470; für die Schweiz: Basler Kommentar OR/*Bucher*, Vorbem. zu Art. 1-40 OR, Rn. 1.

78 So *Steiner*, SchiedsVZ 2013, 15, 17 (= SpuRt 2014, 2, 3); vgl. auch LG Kempten, SpuRt 2015, 35; *Schulze*, SpuRt 2014, 139, 141, bezugnehmend auf die Entscheidung des LG München I v. 26. Februar 2014, CaS 2014, 154 ff. (= SpuRt 2014, 113 ff.): „Die Freiwilligkeit der Schiedsunterwerfung ist danach eine Kernvoraussetzung für die Abbedingung staatlichen Rechtsschutzes, die bei struktureller Unterlegenheit gegenüber einem Monopolisten und der berufsbeschränkenden Wirkung der Sperre für die schwächere Partei eine rechtsstaatliche Grundbedingung darstellt.“

79 *Jagenburg*, in: FS für Oppenhoff, Schiedsgerichtsbarkeit zwischen Wunsch und Wirklichkeit, S. 147, 148.

80 BG v. 17. Januar 2013, 4A_244/2012, E.4.2: „Entscheidend ist, dass der Wille der Parteien zum Ausdruck kommt, über bestimmte Streitigkeiten ein Schiedsgericht, d.h. ein nichtstaatliches Gericht, entscheiden zu lassen“; so auch BG v. 7. November 2011, BGE 138 III 29, 35 und BG v. 8. Januar 2003, BGE 129 III 675, 679 f.

81 Siehe *Haas/Hauptmann*, SchiedsVZ 2004, 175, 176 m.w.N.

auf das gesamte Vertragsverhältnis aus und gefährdet somit die Vertragsgerechtigkeit.[82] Es gehört deshalb zu den Hauptaufgaben des Zivilrechts, ein Gleichgewicht zwischen den Parteien herzustellen beziehungsweise einen angemessenen Interessenausgleich zu schaffen.[83] So hat ein Zivilrichter stets den verfassungsrechtlichen Schutzauftrag, „den objektiven Grundentscheidungen der Grundrechte – insbesondere in Fällen gestörter Vertragsparität – mit den Mitteln des Zivilrechts Geltung zu verschaffen“[84], um die schwächere Partei vor Fremdbestimmung und unangemessenen Vertragsinhalten zu bewahren.[85] Solche Mittel des Zivilrechts stellen sowohl in der Schweiz als auch in Deutschland die zivilrechtlichen Generalklauseln dar. So wird beispielsweise über die Anwendung der Art. 19 Abs. 2 OR i.V.m. Art. 27 und 28 ZGB beziehungsweise §§ 138, 242, 826 BGB der Grundsatz der Vertragsfreiheit gewährleistet und sichergestellt.[86] Denn die Generalklauseln dienen als Einfallstor für die Grundrechte, die bei der Auslegung unbestimmter Rechtsbegriffe, wie etwa der „Sittlichkeit“, der „guten Sitten“ oder „Treu und Glauben“, als objektive Werteordnung zu beachten sind.[87]

Dem Schutz der schwächeren Partei sind allerdings auch Grenzen gesetzt, die sich ebenfalls aus der Vertragsfreiheit herleiten lassen. So betonte das Bundesverfassungsgericht, dass sich der Verfassung nicht unmittelbar entnehmen ließe, wann Ungleichgewichtslagen so schwer wögen, dass

---

82 Siehe *Besler*, AJP 1998, 433, 437.

83 BVerfG, NJW 1994, 36, 38; dieser Ausgleich wird auch mithilfe der Faustformel „Schutz vor den Auswirkungen der Privatautonomie im Namen der Privatautonomie“ erreicht, vgl. *Maunz/Dürig/Di Fabio*, GG-Kommentar, zu Art. 2 GG, Rn. 112.

84 *Maunz/Dürig/Di Fabio*, GG-Kommentar, zu Art. 2 GG, Rn. 109; BG v. 4. November 2009, BGE 136 I 158, 165 f., unter Verweis auf Art. 35 Abs. 3 BV, wonach die Behörden dafür Sorge zu tragen haben, dass die Grundrechte auch unter Privaten wirksam werden, sofern sie sich dazu eignen; siehe zum materiellen Schutz der Vertragsfreiheit *Besler*, AJP 1998, 433, 436

85 BVerfG, NJW 1990, 1469, 1470; *Haas/Martens*, Sportrecht, S. 78 f.; *Maunz/Dürig/Di Fabio*, GG-Kommentar, zu Art. 2 GG, Rn. 107; Basler Kommentar OR/*Bucher*, Vorbem. zu Art. 1-40 OR, Rn. 2; *Belser*, AJP 1998, 433, 437.

86 BG v. 23. März 1978, BGE 104 II 6, 8, wobei nach Ansicht des Gerichts die Einschränkung der Vertragsfreiheit im Sinne des Wortlauts von Art. 27 Abs. 2 ZGB tatsächlich „übermässig“ sein muss; *Maunz/Dürig/Di Fabio*, GG-Kommentar, zu Art. 2 GG, Rn. 108.

87 Dies geht bspw. aus Art. 35 Abs. 1 BV hervor, der die Geltung der Grundrechte in der ganzen schweizerischen Rechtsordnung anordnet; *Maunz/Dürig/Di Fabio*, GG-Kommentar, zu Art. 2 GG, Rn. 109.

die Vertragsfreiheit durch zwingendes Gesetzesrecht begrenzt oder ergänzt werden müsste.[88] Bei der Durchsetzung des Schutzauftrags müsse deshalb beachtet werden, dass jede Begrenzung der Vertragsfreiheit zum Schutze des einen Teils auch gleichzeitig in die Freiheit des anderen Teils eingreife.[89] Obwohl die Vertragsparteien einer Schiedsvereinbarung generell mehr Freiheiten und Ausgestaltungsspielräume haben, bleibt der Staat in jedem Fall aber zu einer Grenz- und Missbrauchskontrolle verpflichtet.[90] Außerdem sind der Vertragsfreiheit bei der Ausgestaltung des Schiedsverfahrens rechtsstaatliche Grenzen gesetzt. So haben auch in einem Schiedsverfahren die verfassungsmäßig garantierten Standards, wie zum Beispiel der Gleichbehandlungsgrundsatz, das Gebot der unabhängigen und überparteilichen Rechtspflege oder der Anspruch auf rechtliches Gehör, uneingeschränkt zu gelten.[91]

B. Der Begriff des „Schiedszwangs" im verbandsmäßig organisierten Sport

„Ce qui caractérise le plus l'arbitrage en matière sportive est le fait que la clause compromissoire n'est jamais librement acceptée par l'athlète. Elle est toujours imposée par les fédérations sportives, les comités olympiques ou les organisateurs des compétitions."[92]

Für die Schiedsgerichtsbarkeit, deren Legitimationsbasis nach den gängigen Definitionen eine willentliche Einigung ist,[93] stellt der Begriff des „Schiedszwangs" zweifellos einen Antagonismus dar.[94] Auch ist die erzwungene Unterwerfung unter die Schiedsgerichtsbarkeit im Sport mit der Ursprungsidee zur Errichtung eines institutionellen Sportschiedsgerichts, nämlich die privatrechtliche Gerichtsbarkeit weder den Sportlern noch den

---

88 Siehe BVerfG, NJW 1990, 1469 ff., insbes. 1470.

89 BVerfG, NJW 1990, 1469, 1470.

90 *Maunz/Dürig/Schmidt-Aßmann*, GG-Kommentar, zu Art. 19 Abs. 4 GG, Rn. 17; *Maunz/*
Dürig/Hillgruber, GG-Kommentar, zu Art. 92 GG, Rn. 88.

91 Siehe § 1042 Abs. 1 ZPO; vgl. auch OLG München, SpuRt 2012, 22, 24.

92 Siehe *Pinna*, Gazette du Palais du 19/20 mai 2004, 31, 38.

93 Anm. v. *Haas/Reiche* zu BGE 133 III 235 ff., SchiedsVZ 2007, 330, 335; *Haas/Hauptmann*, SchiedsVZ 2004, 175, 176.

94 Siehe *Pinna*, Gazette du Palais du 14 au 16 décembre 2008, S. 6; sicherlich besteht ein solcher Widerspruch immer, wenn Rechtsgeschäfte mit Zwang behaftet sind.

Verbänden aufzuzwingen, nicht in Einklang zu bringen.[95] Die Sportschiedsgerichtsbarkeit ist somit weit entfernt von der traditionellen Idee der einvernehmlichen, alternativen Streitbeilegungsmethode.[96]

Bereits im Vorfeld der Olympischen Sommerspiele in Atlanta 1996 hat die erstmals von den Teilnehmern zu unterzeichnende Verpflichtungserklärung, alle Streitigkeiten im Zusammenhang mit den Olympischen Spielen von dem Ad hoc-Schiedsgericht des TAS beilegen zu lassen, für Empörung und Aufruhr unter den Athleten gesorgt.[97] Diese sahen sich ihres verfassungsmäßigen Rechts auf einen unabhängigen Richter beraubt.[98]

Wie die schiedsgerichtliche Streitbeilegung in der Praxis durchgesetzt wird, schildert der der „Lazutina/Danilova"-Entscheidung des Schweizerischen Bundesgerichts[99] zugrundeliegende Sachverhalt recht anschaulich.[100] Der internationale Skidachverband, die Fédération Internationale de Ski (FIS), regelt sämtliche Angelegenheiten und Verhältnisse, die mit dem Skifahren zusammenhängen. Jeder nationale Skiverband, der sich den FIS-Regelwerken unterwirft und als Mitglied akzeptiert wird, gehört der FIS an.[101] Ein Skifahrer, der an einem internationalen Wettbewerb teilnehmen möchte, muss eine FIS-Lizenz besitzen, die ihm von seinem nationalen Verband erteilt wird. Diese Lizenz wird allerdings erst erteilt, nachdem der Sportler die FIS-Athletenvereinbarung[102] unterzeichnet hat, in der er sich im Voraus damit einverstanden zu erklären hat, für alle zukünftigen

95 Siehe *Reeb*, in: CAS 1984-2004, The role and functions of the CAS, S. 31, 32.

96 So auch *Rigozzi/Robert-Tissot*, in: ASA Special Series No. 41, „Consent" in Sports Arbitration: Its Multiple Aspects, S. 59.

97 Siehe *Netzle*, in: Röhricht (Hrsg.), Das Internationale Sport-Schiedsgericht in Lausanne. Zusammensetzung, Zuständigkeit und Verfahren, S. 9, 17.

98 Siehe *Netzle*, in: Röhricht (Hrsg.), Das Internationale Sport-Schiedsgericht in Lausanne. Zusammensetzung, Zuständigkeit und Verfahren, S. 9, 17.

99 BG v. 27. Mai 2003, BGE 129 III 445 ff.; siehe auch bei Teil 3/Kapitel 2/A./I./1./a./bb) ab S. 223.

100 Dieses Beispiel zieht auch *Rigozzi*, L'arbitrage international, Rn. 475, zur Veranschaulichung der Schiedszwangproblematik heran.

101 In der zitierten Entscheidung ging es bspw. um den russischen Skiverband.

102 Abrufbar unter: http://www.fis-ski.com/mm/Document/documentlibrary/Administrative/04/35/34/AthletesDeclaration-German_English.pdf (zuletzt aufgerufen am 04.07.2015).

Streitigkeiten unter Ausschluss der staatlichen Gerichtsbarkeit das TAS anzurufen.[103]

Diesem Sachverhalt entsprechend können die folgenden Merkmale als charakteristisch für den Abschluss von Schiedsvereinbarungen im Bereich des Sports angesehen werden.

I. Typisierbare Fallgestaltung: Machtstellung und Alternativlosigkeit

Schiedsvereinbarungen gleich welcher Art werden im Profi- beziehungsweise Berufssport[104] grundsätzlich als „branchentypisch" angesehen.[105] Genauso weit verbreitet ist die Vorgehensweise[106] zahlreicher Sportverbände, die Teilnahme an einem Wettbewerb von dem Abschluss einer solchen Schiedsvereinbarung abhängig zu machen.[107]

Die Auferlegung von Schiedsvereinbarungen im Sport gelingt dank der dem Ein-Platz-Prinzip[108] geschuldeten monopolistischen Verbandsstruktur weitgehend problemlos. So besitzt jeder Sportverband auf seiner Ebene eine Machtstellung, der sich ein Sportler, der auf die Teilnahme an den verbandsmäßig organisierten Wettbewerben oder die Mitgliedschaft bei

---

103 Siehe Nr. 5 der Athletenerklärung (vorherige Fußnote). Auf einen etwaigen Verstoß gegen den Grundsatz der Freiwilligkeit ging das Schweizerische Bundesgericht in seinen Urteilserwägungen nicht ein.

104 Den Profi- bzw. Berufssport betreibt ein Sportler hauptsächlich zum Zwecke seiner Existenzsicherung, vgl. PHB SportR-*Pfister* Einführung/Rn. 3.

105 BG v. 13. Februar 2012, 4A_428/2011, E.3.2.3; *Rigozzi*, in: Mélanges en l'honneur de Denis Oswald, International Sports Arbitration, S. 439, 448; *Oschütz*, Sportschiedsgerichtsbarkeit, S. 200.

106 *Philipp*, Rechtliche Schranken der Vereinsautonomie und der Vertragsfreiheit im Einzelsport, S. 78, bezeichnet diese Vorgehensweise als eine „Unart".

107 *Rochat*, in: Droit et sport, Le règlement des litiges en matière sportive, S. 91, 100; *Philipp*, Rechtliche Schranken der Vereinsautonomie und der Vertragsfreiheit im Einzelsport, S. 51 f.; siehe LG München I v. 26. Februar 2014, CaS 2014, 154, 155 (= SpuRt 2014, 113, 114): „Die Beklagte zu 1) teilte der Klägerin mit, die Akzeptanz der Schiedsvereinbarung durch den Athleten sei Bedingung für die Förderung durch die Beklagte zu 1) und für die Nominierung zu internationalen Wettkämpfen [...]"; nach *Schulze*, IJVO 15 (2008), S. 15, drängen allerdings nicht alle Verbände wie bspw. das IOC, die FIFA, UEFA oder FIBA, ihre Mitglieder zu einem Verzicht auf die staatliche Gerichtsbarkeit, sondern sehen alternativ eine fakultative Anrufung des Schiedsgerichts vor.

108 Siehe Fn. 22.

dem jeweiligen Sportverband angewiesen ist, nicht entziehen kann.[109] Dank dieser Struktur kann grundsätzlich jeder Dachverband seine Unterverbände, Mitglieder und letztlich auch die Sportler an eine Schiedsvereinbarung binden, indem er diese entweder satzungsmäßig nach unten weiterreicht und/oder individualvertraglich zu einer Bedingung für die Teilnahme an den von ihm organisierten Wettbewerben macht.

Mittels dieser Vorgehensweise wird den Verbandsmitgliedern beziehungsweise Vertragspartnern der Verzicht auf den staatlichen Rechtsschutz „freiwilligkeitsschädlich abverlangt"[110].[111] Zur Absicherung normieren einige Verbandssatzungen zusätzlich das Verbot, anstelle des vereinbarten Schiedsgerichts auf ein staatliches Gericht zurückzugreifen,[112] welches mitunter durch die Androhung von Konventionalstrafen durchgesetzt wird.[113] Die Sportverbände ziehen auf diese Weise einen beachtlichen Nutzen aus ihrer Monopolstellung und der damit verbundenen, strukturell angelegten Verbandsmacht. Letztlich obliegt dem Sportler die Wahl, entweder die Schiedsvereinbarung zu akzeptieren, um am regulären Spielbetrieb sowie den verbandsmäßig organisierten Wettkämpfen teilzunehmen,[114] oder diese abzulehnen, womit ihm lediglich die wettbewerbslose

---

109 *Frésard*, in: Droit et sport, L'arrêt Bosman et les règles de la concurrence, S. 169, 181; *Nicklisch*, BB 1972, 1285, 1286; *Zuck*, SpuRt 2014, 5, 6 f., äußert hingegen Zweifel, ob diese Machtstellung stets besteht, da bspw. aufgrund des herrschenden Medaillendrucks für einzelne Landesverbände während der Olympischen Spiele das Vertragsgleichgewicht zumindest für erfolgreiche Sportler wieder hergestellt sei.

110 So *Schulze*, *studere 2011, 8, 12.

111 Vgl. auch *Baddeley*, L'association sportive face au droit, S. 271, nach deren Ansicht im Unterschied zur Wirtschaftsschiedsgerichtsbarkeit der Abschluss einer Schiedsvereinbarung im Sport nicht dem Parteiwillen entspricht; *Engelbrecht*, SpuRt 2007, 104, wonach sich die Mitglieder dem Sanktionsmonopol der Verbände „freiwillig oder weniger freiwillig" unterwerfen.

112 Siehe bspw. Art. 68 Abs. 2 und 3 FIFA-Statuten (Stand: 2012).

113 Siehe *Steiner*, SchiedsVZ 2013, 15, 18 (= SpuRt 2014, 2, 4), der unter Bezugnahme auf die „Causa FC Sion" (CaS 2011, 376 f.) anmerkt, dass im Bereich des Fußballs die internationalen Verbände den nationalen Verbänden und Vereinen mit „unbarmherzigen Sanktionen" drohen, falls diese im Konflikt um die Auslegung und Anwendung statutarischer Bestimmungen die ordentlichen staatlichen Gerichte anrufen; *Zen-Ruffinen*, in: Mélanges en l'honneur de Denis Oswald, La nécessaire réforme du TAS, S. 483; *Aebi-Müller/Morand*, CaS 2012, 234, 245, wonach derartige Klauseln nicht selten sind und keineswegs eine Besonderheit des organisierten Sports darstellen; *Scherrer*, CaS 2008, 58, 62.

114 *Baddeley*, L'association sportive face au droit, S. 78.

Sportausübung „im eigenen Garten“[115] verbliebe.[116] Die schiedsgerichtliche Streitbeilegung ist somit aufgrund ihrer Unabdingbarkeit faktisch und rechtlich nicht verhandelbar,[117] so dass der vermeintliche Konsens der Parteien oftmals nicht mehr als eine Fiktion zu sein scheint[118]. Die Annahme, dass es sich bei der Unterwerfung unter die Schiedsgerichtsbarkeit um eine wohlüberlegte und informierte Entscheidung handeln könnte, erscheint illusorisch.[119] Die fehlende Möglichkeit, zur Sportausübung auf andere Verbände auszuweichen, erlaubt den Monopolverbänden in vielen Fällen außerdem, die Schiedsvereinbarung vorbehaltslos und ohne Gegenwehr durchzusetzen.[120] Denn die Teilnahme am organisierten Sport stellt in der Regel die einzige Einnahmequelle des Berufssportlers zur Deckung seines Lebensbedarfs dar.[121] Dieser wird nach jahrelanger Anstrengung, Opferbereitschaft und Training nur wegen einer Schiedsvereinbarung keinesfalls auf die verbandsmäßig organisierte Sportausübung verzichten.[122]

---

115 BG v. 22. März 2007, BGE 133 III 235, 243 f. m.w.N., wonach der Sportler die Alternative habe „de se soumettre à une juridiction arbitrale ou de pratiquer son sport dans son jardin“.

116 Siehe *Monheim*, SpuRt 2014, 90, 91; *Knoepfler*, SZIER 2007, 463, 465 f.; *Murray*, ZZPInt 2006, 295, 303, bezeichnet diese Vorgehensweise als eine Unterbreitung der Schiedsvereinbarung auf „Friss oder Stirb“-Basis; ebenso *Zen-Ruffinen*, CaS 2005, 57, 65: „Mais toutes les personnes qui connaissent le monde du sport savent que, à quelques exceptions près, il n'a pas la faculté de choisir librement entre la justice étatique et la justice arbitrale, mais qu'il est contraint de se soumettre à cette dernière s'il veut exercer le sport qu'il a choisi.“; vgl. auch *Hofmann*, Zur Notwendigkeit eines institutionellen Sportschiedsgerichts in Deutschland, S. 348; *Baddeley*, ZSR 115 (1996) II, S. 135, 210; *Knoepfler/Schweizer*, SZIER 1994, 149, 153.

117 LG München I v. 26. Februar 2014, CaS 2014, 154, 165 (= SpuRt 2014, 113, 117); *Rigozzi*, L'arbitrage international, Rn. 331; *Maisonneuve*, L'arbitrage des litiges sportifs, Rn. 718; *Baddeley*, ZSR 115 (1996) II, S. 135, 210: „[...] les athlètes n'ont pour ainsi dire pas de marge de manœuvre.“

118 Siehe *Paulsson*, in: CAS 1984-2004, Arbitration of international sport disputes, S. 40, 41, „[...] the purported consent [...] often appears to have been entirely fictional.“

119 *Baddeley*, ZSR 115 (1996) II, S. 135, 210.

120 *Thaler*, in: SuR (4. Tagungsband) 2006, Athletenvereinbarungen und Athletenerklärungen, S. 19, 31.

121 Oftmals sind an die Wettkampfteilnahme auch lukrative Sponsoringverträge geknüpft, vgl. LG München I v. 26. Februar 2014, CaS 2014, 154, 165 (= SpuRt 2014, 113, 117); *Oschütz*, Sportschiedsgerichtsbarkeit, S. 232; *Haas*, ZEuP 1999, 355, 372.

122 Siehe *Baddeley*, ZSR 115 (1996) II, S. 135, 210.

Aus all diesen Umständen ergibt sich eine typisierbare Fallgestaltung, die auf einer situationsbedingten, aber auch personenbezogenen Unterlegenheit des Sportlers beruht.[123] Diese im Bereich des verbandsmäßig organisierten Sports typischerweise vorzufindende Situation macht einen Rückschluss sowohl auf den tatsächlichen als auch auf den mutmaßlichen Willen des Sportlers hinsichtlich des Verzichts auf seinen staatlichen Richter nahezu unmöglich und erhöht darüber hinaus die Gefahr eines Machtmissbrauchs.[124]

Auch das Bewusstsein der Sportverbände, sich ihrer Machtstellung beziehungsweise der Alternativlosigkeit des Sportlers zum Zwecke der Durchsetzung zustimmungsbedürftiger Schiedsvereinbarungen zu bedienen, ist charakteristisch für den Schiedszwang im Sport. Denn wäre der einzelne Sportler in der Lage, jederzeit und ohne schwerwiegende wirtschaftliche oder soziale Nachteile aus dem Verband auszutreten, um seinen Sport unter der Organisation eines anderen, keine Schiedsvereinbarung vorschreibenden Verbandes auszuüben, so würde er beim Abschluss der Schiedsvereinbarung keinem Zwang unterliegen.[125] Vielmehr müssten Sportverbände in diesem Fall auf die Setzung von sportlerunfreundlichen, das heißt mehr oder weniger unvorteilhaften, Normen verzichten,[126] um den Sportler als Teilnehmer ihrer Veranstaltungen beziehungsweise als Mitglied zu halten.[127] Ein Ausnutzen der verbandsmäßigen Machtstellung wäre in diesem Fall gerade nicht gegeben, so dass der Verbleib in dem jeweiligen Verband als freiwilliger Verzicht auf die staatliche Gerichtsbarkeit bewertet werden könnte.[128] Eine solche Situation liegt im verbandsmäßig organisierten Sport jedoch gerade nicht vor.

---

123 Ausführlich zur Typisierung von Ungleichgewichtslagen: *Niedermaier*, Schieds- und Schiedsverfahrensvereinbarungen in strukturellen Ungleichgewichtslagen, S. 62 ff.

124 Siehe hierzu näher bei Teil 2/Kapitel 3/B./I./1./c./aa) ab S. 99; *Haas/Martens*, Sportrecht, S. 79.

125 Vgl. OLG Koblenz, SpuRt 2015, 29, 30, zur Tätigkeit des Spielervermittlers, der zur Ausübung seiner Tätigkeit nicht zwingend auf eine Lizenz der FIFA angewiesen ist.

126 BGH, NJW 1989, 1724, 1726.

127 *Haas/Martens*, Sportrecht, S. 79.

128 BGH, NJW 2000, 1713 f.; *Monheim*, Sportlerrechte und Sportgerichte im Lichte des Rechtsstaatsprinzips, S. 156.

Die Erzwingung der Schiedsgerichtsbarkeit im Sport führt folglich zu Interessenkollisionen.[129] Auf Seiten des Sportlers stehen hierbei die Wahrung seiner verfassungsmäßigen Rechte, insbesondere des Grundsatzes der (negativen) Vertragsfreiheit, des Anspruchs auf einen gesetzlichen Richter[130] sowie des Justizgewährungsanspruchs, im Fokus. Die Verbände können sich hingegen auf ihre (positive) Vertragsfreiheit sowie auf die verfassungsrechtlich garantierte Verbandsautonomie berufen, um etwa das Verbandsziel der Chancengleichheit im Wettkampf[131], der Einheitlichkeit der Sportausübung sowie des Entscheidungseinklangs durch die Ausübung ihrer Regelungshoheit zu sichern.[132] Besonders zu beachten ist das strukturelle Kräfteungleichgewicht, das insbesondere zwischen Sportlern und ihren jeweiligen (Fach-)Sportverbänden besteht und die Erzwingung der Schiedsgerichtsbarkeit erst ermöglicht.[133]

II. Die Arten erzwungener Schiedsvereinbarungen im Sport und ihre Form

1. Unterwerfungsarten

Im Sport besteht die Besonderheit, dass Schiedsvereinbarungen in den unterschiedlichsten Dokumenten enthalten sein können, die letztlich für alle an einer bestimmten Sportart beteiligten Verbände, Vereine und Sportler universelle Geltung erlangen sollen.[134] So kann die Bindung an die

---

129 Zu beachten ist jedoch, dass in vielen Fällen die schiedsgerichtliche Streitbeilegung sowohl im Interesse des Athleten als auch im Verbandsinteresse liegt. Vgl. ein Beispiel bei *Rigozzi*, L'arbitrage international, Rn. 468, wonach der DLV seinen Athleten vorgeschlagen hat, Streitigkeiten mit Bezug zu Doping vor einem Schiedsgericht entscheiden zu lassen und 90% der 700 Sportler diesen Vorschlag akzeptiert haben.

130 Siehe hierzu bei Teil 2/Kapitel 3/A./I. ab S. 90 für die Schweiz und Teil 2/Kapitel 3/A./II. ab S. 91 für Deutschland.

131 *Thaler*, in: SuR (4. Tagungsband) 2006, Athletenvereinbarungen und Athletenerklärungen, S. 19, 60.

132 Siehe zur Verbandsautonomie bei Teil 2/Kapitel 4/E./I./1./b. ab S. 165 und zum Zweck des Schiedszwangs bei Teil 2/Kapitel 4/B. ab S. 147.

133 *Haas/Hauptmann*, SchiedsVZ 2004, 175, 176 f.; *Holla*, Der Einsatz von Schiedsgerichten im organisierten Sport, S. 29.

134 Grundsätzlich ist zu beachten, dass arbeitsrechtliche Streitigkeiten nach deutschem Recht mangels objektiver Schiedsfähigkeit gem. §§ 4 i.V.m. 101 ArbGG

Schiedsvereinbarung einerseits nach Art. 358 Schweizerische ZPO, Art. 178 Abs. 1 IPRG beziehungsweise § 1029 Abs. 1 ZPO durch die individualvertragliche Vereinbarung einer Schiedsabrede beziehungsweise die individualvertragliche Anerkennung der die Schiedsklausel enthaltenen Verbandssatzung in Form einer Starterlaubnis, eines Regelanerkennungs-, Lizenz- oder Teilnehmervertrags sowie einer Athletenvereinbarung erfolgen.[135]

Andererseits kann ein Sportler durch die mit der unmittelbaren respektive mittelbaren[136] Mitgliedschaft einhergehende Geltung einer (Verbands-) Satzung an eine Schiedsklausel gebunden sein.[137] Nach der in Deutschland wohl noch herrschenden Meinung[138] handelt es sich im Falle einer satzungsmäßigen Bindung an die Schiedsklausel gemäß § 1066 ZPO um ein außervertragliches Schiedsgericht, da die im Wege der vereinsrechtlichen Mitgliedschaft erzeugte Bindung regelmäßig von der Zustimmung oder Mitwirkung des einzelnen Sportlers unabhängig ist.[139] Die §§ 1025 ff. ZPO bleiben jedoch entsprechend anwendbar,[140] mit Ausnahme von § 1029 ZPO sowie der Formerfordernisse aus § 1031 ZPO,[141] da diese not-

---

ausschließlich vor staatlichen (Arbeits-)Gerichten entschieden werden können. Das schweizerische Recht kennt eine solche Beschränkung nicht. Gem. Art. 354 Schweizerische ZPO ist grundsätzlich jeder Anspruch schiedsfähig, über den die Parteien frei verfügen können, vgl. BG v. 17. April 2013, 4A_515/2012.

135 Siehe hierzu ausführlich *Haas/Martens*, Sportrecht, S. 66 ff.

136 Mittelbare Mitgliedschaft liegt vor, wenn ein Verein die satzungsmäßigen Bestimmungen eines Verbandes durch Verweis in seine Satzung inkorporiert und der Sportler im Wege der Vereinsmitgliedschaft automatisch die Verbandssatzung anerkennt, vgl. *Oschütz*, Sportschiedsgerichtsbarkeit, S. 174 f.

137 Über die Statuierung von Mitgliedschaftspflichten reichen die Verbandsmonopole ihre Regelungen von oben nach unten durch und schaffen auf diese Weise einen weltweit einheitlichen Rechtsrahmen für die jeweilige Sportart, vgl. *Schulze*, IJVO 15 (2008), S. 9.

138 *Kröll*, ZIP 2005, 13 f. m.w.N. in Fn. 9; PHB SportR-*Pfister* 2. Teil/Rn. 377; *Haas*, ZGR 2001, 325, 326; a.A. Stein/Jonas/*Schlosser*, § 1066 ZPO, Rn. 10 ff.; *Schwab/Walter*, Schiedsgerichtsbarkeit, Kap. 32, Rn. 4 f.; *Monheim*, in: Facetten des Sportrechts, Die Vereinbarkeit von Schiedsabreden und Schiedsgerichten im Sport mit dem Rechtsstaatsprinzip, S. 93, 100 ff.

139 *Haas*, ZGR 2001, 325, 326.

140 BGH, NJW 2004, 2226, 2227; siehe zur Anwendbarkeit des § 1066 ZPO auf Satzungen *Oschütz*, Sportschiedsgerichtsbarkeit, S. 206 f.

141 Die Anwendbarkeit des § 1031 ZPO ist wegen des ausreichenden vereinsrechtlichen Schutzes der Mitglieder nicht erforderlich, so bspw. *Oschütz*, Sportschiedsgerichtsbarkeit, S. 209 m.w.N.

wendigerweise eine Vereinbarung voraussetzen.[142] In der Schweiz fallen solche Schiedsklauseln genau wie individualvertragliche Schiedsabreden unter den Anwendungsbereich von Art. 358 Schweizerische ZPO beziehungsweise Art. 178 IPRG, sofern dem Schutz der Parteien vor unüberlegt eingegangen Verpflichtungen ausreichend Rechnung getragen wird[143] und der Nachweis der Vereinbarung durch Text möglich ist. Dementsprechend muss der Sportler in zumutbarer Weise von der Schiedsklausel, der er sich durch die Mitgliedschaft oder einen Regelanerkennungsvertrag unterwirft, Kenntnis erlangen.[144] Die Anforderungen an die Kenntnis sind allerdings nicht sehr hoch. So ist nach Ansicht des Schweizerischen Bundesgerichts bereits ein sogenannter Globalverweis zulässig, das heißt ein vertraglicher Verweis auf ein anderes Dokument oder Regelwerk, welches wiederum die Schiedsklausel enthält.[145]

Somit scheint die Auferlegung satzungsmäßiger Schiedsklauseln auf den ersten Blick zwar vorteilhafter zu sein.[146] Doch seitdem sich die Olympische Bewegung vom reinen Amateursport losgesagt hat, werden die Beziehungen zwischen Sportlern und Sportverbänden heute zumeist aus Praktikabilitätsgründen weitgehend individualvertraglich geregelt.[147]

---

142 *Haas/Hauptmann*, SchiedsVZ 2004, 175, 183; MünchKommZPO/*Münch*, zu § 1066 ZPO, Rn. 16, wonach die Mitglieder die Bindung allein aufgrund der Mitgliedschaft eingehen.

143 Zürcher Kommentar IPRG/*Volken*, zu Art. 178, Rn. 38 f.

144 BGH, NJW 1995, 583, 586, zur satzungsmäßigen Schiedsklausel; nach ständiger Rechtsprechung des Schweizerischen Bundesgerichts ist der Globalverweis auf eine in einer Verbandssatzung enthaltene Schiedsklausel ausreichend, siehe *Beffa/* Ducray, CaS 2012, 193, 195; *Oschütz*, Sportschiedsgerichtsbarkeit, S. 225 ff., zum Problem der Einbeziehung mehrerer Satzungen durch eine sog. „dynamische Verweisung".

145 BG v. 7. Februar 2001, 4P.230/2000, E.2.a), Bulletin ASA 2001, 523 ff. – „Roberts"-Entscheidung (siehe unten ab S. 52); in BG v. 31. Oktober 1996, Recueil des sentences du TAS (1986-1998), S. 577, 581 f., begründet das Schweizerische Bundesgericht die Wirksamkeit eines Globalverweises mit dem Vertrauensprinzip, das heißt mit der Tatsache, dass der Sportler die Schiedsklausel kannte bzw. hätte kennen müssen, obwohl diese nicht ausdrücklich Vertragsgegenstand war.

146 Dies stellt für die Verbände und Vereine eine erhebliche Erleichterung dar. So auch *Kröll*, ZIP 2005, 13, 14.

147 *Pinna*, Gazette du Palais du 19/20 mai 2004, 31, 38; *Oschütz*, Sportschiedsgerichtsbarkeit, S. 228, der die individualvertragliche Bindung an die Schiedsklausel für praktikabler hält; *Netzle*, in: ASA Special Series No. 11, Arbitration agreements by reference to regulations of sports organisations, S. 45, 47; *Hofmann*, Zur Notwendigkeit eines institutionellen Sportschiedsgerichts in Deutschland,

Denn auf diese Weise entsteht auch zwischen den Sportverbänden und solchen Sportlern, die zum Beispiel Nichtmitglieder oder nur mittelbare Mitglieder des Sportverbandes sind, ein direktes rechtsgeschäftliches Verhältnis, welches den Verbänden ein unmittelbares Durchgreifen zum Zwecke der Satzungs- und Regelbefolgung ermöglicht.[148] Nach Ansicht des Bundesgerichtshofs ist dem Bedürfnis nach Rechtssicherheit grundsätzlich sowohl bei individualvertraglichen Schiedsabreden als auch bei satzungsmäßigen Schiedsklauseln ausreichend Rechnung getragen, da beiden Formen in der Regel die Nachprüfbarkeit des Gegenstands der Schiedsgerichtsbarkeit, ihre nähere Ausgestaltung, der betroffene Personenkreis sowie die Ernsthaftigkeit des Willens zur Unterwerfung unter die Entscheidung eines privaten Schiedsgerichts entnommen werden könnten.[149] Zumindest letzteres muss im Bereich des verbandsmäßig organisierten Sports aber aufgrund der typisierbaren Fallgestaltung angezweifelt werden, weshalb sich die Frage stellt, ob und in welcher Form ein Sportler den Willen, seine (zukünftigen) Streitigkeiten durch ein institutionelles Sportschiedsgericht beilegen zu lassen, überhaupt ernsthaft und zweifelsfrei zum Ausdruck bringen kann.

2. Formvorschriften und materielle Freiwilligkeit

Die Erkennbarkeit der Ernsthaftigkeit des Willens zur Unterwerfung unter die institutionelle Sportschiedsgerichtsbarkeit könnte durch die Einhaltung der gesetzlichen Formvorschriften für Schiedsvereinbarungen[150] gewährleistet sein. Diese haben in erster Linie den Zweck, die Parteien vor heimlich eingeführten Schiedsklauseln oder einer übereilten Unterwerfung zu schützen, indem sie ihnen die Art und den Inhalt des Rechtsgeschäfts in ausreichendem Maße zugänglich und bewusst machen.[151] Dieser soge-

---

S. 350 f., nach dessen Ansicht der Abschluss sog. Regelanerkennungsverträge, die als „Erstreckungsverträge“ auch Schiedsvereinbarungen enthalten können, aufgrund ihrer Vorteilhaftigkeit die Regel darstellt.

148 *Muresan/Korff*, CaS 2014, 199 f.; *Haas*, ZGR 2001, 325, 346; BGH, NJW 1995, 583, 584, wonach sich bspw. Personen, die nicht Mitglied eines Verbandes sind, der verbandsmäßigen Disziplinarhoheit durch vertragliche Vereinbarung unterstellen können.

149 So BGH, NJW 2000, 1713.

150 Vgl. bspw. § 1031 ZPO, Art. 178 IPRG oder Art. II Abs. 2 UNÜ.

151 *Oschütz*, Sportschiedsgerichtsbarkeit, S. 229; *Haas*, ZGR 2001, 325, 330.

nannten Warn- und Hinweisfunktion werden regelmäßig sowohl individualvertragliche Schiedsabreden als auch satzungsmäßige Schiedsklauseln und sogar Globalverweise gerecht,[152] sofern der Sportler mit der Schiedsklausel rechnen musste und diese dem Vertragsgegenstand nicht fremd ist.[153] Zweifelhaft ist, ob die Einhaltung der Formvorschriften und die Kenntnis von der Schiedsvereinbarung überhaupt als Indiz für die Freiwilligkeit der Unterwerfung unter die Schiedsgerichtsbarkeit dienen können.

Nach einer Entscheidung des Bundesgerichtshofs[154] erfolgt der Verzicht auf den staatlichen Rechtsschutz bei Vorliegen individualvertraglicher Schiedsabreden durch die Einhaltung der Formerfordernisse des § 1031 ZPO stets bewusst und freiwillig, so dass dementsprechend nur bei Vorliegen satzungsmäßiger Schiedsklauseln beziehungsweise bei Missachtung des § 1031 ZPO ein Wirksamkeitshindernis in Betracht käme. Das Oberlandesgericht München ist darüber hinaus der Ansicht, dass das Vorliegen einer tatsächlichen Zustimmung grundsätzlich eine Verletzung der Garantien des Art. 6 EMRK ausschließt.[155] Diese Ansichten verkennen, dass allein die Einhaltung von Formvorschriften den Sportler nicht vor unzulässiger Machtausübung vonseiten der Verbände schützt.[156] Aufgrund seiner unterlegenen Verhandlungsposition können ihm Schiedsklauseln gleich welcher Art aufgezwungen werden.[157] An dieser Stelle macht es keinen

152 St. Rspr. des Schweizerischen Bundesgericht, vgl. bspw. BG v. 9. Januar 2009, CaS 2009, 7, 10; BG v. 25. März 2004, 4P.253/2003, E.5.4; BG v. 31. Oktober 1996, Recueil des sentences du TAS (1986-1998), S. 577 ff.

153 „Les clauses [...] ‚non volues' doivent [...] être ‚étrangères à l'affaire'", siehe *Baddeley*, L'association sportive face au droit, S. 285. Früher war noch ein ausdrücklicher Hinweis auf die satzungsmäßige Schiedsklausel zur Einhaltung der Formerfordernisse erforderlich. Andernfalls durfte der Sportler zwischen der staatlichen Gerichtsbarkeit und der Schiedsgerichtsbarkeit wählen, vgl. *Baddeley*, L'association sportive face au droit, S. 283.

154 BGH, NJW 2000, 1713 f.; siehe hierzu näher bei Teil 2/Kapitel 2/B./II. ab S. 67.

155 OLG München, SchiedsVZ 2015, 40, 44; siehe unten bei Teil 2/Kapitel 2/B./IV./3. ab S. 79.

156 Auch *Monheim*, SpuRt 2008, 8, 9, kritisiert die Vermengung der Merkmale „Schriftform" und „Freiwilligkeit"; *Monheim*, in: Facetten des Sportrechts, Die Vereinbarkeit von Schiedsabreden und Schiedsgerichten im Sport mit dem Rechtsstaatsprinzip, S. 93, 102; *Haas*, ZGR 2001, 325, 330; siehe ausführlich zu dieser dogmatischen Inkorrektheit bei Teil 2/Kapitel 2/B./II./2./a. ab S. 68.

157 „[...] les athlètes n'ont pour ainsi dire pas de marge de manœuvre." *Baddeley*, ZSR 115 (1996) II, S. 135, 210; *Bergmann*, in: Recht und Sport, Rechtliche Problemstellungen um die Athletenvereinbarung aus Athletensicht, S. 59, 60;

Unterschied, ob der Zwang auf die Unterzeichnung einer individualvertraglichen Schiedsabrede oder auf die Unterwerfung unter eine satzungsmäßige Schiedsklausel gerichtet ist.[158] Aufgrund seiner Alternativlosigkeit macht es auch keinen Unterschied, ob sich der Sportler wissentlich oder ohne Kenntnis der Schiedsgerichtsbarkeit unterwirft. Denn er kann in der Praxis weder auf den Inhalt der Schiedsabrede noch auf die Verbandsregelwerke gestaltend Einfluss nehmen.[159] Die bloße Einhaltung der Formvorschriften und somit die Wahrung der Warn- und Hinweisfunktion garantieren demnach nicht die materielle Freiwilligkeit des Verzichts auf den staatlichen Rechtsschutz,[160] sondern attestieren allenfalls die tatsächliche Willenseinigung[161]. Der Sportler wird sich angesichts der Abhängigkeit vom Sportverband und der damit einhergehenden Alternativlosigkeit unabhängig von der Art und Form der Schiedsvereinbarung stets gezwungen sehen, diese zu akzeptieren.[162] Demnach wird in der vorliegenden Untersuchung auf eine Differenzierung der Unterwerfungsarten bis auf wenige Ausnahmen verzichtet, da in jedem Fall auch die materiellrechtlich freiwillige Unterwerfung unter die Schiedsgerichtsbarkeit als für die Wirksamkeit der Schiedsvereinbarung entscheidendes Kriterium gegeben sein muss.

Abschließend sei darauf hingewiesen, dass ausschließlich diejenigen Schiedsvereinbarungen problematisch sind, die vor Entstehen der konkre-

---

Reinsch, Frankfurter Allgemeine Zeitung (Printausgabe) vom 16.04.2014, Der Preis des Rechtsstaates?, S. 28.

158 *Monheim*, Sportlerrechte und Sportgerichte im Lichte des Rechtsstaatsprinzips, S. 150 f. und 163; *Hofmann*, Zur Notwendigkeit eines institutionellen Sportschiedsgerichts in Deutschland, S. 349.

159 So auch *Haas*, ZGR 2001, 325, 346.

160 *Haas/Hossfeld*, Bulletin ASA 2012, 312, 323, wonach das Erfordernis einer „ausdrücklichen Erklärung“ nicht verhindert, dass einem Sportler eine „opt-out“-Klausel nach Art. 353 Abs. 2 ZPO (Ausschluss der Art. 353 ff. Schweizerische ZPO zugunsten der Anwendbarkeit der Art. 176 ff. IPRG) aufgezwungen werden kann; *Haas/Hauptmann*, SchiedsVZ 2004, 175, 178; *Haas*, ZGR 2001, 325, 330; *Monheim*, Sportlerrechte und Sportgerichte im Lichte des Rechtsstaatsprinzips, S. 151; *Oschütz*, Sportschiedsgerichtsbarkeit, S. 229.

161 *Haas/Hauptmann*, SchiedsVZ 2004, 175, 178, bezugnehmend auf Lindacher, in: Festschrift für Habscheid, 1989, S. 167, 170.

162 Vgl. bspw. *Monheim*, SpuRt 2008, 8, 9, der richtigerweise vorbringt, dass die Einhaltung der Schriftform nichts mit der Freiwilligkeit der Entscheidung, seine Streitigkeiten vor einem Schiedsgericht beizulegen, zu tun hat; *Oschütz*, Sportschiedsgerichtsbarkeit, S. 210 m.w.N.; *Nicklisch*, BB 1972, 1285, 1286.

ten Streitigkeit abgeschlossen beziehungsweise auferlegt werden,[163] da nur diese zur Bedingung für die Teilnahme am verbandsmäßig organisierten Spielbetrieb gemacht werden und somit die Zwangssituation begründen. Das Angebot, eine bereits entstandene Streitigkeit von einem Schiedsgericht entscheiden zu lassen, kann, aber muss der Sportler nicht annehmen, so dass er in diesem Fall den Rechtsweg freien Willens mitbestimmen kann.

III. Beispiele für Schiedszwang in der Praxis

Nahezu alle großen Verbände, wie zum Beispiel die FIFA, die UEFA, die FIBA oder auch das IOC, sehen in ihren Verbandsregelwerken einen zwingenden Verzicht auf die staatliche Gerichtsbarkeit vor.[164] So werden beispielsweise die Olympiateilnehmer durch die Regeln 40 i.V.m. 61 Olympische-Charta beziehungsweise durch die Regel 43 Olympische-Charta i.V.m. Art. 13.2.1 WADA-Code zur Anerkennung einer Schiedsvereinbarung gezwungen, wenn sie nicht auf den Start bei den Olympischen Spielen verzichten wollen.[165]

Auch ein Fußballspieler, der in der deutschen Bundesliga (DFL) spielen möchte, muss als Bedingung für den Erhalt seiner Spielerlizenz einen Schiedsgerichtsvertrag unterzeichnen, siehe § 2 Nr. 1 lit. c) i.V.m. § 4 Nr. 6 Ligastatut der DFL[166]. Entsprechend verhält es sich in der Swiss Football League (SFL). Nach Art. 7 SFL-Statuten[167] werden alle schiedsgerichtsfähigen Streitigkeiten, die sich aus der Anwendung der Statuten oder Regelwerke der SFL ergeben oder im Zusammenhang mit diesen stehen, ausschließlich vom TAS entschieden. Über die nationalen Verbandsbestimmungen hinaus sind alle Fußballspieler solcher Vereine, die über einen nationalen Verband mittelbar der FIFA angehören, unter Ausschluss der ordentlichen Gerichtsbarkeit (Art. 68 Abs. 2 FIFA-Statuten) an die Schiedsklausel aus Art. 67 FIFA-Statuten gebunden.[168] Genauso verhält es sich

163 *König*, SpuRt 2004, 137, 138; *Nicklisch*, BB 1972, 1285, 1290 a.E.

164 *Schulze*, IJVO 15 (2008), S. 15.

165 *Adolphsen*, SchiedsVZ 2004, 169, 173.

166 Abrufbar unter: http://www.dfb.de/fileadmin/_dfbdam/15_Ligaverband_Ligastatut-3.pdf (zuletzt aufgerufen am 04.07.2015).

167 Abrufbar unter: http://www.sfl.ch/sfl/reglementedokumente/ (zuletzt aufgerufen am 04.07.2015).

gemäß Art. 59 f. UEFA-Statuten für die Wettbewerbe der UEFA. Die nationalen Verbände sollen hiernach „eine Bestimmung in ihre Statuten aufnehmen, wonach nationale Streitsachen, die aus der Anwendung ihrer Statuten oder Reglemente oder im Zusammenhang mit diesen entstehen, unter Vorbehalt ihrer nationalen Gesetzgebung, in letzter Instanz unter Ausschluss aller ordentlichen Gerichte einem unabhängigen und unparteiischen Schiedsgericht unterbreitet werden.“

Während die UEFA ihren Mitgliedern die Errichtung eines eigenen Schiedsgerichts für nationale Streitigkeiten freistellt, empfiehlt beispielsweise der Internationale Triathlonverband in Art. 7.2.h) ITU-Constitution[169] seinen nationalen Verbänden ausdrücklich die satzungsmäßige Einführung einer Schiedsklausel zum TAS. Diese Vorgabe wurde von SWISS Triathlon in Art. 7.1 Abs. 2 seiner Statuten[170] umgesetzt, während sich die Deutsche Triathlon Union in § 5.4.2 ihrer Satzung[171] entgegen dieser Empfehlung für eine zwingende Schiedsklausel zum Deutschen Sportschiedsgericht (DSS) entschieden hat.

Weitere internationale Sportverbände, die die Unterwerfung des Sportlers unter die Schiedsgerichtsbarkeit zwingend vorschreiben, sind beispielsweise die International Association of Athletics Federations (IAAF)[172], die International Handball Federation (IHF)[173], die Union Cycliste Internationale (UCI)[174] sowie die Fédération Internationale de Ski (FIS)[175].

---

168 Vgl. hierzu BG v. 9. Januar 2009, 4A_460/2008, E.6.2.; *Grätz*, Missbrauch der marktbeherrschenden Stellung durch Sportverbände, S. 27.

169 Abrufbar unter: http://www.triathlon.org/uploads/docs/itu-constitution-approved-congress2011.pdf (zuletzt aufgerufen am 04.07.2015).

170 Abrufbar unter: http://www.swisstriathlon.ch/PortalData/1/Resources/documents/verband/2010/dv/Statuten_2010_d.pdf (zuletzt aufgerufen am 04.07.2015).

171 Abrufbar unter: http://www.dtu-info.de/a/dateien/regelwerk-ordnungen/Satzung%2005.11.2011.pdf (zuletzt aufgerufen am 04.07.2015).

172 Siehe Art. 15 Abs. 1 IAAF-Satzung, abrufbar unter: http://www.iaaf.org/download/download?filename=2754db2f-a2fe-4793-8b1b-06559fe4f716.pdf&urlslug=IAAF%20Constitution (zuletzt aufgerufen am 04.07.2015).

173 Siehe Art. 21 und 22 IHF-Satzung, abrufbar unter: http://www.ihf.info/files/Uploads/NewsAttachments/0_01%20-%20Statutes_ALL.pdf (zuletzt aufgerufen am 04.07.2015).

174 Siehe Art. 74 ff. UCI-Satzung, abrufbar unter: http://www.uci.ch/mm/Document/News/Rulesandregulation/16/26/19/STA-20140926-E_English.pdf (zuletzt aufgerufen am 04.07.2015).

IV. Zusammenfassung

Insbesondere im verbandsmäßig organisierten Sport mit seinen strukturellen Besonderheiten und den unterschiedlichen Machtverhältnissen zwischen den beteiligten Sportlern und Verbänden unterliegen der Grundsatz der Vertragsfreiheit und folglich auch der Justizgewährungsanspruch beim Abschluss von Schiedsvereinbarungen einigen Einschränkungen.[176] Die Privatautonomie wird in diesem Bereich auf die Abschlussfreiheit reduziert, indem der einzelne Sportler grundsätzlich nur die Wahl hat, auf den Zugang zur staatlichen Gerichtsbarkeit oder auf die verbandsmäßig organisierte Sportausübung zu verzichten.[177] Die Schiedsgerichtsbarkeit im Sport ist demnach eine spezielle Form der Schiedsgerichtsbarkeit, für die der Wille des Sportlers beim Abschluss der Schiedsvereinbarung nur eine untergeordnete Rolle spielt.[178] Zwar wird weder im schweizerischen noch im deutschen Recht[179] die Freiwilligkeit für den Abschluss einer Schiedsvereinbarung ausdrücklich vorausgesetzt.[180] Als zentrales und verfassungsrechtlich garantiertes Element der Vertragsfreiheit muss ihr jedoch eingehend Beachtung geschenkt werden.[181] Dementsprechend ist im folgenden Kapitel zu erörtern, wie die nationalen Gerichte in der Schweiz und in Deutschland die Wirksamkeit von Schiedsvereinbarungen, die unter sportspezifischen oder ähnlichen Umständen abgeschlossen werden, beurteilen und inwieweit den Bedürfnissen des Sports, aber auch der

175 Siehe Art. 52.6 FIS-Satzung, abrufbar unter: http://www.fis-ski.com/mm/Document/documentlibrary/Statutes/02/03/06/statutes-2012-complete_Neutral.pdf (zuletzt aufgerufen am 04.07.2015).

176 Anm. v. *Haas/Reiche* zu BGE 133 III 235 ff., SchiedsVZ 2007, 330, 335; *Baddeley*, CaS 2007, 155, 159 f.

177 „Take it or leave it", siehe *Nicklisch*, BB 1972, 1285.

178 *Knoepfler*, SZIER 2007, 463, 466.

179 Zumindest seit der Schiedsverfahrensrechtsreform im Jahre 1997, d.h. mit Abschaffung des § 1025 Abs. 2 ZPO a.F. (siehe hierzu näher bei Teil 2/Kapitel 3/B./II./1./a./bb) ab S. 116).

180 *Hofmann*, Zur Notwendigkeit eines institutionellen Sportschiedsgerichts in Deutschland, S. 82.

181 Auch *Monheim*, SpuRt 2008, 8, 9, hält es für „unverständlich", dass vermehrt davon ausgegangen wird, das Problem der Freiwilligkeit stelle sich seit der Schiedsverfahrensrechtsreform nicht mehr und es sei, wenn überhaupt, nur noch eine Inhaltskontrolle der Vereinbarung durchzuführen; a.A. *Adolphsen*, Internationale Dopingstrafen, S. 561, für den die Wirksamkeit der Schiedsvereinbarung nicht aufgrund eines Mangels an Freiwilligkeit in Frage gestellt werden kann.

Schutzbedürftigkeit des regelmäßig alternativlosen Sportlers durch die staatlichen Gerichte Rechnung getragen wird.

Kapitel 2: Rechtsprechungsüberblick

In der Praxis kommt es nicht selten vor, dass sich ein Sportler – ob als Vertragspartner einer Athletenvereinbarung oder als Mitglied eines Sportverbandes – im Falle einer Rechtsstreitigkeit gegen die Wirksamkeit einer Schiedsvereinbarung zur Wehr setzt und angesichts der zuvor geschilderten Fallgestaltung die Zuständigkeit des Schiedsgerichts vor einem staatlichen Gericht bestreitet. Ein Rechtsprechungsüberblick zeigt zunächst auf, wie (unterschiedlich) die staatlichen Gerichte in der Schweiz und in Deutschland diese Problematik beurteilen.

A. Schweiz

Die Problematik der erzwungenen Unterwerfung unter die Schiedsgerichtsbarkeit im Sport wurde in der schweizerischen Rechtsprechung bis zum jetzigen Zeitpunkt nur mit Zurückhaltung behandelt. So musste und wollte das Schweizerische Bundesgericht in der Rechtssache „Nagel“[182] mangels vorinstanzlicher Feststellungen beispielsweise nicht entscheiden, ob eine erzwungene Schiedsvereinbarung gegen Art. 27 ZGB verstößt, wenn sich der Sportler des Abschlusses der Schiedsvereinbarung faktisch nicht erwehren kann.[183] Nennenswerte Erwägungen, die die Ansicht des Schweizerischen Bundesgerichts zur Wirksamkeit von Schiedsvereinbarungen im Sport widerspiegeln, wurden erst in den folgenden Entscheidungen angestellt.

---

182 BG v. 31. Oktober 1996, Recueil des sentences du TAS (1986-1998), S. 577 ff.
183 *Haas*, ZEuP 1999, 355, 373.

I. „Roberts"-Entscheidung des Schweizerischen Bundesgerichts[184]

1. Zusammenfassung der Entscheidung

Anlässlich der Entscheidung im Fall Roberts hatten die Richter am Schweizerischen Bundesgericht zu beurteilen, ob eine in den FIBA-Statuten enthaltene Schiedsklausel dem U.S.-amerikanischen Basketballspieler Stanley Roberts entgegengehalten werden konnte, obwohl dieser weder Mitglied der Fédération Internationale de Basketball (FIBA) oder sonst eines dem Verband unterstellten Vereins war noch eine individualvertragliche Vereinbarung über die Schiedsgerichtsbarkeit abgeschlossen wurde. Aufgrund einer Doping-Sperre der U.S.-amerikanischen Profi-Basketballliga NBA wurde der Spieler von der FIBA für einen Zeitraum von zwei Jahren gesperrt. Hiergegen beschritt Roberts den verbandsinternen Rechtsweg und legte Berufung vor der FIBA-Appellationskommission ein, für deren Zulässigkeit er die Verbandsprozessordnung anzuerkennen hatte. Letztere enthielt zwar einen Verweis auf die Anwendbarkeit der FIBA-Verbandsregelwerke, ein konkreter Hinweis auf die darin enthaltene Schiedsklausel zum TAS fehlte jedoch. Nachdem die Berufung zurückgewiesen wurde, stellte sich folglich die Frage nach dem zu beschreitenden Rechtsweg. Roberts wandte sich zunächst mit dem Begehren an das TAS, dieses solle sich mangels wirksamer Schiedsvereinbarung mittels eines Vorentscheids für unzuständig erklären. Das TAS erklärte sich jedoch für zuständig und entschied zugunsten der FIBA in der Sache. Daraufhin zog Roberts mit einer Beschwerde vor das Schweizerische Bundesgericht.

Die gemäß Art. 190 Abs. 2 lit. b) IPRG wegen Unzuständigkeit des TAS erhobene Anfechtungsklage wiesen die Bundesrichter im Ergebnis mit der bereits vom TAS geäußerten Begründung zurück. Nach Ansicht der TAS-Schiedsrichter stelle die Einlegung einer Beschwerde bei einer verbandsinternen Appellationskommission gleichzeitig einen ausreichenden Beweis für die Kenntnis der (Verbands-)Prozessregeln dar, weshalb der internationale Verband daher nach „Treu und Glauben" darauf vertrauen konnte, dass der Spieler „alle Regeln bezüglich der Anfechtung von

184 BG v. 7. Februar 2001, 4P.230/2000, Bulletin ASA 2001, S. 523 ff.; eine ausführliche Darstellung des Sachverhalts und der parallelen Gerichtsverfahren vor dem LG und OLG München bei *Martens/Feldhoff-Mohr*, SchiedsVZ 2007, 11 ff., und *Monheim*, Sportlerrechte und Sportgerichte im Lichte des Rechtsstaatsprinzips, S. 347 ff.

Entscheiden akzeptiert habe."[185] Das sogenannte Vertrauensprinzip verlange, dass der Spieler einen Vorbehalt gegenüber der Schiedsvereinbarung zum Ausdruck bringen müsse, sofern er diese nicht akzeptiere.[186] Der in einem zwischen den Parteien ausgetauschten Dokument enthaltene globale Verweis auf ein Verbandsregelwerk, welches die Schiedsklausel enthalte, genüge außerdem den formalen Anforderungen des Art. 178 IPRG, da auch diese Form den „Nachweis der Vereinbarung durch Text"[187] ermögliche.[188] Darüber hinaus könne aus einer vorbehaltslosen Einlassung mit dem Verband[189] und aus dem impliziten Antrag auf generelle Start- beziehungsweise Spielerlaubnis[190] auf die Zustimmung des Sportlers zur schiedsgerichtlichen Streitbeilegung geschlossen werden, sofern dieser die Schiedsklausel im verwiesenen Dokument kannte.[191] Da die Richter die Existenz einer Schiedsvereinbarung zugunsten des TAS in keiner Weise als „ungewöhnlich" erachten, seien an die Voraussetzung der Kenntnis keine großen Anforderungen zu stellen.[192]

2. Würdigung

Der Fall Roberts zeigt beispielhaft auf, dass der Sportler innerhalb der monopolistischen Verbandsstruktur das schwächste Glied darstellt.[193] Denn das Schweizerische Bundesgericht berücksichtigte weder die mit der monopolistischen Verbandsstruktur zusammenhängende Problematik der Freiwilligkeit noch die faktische Unmöglichkeit der Sportausübung, die

185 Auslegung nach dem sog. Vertrauensprinzip, siehe BG v. 7. Februar 2001, 4P. 230/2000, E.2, Bulletin ASA 2001, 523 ff.

186 Siehe BG v. 7. Februar 2001, 4P.230/2000, E.2.a), Bulletin ASA 2001, 523 ff.

187 Siehe Wortlaut von Art. 178 Abs. 1 IPRG.

188 BG v. 7. Februar 2001, 4P.230/2000, E.2.a), Bulletin ASA 2001, 523 ff.

189 Gemeint ist hier die rügelose Verhandlung in einem Prozess, vgl. BGE 4P. 230/2000, E.2.a), Bulletin ASA 2001, 523 ff.

190 Das Gericht sah in dem Antrag auf Aufhebung der Sperre gleichzeitig einen Antrag auf Erteilung einer generellen Spielerlaubnis, vgl. BG v. 7. Februar 2001, 4P. 230/2000, E.2.b), Bulletin ASA 2001, 523 ff.

191 BG v. 7. Februar 2001, 4P.230/2000, E.2.a), Bulletin ASA 2001, 523 ff.

192 BG v. 7. Februar 2001, 4P.230/2000, E.2, Bulletin ASA 2001, 523 ff.

193 So auch *Monheim*, Sportlerrechte und Sportgerichte im Lichte des Rechtsstaatsprinzips, S. 348.

der Spieler aufgrund der vom Dachsportverband ausgesprochenen Sperre zu erwarten hatte.[194]

Darüber hinaus ist die Heranziehung des Vertrauensprinzips zur Begründung der materiellen Wirksamkeit der Schiedsvereinbarung nach Art. 178 Abs. 2 IPRG[195] nur schwer nachvollziehbar. Nach dem Vertrauensprinzip sind Erklärungen so auszulegen, wie sie nach ihrem Wortlaut und Zusammenhang sowie den gesamten Umständen verstanden werden durften und mussten.[196] Eine Zustimmung gerichtet auf den Abschluss einer Schiedsvereinbarung hat der Sportler jedoch gar nicht erteilt. Vielmehr lässt das Gericht die Kenntnis beziehungsweise das Kennenmüssen von der Schiedsklausel in den Verbandsregelwerken für die Annahme einer wirksamen Schiedsvereinbarung genügen. Dies ist jedoch kaum mit dem Sinn und Zweck der formalen Anforderungen des Art. 178 Abs. 1 IPRG in Einklang zu bringen.[197] Aus der Einhaltung der Formerfordernisse ergibt sich, dass mit der Bindung an die Schiedsvereinbarung eine klare Willensäußerung einhergehen soll,[198] welche vorliegend nicht zum Ausdruck gebracht wurde. Der diesbezügliche Einwand des Gerichts, der Sportler hätte hinsichtlich der Schiedsklausel einen Vorbehalt erklären können, bürdet der schwächeren Partei eine zusätzliche Verpflichtung auf, die dem Gesetz so nicht entnommen werden kann.[199] Auf die Alternativlosigkeit des Sportlers geht das Gericht gar nicht ein. Die richterlichen Erwägungen zum Vertrauensprinzip begünstigen somit einzig die Sportverbände. Denn einerseits ist es der Struktur des Sportverbandswesens immanent, dass sich ein Weltsportverband im Einklang mit dem Vertrauensprinzip stets auf die Kenntnis beziehungsweise das Kennenmüssen seiner Regelungen berufen kann. Und andererseits kann er aufgrund seiner Monopolstellung und der daraus resultierenden Überlegenheit dem auf die Sportausübung angewiesenen Sportler stets auch eine vorbehaltslose Er-

194 Vgl. auch *Schulze*, IJVO 15 (2008), S. 18.

195 Gem. Art. 178 Abs. 2 IPRG ist eine Schiedsvereinbarung gültig, wenn sie dem von den Parteien gewählten, dem auf die Streitsache , insbesondere dem auf den Hauptvertrag anwendbaren oder dem schweizerischen Recht entspricht.

196 Vgl. u.a. BG v. 6. April 2010, BGE 136 III 186, 188; Basler Kommentar OR/*Bucher*, zu Art. 1 OR, Rn. 6, 6a.

197 *Monheim*, Sportlerrechte und Sportgerichte im Lichte des Rechtsstaatsprinzips, S. 352 f.

198 Siehe Zürcher Kommentar IPRG/*Volken*, zu Art. 178, Rn. 22.

199 *Monheim*, Sportlerrechte und Sportgerichte im Lichte des Rechtsstaatsprinzips, S. 352 f.

klärung abverlangen. Angesichts der bestehenden Ungleichgewichtslage besitzt der Sportler keinerlei Verhandlungsspielraum[200], weshalb für die Beurteilung der Wirksamkeit einer Zustimmung zum Verzicht auf den staatlichen Rechtsschutz in diesen besonderen Konstellationen strengere Maßstäbe angesetzt werden müssen. Für die Annahme einer tatsächlichen Zustimmung des Sportlers sollte neben dem fehlenden Vorbehalt demnach noch ein entsprechendes Verhalten treten, wie zum Beispiel die rügelose Einlassung auf ein Schiedsverfahren[201] oder die Inanspruchnahme des Schiedsgerichts in einem früheren Fall[202].[203]

Die Entscheidung im Fall Roberts verdeutlicht eine sehr liberale Argumentationslinie, mit der das Schweizerische Bundesgericht die Wirksamkeit von Schiedsvereinbarungen im Sport beurteilt.[204] Neben die Anerkennung der Wirksamkeit einer Schiedsvereinbarung mittels Globalverweises[205] tritt nun zusätzlich die Gebundenheit an eine Schiedsvereinbarung aufgrund rein verbandsinterner prozessualer Schutzmaßnahmen, ohne dass der Sportler seinen Willen, sich der Schiedsgerichtsbarkeit zu unterwerfen, erkennbar zum Ausdruck bringt. Darüber hinaus bezieht das Gericht in seine Erwägungen nicht mit ein, dass wohl erst die Ausschöpfung des verbandsinternen Rechtswegs das Rechtsschutzbedürfnis für eine Klage vor

---

200 Vgl. bspw. BG v. 22. März 2007, BGE 133 III 235, 243; *Pinna*, Gazette du Palais du 19/20 mai 2004, 31, 38; *Wyler*, ZSR 116 (1997) I, S. 45, 60.

201 Auf den Justizgewährungsanspruch kann auch im Wege einer rügelosen Einlassung auf das Schiedsverfahren wirksam verzichtet werden, so LG München I v. 26. Februar 2014, CaS 2014, 154, 171 (=SpuRt 2014, 113, 122).

202 Siehe z.B. Auszug eines Urteils des Schweizerischen Bundesgerichts, BG v. 31. Oktober 1996, Recueil des sentences du TAS (1986-1998), S. 577, 582.

203 Im Kern geht es in diesen Konstellationen um das allgemein anerkannte Verbot widersprüchlichen Verhaltens, siehe *Pfeiffer*, SchiedsVZ 2014, 161, 162. *Pfeiffer* vertritt jedoch die Ansicht, dass in einer rügelosen Einlassung auf ein Schiedsverfahren nicht grundsätzlich ein widersprüchliches Verhalten gesehen werden. So in etwa, wenn die Rüge von vornherein aussichtslos erscheint.

204 In BG v. 16. Oktober 2003, BGE 129 III 727, 735, nehmen die Richter auf die Roberts-Entscheidung und den hierin zum Ausdruck kommenden Liberalismus Bezug und vertreten ebenfalls die Ansicht, dass keine strengen Anforderungen an die Form und die Tragweite einer Schiedsvereinbarung zu stellen sind; siehe zum Vergleich, wie akribisch das Deutsche Sportschiedsgericht das Vorliegen einer wirksamen Schiedsvereinbarung prüft, DIS-SV-SP-03-12, Schiedsspruch v. 22. Dezember 2012 (abrufbar unter „Rechtsprechung": http://www.dis-sportschiedsgericht.de/, zuletzt aufgerufen am 04.07.2015).

205 Auszug eines Urteils des Schweizerischen Bundesgerichts, BG v. 31. Oktober 1996, Recueil des sentences du TAS (1986-1998), S. 577 ff.

einem ordentlichen Gericht begründet hätte. Dem Sportler blieb somit nichts anderes übrig, als unter Anerkennung der Verfahrensordnung das – zunächst verbandsinterne – Appellationsverfahren zu beschreiten.

II. „Cañas"-Entscheidung des Schweizerischen Bundesgerichts[206]

1. Zusammenfassung der Entscheidung

In seiner „Cañas"-Entscheidung beurteilte das Schweizerische Bundesgericht in erster Linie die Rechtmäßigkeit eines Rechtmittelverzichts im Sinne von Art. 192 Abs. 1 IPRG, den der argentinische Tennisprofi Guillermo Cañas in Verbindung mit einer Schiedsvereinbarung im Rahmen einer Athletenvereinbarung zu erklären hatte.[207] Beide Rechtsakte werden als Teil der Verbandsregelwerke der Association of Tennis Professionals Tour (ATP) für die Teilnahme an von der ATP organisierten Turnieren vorausgesetzt. Trotz des erklärten Rechtsmittelverzichts wandte sich der argentinische Tennisprofi gegen eine vom TAS bestätigte 15-monatige Dopingsperre mit einer Beschwerde an das Schweizerische Bundesgericht.

Obwohl für die Frage nach der Zuständigkeit des Schweizerischen Bundesgerichts die Beurteilung der Wirksamkeit des Rechtsmittelverzichts im Vordergrund stand, musste sich das Gericht auch mit der Zwangslage des Sportlers beim Abschluss der Schiedsvereinbarung auseinandersetzen. Die Richter hoben in diesem Zusammenhang die Besonderheiten des internationalen Sports und der Sportschiedsgerichtsbarkeit hervor.[208] Im Gegensatz zu internationalen Geschäftsbeziehungen, in denen sich die Parteien in der Regel auf einer Ebene als gleichwertige Vertragspartner gegenüberstünden (horizontale Beziehung), befände sich der Sportler in einem Subordinationsverhältnis zu den Sportverbänden und Organisationen (vertika-

---

206 BG v. 22. März 2007, BGE 133 III 235 ff.; BG v. 22. März 2007, SchiedsVZ 2007, 330 ff. (mit Anm. von *Haas/Reiche*).

207 Der Verzicht auf Rechtsmittel ist in einem internationalen Schiedsverfahren gem. Art. 192 Abs. 1 IPRG grundsätzlich möglich, sofern keine der Parteien ihren Wohnsitz, gewöhnlichen Aufenthalt oder eine Niederlassung in der Schweiz hat. Angesichts der Tatsache, dass das IOC und der Großteil der internationalen Sportverbände ihren Sitz in der Schweiz haben, wird diese Voraussetzung nur sehr selten erfüllt sein, vgl. BG v. 22. März 2007, BGE 133 III 235, 242 oder *Walter*, Spurt 2008, 133, 137.

208 BG v. 22. März 2007, BGE 133 III 235, 242 ff.

le Beziehung). Deren Regelwerke müsse er annehmen, wenn er am internationalen Wettkampf teilnehmen und damit gegebenenfalls sogar seinen Lebensunterhalt verdienen wolle.[209] Darüber hinaus besitze ein Sportler gegenüber seinem Verband in der Regel keine „Ellbogenfreiheit", weshalb er sich somit „wohl oder übel" den Wünschen seines Verbandes beugen müsse.[210] Unter demselben Erwägungsgrund beschreibt das Gericht sehr anschaulich, welcher Art von Zwängen ein Sportler bei dem Abschluss einer Schiedsvereinbarung ausgesetzt ist.[211] So stelle die Wahl zwischen der Teilnahme an einem Wettbewerb und dem „Zuschauen vor dem Fernseher" für den Sportler ein „Dilemma" dar, das ihn letztlich zum Abschluss der Schiedsvereinbarung zwinge.[212]

Für die Frage nach der Wirksamkeit differenzierten die Richter zwischen dem Abschluss der Schiedsvereinbarung und dem Rechtsmittelverzicht. Begründet wurde dies mit dem Ergebnis einer Interessenabwägung. Die Vertragsfreiheit als ein Wesensmerkmal der Privatautonomie erfordere zwar, dass der Vertragsschluss von keinerlei den Willen beeinträchtigenden Hindernissen beeinflusst und die Willensausübung vor jeglicher Form von Zwang geschützt werde.[213] Dennoch seien an die Freiwilligkeit der Schiedsvereinbarung geringere Anforderungen zu stellen, da die Schiedsgerichtsbarkeit im Sport schnelle und fachkompetente Entscheidungen begünstige, sofern die Unabhängigkeit und Überparteilichkeit der Institution garantiert seien.[214] Demgegenüber müsse dem Sportler aber weiterhin die Möglichkeit gegeben werden, Rechtsmittel einzulegen, da die Sportverbände ihre Entscheidungen in der Regel selbst vollstrecken und somit der Sinn und Zweck des Art. 192 Abs. 1 IPRG, nämlich die Vermeidung einer staatlichen Doppelkontrolle[215] für Streitigkeiten, bei denen keine der Par-

---

209 BG v. 22. März 2007, BGE 133 III 235, 243.

210 „[...] un sportif n'aura pas les coudées franches à l'égard de sa fédération et devra se plier, bon gré mal gré, aux desiderata de celle-ci." Siehe BG v. 22. März 2007, BGE 133 III 235, 243.

211 BG v. 22. März 2007, BGE 133 III 235, 242 ff.

212 BG v. 22. März 2007, BGE 133 III 235, 243 f.

213 Siehe BG v. 22. März 2007, BGE 133 III 235, 242 ff., vor allem wenn es um den Verzicht auf Rechtsmittel geht und eine Partei sämtliche Möglichkeiten, ein rechtswidriges Urteil anzugreifen, verliert.

214 BG v. 22. März 2007, BGE 133 III 235, 245.

215 Einerseits nach Art. 190 Abs. 2 IPRG und andererseits im Anerkennungs- und Vollstreckungsverfahren nach dem New Yorker Übereinkommen über die Anerkennung und Vollstreckung ausländischer Schiedssprüche vom 10. Juni 1958.

teien ihren Wohnsitz, ihren gewöhnlichen Aufenthalt oder eine Niederlassung in der Schweiz hat, unterlaufen würde. Die Richter hoben zwar hervor, dass in der unterschiedlichen Beurteilung der Erklärungen hinsichtlich Form und Willenseinigung theoretisch eine gewisse „Unlogik"[216] gesehen werden könne. Die Möglichkeit, gegen einen Schiedsspruch ein Rechtsmittel zum Schweizerischen Bundesgericht einzulegen, sei jedoch in der Praxis als Gegengewicht für das „Wohlwollen"[217] unbedingt erforderlich, mit dem der Freiwilligkeitsgrundsatz im Rahmen der Schiedsvereinbarung beurteilt werde. Dies rechtfertige eine unterschiedliche Beurteilung einer unter Zwang abgeschlossenen Schiedsvereinbarung und eines unter Zwang erklärten Rechtsmittelverzichts.[218]

2. Würdigung

In der vorliegenden Entscheidung bestätigten die Richter in einem *obiter dictum* die Wirksamkeit erzwungener Schiedsvereinbarungen zum TAS.[219] Dabei gingen sie innerhalb einer richterlichen Interessenabwägung auf die Eigenarten des Sports und insbesondere auf die Alternativlosigkeit des Sportlers sowie die daraus resultierende Zwangslage ein. Nähere rechtliche Ausführungen zu der Wirksamkeit einer erzwungenen Unterwerfung unter die Schiedsgerichtsbarkeit unterblieben allerdings. Stattdessen ließen die Bundesrichter für die Prüfung der materiellen Wirksamkeit der Schiedsvereinbarung überwiegend (sport-)politische Argumente[220] genügen, um den von der ATP ausgeübten Schiedszwang zu rechtfertigen. So müsse man einerseits die Sportschiedsgerichtsbarkeit aufgrund ihrer schnellen und fachkompetenten Entscheidungsfindung favorisieren und

---

216 BG v. 22. März 2007, BGE 133 III 235, 245.

217 BG v. 7. November 2011, BGE 138 III 29, 34; BG v. 22. März 2007, BGE 133 III 235, 245.

218 „[...] le maintien d'une possibilité de recours constitue un contrepoids à la ‚bienveillance' avec laquelle il convient d'examiner le caractère consensuel du recours à l'arbitrage en matière sportive." BG v. 22. März 2007, BGE 133 III 235, 245.

219 *Rigozzi/Robert-Tissot*, in: Jusletter 16. Juli 2012, La pertinence du „consentement" dans l'arbitrage du Tribunal Arbitral du Sport, Rn. 10 und 36.

220 *Rigozzi/Robert-Tissot*, in: Jusletter 16. Juli 2012, La pertinence du „consentement" dans l'arbitrage du Tribunal Arbitral du Sport, Rn. 11 ff., sehen in der Argumentationskette des Bundesgerichts lediglich utilitaristische und pragmatische Gründe sowie eine Mischung aus den beiden.

andererseits bliebe dem Sportler gemäß Art. 190 Abs. 2 IPRG nach wie vor das Rechtsmittel der Beschwerde, um gegen rechtswidrige Schiedsentscheide vorzugehen. Diese Begründung geht allerdings nicht auf die Schutzbedürftigkeit des Sportlers ein und verkennt darüber hinaus, dass die Hürden einer staatsrechtlichen Beschwerde nach Art. 190 Abs. 2 IPRG als sehr hoch einzustufen sind.[221]

Die liberale Einstellung des Schweizerischen Bundesgerichts hinsichtlich der materiellen Wirksamkeit einer Schiedsvereinbarung kommt außerdem mit der Verwendung des Begriffs „Wohlwollen“[222] zum Ausdruck. Aus den Erwägungen geht in diesem Zusammenhang hervor, dass das Bundesgericht eine eingehende Prüfung der materiellen Freiwilligkeit der Zustimmung des Sportlers solange nicht anstrebt, wie aus dessen Sicht die Unabhängigkeit und Überparteilichkeit der Schiedsgerichtsinstitution sowie die grundsätzliche Vorteilhaftigkeit der institutionellen Sportschiedsgerichtsbarkeit als gegeben anzusehen sind.[223] Die wichtige Rolle des TAS für die Beilegung sportbezogener Rechtsstreitigkeiten und für den Sport im Allgemeinen dient dem Gericht demnach als Motiv für die Nachsicht, mit der es den Grundsatz der Privatautonomie im Rahmen des Verzichts auf den staatlichen Rechtsschutz beurteilt.[224] Zweifelsohne muss diese Rolle hinreichend beachtet werden. Die hier vorgenommene richterliche Interessenabwägung ist jedoch vollständig verobjektiviert und schützt somit vor allem die Institution, [225] indem sie die individuellen Interessen und Rechte des einzelnen Sportlers den verobjektivierten Interessen der Sportlergemeinschaft unterordnet.[226] Das „Wohlwollen“, welches das Schweizerische Bundesgericht auch als „Großzügigkeit“[227] bezeichnet, kann al-

221 *Walter*, SpuRt 2008, 133, 137, unter Verweis auf BGE 133 III 235 mit Anm. von *Netzle*, SpuRt 2007, 118; so in etwa auch *Rigozzi/Robert-Tissot*, in: Jusletter 16. Juli 2012, La pertinence du „consentement“ dans l'arbitrage du Tribunal Arbitral du Sport, Rn. 12, wonach das Argument der Möglichkeit, nach Art. 190 Abs. 2 IPRG vor dem Schweizerischen Bundesgericht eine Beschwerde gegen den Schiedsentscheid einlegen zu können, für sich allein genommen nicht überzeugend ist.

222 Siehe BG v. 7. November 2011, BGE 138 III 29, 34; BG v. 22. März 2007, BGE 133 III 235, 245 bezugnehmend auf *Rigozzi*, L'arbitrage international, Rn. 1352.

223 BG v. 22. März 2007, BGE 133 III 235, 245.

224 Dies wurde noch einmal in BG v. 18. April 2011, 4A_640/2010, E.3.2.2 bestätigt.

225 *Schulze*, IJVO 15 (2008), S. 6, 18.

226 Siehe hierzu ausführlich unten bei Teil 2/Kapitel 4/E./I. ab S. 163.

227 BG v. 7. November 2011, BGE 138 III 29, 34; BG v. 18. April 2011, 4A_640/2010, E.3.2.2; BG v. 6. November 2009, 4A_358/2009, E.3.2.4.

lerdings nur aus der Sicht desjenigen als solches betrachtet werden, der hieraus einen Nutzen zieht. Im vorliegenden Fall ist dies der Tennisverband, dessen Schiedszwangsausübung weitestgehend unbeachtet bleibt. Sicherlich gehen die Richter nicht zu Unrecht davon aus, dass die Streitbeilegung vor institutionellen Sportschiedsgerichten aufgrund der Transnationalität und der Schnelllebigkeit des Sports sowie des Bedürfnisses nach einheitlicher Sportausübung im objektiven Interesse beider Parteien liegt.[228] Es wäre aber gewiss überzeugender gewesen, auf die wohlwollende Betrachtung gänzlich zu verzichten und die individuellen Sportlerinteressen sowie die eingeschränkten verfassungsmäßigen Rechte anhand einer konkreten und umfassenden Abwägung angemessen zu berücksichtigen.[229] Mit der hiesigen Vorgehensweise vermeidet das Gericht jedoch eine tiefgründige Auseinandersetzung mit der Schiedszwang-Problematik[230], was die Zweifel an der Wirksamkeit erzwungener Schiedsvereinbarungen im Sport weiterhin im Raume stehen lässt. Dass das Schweizerische Bundesgericht die Problematik unter Heranziehung einer recht opportunistischen Argumentationslinie nur beiläufig „löste", bestätigt und verstärkt unter Umständen sogar die Machtstellung der Sportverbände im Verhältnis zu den Sportlern.[231] In der Cañas-Entscheidung wurde zwar zum ersten Mal ein TAS-Schiedsentscheid aufgehoben. Dies mag jedoch nicht zuletzt darauf beruhen, dass die dem Schweizerischen Bundesgericht vorliegende TAS-Entscheidung „mit Juristerei nur am Rande zu tun hatte"[232].

Zusätzlich zu diesen Kritikpunkten stellt sich die Frage, aus welchen Gründen das Erfordernis der Freiwilligkeit beim Rechtsmittelverzicht an-

---

228 Anm. v. *Haas/Reiche* zu BGE 133 III 235 ff., SchiedsVZ 2007, 330, 335.

229 So in etwa auch *Beffa/Ducray*, CaS 2012, 193, 196, zu BG v. 18. April 2011, 4A_640/2010, die die Tatsache, dass das Schweizerische Bundesgericht politische Argumente („policy considerations") zur Rechtfertigung seines „Wohlwollens" bei der Beurteilung der materiellen Wirksamkeit von Schiedsvereinbarungen heranzieht, ebenfalls für kritikwürdig halten.

230 *Brunner*, AJP 2008, S. 738, mit dem Hinweis, dass die Erwägungen hinsichtlich Art. 27 Abs. 2 und Art. 28 ZGB hätten verstärkt werden können; *Zen-Ruffinen/Schweizer*, CaS 2007, 67, 90, nach deren Ansicht die Rechtsprechung zum Argument der ungewollten Schiedsgerichtsbarkeit im Sport sehr dürftig ist.

231 *Scherrer*, CaS 2008, 58, 64, der sich explizit auf die bundesgerichtliche Rechtsprechung in Bezug auf die Schiedsgerichtsqualität des TAS bezieht und in diesem Zusammenhang dem Bundesgericht bei der Bestärkung der monopolistischen Verbandsmacht große Bedeutung zuspricht.

232 Siehe *Scherrer*, CaS 2008, 58, 64.

ders beurteilt werden sollte als beim Abschluss einer Schiedsvereinbarung. Zwar büßt der Sportler im letzteren Fall aufgrund der Anfechtungsmöglichkeiten nach Art. 190 Abs. 2 IPRG nicht jeglichen staatlichen Rechtsschutz ein. Er wird aber dennoch gezwungen, auf eine umfassende staatliche Prüfung seiner Rechtssache zu verzichten, und lässt sich nur noch auf eine beschränkte staatliche Kontrolle des in der Regel endgültigen Schiedsentscheids ein.[233] Die unterschiedliche Betrachtungsweise könnte damit begründet werden, dass der Rechtsmittelverzicht dem Sportler eine staatliche Rechtsschutzmöglichkeit gänzlich verwehrt, während die Vereinbarung institutioneller Sportschiedsgerichtsbarkeit für den Sportler eine „echte (ja sogar bessere) Alternative“[234] bedeutet, da er von einem effektiveren Streitbeilegungsmechanismus profitiert und ihm neben der schiedsgerichtlichen Streitbeilegung noch die Möglichkeit der Anfechtung vor dem Schweizerischen Bundesgericht bleibt.[235] Vereinzelt wird gerade in dieser Beschwerdemöglichkeit ein „Mehrwert“[236] der Schiedsgerichtsbarkeit gesehen, weshalb bei der erzwungenen Unterwerfung unter die Schiedsgerichtsbarkeit im Gegensatz zum Rechtsmittelverzicht mitunter nicht von einem „echten Verzicht auf ein Recht“ gesprochen wird, der die freiwillige Zustimmung des Sportlers verlangt.[237] Es bleibt allerdings fraglich, ob in diesem Mehrwert, der sich aus der Sicht des Sportlers aufgrund möglicher subjektiver Vorbehalte gegenüber der Schiedsgerichtsinstitution vielleicht gar nicht als ein solcher darstellt, eine Rechtfertigung für die Umgehung des Freiwilligkeitsgrundsatzes und die damit einhergehende Einschränkung des Justizgewährungsanspruchs gesehen werden kann. Denn aufgrund der engen Voraussetzungen für eine Anfechtung nach

---

233 *Zimmermann*, CaS 2014, 11, 12.

234 „[...] le TAS constitue une véritable (voire une meilleure) alternative aux tribunaux étatiques [...]“, siehe *Rigozzi/Robert-Tissot*, in: Jusletter 16. Juli 2012, La pertinence du „consentement“ dans l'arbitrage du Tribunal Arbitral du Sport, Rn. 13.

235 Siehe *Rigozzi/Robert-Tissot*, in: Jusletter 16. Juli 2012, La pertinence du „consentement“ dans l'arbitrage du Tribunal Arbitral du Sport, Rn. 13.

236 Anm. v. *Haas/Reiche* zu BGE 133 III 235 ff., SchiedsVZ 2007, 330, 336, nach deren Ansicht im Falle eines Rechtsmittelverzichts dem Sportler eben kein „Mehrwert“ gegenüberstünde.

237 Siehe *Rigozzi/Robert-Tissot*, in: ASA Special Series No. 41, „Consent“ in Sports Arbitration: Its Multiple Aspects, S. 59, 67; *Rigozzi/Robert-Tissot*, in: Jusletter 16. Juli 2012, La pertinence du „consentement“ dans l'arbitrage du Tribunal Arbitral du Sport, Rn. 13.

Art. 190 Abs. 2 IPRG kann die erzwungene Unterwerfung unter die Schiedsgerichtsbarkeit ebenso als ein aufgezwungener Teilverzicht auf den gewöhnlichen Instanzenzug interpretiert werden, der dem Sportler grundsätzlich umfassenden Rechtsschutz vor staatlichen Gerichten garantieren würde. Vor diesen Hintergründen ist nur schwer nachvollziehbar, dass das Schweizerische Bundesgericht einerseits den Rechtsmittelverzicht als zu weitgehend beurteilte, andererseits aber die Wirksamkeit der Schiedsvereinbarung wohlwollend bejahte, obwohl im letzteren Fall dem Sportler bei identischer Zwangslage der staatliche Rechtsschutz aufgrund der stark eingeschränkten Beschwerdemöglichkeiten – zumindest faktisch – genauso versagt wurde. In der Entscheidung des Schweizerischen Bundesgerichts kann somit nicht mehr als eine Art „Schutzkompromiss mit Wohlwollen“[238] zugunsten der Sportschiedsgerichtsbarkeit gesehen werden.

Schließlich hebt das Schweizerische Bundesgericht richtigerweise hervor, dass die gesetzlichen Regelungen auf das Vorliegen eines Gleichordnungsverhältnisses abstellen, welches bei internationalen Geschäftsbeziehungen in der Regel gegeben ist. Diese Regelungen müssen einer entsprechenden Auslegung zugänglich sein, sobald sie auf internationale Streitigkeiten aus dem Bereich des Sports Anwendung finden sollen, welche häufig durch ein Subordinationsverhältnis geprägt sind.[239] Eine derartige Auslegung sollte allerdings gerade die Schutzbedürftigkeit der schwächeren Partei in angemessenem Maße berücksichtigen. Ob die im Urteil entschiedene Unwirksamkeit eines Rechtsmittelverzichts nach Art. 192 Abs. 1 IPRG bereits ausreichend ist, ist angesichts des lediglich eingeschränkten staatlichen Rechtsschutzes und des verfassungsrechtlichen Stellenwertes der persönlichen Entscheidungsfreiheit sowie des Justizgewährungsanspruchs zweifelhaft.[240]

B. Deutschland

Wie in Deutschland die staatlichen Gerichte die Wirksamkeit erzwungener Schiedsvereinbarungen (im Sport) beurteilen und welche Unterschiede zu

---

238 So *Schulze*, SpuRt 2014, 139, 140.

239 *Baddeley*, CaS 2007, 155, 160.

240 So auch LG München I v. 26. Februar 2014, CaS 2014, 154, 168 (= SpuRt 2014, 113, 119 f.).

der liberalen Ansicht des Schweizerischen Bundesgerichts ausgemacht werden können, zeigt die Darstellung der nachfolgenden Entscheidungen.

I. „LONDON"-Entscheidung[241] des LG Frankfurt a.M.

1. Zusammenfassung der Entscheidung

In der „LONDON"-Entscheidung des Frankfurter Landgerichts urteilten die Richter über die Rechtmäßigkeit eines vom DFB ausgesprochenen Verbots von Trikotwerbung gegen den damaligen Bundesligisten FC Homburg. Der Verein bewarb mit dem Schriftzug „LONDON" die Produkte eines bekannten Kondom-Herstellers. Der DFB stützte das Verbot auf einen Verstoß gegen die Grundsätze von Ethik und Moral im Sport.[242] Für die Frage, welcher Rechtsweg vom klagenden Verein gegen das Verbot beschritten werden sollte, war die Entscheidung über die Wirksamkeit einer im Rahmen des Lizenzerteilungsverfahrens unterzeichneten Schiedsklausel ausschlaggebend. Denn für die Teilnahme an der Bundesliga muss jeder Verein eine Lizenz besitzen. Der diesbezüglich zu unterzeichnende Vertrag regelte unter anderem die verbindliche Unterwerfung unter die Satzung, das Lizenzspielerstatut, die Ordnungen des DFB sowie die Entscheidungen seiner Organe.[243] Sowohl der Inhalt des Lizenzerteilungsvertrages als auch des Schiedsvertrages waren in diesem Fall Satzungsbestandteile, woraus sich ein satzungsmäßig statuierter Zwang zum Abschluss der Schiedsvereinbarung ergab.[244] Folglich hatte der FC Homburg mit der Unterzeichnung des Lizenzvertrags auch den Verzicht auf die staatliche Gerichtsbarkeit zu erklären. Trotz dieses Verzichts wandte sich der Verein an das Landgericht Frankfurt a.M. mit der Begründung, dass

241 LG Frankfurt a.M., ZIP 1989, 599 ff.
242 Siehe LG Frankfurt a.M., ZIP 1989, 599, 600.
243 Siehe LG Frankfurt a.M., ZIP 1989, 599.
244 Siehe LG Frankfurt a.M., ZIP 1989, 599, 600 f.

die Schiedsklausel nach § 1025 Abs. 2 ZPO a.F.[245] unwirksam sei, da der DFB nötigenden Abschlusszwang ausgeübt habe.

Die Richter bestätigten ihre Zuständigkeit, da der Schiedsvertrag ihrer Ansicht nach wegen der Ausübung unzulässigen Zwangs nicht zustande gekommen war.[246] Zweifelsohne habe der DFB seine wirtschaftliche und soziale Überlegenheit und die hieraus resultierende Machtstellung ausgenutzt, um den FC Homburg im Rahmen der Lizenzerteilung zum Abschluss der Schiedsvereinbarung zu drängen. Dieses Verhalten sei als „nötigend" zu qualifizieren, da aus Verbandssicht kein Anspruch auf den Abschluss eines Schiedsvertrages bestünde.[247] Somit ergebe sich für den Verein ein Aufnahmeanspruch gemäß § 826 BGB, sofern die „sportlichen und wirtschaftlichen Voraussetzungen" für die Zulassung zum Spielbetrieb vorliegen. Für einen Anspruch nach § 826 BGB müsse der betreffende Verband als Anspruchsgegner eine erhebliche wirtschaftliche oder soziale Machtstellung besitzen und der Verein zur Verfolgung beziehungsweise Wahrung wesentlicher Interessen auf die Mitgliedschaft in dem Verband angewiesen sein.[248] Etwas anderes ergäbe sich nur, wenn für die Aufnahmeverweigerung ein „triftiger Grund" bestünde. Dies sei dann der Fall, wenn die Einrichtung eines Schiedsgerichts zur Aufrechterhaltung eines geordneten Spielbetriebs und somit zum Schutze des Kernbereichs der jeweiligen Sportart notwendig erscheint.[249] Darauf seien sowohl der Beklagte als Veranstalter als auch der Kläger als Teilnehmer aufgrund ihrer erheblichen wirtschaftlichen Interessen angewiesen.[250] Alles, was darüber

245 Nach der bis zum 31. Dezember 1997 geltenden Fassung des § 1025 Abs. 2 ZPO a.F. war eine Schiedsvereinbarung unwirksam, wenn eine Partei ihre soziale oder wirtschaftliche Überlegenheit dazu ausgenutzt hat, den anderen Teil zum Abschluss oder zur Annahme von Bestimmungen zu nötigen, die ihr im Verfahren, insbesondere hinsichtlich der Ernennung oder Ablehnung der Schiedsrichter, ein Übergewicht über den anderen Teil einräumen. Siehe hierzu unten bei Teil 2/ Kapitel 3/B./II./1./a./bb)/(1) ab S. 116; vgl. auch *Monheim*, Sportlerrechte und Sportgerichte im Lichte des Rechtsstaatsprinzips, S. 153.

246 Außerdem habe der Schiedsvertrag gegen den Grundsatz der Besetzungsparität verstoßen, siehe LG Frankfurt a.M., ZIP 1989, 599, 600.

247 Siehe LG Frankfurt a.M., ZIP 1989, 599, 601.

248 Siehe LG Frankfurt a.M., ZIP 1989, 599, 601.

249 Der Schiedszwang dürfe die „Grenze des absolut Unabdingbaren" nicht überschreiten, siehe LG Frankfurt a.M., ZIP 1989, 599, 601.

250 Siehe LG Frankfurt a.M., ZIP 1989, 599, 602. Keine der Parteien sei an der Gesamtnichtigkeit der Schiedsvereinbarung interessiert.

hinausgehe, sei mangels Notwendigkeit jedoch als nötigende Zwangsausübung und somit als unwirksam zu bewerten.[251]

Da die schiedsgerichtliche Beilegung von Streitigkeiten über die Verträglichkeit von Trikotwerbung mit den Grundsätzen von Moral und Ethik im Sport weder den Kernbereich des Fußballs noch die Aufrechterhaltung des Spielbetriebs betreffen, begründeten die Richter am Landgericht Frankfurt a.M. aufgrund der Unwirksamkeit der Schiedsvereinbarung ihre Zuständigkeit und erklärten das Verbot wegen nicht zeitgemäßer Bewertung der obengenannten Grundsätze für rechtswidrig.[252]

2. Würdigung

Die Frankfurter Landrichter betrachten den Schiedszwang im Vergleich zur geschilderten schweizerischen Rechtsprechung aus einer anderen Perspektive. Der unzulässige Zwang bestand vorliegend in der wirtschaftlichen und sozialen Überlegenheit des DFB, welche dem FC Homburg bei der Frage, die Schiedsvereinbarung im Rahmen des Lizenzerteilungsverfahrens zu unterzeichnen oder nicht, keine Entscheidungsmöglichkeit ließ. Der Verein war auf die Lizenzerteilung zur Teilnahme an dem vom DFB organisierten Spielbetrieb angewiesen, woraus seine schwache Verhandlungsposition und die Alternativlosigkeit resultierten. Diese Ausgangssituation ließen die Richter bereits genügen, um ein nötigendes Verhalten des DFB gerichtet auf den Abschluss der Schiedsvereinbarung zu sehen. Der Verein qualifizierte sich für den Spielbetrieb und konnte somit aus § 826 BGB aufgrund seiner strukturellen Unterlegenheit einen Anspruch auf Aufnahme in den Verband ableiten. Kritik wurde an der Entscheidung deshalb geübt, da das im Rahmen der Verbandsautonomie zur Geltung kommende Recht, den Abschluss eines Lizenzvertrages an Bedingungen zu knüpfen, nicht ausreichend beachtet worden sei.[253] Die Monopolstellung sei lediglich zur Durchsetzung schiedsgerichtlicher Streitbeilegung

---

251 Siehe LG Frankfurt a.M., ZIP 1989, 599, 601.

252 Zum Ende der 1980er Jahre galt der offene Umgang mit Sexualität, Empfängnisverhütung und AIDS in der Mehrheit der Gesellschaft bereits als normal und nicht anstößig, siehe LG Frankfurt a.M., ZIP 1989, 599, 603.

253 Siehe Anm. v. *Schlosser* zu LG Frankfurt a.M. „LONDON", EWiR 1989, 623, 624.

eingesetzt worden, was an sich noch nicht verwerflich sei.[254] Dem muss allerdings entgegengehalten werden, dass nicht nur das Einsetzen von Monopolmacht, sondern hinzutretend das damit verbundene Ausnutzen der Abhängigkeit des Vereins von der Verbandszugehörigkeit sowie von der hiermit verbundenen Teilnahme am verbandsmäßig organisierten Spielbetrieb im Zusammenhang mit der durchaus wichtigen Frage nach dem zu beschreitenden Rechtsweg die Verwerflichkeit ausmachte.

Von größerer Bedeutung ist des Weiteren die Begründung eines Aufnahmeanspruchs des Vereins nach § 826 BGB. Das Landgericht lehnte einen solchen Anspruch nur für diejenigen Sachverhalte ab, in denen die schiedsgerichtliche Streitbeilegung zur Aufrechterhaltung des Spielbetriebs und somit zum Schutze des Kernbereichs der jeweiligen Sportart notwendig erscheint. Lediglich in diesen Fällen sei der verbandsmäßig erzwungene Verzicht auf den staatlichen Rechtschutz gerechtfertigt.[255] Zwar könnte man auch für diese Fälle im Rahmen einer Abwägung die Berücksichtigung der Interessen des Sportlers an der staatsgerichtlichen Streitbeilegung fordern.[256] Zu einer derartigen Prüfung gelangte das Gericht jedoch gar nicht erst, da die betreffende Streitigkeit den Kernbereich des Fußballs offensichtlich nicht betraf, woraus unmittelbar der Aufnahmeanspruch des Vereins abgeleitet werden konnte.

Das Frankfurter Landgericht beurteilte die Machtstellung des DFB mit einer notwendigen Strenge. Nur auf diese Weise konnte ein angemessener Schutz des wirtschaftlich und sozial unterlegenden Vereins garantiert werden. Dass das Urteil noch zur alten Rechtslage vor der Schiedsverfahrensrechtsreform 1997 ergangen ist, sollte aufgrund der grundsätzlichen Erwägungen für die vorliegende Untersuchung keine große Rolle spielen.[257] Es muss lediglich berücksichtigt werden, dass die Entscheidung aus dem Jahre 1989 stammt und sich die institutionelle Sportschiedsgerichtsbarkeit seitdem in vielen Belangen weiterentwickelt hat, was insgesamt zu einer höheren Anerkennung institutioneller Schiedsgerichte in Sport, Recht und

---

254 Siehe Anm. v. *Schlosser* zu LG Frankfurt a.M. „LONDON“, EWiR 1989, 623, 624.

255 *Monheim*, Sportlerrechte und Sportgerichte im Lichte des Rechtsstaatsprinzips, S. 161, bezugnehmend auf LG Frankfurt a.M., ZIP 1989, 599, 601.

256 So bspw. *Monheim*, Sportlerrechte und Sportgerichte im Lichte des Rechtsstaatsprinzips, S. 161, der es für bedauerlich hält, dass eine Interessenabwägung nicht vorgenommen wurde.

257 Ausführlich hierzu sowie zur Anwendung und der Rolle von § 1025 Abs. 2 ZPO a.F. unten bei Teil 2/Kapitel 3/B./II./1./a./bb) ab S. 116.

Gesellschaft geführt hat. Dennoch darf nicht außer Acht gelassen werden, dass die den Schiedszwang begründende Ausgangssituation auch in der heutigen Verbandsstruktur des Sports noch dieselbe ist und die Schutzbedürftigkeit der schwächeren Partei einer angemessenen Berücksichtigung bedarf.

II. „Körbuch"-Entscheidung[258] des Bundesgerichtshofs

1. Zusammenfassung der Entscheidung

In der „Körbuch"-Entscheidung hatten die Richter am Bundesgerichtshof darüber zu entscheiden, wie eine im Rahmen einer vorprozessualen Auseinandersetzung durch satzungsändernden Mehrheitsbeschluss in die Satzung eingeführte Schiedsklausel zu bewerten ist, wenn die Person, der diese entgegengehalten werden soll, bei der Abstimmung bereits Mitglied war und gegen die Aufnahme der Klausel gestimmt hat. Streitbeteiligte waren ein „zuchtbuchführender Rassezuchtverein für den deutschen Schäferhund" sowie ein Mitglied dieses Tierzuchtvereins.

Das Gericht betonte zunächst den verfassungsrechtlichen Rang des aus dem Rechtsstaatsprinzip abzuleitenden Rechts auf Zugang zu den staatlichen Gerichten (Justizgewährungsanspruch) sowie des Rechts auf den gesetzlichen Richter (Art. 101 Abs. 1 S. 2 GG).[259] Darüber hinaus sei die Schiedsgerichtsbarkeit Ausfluss der in Art. 2 Abs. 1 GG verankerten Handlungsfreiheit und Privatautonomie, weshalb die Entscheidung für die schiedsgerichtliche Streitbeilegung stets „bewusst und freiwillig" zu erfolgen habe.[260] Dem Betroffenen müsse deshalb „die Tragweite seiner Entscheidung nachhaltig und eindringlich vor Augen" geführt werden.[261] Während dies bei Schiedsabreden durch die Einhaltung der Formvorschriften gewährleistet sei,[262] könne bei Satzungsänderungen davon ausgegangen werden, „dass das betreffende Vereinsmitglied ausreichende Möglichkeiten hatte, sich bewusst und mit der nötigen Ernsthaftigkeit mit

258 BGH, NJW 2000, 1713 f.
259 Siehe BGH, NJW 2000, 1713.
260 Siehe BGH, NJW 2000, 1713.
261 Siehe BGH, NJW 2000, 1713.
262 In der Entscheidung wurde dabei ausdrücklich auf § 1027 ZPO a.F. (heute: § 1031 ZPO) zurückgegriffen.

der Regelung auseinanderzusetzen, bevor es ihr seine Zustimmung erteilte."[263] Vereinsmitglieder, die einer Satzungsänderung allerdings nicht zugestimmt haben, hätten gerade keine freiwillige Entscheidung für die Unterwerfung unter eine private Schiedsgerichtsbarkeit getroffen und damit nicht aus eigenem Willen auf die genannten verfassungsmäßigen Rechte verzichtet.[264] Die Aufrechterhaltung der Mitgliedschaft sei darüber hinaus dann nicht als konkludente und freiwillige Zustimmung zu werten, wenn ein Austritt aus dem Verband unter Umständen nur mit schweren oder belastenden Folgen verbunden wäre.[265] Dies sei der Fall, wenn der Austritt „nicht als zumutbare Alternative zum Verzicht auf den Zugang zu den staatlichen Gerichten und auf den gesetzlichen Richter" bewertet werden könne.[266]

2. Würdigung

Die „Körbuch"-Entscheidung wird in der Literatur[267] zum Teil stark kritisiert. Zum einen hängt dies mit der dogmatisch nicht nachvollziehbaren Vermengung von formellen und materiellen Wirksamkeitsvoraussetzungen für den Abschluss einer Schiedsvereinbarung zusammen und zum anderen werden Widersprüche mit dem im Jahre 1997 reformierten Schiedsverfahrensrecht gesehen.

a. Dogmatische Inkorrektheit bei der Beurteilung des Freiwilligkeitsgrundsatzes

Der Bundesgerichtshof hebt einerseits hervor, dass eine Schiedsvereinbarung stets „bewusst und freiwillig" abgeschlossen werden muss. Auf der anderen Seite lässt das Gericht für die Wirksamkeit der Schiedsvereinbarung bereits die Möglichkeit ausreichen, von der Tragweite und Ernsthaf-

---

263 Siehe BGH, NJW 2000, 1713.

264 „Der Verzicht wurde ihnen vielmehr gegen ihren Willen von der Mehrheit aufgezwungen." So BGH, NJW 2000, 1713.

265 Siehe BGH, NJW 2000, 1713.

266 Siehe BGH, NJW 2000, 1713.

267 Vgl. z.B. Anm. v. *Haas/Reiche* zu BGE 133 III 235 ff., SchiedsVZ 2007, 330, 336; *Adolphsen*, Internationale Dopingstrafen, S. 559 ff.; *Adolphsen*, SchiedsVZ 2004, 169, 175; *Haas*, ZGR 2001, 325 ff.

tigkeit der Vereinbarung Kenntnis zu erlangen. Letzteres wird für Schiedsabreden grundsätzlich über die Einhaltung der Schriftform nach § 1031 ZPO und für Schiedsklauseln über die entsprechende satzungsmäßige Regelung sichergestellt, deren Kenntnis beim jeweiligen Vereinsmitglied regelmäßig vorausgesetzt werden kann. Der Argumentation des Bundesgerichtshofs kann nicht gefolgt werden, da die Frage nach der Kenntnis von einer Schiedsvereinbarung und das Kriterium ihres freiwilligen Abschlusses getrennt voneinander zu beurteilen sind. Die Freiwilligkeit hängt von der freien Willensbildung und Willensäußerung ab. Die Willensbildung ist allerdings schon dann nicht frei, wenn sich beispielsweise ein Sportler zum Zwecke der verbandsmäßig organisierten Sportausübung und der Erwirtschaftung seines Lebensunterhalts faktisch gezwungen sieht, sämtliche Bedingungen seines Sportverbandes zu akzeptieren. Diese Zwangssituation würde weder durch die Einhaltung der Formerfordernisse noch durch das Bestehen einer satzungsmäßigen Schiedsklausel beseitigt.[268] Somit vermengt der Bundesgerichtshof die formellen[269] und die materiellen[270] Wirksamkeitsvoraussetzungen einer Schiedsvereinbarung, woraus eine Abwertung des materiellen Freiwilligkeitserfordernisses resultiert. Diese dogmatische Inkorrektheit blieb in der vorliegenden Entscheidung aufgrund der weiteren richterlichen Erwägungen, insbesondere der Argumentation mit der Alternativlosigkeit des Vereinsmitglieds, indes ohne nennenswerte Folgen.

b. Übertragung der Rechtsprechung auf die Zwangslage des Sportlers

Der der „Körbuch"-Entscheidung zugrunde liegende Sachverhalt betrifft eine besondere Sachverhaltskonstellation, nämlich die Satzungsänderung durch Mehrheitsbeschluss nach Beitritt zu einem Verein und ohne echte Ausweich- beziehungsweise Austrittsmöglichkeit aufseiten des Mitglieds. Als zentrales Element wird in dem Urteil die fehlende Möglichkeit hervorgehoben, seine Tätigkeit als Mitglied eines alternativen Verbandes auszuüben. Kann das Vereinsmitglied ohne schwerwiegende Folgen austreten und einem anderen Verein beitreten, so liegt im Falle einer satzungsmäßi-

---

268 Vgl. hierzu die Ausführungen oben bei Teil 2/Kapitel 1/B./II. ab S. 42.

269 Die Möglichkeit der Kenntniserlangung von der Schiedsklausel (Warn- und Hinweisfunktion).

270 Das tatsächliche Vorliegen einer freiwilligen Entscheidung.

gen Schiedsklausel kein Zwang zu deren Anerkennung vor. Im Rahmen seiner Begründung stützt sich der Bundesgerichtshof bei der Beurteilung der Zwangslage folglich auf den Mangel an „Freiwilligkeit der Mitgliedschaft“[271], welcher auf die fehlende realistische Austrittmöglichkeit des Betroffenen zurückgeführt wird.

Für die Frage nach der Freiwilligkeit einer Schiedsklauselunterwerfung darf es aber grundsätzlich keinen Unterschied machen, ob die Schiedsklausel nachträglich in eine Satzung eingeführt wird oder ob sie bereits zum Zeitpunkt des Beitritts normiert war.[272] Die Zwangslage ist in beiden Konstellationen bis auf einen marginalen Unterschied gleich. Nach dem Beitritt manifestiert sich der Schiedszwang in der fehlenden Austrittsmöglichkeit und vorher in der Drucksituation, dem Verband zum Zwecke der Teilnahme am organisierten Verbandsleben beizutreten.[273] Letzteres trifft vor allem auf den Abschluss einer individualvertraglichen Schiedsabrede zu, die einem strukturell unterlegenen Sportler als Bedingung für die Teilnahme am verbandsmäßig organisierten Sport auferlegt werden soll. Die vom Gericht erwähnte Alternativlosigkeit ist regelmäßig in monopolistischen Sportverbandsstrukturen anzutreffen, weshalb eine Übertragung der „Körbuch“-Rechtsprechung auf satzungsmäßig sowie individualvertraglich erzwungene Schiedsvereinbarungen im Bereich des Sports ohne Weiteres möglich erscheint.[274]

Somit ist festzuhalten, dass es für die Beurteilung einer Zwangslage nicht entscheidend darauf ankommen darf, in welcher Form dem Sportler

---

271 Siehe hierzu *Haas*, ZGR 2001, 325, 341; anders wohl das BAG, das in einer Entscheidung (BAG, NJW 1964, 268) zum Ausdruck brachte, dass eine Schiedsklausel, die bereits bei Beitritt zu einer Gewerkschaft besteht und mit der das Mitglied rechnete oder zumindest rechnen musste, wohl als wirksam zu beurteilen ist und auch für Streitigkeiten bzgl. des Arbeitsverhältnisses Geltung erlangt. Nach Ansicht von BGH, NJW 2000, 1713, 1714, betrifft die Entscheidung im Unterschied zur „Körbuch“-Entscheidung allerdings eine „gesetzlich ausdrücklich vorgesehene Schiedsgerichtsvereinbarung auf einem Sondergebiet“.

272 Siehe auch *Adolphsen*, Internationale Dopingstrafen, S. 559; *Haas*, ZGR 2001, 325, 347 f.; *Kröll*, NJW 2001, 1173, 1176; *Monheim*, in: Facetten des Sportrechts, Die Vereinbarkeit von Schiedsabreden und Schiedsgerichten im Sport mit dem Rechtsstaatsprinzip, S. 93, 102.

273 Vgl. *Kröll*, NJW 2001, 1173, 1176, nach dessen Ansicht sich die Begründung des BGH ohne Weiteres auch auf den Beitritt übertragen lässt.

274 A.A. OLG München, SchiedsVZ 2015, 40, 43 f., wonach die Entscheidung keinen Anhaltspunkt dafür biete, dass ein tatsächlich erklärter Verzicht wegen der Bedeutung der Mitgliedschaft unwirksam sein könnte.

die Schiedsvereinbarung entgegengehalten wird und in welchem rechtlichen Verhältnis er zu dem Verband steht, der ihm aufgrund seiner Monopolstellung als einziger die verbandsmäßig organisierte Sportausübung ermöglichen kann. In der Regel ist der Sportler auf die Teilnahme an Wettkämpfen oder die Mitgliedschaft wirtschaftlich angewiesen, so dass die Erwägungen der vorliegenden Entscheidung auf sämtliche Zwangslagen, die aus einer monopolistischen Verbandsstruktur hervorgehen, übertragbar sind.

c. Geltung der Entscheidung nach der Schiedsverfahrensrechtsreform

Unklar ist schließlich, ob die „Körbuch"-Entscheidung auch nach der Schiedsverfahrensrechtsreform aus dem Jahre 1997 weiterhin Wirkung für sich beanspruchen kann. Diese Frage ergibt sich aus einem – denkbaren – Widerspruch zum gesetzgeberischen Willen, der mit der ersatzlosen Streichung des § 1025 Abs. 2 ZPO a.F. (die sogenannte „Überlegenheitsklausel") nunmehr von einer Gleichwertigkeit des staatlichen und schiedsgerichtlichen Rechtsschutzes ausgeht.[275] Somit sollen nach Ansicht des Gesetzgebers auch Schiedsvereinbarungen, die innerhalb eines strukturellen Ungleichgewichtsverhältnisses vereinbart oder oktroyiert werden, weiterhin gültig bleiben, da die Einführung von § 1034 Abs. 2 ZPO[276] auf der einen Seite und der Gleichbehandlungsgrundsatz in § 1042 ZPO auf der anderen Seite ausreichenden Schutz bei der Zusammensetzung des Schiedsgerichts gewährleisteten.[277] Das Schiedsrecht wurde demnach liberaler ausgestaltet,[278] wozu unter anderem die Abschaffung der Nichtigkeitsfolge nach § 1025 Abs. 2 ZPO a.F. beitragen sollte[279].

---

275 Anm. v. *Haas/Reiche* zu BGE 133 III 235 ff., SchiedsVZ 2007, 330, 336; § 1025 Abs. 2 ZPO a.F. sah zur damaligen Zeit die Nichtigkeit für unter Zwang abgeschlossene Schiedsvereinbarungen im Falle wirtschaftlicher oder sozialer Unterlegenheit einer Partei vor. Siehe unten bei Teil 2/Kapitel 3/B./II./1./a./bb) ab S. 116.

276 § 1034 Abs. 2 ZPO normiert den Antrag auf staatliche Mitwirkung im Falle eines disparat zusammengesetzten Schiedsgerichts.

277 BT-Drs. 13/5274, S. 34.

278 *Adolphsen*, Internationale Dopingstrafen, S. 561.

279 Vgl. *Kröll*, NJW 2001, 1173, 1176, der in Bezug auf die in der „Körbuch"-Entscheidung geäußerte Haltung des BGH die Gefahr einer „erheblichen Entwertung

Beachtlich ist in diesem Zusammenhang, dass die Richter in der „Körbuch"-Entscheidung an keiner Stelle auf § 1025 Abs. 2 ZPO a.F. Bezug nehmen. Vielmehr stützen sie ihre Erwägungen auf verfassungsrechtliche Grundprinzipien und messen die Schiedsklausel am verfassungsrechtlichen Kern privatautonomer Willensäußerungen aus Art. 2 Abs. 1 GG[280] sowie an dem Verfahrensgrundrecht, gemäß Art. 101 Abs. 1 S. 2 GG Rechtsstreitigkeiten von einem gesetzlichen Richter beilegen zu lassen. Ein unfreiwilliger Verzicht auf den staatlichen Rechtsschutz könnte dementsprechend als ein Entzug des gesetzlichen Richters und somit als Verfassungsverstoß gewertet werden.[281] Denn nur „wer sich selbst freiwillig der Schiedsgerichtsbarkeit unterwirft, handelt aktiv und fällt nicht unter die Passivform [des Art. 101 Abs. 1 S. 2 GG]."[282] Die im Rahmen der Vertragsfreiheit gewährte Garantie der Freiwilligkeit steht nicht zur Disposition des einfachen Gesetzgebers.[283] Grundsätzlich wird die Freiwilligkeit allerdings nicht direkt über Art. 101 Abs. 1 S. 2 GG gewährleistet, da in privaten Rechtsbeziehungen zunächst die in den zivilrechtlichen Generalklauseln zum Ausdruck kommenden Übermaßverbote (vor allem die §§ 138, 242 und 826 BGB), innerhalb derer die objektive Werteordnung der Grundrechte zu beachten ist,[284] für die Frage nach der Wirksamkeit einer Schiedsvereinbarung zur Anwendung kommen.[285] Somit ist der Vorwurf, die Richter hätten in der „Körbuch"-Entscheidung den Willen des

---

der Brauchbarkeit" von Schiedsvereinbarungen sieht, da auf diese Weise eine einheitliche Regelung gegenüber allen Mitgliedern kaum möglich sei.

280 *Monheim*, in: Facetten des Sportrechts, Die Vereinbarkeit von Schiedsabreden und Schiedsgerichten im Sport mit dem Rechtsstaatsprinzip, S. 93, 107 f.

281 *Oschütz*, Sportschiedsgerichtsbarkeit, S. 242 m.w.N., hält den negativ besetzten Begriff des „Entzugs" für überzogen, da es sich bei der Schiedsgerichtsbarkeit nicht schon von vornherein um etwas „Anstößiges" handle. Vielmehr werde der gesetzlicher Richter lediglich temporär durch einen Schiedsrichter ersetzt (S. 240).

282 Siehe BAG, NJW 1964, 268, 269, wonach das „Entzogenwerden" i.S.v. Art. 101 Abs. 1 S. 2 GG einen Eingriff von außen voraussetzt.

283 *Monheim*, SpuRt 2008, 8, 10.

284 BVerfG, NJW 1990, 1469, 1470.

285 Art. 101 Abs. 1 S. 2 GG enthält vielmehr ein Gebot zum Erlass der erforderlichen Regelungen für die richterlichen Zuständigkeiten und die Sicherung einer dem GG entsprechenden Rechtsstellung der Richter und wendet sich insoweit an den parlamentarischen Gesetzgeber und die zur ergänzenden Normsetzung berufenen Stellen, siehe *Epping/Hillgruber/Morgenthaler*, zu Art. 101 GG, Rn. 15.

Gesetzgebers nicht berücksichtigt,[286] nicht gerechtfertigt. Die Richter des Bundesgerichtshofs bezogen sich zur Begründung der Unwirksamkeit der satzungsmäßigen Schiedsklausel auf die Alternativlosigkeit des Vereinsmitglieds und berücksichtigten demzufolge – trotz des dogmatisch unglücklichen Ansatzes[287] – den verfassungsmäßigen Schutz des Vereinsmitglieds. Auffällig ist in diesem Zusammenhang lediglich, dass die Richter keine umfassende Interessenabwägung vorgenommen und somit die Interessen des Hundezüchtervereins nicht in ihre Erwägungen einbezogen haben. Sie ließen alleinig die Alternativlosigkeit des Vereinsmitglieds für die Unwirksamkeit der Schiedsklausel ausreichen. Dies hängt vermutlich damit zusammen, dass die Einführung der Schiedsklausel im vorliegenden Fall sehr wahrscheinlich den Zweck einer treuwidrigen Entziehung der staatlichen Gerichtsbarkeit verfolgen sollte.[288]

Somit ist grundsätzlich davon auszugehen, dass der Aussagegehalt der „Körbuch"-Entscheidung auch heute noch gilt[289] und die Wirksamkeit einer erzwungenen Schiedsvereinbarung weiterhin fragwürdig erscheint. Denn trotz der dogmatischen Unachtsamkeit sowie der Kritiken hinsichtlich der Vereinbarkeit der Entscheidung mit den gesetzgeberischen Intentionen zur Schiedsverfahrensrechtsreform sind die grundlegenden Erwägungen dieser Entscheidung eindeutig auf den Schutz der schwächeren Partei gerichtet.[290]

---

286 *Adolphsen*, SchiedsVZ 2004, 169, 175.

287 Siehe oben bei Teil 2/Kapitel 2/B./II./2./a. ab S. 68.

288 Die Schiedsklausel wurde erst während einer vorprozessualen Auseinandersetzung in die Satzung aufgenommen, so dass eine gerichtliche Lösung zum Zeitpunkt der Abstimmung über die Klauseleinführung bereits abzusehen war. Vgl. BGH, NJW 2000, 1713.

289 So auch Anm. v. *Haas/Reiche* zu BGE 133 III 235 ff., SchiedsVZ 2007, 330, 336; *Adolphsen*, Internationale Dopingstrafen, S. 561; *Kröll*, NJW 2001, 1173, 1176.

290 So auch *Monheim*, in: Facetten des Sportrechts, Die Vereinbarkeit von Schiedsabreden und Schiedsgerichten im Sport mit dem Rechtsstaatsprinzip, S. 93, 105; *Monheim*, Sportlerrechte und Sportgerichte im Lichte des Rechtsstaatsprinzips, S. 159.

III. „Roberts"-Entscheidungen[291] deutscher Gerichte

Unter Bezugnahme auf die „Körbuch"-Entscheidung hat das Oberlandesgericht München in einem einstweiligen Rechtsschutzverfahren zur Streitsache Roberts noch vor dem bereits analysierten Urteilsspruch des Schweizerischen Bundesgerichts[292] interessanterweise entschieden, dass kein freiwilliger Verzicht auf die staatliche Gerichtsbarkeit seitens des Sportlers vorgelegen habe. Weder in der Beschwerde zur Appellationskommission noch in der Kenntnis der den Globalverweis enthaltenen Dokumente sei nach Ansicht der Richter eine Erklärung von derart weitreichender Wirkung zu sehen.[293] Das Grundrecht der Vertragsfreiheit verlange vielmehr, „dass die Unterwerfung unter die Schiedsklausel und der damit verbundene Verzicht auf die Entscheidung eines staatlichen Rechtsprechungsorgans grundsätzlich auf dem freien Willen des Betroffenen beruhen".[294] Die Entscheidung stützte sich ausschließlich auf das neue, ab dem 1. Januar 1998 in Kraft getretene Schiedsverfahrensrecht[295] und lässt somit Rückschlüsse über das Ausmaß der „Körbuch"-Entscheidung zu.

Bemerkenswert ist neben der Gewichtung der individuellen Grundfreiheiten auch die Aussage des Gerichts, dass sich nach schweizerischem Recht und insbesondere nach Art. 178 IPRG, wonach die Schiedsvereinbarung schriftlich, durch Telegramm, Telex, Telefax oder in einer anderen Form der Übermittlung zu erfolgen hat, die den Nachweis der Vereinbarung durch Text ermöglicht, „keine abweichende Beurteilung" ergeben dürfe.[296] Dass dem nicht so ist, zeigt die in dem Parallelverfahren ergangene Entscheidung des Schweizerischen Bundesgerichts, in der unter Heranziehung des Vertrauensprinzips das Vorliegen einer wirksamen Schiedsvereinbarung angenommen wurde.[297] Dennoch klagte der Sportler im Anschluss an das einstweilige Rechtsschutzverfahren mit einem Antrag auf Schadensersatzzahlung gegen die FIBA vor dem Landgericht München I. Dieses verweigerte unter Bezugnahme auf das Vorliegen der Anerken-

291 Siehe OLG München, SpuRt 2001, S. 64 ff.; OLG München, SpuRt 2003, 199 ff.; siehe zum Sachverhalt die Zusammenfassung der Entscheidung oben bei Teil 2/Kapitel 2/A./I./1. ab S. 52.

292 BG v. 7. Februar 2001, 4P.230/2000, Bulletin ASA 2001, 523 ff.

293 OLG München, SpuRt 2001, 64, 65 f.

294 *Martens/Feldhoff-Mohr*, SchiedsVZ 2007, 11, 16.

295 OLG München, SpuRt 2001, 64, 65.

296 OLG München, SpuRt 2001, 64, 66.

297 Siehe oben bei Teil 2/Kapitel 2/A./I. ab S. 52.

nungsvoraussetzungen nach Art. 1 des New Yorker Übereinkommens über die Anerkennung und Vollstreckung ausländischer Schiedssprüche (UNÜ) und der hiermit einhergehenden Bindung an die Entscheidung des Schweizerischen Bundesgerichts eine erneute Auseinandersetzung mit der Frage nach der Wirksamkeit der Schiedsvereinbarung und wies die Klage ab.[298] Auch das OLG München ging in der zweiten Instanz nicht mehr auf die Wirksamkeit der Schiedsvereinbarung ein.

IV. „Pechstein"-Entscheidungen deutscher Gerichte[299]

Für viel Aufsehen in der Welt des Sports[300] sorgten die Entscheidungen des Landgerichts München I und des Oberlandesgerichts München in dem Fall der deutschen Eisschnellläuferin Claudia Pechstein, die mit einer Klage gegen die Deutsche Eisschnelllauf-Gemeinschaft e.V. (DESG) sowie die International Skating Union (ISU) die Feststellung der Rechtswidrigkeit einer gegen sie verhängten Dopingsperre aus dem Jahre 2009 sowie die Zahlung von Schadensersatz und Schmerzensgeld in Höhe von über vier Millionen Euro begehrte.[301]

1. Sachverhaltszusammenfassung

Als Bedingung für die Teilnahme an einem von der ISU organisierten Wettkampf hatte die Sportlerin eine Erklärung zu unterzeichnen, in der sie das TAS als das Schiedsgericht für den Erlass von endgültigen und bindenden Schiedsentscheiden betreffend die ISU, ihre Mitglieder und alle Teilnehmer an Veranstaltungen der ISU unter vollständigem Ausschluss

---

298 Siehe *Martens/Feldhoff-Mohr*, SchiedsVZ 2007, 11, 18.

299 Siehe für eine gekürzte, aber dennoch ausführliche Veröffentlichung der Entscheidung des LG München I v. 26. Februar 2014, CaS 2014, 154 ff. (= SpuRt 2014, 113 ff.) sowie für die Entscheidung des OLG München, SchiedsVZ 2015, 40 ff. (= SpuRt 2015, S. 78 ff.).

300 *Haas*, NZZ v. 10. Februar 2015, S. 18; *Niedermaier*, SchiedsVZ 2014, 280, 286; *Handschin/Schütz*, SpuRt 2014, 179; *Duve/Rösch*, SchiedsVZ 2014, 216; *Schulze*, SpuRt 2014, 139, 140, attestiert der Entscheidung „Sprengkraft"-Wirkung in Bezug auf den Einwand der Schiedsabrede; nach *Monheim*, SpuRt 2014, 90, 91, habe die Entscheidung „öffentlichen Wirbel" ausgelöst.

301 Siehe LG München I v. 26. Februar 2014, CaS 2014, 154 (= SpuRt 2014, 113).

der ordentlichen Gerichtsbarkeit anerkennen musste.[302] Darüber hinaus unterzeichnete sie eine weitere Athletenvereinbarung samt Schiedsvereinbarung bei der DESG, die für Doping-Streitigkeiten den ordentlichen Rechtsweg ausschloss und stattdessen die Zuständigkeit des DSS begründete. Die Akzeptanz dieser Schiedsvereinbarung durch die Sportlerin war Bedingung für die Förderung durch die DESG sowie für die Nominierung zu internationalen Wettkämpfen der ISU.[303]

Anlässlich eines internationalen Wettkampfes wurde bei einer Dopingkontrolle ein erhöhter Retikulozytenwert[304] bei der Sportlerin festgestellt. Der internationale Verband, dessen Satzung die indirekte Beweisführung zum Nachweis von Doping ermöglicht, sah bereits aufgrund dieser Tatsache den Tatbestand des Dopings als gegeben an, woraufhin die Sportlerin von der Disziplinarkommission der ISU für eine Dauer von zwei Jahren von allen Wettbewerben und Trainingsmaßnahmen ausgeschlossen wurde.[305] Gegen diese Sperre legten sowohl der nationale Verband, die DESG, als auch die betroffene Sportlerin Berufung beim TAS ein, das diese jedoch abwies und die zweijährige Sperre wegen Dopings letztlich bestätigte.[306] Eine im Anschluss an den TAS-Schiedsentscheid eingelegte Beschwerde vor dem Schweizerischen Bundesgericht blieb erfolglos, da dieses keinen der in Art. 190 Abs. 2 IPRG genannten Beschwerdegründe für gegeben erachtete und auch neu vorgebrachte Tatsachen und Beweismittel angesichts des eingeschränkten Prüfungsmaßstabs für unbeachtlich

302 Siehe LG München I v. 26. Februar 2014, CaS 2014, 154, 155 (= SpuRt 2014, 113, 114).

303 Siehe LG München I v. 26. Februar 2014, CaS 2014, 154, 155 (= SpuRt 2014, 113, 114).

304 „Retikulozyten sind unreife rote Blutkörperchen, die vom Knochenmark freigesetzt werden", PHB SportR-*Summerer* 2. Teil/Rn. 196. Sie sind „eine Vorstufe der roten Blutkörperchen, die Sauerstoff von der Lunge zu den Muskeln transportieren. Beim Training in dünner Luft bildet sie der Körper auf natürliche Weise. Sportler können den Effekt auch durch das Dopingmittel Epo verstärken", siehe http://www.faz.net/aktuell/sport/sportpolitik/doping/stichwort-retikulozyten-1882208.html (zuletzt aufgerufen am 04.07.2015).

305 Siehe LG München I v. 26. Februar 2014, CaS 2014, 154, 156 (= SpuRt 2014, 113, 114).

306 Siehe LG München I v. 26. Februar 2014, CaS 2014, 154, 157 (= SpuRt 2014, 113, 114 f.).

hielt.[307] Somit beschritt die Sportlerin den Weg vor die ordentliche Gerichtsbarkeit in Deutschland.

2. LG München I vom 26. Februar 2014

Das LG München I wies die Begehren der Sportlerin in der Sache zurück. Zur Begründung ihrer Zuständigkeit mussten die Richter jedoch die Wirksamkeit der im Rahmen verschiedener Athletenvereinbarungen abgeschlossenen Schiedsvereinbarungen überprüfen und stellten diesbezüglich umfangreiche Erwägungen an. Die Sportlerin bestritt unter anderem, die Schiedsvereinbarungen freiwillig abgeschlossen zu haben.[308] Sie sei zur Unterschrift gezwungen gewesen, um an den verbandsmäßig organisierten Wettkämpfen teilnehmen und damit ihren Beruf als Sportlerin ausüben zu können.[309] Es fehle somit an der für den wirksamen Abschluss erforderlichen Freiwilligkeit.[310]

Da für die Wirksamkeit einer Schiedsvereinbarung grundsätzlich das Recht des Schiedsortes beziehungsweise des Ortes, in dem der Schiedsentscheid ergeht,[311] maßgebend ist, beurteilte das Münchner Landgericht die mit der DESG abgeschlossene Schiedsvereinbarung nach deutschem und die mit der ISU abgeschlossene Schiedsvereinbarung nach schweizerischem Recht. Im Rahmen der Prüfung verliehen die Richter insbesondere der Tatsache entscheidendes Gewicht, dass der Sportlerin wegen eines drohenden Ausschlusses vom Wettbewerb hinsichtlich der Unterzeichnung der Schiedsvereinbarung faktisch keine Wahl blieb.[312] Denn die Teilnahme an verbandsmäßig organisierten Wettbewerben sei angesichts der Monopolstellung der Verbände die einzige Möglichkeit für die Sportlerin, ihre Sportart und somit ihren Beruf angemessen auszuüben und unter an-

---

307 Siehe LG München I v. 26. Februar 2014, CaS 2014, 154, 157 f. (= SpuRt 2014, 113, 115).

308 Siehe LG München I v. 26. Februar 2014, CaS 2014, 154, 158 (= SpuRt 2014, 113, 115).

309 Siehe LG München I v. 26. Februar 2014, CaS 2014, 154, 158 (= SpuRt 2014, 113, 115).

310 Siehe LG München I v. 26. Februar 2014, CaS 2014, 154, 159 (= SpuRt 2014, 113, 115).

311 *Monheim*, SpuRt 2014, 90, 91.

312 Siehe LG München I v. 26. Februar 2014, CaS 2014, 154, 165 (= SpuRt 2014, 113, 117).

derem in Verbindung mit hieran geknüpften Sponsoringverträgen Geld zu verdienen.[313] Aufgrund dieser Situation sei es nach Ansicht des Gerichts nicht notwendig gewesen, einen konkreten Einwand bezüglich der fehlenden Freiwilligkeit vorzubringen.[314] Vielmehr resultiere diese bereits aus der gegebenen Zwangslage und müsse sich deshalb nicht explizit manifestieren.[315] Denn da sich die Sportverbände und die Sportlerin nicht wie sonstige Vertragspartner auf Augenhöhe begegneten, bestünde eine strukturelle Ungleichgewichtslage mit der Folge, dass die Unterwerfung unter die Schiedsgerichtsbarkeit nicht freiwillig erfolgt sei.[316]

Demzufolge hielten die Richter die unter diesen Umständen abgeschlossene Schiedsvereinbarung mit der DESG gemäß § 138 Abs. 1 BGB für unwirksam.[317] Die richterliche Kontrolle von Verträgen nach § 138 Abs. 1 BGB ermögliche Korrekturen von strukturellen Ungleichgewichtslagen, wenn der Vertragsschluss mit ungewöhnlich belastenden Folgen für die schwächere Vertragspartei einhergehen würde.[318] Nach Ansicht des Gerichts konnte der Verband aufgrund seiner Monopolstellung und der Alternativlosigkeit der Sportlerin den Vertragsinhalt faktisch einseitig bestimmen, was für die Sportlerin eine Fremdbestimmung bewirkte.[319]

Des Weiteren prüften die Richter die Wirksamkeit der mit der ISU abgeschlossenen Schiedsvereinbarung am Maßstab des schweizerischen Rechts. Entgegen der Rechtsprechung des Schweizerischen Bundesgerichts, das den Abschluss von Schiedsvereinbarungen im Sport trotz der bestehenden Zwangssituation für wirksam hält, zog das Münchner Landgericht einen Verstoß gegen das in Art. 27 Abs. 2 ZGB normierte Verbot

313 Siehe LG München I v. 26. Februar 2014, CaS 2014, 154, 165 (= SpuRt 2014, 113, 117).

314 Siehe LG München I v. 26. Februar 2014, CaS 2014, 154, 165 (= SpuRt 2014, 113, 117).

315 Siehe LG München I v. 26. Februar 2014, CaS 2014, 154, 165 (= SpuRt 2014, 113, 117).

316 Siehe LG München I v. 26. Februar 2014, CaS 2014, 154, 165 (= SpuRt 2014, 113, 117).

317 Siehe LG München I v. 26. Februar 2014, CaS 2014, 154, 165 (= SpuRt 2014, 113, 117).

318 Siehe LG München I v. 26. Februar 2014, CaS 2014, 154, 165 (= SpuRt 2014, 113, 117).

319 Siehe LG München I v. 26. Februar 2014, CaS 2014, 154, 166 (= SpuRt 2014, 113, 118).

von übermäßigen Bindungen in Erwägung.[320] Begründet wurde dies unter anderem mit der Bindung der schweizerischen Rechtsordnung an Art. 6 Abs. 1 EMRK[321], der wiederum den Zugang zu den staatlichen Gerichten, das heißt den Justizgewährungsanspruch, garantiert.[322] Aufgrund des hohen Stellenwertes dieser Garantie sowie der Tatsache, dass die schweizerische Rechtsordnung die Möglichkeit eines unfreiwilligen Verzichts auf die staatliche Gerichtsbarkeit nicht vorsieht, ergab sich aus Sicht der Münchner Richter die zwingende Voraussetzung der Freiwilligkeit beim Abschluss einer Schiedsvereinbarung.[323]

Im Ergebnis erklärte das Münchner Landgericht die Klage somit trotz der vonseiten der beklagten Sportverbände erhobenen Schiedseinrede wegen der Unwirksamkeit der Schiedsvereinbarung für zulässig. Allerdings bestätigte das Gericht die materiellrechtliche Wirkung des Schiedsentscheids mit der nicht unumstrittenen Begründung, dass sich die Klägerin rügelos auf das Schiedsverfahren eingelassen habe.[324]

3. OLG München vom 15. Januar 2015[325]

Gegen das erstinstanzliche Urteil des Landgerichts München I legte die Sportlerin insoweit Berufung ein, als ihre Klage auf Schadensersatz gegen die ISU abgewiesen wurde. Die Abweisung der Klage gegen die DESG nahm sie hingegen hin, so dass sich im Berufungsverfahren vor dem Oberlandesgericht München nur noch die Sportlerin und ihr internationaler Sportdachverband gegenüberstanden.

---

320 Siehe LG München I v. 26. Februar 2014, CaS 2014, 154, 168 (= SpuRt 2014, 113, 119).

321 Siehe zum Rang der EMRK innerhalb der schweizerischen und der deutschen Rechtsordnung bei Teil 2/Kapitel 1/A./I./2. ab S. 29.

322 Siehe LG München I v. 26. Februar 2014, CaS 2014, 154, 168 (= SpuRt 2014, 113, 119).

323 LG München I v. 26. Februar 2014, CaS 2014, 154, 168 (= SpuRt 2014, 113, 119 f.).

324 Siehe LG München I v. 26. Februar 2014, CaS 2014, 154, 171 (= SpuRt 2014, 113, 122); in der Literatur wird dieses Ergebnis zu Recht für inkonsequent gehalten, da es ohne wirksame Schiedsvereinbarung auch keinen wirksamen Schiedsentscheid geben dürfe, so bspw. *Niedermaier*, SchiedsVZ 2014, 280, 285 ff., *Schulze*, SpuRt 2014, 139, 143, und *Monheim*, SpuRt 2014, 90, 93.

325 OLG München, SchiedsVZ 2015, 40 ff. (= SpuRt 2015, 78 ff. und CaS 2015, 37 ff.).

Das Oberlandesgericht München kam – so wie schon das Landgericht München I – zu dem Ergebnis, dass die zwischen der ISU und der Sportlerin abgeschlossene Schiedsvereinbarung unwirksam war. Im Gegensatz zur ersten Instanz stützte das Oberlandesgericht die Unwirksamkeit der Schiedsvereinbarung allerdings nicht auf die Schutznormen des Zivilrechts, sondern begründete seine Auffassung mit einem Verstoß gegen zwingendes Kartellrecht. Entgegen der Annahme des Landgerichts seien Schiedsvereinbarungen zwischen einem marktbeherrschenden Veranstalter internationaler Sportwettbewerbe und einem daran teilnehmenden Sportler nicht schon deshalb unwirksam, weil es an einer freien Willensbildung des Sportlers bei der Unterzeichnung fehlte.[326] Es sei aber unabhängig von der Frage, ob die Schiedsvereinbarung nach schweizerischem oder deutschem Vertragsrecht beziehungsweise nach Art. 6 Abs. 1 EMRK unwirksam sein könnte, jedenfalls ein Verstoß gegen § 134 BGB i.V.m. § 19 Abs. 1, Abs. 4 Nr. 2 GWB a.F.[327] gegeben. Die Erzwingung der Unterwerfung unter die Schiedsgerichtsbarkeit stelle zwar an sich keinen Missbrauch von Marktmacht dar.[328] Dies hänge mit dem Zweck der schiedsgerichtlichen Streitbeilegung zusammen, da diese zur Erreichung von Entscheidungseinklang und somit zur Gewährleistung der Chancengleichheit im Sport zweifelsohne förderlich sei.[329] Das missbräuchliche Verhalten sei jedoch auf die Tatsache zurückzuführen, dass sich die Sportler der Schiedsgerichtsbarkeit beim TAS zu unterwerfen hätten, obwohl den Sportverbänden bei der Ausgestaltung des Schiedsverfahrens und insbesondere bei der Schiedsrichterbestellung ein strukturelles Übergewicht zukäme.[330] Die ISU nehme auf dem Markt des Angebots für Weltmeisterschaften im Eisschnelllaufsport eine Monopolstellung ein und könne den Abschluss einer gleichartigen Schiedsvereinbarung nicht verlangen, wenn auf diesem Markt wirksamer Wettbewerb vorliegen würde.[331] Könnte der Sportler seine Teilnahme an einer Weltmeisterschaft auch unter Vereinbarung eines strukturell neutralen Schiedsgerichts erreichen, so wäre dies naheliegender als die Ver-

---

326 Vgl. OLG München, SchiedsVZ 2015, 40 (1. Leitsatz) und 43.

327 In der bis zum 29. Juni 2013 geltenden Fassung. § 19 Abs. 4 Nr. 2 GWB a.F. entspricht dem § 19 Abs. 2 Nr. 2 GWB in der aktuellen Fassung (Stand: März 2015).

328 OLG München, SchiedsVZ 2015, 40, 43.

329 OLG München, SchiedsVZ 2015, 40, 43.

330 OLG München, SchiedsVZ 2015, 40. 44.

331 OLG München, SchiedsVZ 2015, 40, 45.

einbarung eines zugunsten der Sportverbände strukturierten Schiedsgerichts.

Die Richter rügten insbesondere die verbandslastige Zusammensetzung des CIAS im Zusammenhang mit dessen Kompetenz zur Besetzung der Schiedsrichterliste, wodurch die Neutralität des TAS grundlegend in Frage gestellt sei.[332] Die fehlende Möglichkeit, die Sportler bei der Besetzung der Schiedsrichterliste zu beteiligen, könne nur ausgeglichen werden, indem man den Sportler bei der Auswahl eines Schiedsrichters nicht mehr auf die geschlossene Schiedsrichterliste beschränke.[333] Dass bei der Besetzung des Schiedsgerichts ein Ungleichgewicht zwischen den Streitbeteiligten vorläge, könne auch nicht mit einem möglichen Interessengleichlauf von Verbänden und Sportlern begründet werden, da die jeweiligen Interessen im Falle einer Streitigkeit ja gerade divergierten.[334] Zudem werde das strukturelle Ungleichgewicht dadurch verstärkt, dass in einem Berufungsverfahren vor einem Dreierschiedsgericht der vorsitzende Schiedsrichter vom Präsidenten der Berufungskammer ernannt werde, welcher wiederum Mitglied des CIAS sei. Hierdurch könnten die Sportverbände mittelbar auf das Schiedsverfahren Einfluss nehmen.[335] Dass der Abschluss der Schiedsvereinbarung in der vorliegenden Form nicht bei Vorliegen eines wirksamen Wettbewerbs verlangt werden könne, indiziere aufgrund des hiermit einhergehenden Entzugs des sich aus dem Rechtsstaatsprinzip ergebenen Rechts auf Zugang zu den staatlichen Gerichten und des gesetzlichen Richters (Art. 101 Abs. 1 S. 2 GG) die Überschreitung der für die Annahme eines Missbrauchs von Marktmacht erforderlichen Erheblichkeitsschwelle.[336]

Aufgrund dieser Erwägungen sei die Schiedsvereinbarung wegen eines Verstoßes gegen das Verbot des Missbrauchs einer marktbeherrschenden Stellung (§ 19 Abs. 1, Abs. 4 Nr. 2 GWB a.F.) gemäß § 134 BGB nichtig. Darüber hinaus wiesen die Richter des Oberlandesgerichts die Entscheidung des Landgerichts insoweit zurück, als dieses das Begehren der Sport-

---

332 Siehe hierzu bei Teil 3/Kapitel 2/A./I./4./a. und b. ab S. 237. Das OLG München bezog sich noch auf das alte Verfahren zur Besetzung der Schiedsrichterliste, siehe bei Teil 3/Kapitel 3/A./I./2./a. ab S. 287.

333 Siehe zur geschlossenen Schiedsrichterliste beim TAS und der diesbezüglichen Kritik bei Teil 3/Kapitel 3/A./I. (ab S. 282) und III. (ab S. 305).

334 OLG München, SchiedsVZ 2015, 40, 45; siehe hierzu ausführlich bei Teil 2/Kapitel 4/E./I. ab S. 163.

335 Siehe hierzu bei Teil 3/Kapitel 2/A./I./4./b. ab S. 243.

336 OLG München, SchiedsVZ 2015, 40, 45.

lerin auf Schadensersatz wegen der materiellrechtlichen Wirkung des TAS-Schiedsentscheids für unbegründet erachtete.[337] Die Anerkennung des TAS-Schiedsentscheids verstoße gegen die öffentliche Ordnung (*ordre public*), da aufgrund des Verstoßes gegen das Verbot des Missbrauchs von Marktmacht elementare Grundlagen der deutschen Rechtsordnung verletzt worden seien.[338] Dementgegen setze eine inzidente Anerkennung des auf der Grundlage einer kartellrechtswidrigen Schiedsvereinbarung ergangenen Schiedsentscheids den Missbrauch der Monopolstellung fort, was dem Sinn und Zweck der kartellrechtlichen Vorschriften zuwiderliefe.[339]

4. Würdigung

Die Entscheidung des Landgerichts München I brachte die Debatte über die Wirksamkeit erzwungener Schiedsvereinbarungen neu ins Rollen[340] und führte zu teilweise panikartigen Reaktionen in der Welt des Sports. So ließ sich der Präsident des Deutschen Olympischen Sportbundes (DOSB), Michael Vesper, sogar dazu hinreißen, die Sportverbände in einem Schreiben aufzufordern, die Entscheidung des Münchner Landgerichts zu ignorieren und die Sportler „weiterhin zur Unterschrift unter die Schiedsvereinbarungen zu drängen."[341]

Das LG München I geht in seiner Entscheidung ausführlich auf die Alternativlosigkeit und die damit einhergehende Zwangslage der Sportlerin beim Abschluss der Schiedsvereinbarungen ein. Es betont in diesem Zusammenhang insbesondere die verfassungsrechtliche Bedeutung des Justizgewährungsanspruchs und die hieraus resultierende zwingende Voraussetzung der Freiwilligkeit für die Erklärung eines Verzichts auf die staatliche Gerichtsbarkeit. Demnach wären alle Schiedsvereinbarungen im verbandsmäßig organisierten Sport, deren Abschluss gleichzeitig eine Bedingung für die Teilnahme an einem Wettkampf oder für die verbandsmäßige

337 OLG München, SchiedsVZ 2015, 40, 46.

338 OLG München, SchiedsVZ 2015, 40, 46.

339 OLG München, SchiedsVZ 2015, 40, 46.

340 Zum ersten Mal hat sich ein Gericht zur Wirksamkeit von Schiedsvereinbarungen im Profisport so deutlich geäußert. Für *Monheim*, SpuRt 2014, 90, 91, ist diese Entscheidung die logische Konsequenz der „Körbuch"-Entscheidung (siehe oben bei Teil 2/Kapitel 2/B./II. ab S. 67: BGH, NJW 2000, 1713 f.).

341 Siehe *Reinsch*, Frankfurter Allgemeine Zeitung (Printausgabe) vom 16.04.2014, Der Preis des Rechtsstaates?, S. 28.

Sportausübung im Allgemeinen darstellt, gemäß § 138 Abs. 1 BGB unwirksam. Nach den bisher untersuchten Entscheidungen deutscher Gerichte erscheint dieses Ergebnis keineswegs überraschend. Allerdings sind aus rechtsvergleichender Sicht die Ausführungen zum schweizerischen Recht besonders interessant, da die unterschiedlichen Beurteilungen in Bezug auf die strukturelle Ungleichgewichtslage sowie die unterschiedlichen Machtverhältnisse im Sport seitens des Schweizerischen Bundesgerichts und der deutschen Gerichte deutlich werden.[342] Unter Heranziehung der zuvor untersuchten „Cañas“-Entscheidung[343] übernimmt das Landgericht München I zwar die vom Schweizerischen Bundesgericht angestellten Erwägungen hinsichtlich der Alternativlosigkeit des Sportlers beim Abschluss von Schiedsvereinbarungen. Im Rahmen der Abwägung nehmen die deutschen Richter insbesondere bei der Gewichtung der verfassungsrechtlich verankerten Vertragsfreiheit und des Justizgewährungsanspruchs jedoch eine Position ein, die dem Schutz der schwächeren Partei innerhalb einer strukturell ungleichen Vertragsbeziehung insbesondere angesichts der Geltung der Art. 6 und 13 EMRK mehr Bedeutung zumisst als dem mit der erzwungenen Unterwerfung unter die Schiedsgerichtsbarkeit verfolgten Zweck.[344] Inwiefern diese strengere Auffassung gerechtfertigt ist, wird die nachfolgende materiellrechtliche Wirksamkeitsprüfung zeigen.

Unter Bezugnahme auf die richterlichen Erwägungen in der „Körbuch“-Entscheidung[345] sowie die Grundsätze aus Art. 6 Abs. 1 EMRK[346] vertreten die Richter des Oberlandesgerichts München hingegen die Ansicht, dass ein tatsächlich erklärter Verzicht auf den staatlichen Rechtsschutz

342 *Haas*, Bulletin ASA 2014, 707, 714, bezeichnet die Ausführungen des LG München I zum schweizerischen Recht und die hierin zum Ausdruck kommende Überzeugung, „das Schweizer Recht ‚besser‘ zu kennen als das schweizerische Bundesgericht“ als anmaßend und als einen Verstoß gegen das deutsche Zivilverfahrensrecht; so ähnlich auch *Pfeiffer*, SchiedsVZ 2014, 161, 163, der sich die Frage stellt, ob das LG München I bessere Kenntnis oder höhere Autorität über die Auslegung des schweizerischen Rechts verfügt als das Schweizerische Bundesgericht; diesen Ansichten ist entgegenzuhalten, dass das LG München I lediglich im Rahmen des Art. 27 ZGB, einer Generalklausel des schweizerischen Rechts, dem Justizgewährungsanspruch in seiner völkerrechtlichen Ausgestaltung Geltung verschafft.

343 Siehe oben unter Teil 2/Kapitel 2/A./II. ab S.56.

344 Siehe LG München I v. 26. Februar 2014, CaS 2014, 154, 168 (= SpuRt 2014, 113, 119 f.); *Muresan/Korff*, CaS 2014, 199, 203.

345 Siehe oben bei Teil 2/Kapitel 2/B./II. ab S. 67.

346 Siehe oben bei Teil 2/Kapitel 1/A./I./2. ab S. 29.

nicht schon deshalb unwirksam sei, weil die Sportlerin zur Ausübung ihrer beruflichen Tätigkeit zum Abschluss der Schiedsvereinbarung gezwungen worden sei. Diese Auffassung beruht auf einer fragwürdigen Interpretation der „Körbuch"-Entscheidung und vermengt ein weiteres Mal die formellen und materiellen Wirksamkeitsvoraussetzungen einer Schiedsvereinbarung.[347] Dementgegen muss unter Anwendung der zivilrechtlichen Schutznormen grundsätzlich auch ein tatsächlich erklärter Verzicht auf staatlichen Rechtsschutz unwirksam sein können, wenn die Erklärung auf einer Zwangsausübung und folglich auf einer unfreien Willensbildung beruht. Dennoch betrachten die Richter die Problematik unter kartellrechtlichen Gesichtspunkten und begründen ihre Auffassung insbesondere mit dem in § 19 Abs. 1 GWB normierten Verbot der Ausnutzung einer marktbeherrschenden Stellung seitens des internationalen Sportverbandes, das gemäß § 134 BGB die Unwirksamkeit der Vereinbarung zur Folge hat. Zur Konkretisierung des verbotenen Verhaltens stützen sich die Richter auf das in § 19 Abs. 4 Nr. 2 GWB a.F. genannte Regelbeispiel, nach dem ein Missbrauch insbesondere dann vorliegt, wenn ein marktbeherrschendes Unternehmen als Anbieter einer bestimmten Art von Waren oder gewerblichen Leistungen Geschäftsbedingungen fordert, die von denjenigen abweichen, die sich bei wirksamem Wettbewerb mit hoher Wahrscheinlichkeit ergeben würden. Hierbei sind insbesondere die Verhaltensweisen von Unternehmen auf vergleichbaren Märkten mit wirksamem Wettbewerb zu berücksichtigen. Im Wege dieser sogenannten Vergleichsmarktanalyse stellen die Richter heraus, dass sich unter normalen Umständen, das heißt bei hypothetisch herrschendem Wettbewerb auf dem Markt für Weltmeisterschaften im Eisschnelllauf, kein Sportler einem Schiedsgericht unterwerfen würde, dessen Struktur und Besetzung für ihn benachteiligend sind. Im Umkehrschluss kann der Entscheidung entnommen werden, dass die Zwangsausübung vonseiten der Sportverbände keinen Verstoß gegen § 134 BGB i.V.m. § 19 Abs. 1, Abs. 4 Nr. 2 GWB a.F. darstellen würde, wenn die jeweilige Schiedsvereinbarung die Zuständigkeit eines neutralen Schiedsgerichts vorsehen würde. Inwiefern eine solche Legitimierung von Zwang mit den Schutzvorschriften des Zivilrechts in Einklang zu bringen ist, erscheint fraglich.

§ 19 Abs. 1 GWB stellt eine Generalklausel dar, die in erster Linie dem Schutze des Wettbewerbs als Institution dient, aber auch einen individual-

---

347 Siehe hierzu bereits oben bei Teil 2/Kapitel 2/B./II./2./a. ab S. 68.

schützenden Charakter in sich trägt.[348] Mit dem Rückgriff auf das Kartellrecht und insbesondere das Konzept der Vergleichsmarktanalyse im Sinne von § 19 Abs. 4 Nr. 2 GWB a.F. präsentiert das Oberlandesgericht München eine neue Herangehensweise zur Beurteilung der Schiedszwang-Problematik im Sport. Ein Kritikpunkt an dieser Sichtweise beruht auf der Tatsache, dass insbesondere bei der Frage, ob trotz der Alternativlosigkeit der Sportlerin sowie der Machtstellung des Sportverbandes überhaupt eine wirksame Schiedsvereinbarung geschlossen werden konnte, der Schutz der einzelnen Vertragspartei überwiegt. Dieser Schutz wird jedoch in erster Linie durch die vertragsrechtlichen Vorschriften des Zivilrechts gewährleistet. Zudem stellt das Vergleichsmarktkonzept nicht selten eine ungeeignete Grundlage zur Feststellung missbräuchlichen Verhaltens dar.[349] Dies gilt insbesondere vor dem Hintergrund, dass einerseits aufgrund des Ein-Platz-Prinzips im verbandsmäßig organisierten Sportverbandswesen das Abstellen auf hypothetischen Wettbewerb mangels vorhandenen Vergleichsmarkts eher unpassend ist und andererseits der Hauptzweck des Kartellrechts, nämlich den Wettbewerb als Institution zu schützen, keinerlei Bedeutung erfährt.[350]

Eine von der ISU eingelegte Revision ist derzeit vor dem Bundesgerichtshof anhängig und es bleibt abzuwarten, wie und auf welcher Grundlage das oberste deutsche Gericht in dieser Sache entscheiden wird. In jedem Fall handelt es sich um eine für den Sport außerordentlich bedeutsame Rechtsfrage, da Streitigkeiten im internationalen Sport nahezu ausschließlich vom TAS entschieden werden.[351]

C. Zusammenfassung

Der Rechtsprechungsüberblick verdeutlicht, dass der Grundsatz der Vertragsfreiheit und das hierin zur Geltung kommende Freiwilligkeitserfordernis bei der Frage nach der Wirksamkeit erzwungener Schiedsvereinbarungen in der Schweiz und in Deutschland unterschiedlich gewichtet wer-

---

348 *Immenga/Mestmäcker/Fuchs*, § 19 GWB, Rn. 21.

349 Siehe *Langen/Bunte/Schultz*, 10. Aufl., § 19 GWB, Rn. 120, nach dessen Ansicht auch im Rahmen von § 19 Abs. 4 Nr. 2 GWB a.F. vielmehr eine Gesamtbetrachtung maßgebend ist.

350 Siehe hierzu unten bei Teil 2/Kapitel 3/C. ab S. 135.

351 *Haas*, NZZ v. 10. Februar 2015, S. 18.

den, obwohl in beiden Rechtsordnungen die Voraussetzungen an eine privatautonome Entscheidung und somit auch der Freiwilligkeitsgrundsatz selbst verfassungsmäßig abgesichert sind. Im Vergleich zu der deutschen Rechtsprechung ist auffällig, dass das Schweizerische Bundesgericht mit seiner liberalen und insbesondere auch „großzügigen“[352] Ansicht, unter Zwang abgeschlossene Schiedsvereinbarungen grundsätzlich für wirksam zu erachten, die Schutzbedürftigkeit des zumeist schwächeren Sportlers hinter die Bedürfnisse des Sports stellt. So geht das Verständnis des Schweizerischen Bundesgerichts von einer freiwillig erteilten Zustimmung zum Abschluss einer Schiedsvereinbarung teilweise so weit, dass faktisch auf jegliche Mitwirkung oder Willensäußerung des Sportlers verzichtet werden kann.[353] Hinzu kommt, dass die unter Bezugnahme auf das Vertrauensprinzip in Betracht gezogene Alternative, einen auf den Nichtabschluss der Schiedsvereinbarung gerichteten Vorbehalt zu erklären, eine Benachteiligung für den Sportler darstellt. Denn dessen Möglichkeiten und Handlungsspielraum sind wegen seiner unterlegenen Stellung in der Praxis weitestgehend auf Null reduziert. Ob die erzwungene Unterwerfung unter die Schiedsgerichtsbarkeit mit diesen Argumenten gerechtfertigt werden kann,[354] ohne in diesem Zusammenhang die Verletzung von Persönlichkeitsrechten ernsthaft in Erwägung zu ziehen, ist fraglich. Entgegen der Herangehensweise des Schweizerischen Bundesgerichts in der „Cañas“-Entscheidung[355] beziehungsweise des Oberlandesgerichts München[356] ist die Frage der wirksam abgeschlossenen Schiedsvereinbarung jedenfalls getrennt von der Einhaltung des Gebots unabhängiger und überparteilicher Rechtspflege zu beantworten, da die Wirksamkeit der Schieds-

---

352 BG v. 7. November 2011, BGE 138 III 29, 34; BG v. 18. April 2011, 4A_640/2010, E.3.2.2; BG v. 6. November 2009, 4A_358/2009, E.3.2.4.

353 Siehe bspw. oben zur „Roberts“-Entscheidung bei Teil 2/Kapitel 2/A./I. ab S. 52.

354 *Zen-Ruffinen*, in: Mélanges en l'honneur de Denis Oswald, La nécessaire réforme du TAS, 483, 494.

355 BG v. 22. März 2007, BGE 133 III 235, 245, nach dessen Ansicht eine eingehende Prüfung der freiwilligen Zustimmung des Sportlers solange nicht erforderlich ist, wie aus dessen Sicht die Unabhängigkeit und Überparteilichkeit der Schiedsgerichtsinstitution sowie die grundsätzliche Vorteilhaftigkeit der institutionellen Sportschiedsgerichtsbarkeit als gegeben anzusehen sind.

356 Nach dessen Ansicht die Unwirksamkeit der Schiedsvereinbarung nicht mangels Freiwilligkeit, sondern nach § 134 BGB i.V.m. § 19 Abs. 1, Abs. 4 Nr. 2 GWB a.F. nur deshalb gegeben ist, weil den Sportverbänden bei der Ausgestaltung des Schiedsverfahrens und insbesondere bei der Schiedsrichterbestellung ein strukturelles Übergewicht zukommt. Siehe oben bei Teil 2/Kapitel 2/B./IV./3. ab S. 79.

vereinbarung auf der einen Seite und die Unabhängigkeit und Überparteilichkeit des institutionellen Schiedsgerichts auf der anderen Seite kumulativ gegeben sein müssen.[357]

Obgleich das Ergebnis einer eingehenden Prüfung der Wirksamkeit von Schiedsvereinbarungen im Sport die einzigartige Struktur der Welt des Sports vor große Schwierigkeiten stellen könnte, stellt es aus Sportlersicht mit Sicherheit keine befriedigende Lösung dar, im Einklang mit dem Schweizerischen Bundesgericht seine Augen vor dieser Problematik zu verschließen.[358]

Kapitel 3: Die Wirksamkeit erzwungener Schiedsvereinbarungen im Sport

Für die Beurteilung der Wirksamkeit erzwungener Schiedsvereinbarungen im Sport ist zur Bestimmung des richtigen Prüfungsmaßstabes zunächst auf den Unterschied zwischen satzungsmäßigen Schiedsklauseln und individualvertraglichen Schiedsabreden einzugehen. Diese Unterscheidung ist vor allem in Deutschland auf die umstrittene Rechtsnatur von Vereinsatzungen zurückzuführen.[359] So wird nach Ansicht von Vertretern der sogenannten Normentheorie eine Satzung den Mitgliedern mit dem Erwerb der Mitgliedschaft als ein auf die Vereinsautonomie gegründetes objektives Gesetz auferlegt,[360] so dass hiernach die Wirksamkeit von satzungsmäßigen Schiedsklauseln nicht oder nur eingeschränkt nach den Vorschriften über das Vertragsrecht beurteilt werden kann. Die wohl herrschende Meinung nimmt hingegen zu Recht an, dass in der Anerkennung einer Satzung durch ein Mitglied stets ein rechtsgeschäftlicher Akt zu sehen ist und der Vereinssatzung zumindest „Vertragscharakter" zukommt.[361] Unabhängig

357 A.A. bspw. *Rigozzi*, in: Mélanges en l'honneur de Denis Oswald, International Sports Arbitration, S. 439, 448 f.

358 *Martens*, in: Mélanges en l'honneur de Denis Oswald, Disputes in Sport, S. 429, 437, zur Motivation des Schweizerischen Bundesgerichts, eine tiefgehende Auseinandersetzung mit dieser Problematik zu vermeiden.

359 Siehe ausführlich zum Meinungsstand: MünchKommBGB/*Reuter*, zu § 25 BGB, Rn. 16 ff.

360 MünchKommBGB/*Reuter*, zu § 25 BGB, Rn. 17; MünchKommZPO/*Münch*, zu § 1066 ZPO, Rn. 16.

361 Siehe *Schwab*/*Walter*, Schiedsgerichtsbarkeit, Kap. 32, Rn. 5; Staudinger/*Weick* (1995) Vorbem. §§ 21 ff. Rn. 38; zu beachten ist allerdings, dass auch nach der Normentheorie die Vereinsgesetzgebung der Legitimation durch die rechtsge-

von diesem Streit und der Frage, ob man der Normentheorie, der Vertragstheorie oder einer vermittelnden Ansicht folgt, muss richtiger Ansicht nach beim Abschluss von Schiedsvereinbarungen in jedem Fall die Schutzbedürftigkeit desjenigen, der auf seinen staatlichen Richter verzichten soll, hinreichend beachtet werden.[362] Aus diesem Grund sind zum Schutze vor Missbrauch auch für satzungsmäßige Schiedsklauseln die Schranken zu beachten, die das Gesetz für private Rechtsgeschäfte vorsieht.[363] Insoweit gilt für die Beurteilung der Wirksamkeit satzungsmäßiger Schiedsklauseln derselbe Maßstab wie für individualvertragliche Schiedsabreden. Auch im schweizerischen Recht gelten für vereinsrechtliche Satzungen unstreitig dieselben Schranken wie für Verträge.[364] So wird hier der einzelne Sportler angesichts der Machtstellung der Sportverbände zum Beispiel geschützt, indem der Grundsatz der Vertragsfreiheit zum Schutze der Persönlichkeitsrechte des Sportlers Einschränkungen erfährt.[365]

Für die Beurteilung der Wirksamkeit von erzwungenen Schiedsvereinbarungen im Sport soll in erster Linie die regelmäßig vorzufindende typisierbare Fallgestaltung berücksichtigt werden. Die nachfolgenden Ausführungen beschäftigen sich demnach mit der Frage, ob eine erzwungene Unterwerfung unter die Schiedsgerichtsbarkeit angesichts der strukturellen Ungleichgewichtslage zwischen Sportverbänden und Sportlern sowie der betroffenen Interessen und Rechte einer allgemeinen und einzelfallunabhängigen rechtlichen Bewertung standhält. Die bereits erläuterte Rechtsprechung hat diese Frage lediglich anhand von Einzelfallentscheidungen bejaht[366] beziehungsweise verneint[367]. Hierbei wurde zwar mehr oder weniger ausführlich auf die typisierbare Fallgestaltung beim Abschluss von Schiedsvereinbarungen im Sport eingegangen. Konkrete Überlegungen, die eine der Schutzbedürftigkeit des Sportlers angepasste Lösung in Form einer Einschränkung des Grundsatzes der Vertragsfreiheit zulasten der

---

schäftliche Privatautonomie der Betroffenen bedarf. Der Normentheorie folgend MünchKommBGB/*Reuter*, zu § 25 BGB, Rn. 19.

362 Siehe *Schwab*/*Walter*, Schiedsgerichtsbarkeit, Kap. 32, Rn. 6.

363 Staudinger/*Weick* (1995) Vorbem. §§ 21 ff. Rn. 38.

364 BG v. 23. März 1978, BGE 104 II 6, 8; *HeiniScherrerHaas*

365 Berner Kommentar OR/*Kramer*, zu Art. 19 OR, Rn. 40.

366 Siehe die Entscheidungen des Schweizerischen Bundesgerichts, oben bei Teil 2/Kapitel 2/A. ab S. 51.

367 Siehe die Entscheidungen der deutschen Gerichte, oben bei Teil 2/Kapitel 2/B. ab S. 62.

Sportverbände in Betracht ziehen, wurden allerdings nicht angestellt. Der bestehenden Rechtsunsicherheit bezüglich der Wirksamkeit erzwungener Schiedsvereinbarungen könnte durch die Entwicklung allgemein gültiger Wirksamkeitskriterien abgeholfen werden. Die Durchführung einer richterlichen Inhaltskontrolle im Einzelfall, mittels derer die Wirksamkeit einer Schiedsvereinbarung bisher beurteilt wurde, wird dem Bedürfnis nach Rechtssicherheit und Rechtsklarheit hingegen nicht gerecht. Denn in diesem Fall steht der Abschluss der Schiedsvereinbarung regelmäßig unter dem Vorbehalt einer gerichtlichen Entscheidung.[368] Diese Unsicherheit kann nicht im Interesse der am organisierten Sport beteiligten Personen liegen, zumal insbesondere der Fall „Pechstein" aufgezeigt hat, dass selbst ein für die Schweiz wohl relativ unbedeutendes Landgericht eines ausländischen Staates in der Lage sein kann, für reichlich Unruhe auf dem Gebiet der institutionellen Sportschiedsgerichtsbarkeit zu sorgen.[369]

A. Verstoß gegen Verfassungsrecht

Der erzwungene Verzicht auf staatlichen Rechtsschutz berührt stets auch verfassungsmäßige Rechte, auf deren Verletzung sich ein Sportler möglicherweise unmittelbar berufen kann.[370] So garantieren sowohl die schweizerische als auch die deutsche Verfassung einen Anspruch auf ein „durch Gesetz geschaffenes Gericht" (Art. 30 Abs. 1 BV) beziehungsweise auf einen „gesetzlichen Richter" (Art. 101 Abs. 1 S. 2 GG)[371], der durch die erzwungene Unterwerfung unter die Schiedsgerichtsbarkeit vereitelt sein könnte.

---

368 So *Niedermaier*, Schieds- und Schiedsverfahrensvereinbarungen in strukturellen Ungleichgewichtslagen, S. 62, Fn. 308.

369 Siehe nur die zahlreichen zu dieser Entscheidung publizierten Anmerkungen und Aufsätze: *Haas*, Bulletin ASA 2014, 707 ff.; *Handschin/Schütz*, SpuRt 2014, 179 ff.; *Schulze*, SpuRt 2014, 139 ff.; *Muresan/Korff*, CaS 2014, 199 ff.; *Monheim*, SpuRt 2014, 90 ff.; *Duve/Rösch*, SchiedsVZ 2014, 216 ff.; *Heermann*, SchiedsVZ 2014, 66 ff.

370 In der oben analysierten „Körbuch"-Entscheidung (BGH, NJW 2000, 1713 f.; siehe oben bei Teil 2/Kapitel 2/B./II. ab S. 67) stützten die Richter ihre Erwägungen bspw. direkt auf Art. 101 Abs. 1 S. 2 GG.

371 Siehe zum Charakter des Art. 101 Abs. 1 S. 2 GG als subjektives Recht bei *Maunz/Dürig/Maunz*, zu Art. 101 GG, Rn. 6.

I. Schweiz, Art. 30 Abs. 1 BV[372]

Gemäß Art. 30 BV hat jeder, dessen Sache in einem gerichtlichen Verfahren beurteilt werden muss, Anspruch auf ein „durch Gesetz geschaffenes" Gericht. Rechtsgrundlage für den Spruchkörper muss somit ein formelles Gesetz im Sinne des Art. 164 BV sein, das die Zuständigkeit und Organisation des Gerichts regelt.[373] Problematisch ist an dieser Stelle, dass die Zusammensetzung und Organisation der Schiedsgerichte nicht durch Gesetz, sondern vielmehr durch Parteivereinbarung geregelt werden. Darüber hinaus verbietet Art. 30 BV im Unterschied zum deutschen Grundgesetz nicht den Entzug des gesetzlichen Richters, sondern normiert in Anlehnung an Art. 6 Abs. 1 EMRK vielmehr einen Anspruch auf ein „durch Gesetz geschaffenes" Gericht sowie auf die Einhaltung der in einem gerichtlichen Verfahren zu beachtenden Garantien. Wird einer Partei die schiedsgerichtliche Streitbeilegung aufgezwungen, so könnte zwar theoretisch eine Vereitelung dieses Anspruchs in Betracht gezogen werden. Hiergegen spricht jedoch einerseits, dass sich weder in der schweizerischen Literatur noch in der Rechtsprechung Anhaltspunkte finden lassen, die einen Verstoß gegen Art. 30 BV im Zusammenhang mit erzwungenen Schiedsvereinbarungen begründen könnten. Des Weiteren würden solche Überlegungen dem Liberalismus der schweizerischen Rechtsordnung in Bezug auf die Schiedsgerichtsbarkeit widersprechen.

Bei dem Anspruch auf einen gesetzlichen Richter handelt es sich nach Ansicht des Schweizerischen Bundesgerichts um ein „Verfahrensrecht mit Grundrechtsstatus"[374]. Während ein grundsätzlicher Verzicht auf dieses Verfahrensrecht nicht möglich ist, können sich die Parteien jedoch mittels einer ausdrücklichen Vereinbarung über die Zuständigkeit eines privaten Schiedsgerichts einigen, sofern dieses einem ordentlichen Gericht gleichgestellt werden kann.[375] Grundsätzlich ist für die Frage nach der Wirksamkeit solcher Schiedsvereinbarungen jedoch nicht auf Art. 30 BV abzustel-

---

372 Ein Entzug des gesetzlichen Richters und Verstoß gegen die Garantie des Art. 101 Abs. 1 S. 2 GG wurde in der „Körbuch"-Entscheidung des BGH erwogen (BGH, NJW 2000, 1713 f.). Eine Verletzung des Art. 30 BV im Zusammenhang mit der erzwungenen Unterwerfung unter die Schiedsgerichtsbarkeit scheint deshalb nicht von vornherein ausgeschlossen zu sein.

373 Siehe St. Galler Kommentar BV/Ehrenzeller/*Hotz*, zu Art. 30 BV, Rn. 10.

374 Siehe BG v. 8. Mai 1992, BGE 118 Ia 209, 214.

375 *Baddeley*, L'association sportive face au droit, S. 281 f. m.w.N.

len, sondern vielmehr sind die allgemeinen zivilrechtlichen Anforderungen an die Wirksamkeit von Verträgen zu beachten.[376]

II. Deutschland, Art. 101 Abs. 1 S. 2 GG

Aufgrund der den staatlichen Rechtsschutz ausschließenden Wirkungen von erzwungenen Schiedsvereinbarungen könnte gemäß Art. 101 Abs. 1 S. 2 GG das verfassungsmäßige Recht des Sportlers auf einen gesetzlichen Richter verletzt sein. Dieses wird überwiegend als ein grundrechtsähnliches Recht angesehen, dessen Beachtung die Beteiligten eines Verfahrens zu ihrem Schutze einfordern können.[377] Übertragen die Parteien die Entscheidung über ihre Streitigkeit einem Schiedsgericht, so handelt es sich hierbei allerdings weder um ein Ausnahmegericht im Sinne von Art. 101 Abs. 1 S. 1 GG noch wird den Parteien für gewöhnlich der gesetzliche Richter nach Art. 101 Abs. 1 S. 2 GG „entzogen".[378] Die Vereinbarung privater Streitbeilegung im Rahmen der §§ 1025 ff. ZPO schließt die staatliche Gerichtsbarkeit vielmehr auf gesetzlich zulässigem Wege aus,[379] so dass der staatliche Zivilrichter nicht länger als „gesetzlicher Richter" angesehen werden kann.[380] Ein Verstoß gegen Art. 101 Abs. 1 S. 2 GG liegt allerdings dann vor, wenn jegliche Form der staatli-

---

376 BG v. 15. Dezember 1959, BGE 85 II 489, 501 ff.

377 *Maunz/Dürig/Maunz*, GG-Kommentar, zu Art. 101 GG, Rn. 6.

378 BGH, NJW 1976, 109 ff.; das „Entzogenwerden", das Art. 101 Abs. 1 Satz 2 GG verbietet, setzt darüber hinaus einen Eingriff von außen voraus. Wer sich jedoch freiwillig der Schiedsgerichtsbarkeit unterwirft, handelt aktiv und fällt nicht unter die Passivform der erwähnten Verfassungsvorschrift. So in BAG, NJW 1964, 268, 269.

379 Als gesetzlicher Richter im Sinne dieser Verfassungsvorschrift muss der Richter angesehen werden, der durch das Gesetz bestimmt ist. Zu diesen gesetzlichen Vorschriften, die den zuständigen Richter betreffen, gehören die §§ 1025 ff. ZPO. Vgl. BAG, NJW 1964, 268, 269

380 Vgl. BGH mit Anm. v. *Münch*, SchiedsVZ 2003, 39, 42, der im Falle einer wirksamen Schiedsvereinbarung den bzw. die Schiedsrichter als gesetzliche Richter qualifiziert; BGH, NJW 2002, 3031, 3032, wonach allerdings bei fehlerhafter Annahme der Zuständigkeit eines Spruchkörpers den Parteien der gesetzliche Richter entzogen wird; nach BGH, NJW 1977, 1397, 1399, stellte die Unterwerfung unter die Schiedsgerichtsbarkeit grundsätzlich einen Verzicht auf den gesetzlichen Richter und damit das „wichtige Grundrecht des Art. 101 Abs. 1 S. 2 GG" dar; *Heermann*, SchiedsVZ 2014, 66, 70; *Oschütz*, Sportschiedsgerichtsbarkeit, S. 222.

chen Kontrolle durch die Schiedsvereinbarung ausgeschlossen ist,[381] einer Partei der staatliche Richter gegen ihren Willen entzogen wird[382] oder das Schiedsgericht nicht die rechtsstaatlichen Mindestanforderungen einhält.[383] Der Schutz der Freiwilligkeit beim Abschluss einer Schiedsvereinbarung betrifft demnach einen über Art. 101 Abs. 1 S. 2 GG rechtsstaatlich und verfassungsrechtlich abgesicherten Kern, welcher nicht zur Disposition des einfachen Gesetzgebers steht,[384] so dass ein unfreiwilliger Verzicht auf den staatlichen Rechtsschutz grundsätzlich als ein Entzug des gesetzlichen Richters und somit als Verfassungsverstoß gewertet werden kann.[385] Dieser Schutz wird jedoch nicht direkt über Art. 101 Abs. 1 S. 2 GG gewährleistet, da in privaten Rechtsbeziehungen zunächst die in den zivilrechtlichen Generalklauseln zum Ausdruck kommenden Übermaßverbote (vor allem die §§ 138, 242 und 826 BGB) für die Beurteilung der Wirksamkeit einer Schiedsvereinbarung zur Anwendung kommen. Die Heranziehung der Übermaßverbote erfordert in jedem Fall eine Abwägung der betroffenen Interessen. Somit verstößt die erzwungene Unterwerfung unter die Schiedsgerichtsbarkeit nicht grundsätzlich gegen Art. 101 Abs. 1 S. 2 GG, sondern stellt nur in denjenigen Fällen eine unzulässige Entziehung des gesetzlichen Richters dar, in denen sie als unangemessen qualifiziert werden kann. Ist die Schiedsvereinbarung inhaltlich unangemessen, so tritt nach § 138 Abs. 1 BGB die Rechtsfolge der Unwirksamkeit ein, was die Unzulässigkeit des Schiedsverfahrens zur Folge hat. Somit kommt es aufgrund der zivilrechtlichen Schutzvorschriften im Falle einer erzwungenen Schiedsvereinbarung in der Regel schon gar nicht zu einer Entziehung des gesetzlichen Richters im Sinne von Art. 101 Abs. 1 S. 2 GG.[386]

---

381 *Oschütz*, Sportschiedsgerichtsbarkeit, S. 222, der allerdings darauf hinweist, dass eine vollständige Entziehung des staatlichen Rechtsschutzes wegen des möglichen Aufhebungsantrags nach § 1059 Abs. 2 ZPO in der Regel nicht gegeben ist.

382 So BGH, NJW 2000, 1713 f.

383 In all diesen Fällen handelt es sich nicht um ein nach dem Gesetz zustande gekommenes Schiedsgericht.

384 *Monheim*, SpuRt 2008, 8, 10.

385 A.A. *Oschütz*, Sportschiedsgerichtsbarkeit, S. 242 m.w.N., der den negativ besetzten Begriff des „Entzugs“ für überzogen hält, da es sich bei der Schiedsgerichtsbarkeit nicht schon von vornherein um etwas „Anstößiges“ handle.

386 Anders wohl *Monheim*, SpuRt 2008, 8, 10, der seine Argumentation direkt auf Art. 101 Abs. 1 S. 2 GG stützt.

B. Verstoß gegen zivilrechtliche Schutznormen

I. Schweiz, Art. 19 Abs. 2 OR i.V.m. Art. 27 und Art. 28 ZGB

Aus der „Cañas"-Entscheidung[387] geht unmissverständlich hervor, dass das Schweizerische Bundesgericht in der erzwungenen Unterwerfung unter die Schiedsgerichtsbarkeit im Sport kein Wirksamkeitshindernis für die Schiedsvereinbarung sieht. Dieses Ergebnis ist aufgrund der größtenteils unzureichenden Begründung[388] nicht zufriedenstellend, weshalb nachfolgend die Verletzung zivilrechtlicher Vorschriften näher geprüft wird. Darüber hinaus ist auf den ersten Blick nicht ersichtlich, aufgrund welcher Rechtsgrundlage ein unfreiwilliger Verzicht auf die staatliche Gerichtsbarkeit in der Schweiz überhaupt wirksam sein sollte.[389] In der Schweiz ist der Grundsatz, dass die Parteien eines Vertrags diesen beliebig ausgestalten und alle Vertragsbestandteile grundsätzlich frei regeln dürfen, zwar ausdrücklich in Art. 19 Abs. 1 OR festgehalten.[390] Diesem Grundsatz sind durch das zwingende Recht des OR und die privatrechtlichen Generalklauseln, zum Beispiel Art. 20 OR und Art. 27 ZGB, allerdings „gesetzliche Schranken" gesetzt.[391]

Die natürliche Freiheit – insbesondere die Wirtschaftsfreiheit – einer Person kann sich nur voll auswirken, wenn auch der Vertragsfreiheit volle Anerkennung verschafft wird, denn diese bildet einen wesentlichen Teil der privatrechtlichen persönlichen Freiheit.[392] Die Vertragsfreiheit kann der Persönlichkeit in manchen Fällen aber auch gefährlich werden und muss deshalb vor allem zum Schutze vor Missbrauch in ihre Schranken verwiesen werden.[393] Das Schweizerische Obligationenrecht normiert in Art. 19 Abs. 1 OR die Inhaltsfreiheit als wichtigsten Aspekt der Vertrags-

---

387 Siehe oben bei Teil 2/Kapitel 2/A./II. ab S. 56.

388 Zur Erinnerung: Das Schweizerische Bundesgericht betrachtete die Wirksamkeit von unter Zwang abgeschlossenen Schiedsvereinbarungen mit „Wohlwollen", da dem Sportler aufgrund der Unwirksamkeit des Rechtsmittelverzichts nach Art. 192 IPRG stets die Beschwerdemöglichkeiten nach Art. 190 Abs. 2 IPRG blieben; vgl. auch *Zen-Ruffinen/Schweizer*, CaS 2007, 67, 90.

389 So auch LG München I v. 26. Februar 2014, CaS 2014, 154, 168 (= SpuRt 2014, 113, 119 f.).

390 Basler Kommentar OR/*Bucher*, Vorbem. zu Art. 1-40 OR, Rn. 10.

391 Basler Kommentar OR/*Bucher*, Vorbem. zu Art. 1-40 OR, Rn. 10.

392 Zürcher Kommentar ZGB/*Egger*, zu Art. 27 ZGB, Rn. 2.

393 Zürcher Kommentar ZGB/*Egger*, zu Art. 27 ZGB, Rn. 3.

freiheit.[394] Die entsprechenden Schranken sind beispielsweise in Art. 19 Abs. 2 OR wegen eines Verstoßes gegen die öffentliche Ordnung, gegen die guten Sitten oder gegen das Recht der Persönlichkeit, in Art. 20 Abs. 1 OR wegen eines unmöglichen, widerrechtlichen oder sittenwidrigen Vertragsinhalts sowie in Art. 27 ZGB wegen einer übermäßigen Bindung durch den Vertrag und in Art. 28 ZGB wegen der Verletzung von Persönlichkeitsrechten normiert.[395] Diese Schranken schützen die Vertragsparteien demnach vor Verträgen, die zwingendes Recht, die öffentliche Ordnung, die guten Sitten oder die Persönlichkeit verletzen.

Für eine unter Zwang abgeschlossene Schiedsvereinbarung kommt wegen eines Verstoßes gegen den Grundsatz der negativen Abschlussfreiheit[396] in erster Linie die Prüfung möglicher Verletzungen der in Art. 27 und 28 ZGB normierten Persönlichkeitsrechte in Betracht, die nach Art. 19 Abs. 2 OR die Unwirksamkeit der Vereinbarung zur Folge haben können.[397] Diese Normen garantieren den verfassungsrechtlichen Schutz der Persönlichkeit im Privatrecht.[398] Unter Art. 27 ZGB lassen sich die Rechtsverhältnisse zusammenfassen, bei denen sich ein Sportler selbst übermäßig bindet, während Art. 28 ZGB überwiegend die Fälle erfasst, die den Sportler an der Sportausübung hindern.[399] Daraus ergibt sich insgesamt der Schutz der Persönlichkeit vor vertraglichen Beschränkungen und übermäßiger Bindung sowie vor widerrechtlichen Verletzungen, in welche die zu schützende Person nicht selbst eingewilligt hat.[400] Oftmals wird in der Literatur in diesem Zusammenhang von einem internen (Art. 27 ZGB) und externen (Art. 28 ZGB) Persönlichkeitsschutz gesprochen.[401] So wird angenommen, dass Art. 27 ZGB das Individuum nur ge-

394 Berner Kommentar OR/*Kramer*, zu Art. 19 OR, Rn. 2.

395 Basler Kommentar OR/*Bucher*, Vorbem. zu Art. 1-40 OR, Rn. 10; CR CC I/*Marchand*, zu Art. 27 CC, Rn. 1.

396 Diese wird als „zentraler Aspekt" der Vertragsfreiheit gesehen, vgl. Berner Kommentar OR/*Kramer*, zu Art. 19 OR, Rn. 43.

397 *Tuor/Schnyder/Schmid/Rumo-Jungo*, Das Schweizerische Zivilgesetzbuch, S. 104; Berner Kommentar OR/*Kramer*, zu Art. 19 OR, Rn. 20, denn die Vertragsfreiheit steht in einem „unmittelbaren Zusammenhang" zu anderen privatrechtlichen Grundfreiheiten und hauptsächlich zu den Persönlichkeitsrechten des ZGB.

398 St. Galler Kommentar BV/Ehrenzeller/*Schweizer*, zu Art. 10 BV, Rn. 3.

399 *Schillig*, Schiedsgerichtsbarkeit von Sportverbänden in der Schweiz, S. 60.

400 KommZGB/Büchler/Jakob/*Hotz*, zu Art. 27 ZGB, Rn. 1.

401 So *Schweizer*, Recht am Wort, Rn. 18.

genüber sich selbst schütze, während Art. 28 ZGB den Persönlichkeitsschutz gegenüber Dritten garantiere.[402] Diese Ansicht muss allerdings insofern korrigiert werden, als sich der übermäßig Bindende regelmäßig gegenüber einem Vertragspartner verpflichtet, der aus den Verbindlichkeiten Ansprüche herleiten kann. Der Schutz des Art. 27 ZGB kommt somit auch dann zur Anwendung, wenn die Eingehung einer übermäßigen Verbindlichkeit und die daraus resultierende Verletzung der eigenen Persönlichkeit einem Dritten zugutekommen.[403] Art. 27 ZGB muss demnach erst recht anwendbar sein, wenn der Abschluss der Vereinbarung von einem Dritten unter Ausnutzung einer Zwangslage oktroyiert wird und dieser hieraus Rechte ableitet oder die zu schützende Person grundlegende Rechte verliert.

Eine Unterscheidung zwischen Art. 27 und 28 ZGB kann jedoch insoweit vorgenommen werden, als der Tatbestand des Art. 27 ZGB durch eine normativ wirkende Vereinbarung verwirklicht wird, während Art. 28 ZGB einen faktischen Eingriff voraussetzt.[404] Der Normgehalt des Art. 27 ZGB ist somit dem Vertragsrecht zuzuordnen, während sich Art. 28 ZGB dem Deliktsrecht annähert.[405] Folglich ist die Wirksamkeit einer erzwungenen Schiedsvereinbarung am Maßstab des Art. 27 ZGB zu messen und ein möglicher Anspruch des Sportlers auf die Teilnahme am verbandsmäßig organisierten Spielbetrieb auch ohne den Abschluss der Schiedsvereinbarung nach Art. 28 ZGB zu prüfen.[406]

---

402 Berner Kommentar ZGB/*Bucher*, Vorbem. zu Art. 27 ZGB, Rn. 12 und zu Art. 27 ZGB, Rn. 7.

403 Berner Kommentar ZGB/*Bucher*, Vorbem. zu Art. 27 ZGB, Rn. 12 und zu Art. 27 ZGB, Rn. 7.; *Schweizer*, Recht am Wort, Rn. 18.

404 Berner Kommentar ZGB/*Bucher*, Vorbem. zu Art. 27 ZGB, Rn. 13; *Schweizer*, Recht am Wort, Rn. 18.

405 Berner Kommentar ZGB/*Bucher*, Vorbem. zu Art. 27 ZGB, Rn. 14; *Schweizer*, Recht am Wort, Rn. 16.

406 *Schillig*, Schiedsgerichtsbarkeit von Sportverbänden in der Schweiz, S. 60, wonach der Abschluss einer Schiedsvereinbarung eine rechtfertigende Einwilligung i.S.v. Art. 28 Abs. 2 ZGB darstelle. Die Schiedsvereinbarung selbst könne wiederum an Art. 27 ZGB gemessen werden.

1. Persönlichkeitsrechtsverletzung nach Art. 27 ZGB

Art. 27 ZGB dient als Bestandteil der grundrechtlich geschützten persönlichen Freiheit allgemein dem Schutz vor unzulässigen Eingriffen durch rechtsgeschäftlich begründete Ansprüche Dritter.[407] Erfasst werden alle Rechtsgeschäfte, durch die sich eine Person im Rahmen seines persönlichkeitsrechtlichen Schutzbereichs zu einem Tun oder Unterlassen verpflichten kann.[408]

a. Normzweck und Abgrenzung zur Sittenwidrigkeit nach Art. 20 OR

Ziel und Zweck von Art. 27 ZGB ist unter anderem die Wahrung des Selbstbestimmungsrechts natürlicher Personen.[409] Hierdurch werden im rechtsgeschäftlichen Bereich die Voraussetzungen für die Ausübung der Privatautonomie abgesichert und gleichzeitig ihr exzessiver Gebrauch unterbunden beziehungsweise ihre Ausübung auf ein zulässiges Maß beschränkt.[410] Die Norm umfasst somit jede Einschränkung der Selbstbestimmung in jenen Lebensbereichen, in denen die jeweilige Selbstbestimmung der Person ein geschütztes Persönlichkeitsgut ist.[411] Hierzu zählt nach Ansicht des Schweizerischen Bundesgerichts auch der Rechtsschutz vor staatlichen Gerichten.[412]

Art. 27 ZGB ergänzt die Bestimmungen zur Inhaltskontrolle nach Art. 19 und 20 OR.[413] Allerdings ist zu beachten, dass Art. 27 ZGB zum Schutze der individuellen Entscheidungsfreiheit die übermäßige vertragliche Bindung als solche ablehnt, während sich die Sittenwidrigkeit im Sinne von Art. 20 OR im Inhalt, Zweck oder Anlass des Vertrages widerspie-

---

407 *Tuor/Schnyder/Schmid/Rumo-Jungo*, Das Schweizerische Zivilgesetzbuch, S. 99; Berner Kommentar ZGB/*Bucher*, zu Art. 27 ZGB, Rn. 18.

408 Siehe Berner Kommentar ZGB/*Bucher*, zu Art. 27 ZGB, Rn. 18; hierunter fallen auch Vereinsbeschlüsse und statutarische Bindungen, siehe BG v. 23. März 1978, BGE 104 II 6, 8.

409 KommZGB/Büchler/Jakob/*Hotz*, zu Art. 27 ZGB, Rn. 1; Basler Kommentar OR/*Bucher*, Vorbem. zu Art. 1-40 OR, Rn. 1; CR CC I/*Marchand*, zu Art. 27 CC, Rn. 22.

410 Basler Kommentar ZGB/*Huguenin*, zu Art. 27 ZGB, Rn. 1.

411 *Brückner*, Das Personenrecht des ZGB, Rn. 776.

412 BG v. 14. November 1951, BGE 77 I 194, 201.

413 KommZGB/Büchler/Jakob/*Hotz*, zu Art. 27 ZGB, Rn. 2.

geln muss.[414] Ein Sittenverstoß, welcher gemäß Art. 20 OR die Nichtigkeit des Vertrages zur Folge hat, liegt somit zum Beispiel vor, wenn ein Vertrag den höchstpersönlichen Kernbereich einer Person betrifft, welcher jeder vertraglichen Verpflichtung entzogen sein soll.[415] Da der Abschluss einer Schiedsvereinbarung nach objektiver Betrachtung und aufgrund seiner gesetzlichen Regulierung nicht als sittenwidriger Vertrag im Sinne von Art. 20 OR betrachtet werden kann, muss für die Beurteilung der Wirksamkeit erzwungener Schiedsvereinbarungen auf Art. 27 ZGB zurückgegriffen werden. Die Prüfung konzentriert sich somit auf die Frage nach der Übermäßigkeit der rechtsgeschäftlichen Bindung im Sinne von Art. 27 ZGB, während von der Billigkeit des Vertragsinhalts grundsätzlich ausgegangen wird.

b. Verzicht auf Rechts- und Handlungsfähigkeit, Art. 27 Abs. 1 ZGB

Eine Verletzung der Persönlichkeit im Sinne von Art. 27 Abs. 1 ZGB liegt im Falle eines unzulässigen Verzichts auf die Rechts- und Handlungsfähigkeit vor. Die Bedeutung von Art. 27 Abs. 1 ZGB ist im Vergleich zu dessen Abs. 2 erheblich geringer.[416] Tatbestandsmäßig ist unter anderem der im Voraus erklärte Verzicht auf das Recht, im Streitfall ein Gericht anzurufen.[417] Dies gilt allerdings nur dann, wenn durch diesen „Rechtsmittelverzicht" höchstpersönliche und unveräußerliche subjektive Rechte betroffen sind.[418]

Hinsichtlich zweifelhafter Schiedsvereinbarungen prüft das Schweizerische Bundesgericht[419] jedoch vornehmlich eine Verletzung des Persönlichkeitsrechts am Maßstab des Art. 27 Abs. 2 ZGB. Denn jede Person habe im Prinzip das Recht, zugunsten der Schiedsgerichtsbarkeit auf ihren

---

414 Vgl. Berner Kommentar ZGB/*Bucher*, zu Art. 27 ZGB, Rn. 92 und 162 ff., wonach Art. 20 OR beispielsweise auf Verträge, die gegen die sexuelle Sittlichkeit verstoßen, anwendbar ist; CR CC I/*Marchand*, zu Art. 27 CC, Rn. 22.

415 BG v. 30. Oktober 2002, BGE 129 III 209, 213.

416 Basler Kommentar ZGB/*Huguenin*, zu Art. 27 ZGB, Rn. 7 m.w.N.; ZGB Kommentar/*Büchler*/*Frei*, zu Art. 27, Rn. 3.

417 *Tuor*/*Schnyder*/*Schmid*/*Rumo-Jungo*, Das Schweizerische Zivilgesetzbuch, S. 101; Basler Kommentar ZGB/*Huguenin*, zu Art. 27 ZGB, Rn. 6 m.w.N.; *Baddeley*, ZSR 115 (1996) II, S. 135, 234.

418 Siehe BG v. 7. April 1987, BGE 113 Ia 26, 31.

419 Siehe BG v. 15. Dezember 1959, BGE 85 II 489, 501 ff.

gesetzlichen Richter zu verzichten.[420] Die Auferlegung eines solchen Verzichts sei allerdings dann nicht hinnehmbar, wenn sie gegen die guten Sitten verstieße oder Zweifel an der Unabhängigkeit und Überparteilichkeit des Spruchkörpers aufkämen.[421] Die Norm muss somit dahingehend ausgelegt werden, dass zwar ein unverzichtbares Recht auf einen unabhängigen und überparteilichen Richter garantiert werden soll, dieser allerdings nicht notwendigerweise ein staatlicher Richter sein muss.[422] Ein vollständiger Verzicht auf die Rechts- und Handlungsfreiheit im Sinne von Art. 27 Abs. 1 ZGB wäre demnach nur im Abschluss von solchen „Schiedsverträgen“ zu sehen, die einen umfassenden Verzicht auf die schiedsgerichtliche und staatsgerichtliche Beilegung von Rechtsstreitigkeiten zum Gegenstand haben. Dies ist beispielsweise bei Vereinbarungen der Fall, die die Streitbeilegung vor einem sogenannten „unechten“ Schiedsgericht[423] vorsehen, das keine ausreichende Gewähr für unabhängige Rechtsprechung bietet, die sämtliche „Rechtsmittel“ zu ordentlichen Gerichten ausschließen und den Parteien somit noch nicht einmal im Ansatz eine gleichwertige Alternative zur staatlichen Gerichtsbarkeit zur Verfügung stellen.

Für die vorliegende Untersuchung ist die Annahme einer Persönlichkeitsverletzung im Sinne von Art. 27 Abs. 1 ZGB somit eher fernliegend. Die beiden Absätze des Art. 27 ZGB bilden allerdings eine Einheit und ergänzen sich insoweit, als eine übermäßige Bindung und somit eine Verletzung des Selbstbestimmungsrechts (Abs. 2) wegen der Zwangsausübung vonseiten der Sportverbände weiterhin in Betracht gezogen werden kann.[424]

c. Übermäßige Bindung, Art. 27 Abs. 2 ZGB

Gemäß Art. 27 Abs. 2 ZGB darf sich niemand seiner Freiheit entäußern oder sich in ihrem Gebrauch in einem das Recht oder die Sittlichkeit verletzenden Grade beschränken. Bezüglich einer möglichen Beschränkung

420 Siehe BG v. 15. Dezember 1959, BGE 85 II 489, 501.

421 BG v. 15. März 1993, BGE 119 II 271, 275, E. 3 b); BG v. 30. April 1991, BGE 117 Ia 166, 167, E. 5 a); BG v. 30. Juni 1994, Bulletin ASA 1997, 99, 104.

422 *Baddeley*, ZSR 115 (1996) II, S. 135, 234.

423 Siehe zur Unterscheidung von sog. „echten“ und „unechten“ Schiedsgerichten bei Teil 3/Kapitel 1/B. ab S. 208.

424 Siehe *Tuor/Schnyder/Schmid/Rumo-Jungo*, Das Schweizerische Zivilgesetzbuch, S. 101; *Riemer*, Personenrecht des ZGB, Rn. 309.

der persönlichen Freiheit im Sinne dieser Generalklausel gestaltet sich eine allgemeine rechtliche Beurteilung schwieriger, da vertragliche Bindungen und hieraus resultierende Einschränkungen – im Gegensatz zum völligen Verzicht auf die Rechts- und Handlungsfreiheit nach Art. 27 Abs. 1 ZGB – zum Rechtsalltag dazugehören.[425] Dementsprechend ist in Anlehnung an die Rechtsprechung des Schweizerischen Bundesgerichts zunächst zu untersuchen, ob eine Auslegung der vom Sportler erklärten Unterwerfung unter die Schiedsgerichtsbarkeit nach dem sogenannten Vertrauensprinzip einem Verstoß gegen Art. 27 Abs. 2 ZGB entgegenstehen könnte.[426]

aa) Relativierung des Vertrauensprinzips

Nach der liberalen Rechtsprechung des Schweizerischen Bundesgerichts, das für den wirksamen Abschluss einer Schiedsvereinbarung einen Globalverweis[427] oder bereits die fahrlässige Unkenntnis[428] von einer in einem Verbandsregelwerk enthaltenen Schiedsklausel genügen lässt, bedürfen die Erklärungen der Parteien einer besonderen Auslegung, aufgrund derer auf den mutmaßlichen Willen des Sportlers, sich der Schiedsgerichtsbarkeit zu unterwerfen, geschlossen werden kann.[429] Problematisch sind in diesem Zusammenhang hauptsächlich diejenigen Schiedsvereinbarungen, die zwar unfreiwillig, aber ohne ausdrücklichen Vorbehalt abgeschlossen werden.[430] Denn ihnen kann in der Regel der Mangel an Freiwilligkeit im Zeitpunkt der Unterwerfung unter die Schiedsgerichtsbarkeit nicht mehr nachgewiesen werden. So wurde in einer Entscheidung des Schweizerischen Bundesgerichts eine Verletzung des Persönlichkeits-

---

425 *Tuor/Schnyder/Schmid/Rumo-Jungo*, Das Schweizerische Zivilgesetzbuch, S. 102; nach Berner Kommentar ZGB/*Bucher*, zu Art. 27 ZGB, Rn. 95, stellt Abs. 2 eine Generalklausel dar, die im Gegensatz zu Abs. 1 nicht ohne bewertende Würdigung der gegebenen Umstände bereits eine Lösung zu geben verspricht.

426 So bspw. in der oben analysierten „Roberts"-Entscheidung (Teil 2/Kapitel 2/A./I. ab S. 52), BG v. 7. Februar 2001, 4P.230/2000, E.2, Bulletin ASA 2001, 523 ff.

427 Vgl. Auszug eines Urteils des Schweizerischen Bundesgerichts, BG v. 31. Oktober 1996, Recueil des sentences du TAS (1986-1998), S. 577 ff.

428 BG v. 7. Februar 2001, 4P.230/2000, E.2.a), Bulletin ASA 2001, 523 ff.

429 *Handschin/Schütz*, SpuRt 2014, 179 f.

430 *Philipp*, Rechtliche Schranken der Vereinsautonomie und der Vertragsfreiheit im Einzelsport, S. 51.

rechts aus Art. 27 Abs. 2 ZGB schon deshalb verneint, weil der Sportler nicht beweisen konnte, dass er seine Lizenz nicht erhalten hätte, wenn er die Unterzeichnung der Schiedsvereinbarung verweigert hätte.[431] Diese Betrachtungsweise des Bundesgerichts beruht auf dessen ständiger Rechtsprechung, wonach unklare Willenserklärungen beziehungsweise sogenannte pathologische Schiedsklauseln nach dem Vertrauensprinzip ausgelegt werden.[432] Das Vertrauensprinzip stellt zur Ermittlung des mutmaßlichen Willens der Parteien nicht auf den inneren Parteiwillen ab, sondern stützt sich maßgeblich auf die Deutung des Erklärungsgehalts, die der Vertragspartner der Erklärung unter den gegebenen Umständen nach Treu und Glauben beimessen durfte.[433] Da für die Auslegung nach dem Vertrauensprinzip somit weder der Wille des Erklärenden noch der Wortlaut des Erklärten eine entscheidende Rolle spielen, wird das Vertrauen des Erklärungsempfängers in den objektiven Erklärungsgehalt geschützt.[434] Im Bereich des Sports hat dies wegen der formal wirksamen Erklärung des Sportlers regelmäßig eine Auslegung *in favorem validitatis*, das heißt zugunsten der Wirksamkeit der Schiedsvereinbarung, zur Folge.[435] Das Vertrauen der Verbände in das Bestehen einer freiwillig abgeschlossenen Schiedsvereinbarung erscheint jedoch wenig schutzwürdig, weshalb das Vertrauensprinzip für die im Sport vorzufindende typisierbare Fallgestaltung einer Relativierung bedarf. Ein Monopolverband ist stets in der Position, durch die Ausübung seiner überragenden Machtstellung eine vorbehaltslose Unterwerfungserklärung einzufordern, bevor er den Sportler an den von ihm organisierten Wettkämpfen teilnehmen lässt. Ebendiese Tatsache lässt das Schutzbedürfnis des Verbandes als Erklärungsempfänger

---

431 BG v. 31. Oktober 1996, Recueil des sentences du TAS (1986-1998), S. 577, 583.

432 Vgl. bspw. BG v. 17. Januar 2013, 4A_244/2012, E.4.2; BG v. 7. November 2011, BGE 138 III 29, 35 f.; BG v. 21. November 2003, BGE 130 III 66, 71; BG v. 8. Juli 2003, BGE 129 III 675, 680; BG v. 7. Februar 2001, 4P.230/2000, E.2, Bulletin ASA 2001, 523 ff.; BG v. 15. März 1990, BGE 116 Ia 56, 58; BG v. 2. Februar 1954, BGE 80 II 26, 31 f.; siehe auch Basler Kommentar OR/*Bucher*, zu Art. 1 OR, Rn. 6.

433 BG v. 17. Januar 2013, 4A_244/2012, E.4.2; BG v. 7. November 2011, BGE 138 III 29, 35 f.; BG v. 21. November 2003, BGE 130 III 66, 71; BG v. 8. Juli 2003, BGE 129 III 675, 680; BG v. 7. Februar 2001, 4P.230/2000, E.2, Bulletin ASA 2001, 523 ff.; BG v. 15. März 1990, BGE 116 Ia 56, 58; BG v. 2. Februar 1954, BGE 80 II 26, 31 f.; Basler Kommentar OR/*Bucher*, zu Art. 1 OR, Rn. 6.

434 Basler Kommentar OR/*Bucher*, zu Art. 1 OR, Rn. 6.

435 *Zimmermann*, CaS 2014, 11, 13; *Kaufmann-Kohler*/*Rigozzi*, Arbitrage international, Rn. 256 f.

entfallen, da das Vertrauen in den Abschluss der Schiedsvereinbarung nicht auf der – vermeintlichen[436] – Erklärung des Sportlers, sondern vielmehr auf der monopolistischen Machtstellung und dem Bewusstsein um die Alternativlosigkeit des Sportlers beruht. Das Vertrauensprinzip muss für diese Fälle also dergestalt korrigiert werden, dass ein Verband bei der Deutung des Erklärungsgehalts alle ihm aus den Umständen erkennbaren Tatsachen zu berücksichtigen hat, um die Erklärung des Sportlers seinem tatsächlichen Willen entsprechend zu verstehen.[437] Auf diese Weise kann angesichts der unterlegenen Stellung des Sportlers ohne ein entsprechendes, zur Unterzeichnung der Schiedsvereinbarung hinzutretendes Verhalten[438] insbesondere aus Verbandssicht nicht pauschal von einer freiwilligen Unterwerfung unter die Schiedsgerichtsbarkeit ausgegangen werden. Die Wirksamkeit der Schiedsvereinbarung und der damit einhergehende Ausschluss einer Verletzung des Persönlichkeitsrechts aus Art. 27 Abs. 2 ZGB können demnach wegen der für den Sportler ungünstigen Zwangslage nicht mit dem Vertrauensprinzip und der Schutzbedürftigkeit des Erklärungsempfängers gerechtfertigt werden. Im Ergebnis ist eine restriktive Auslegung der Unterwerfungserklärung geboten, wenn hinsichtlich des Willens zum Abschluss einer Schiedsvereinbarung Zweifel bestehen.[439]

bb) Sachlicher Schutzbereich

Art. 27 Abs. 2 ZGB schützt die Vertragsparteien vor übermäßiger Bindung und Beschränkungen der Persönlichkeit in ihrem ideellen Bereich sowie in ihrer Freiheit der persönlichen und wirtschaftlichen Betätigung.[440] Unzu-

---

436 Im Fall Roberts machten die Richter deutlich, dass es noch nicht einmal einer konkreten Erklärung im Sinne einer Zustimmung des Sportlers zur Schiedsgerichtsbarkeit bedarf, siehe oben bei Teil 2/Kapitel 2/A./I./1. ab S. 52.

437 Vgl. Basler Kommentar OR/*Bucher*, zu Art. 1 OR, Rn. 8.

438 So zum Beispiel im Falle einer rügelosen Einlassung auf ein Schiedsverfahren (vgl. LG München I v. 26. Februar 2014, CaS 2014, 154, 171 (=SpuRt 2014, 113, 122)) oder einer Inanspruchnahme des Schiedsgerichts in einem früheren Fall (siehe z.B. Auszug eines Urteils des Schweizerischen Bundesgerichts, BG v. 31. Oktober 1996, Recueil des sentences du TAS (1986-1998), S. 577, 582).

439 BG v. 8. Juli 2003, BGE 129 III 675, 681; *Zimmermann*, CaS 2014, 11, 14.

440 *Haas*, Bulletin ASA 2014, 707, 710 f.; BG v. 23. März 1978, BGE 104 II 6, 8; KommZGB/Büchler/Jakob/*Hotz*, zu Art. 27 ZGB, Rn. 4; Zürcher Kommentar ZGB/*Egger*, zu Art. 27 ZGB, Rn. 27.

lässig sind nach dieser Norm Entäußerungen oder unverhältnismäßige Beschränkungen der individuellen Entscheidungsfreiheit.[441] Dies betrifft beispielsweise Verpflichtungen, welche die Lebensgestaltung des Betroffenen wesentlich beeinflussen.[442] Eingriffe in die wirtschaftliche Betätigungsfreiheit hält das Schweizerische Bundesgericht dagegen nur mit Zurückhaltung für unzulässig.[443] Eine vertragliche Beschränkung wird etwa erst dann als übermäßig angesehen, wenn sie den Verpflichteten der Willkür eines anderen ausliefert, seine wirtschaftliche Freiheit aufhebt oder in einem Maße einschränkt, dass die Grundlagen seiner wirtschaftlichen Existenz gefährdet sind.[444] Somit hat prinzipiell jeder das Recht, auf seinen gesetzlichen Richter zugunsten der Schiedsgerichtsbarkeit zu verzichten.[445] Ein solcher Verzicht darf einer Person allerdings nicht unter Androhung einer Strafe oder Sperre aufgezwungen werden, wenn die angewandten Mittel oder der verfolgte Zweck unerlaubt beziehungsweise sittenwidrig sind.[446]

Mit der erzwungenen Schiedsvereinbarung geht der Verlust der persönlichen Entscheidungsfreiheit hinsichtlich der Wahl des zu beschreitenden Rechtsweges einher. Denn die Entscheidung, einen Rechtsstreit von einem Schiedsgericht beilegen zu lassen, wird dem Sportler von seinem Verband aufgedrängt, so dass seine Vertragsfreiheit „als Grundpfeiler der schweizerischen Rechtsordnung“[447] beeinträchtigt und ihm dadurch der staatliche Rechtsschutz entzogen wird. Von einer Verletzung der Entscheidungsfreiheit im Sinne des Art. 27 Abs. 2 ZGB kann allerdings erst dann ausgegangen werden, wenn der persönliche Wille des Sportlers nicht verwirklicht werden kann oder die Durchsetzung des eigenen Willens durch die Fremd-

---

441 BG v. 26. Oktober 1988, BGE 114 Ia 350, 359, wonach Art. 27 Abs. 2 ZGB eine Vorschrift ist „qui protège la personnalité contre des engagements excessifs [...]“.

442 *Aebi-Müller/Morand*, CaS 2012, 234, 242; hierunter fallen bspw. die Verpflichtung zu bestimmten Diäten, zur Mitgliedschaft in einer bestimmten religiösen Gemeinschaft oder zum Verzicht auf Alkohol, vgl. *Aebi-Müller/Hausheer*, ZBJV 2001, 337, 351 m.w.N.

443 BG v. 5. September 1997, BGE 123 III 337, 345 f.; BG v. 21. Juni 1988, BGE 114 II 159, 161 f.; BG v. 6. November 1985, BGE 111 II 330, 336 f.; BG v. 23. März 1978, BGE 104 II 6, 8.

444 BG v. 21. Juni 1988, BGE 114 II 159, 162.

445 BG v. 15. Dezember 1959, BGE 85 II 489, 501.

446 BG v. 15. Dezember 1959, BGE 85 II 489, 501.

447 OR Handkommentar/*Dasser*, zu Art. 19 OR, Rn. 1.

bestimmung vereitelt wird.[448] Zwar bleibt dem Sportler die theoretische Möglichkeit, der Schiedsvereinbarung nicht zuzustimmen. Diese Möglichkeit ist jedoch aus der Sicht des Sportlers zumeist inakzeptabel, da eine Entscheidung gegen die Anerkennung der Schiedsvereinbarung in der Regel mit der Versagung der Teilnahme an verbandsmäßig organisierten Wettbewerben und somit mit dem Verlust wirtschaftlicher Einnahmen sowie der wirtschaftlichen Betätigungsfreiheit einhergeht[449]. Dem Sportler wird die Gefahr des Verlustes seiner wirtschaftlichen Existenz vor Augen gehalten, so dass er sich in der Praxis stets dem Verbandswillen beugt. Mithin besteht ein faktischer Abschlusszwang, der auf den speziellen Strukturen des Sportverbandswesens beruht. Diese Gegebenheiten machen die Durchsetzung seines eigenen Willens in der Praxis eher unwahrscheinlich, worauf die Verbände in der Regel vertrauen dürfen. Würde sich der Sportler trotz des faktischen Zwangs dazu entscheiden, die Schiedsvereinbarung nicht abzuschließen, so wäre dies wohl als freiwillige Ausübung seiner negativen Vertragsfreiheit zu qualifizieren, deren Folgen seiner Karriere jedoch regelmäßig schaden würden. In diesen Fällen kommt aus der Sicht des Sportlers der Schutz des Persönlichkeitsrechts nach Art. 28 ZGB in Betracht.[450]

Auch das Schweizerische Bundesgericht hat im Zusammenhang mit der erzwungenen Unterwerfung unter die Schiedsgerichtsbarkeit einen Verstoß gegen Art. 27 Abs. 2 ZGB zumindest in Betracht gezogen.[451] Von einer weiteren Prüfung dieser Schutznorm hat es allerdings abgesehen, weil der klagende Sportler den Nachweis nicht erbringen konnte, dass er im Falle des Nichtabschlusses der Schiedsvereinbarung seine Lizenz nicht erhalten hätte.[452] Unabhängig von der Herleitung einer solchen Nachweispflicht[453] ist eine Verletzung des Persönlichkeitsrechts nach Art. 27 Abs. 2 ZGB bei unter Zwang abgeschlossenen Schiedsvereinbarungen demnach grundsätzlich möglich. Es ist allerdings festzuhalten, dass es sich bei einer

448 Berner Kommentar ZGB/*Bucher*, zu Art. 27 ZGB, Rn. 277 b.

449 Vgl. Bern, Richteramt III 22.12.1987, SJZ 1988, S. 85, 87, wonach die professionell ausgeübte sportliche Betätigung als eine wirtschaftliche Tätigkeit angesehen wird.

450 Siehe unten bei Teil 2/Kapitel 3/B./I./2. ab S. 107.

451 BG v. 31. Oktober 1996, Recueil des sentences du TAS (1986-1998), S. 577, 583 f.

452 BG v. 31. Oktober 1996, Recueil des sentences du TAS (1986-1998), S. 577, 583 f.

453 Siehe hierzu unten bei Teil 2/Kapitel 4/D./I./2. ab S. 157.

erzwungenen Schiedsvereinbarung nicht um einen Eingriff in den empfindlichen Persönlichkeitsbereich des sogenannten „absoluten Bindungsausschlusses" handelt,[454] der die Übermäßigkeit der Bindung indizieren würde. Dies geht bereits aus der gesetzlich geregelten Möglichkeit, die staatliche Gerichtsbarkeit durch die Vereinbarung schiedsgerichtlicher Streitbeilegung auszuschließen, hervor. Für die Annahme einer übermäßigen Bindung bedarf es somit einer weitergehenden Untersuchung.

cc) Gebrauch der Freiheit in einem „die Sittlichkeit verletzenden Grade"

Die Unterwerfung unter die Schiedsgerichtsbarkeit als unumgängliche Bedingung für die Teilnahme an verbandsmäßig organisierten Wettbewerben zu erzwingen, deutet bereits auf einen unsittlichen Charakter der Vereinbarung hin.[455] Unter „Sittlichkeit" werden im schweizerischen Privatrecht „die in der Schweiz herrschenden Moralvorstellungen" verstanden.[456] Diese entsprechen in der Regel dem „Anstandsgefühl aller billig und gerecht denkenden Volksgenossen, gemessen an einem durchschnittlichen Maßstab."[457]

Art. 27 Abs. 2 ZGB erfasst hauptsächlich unsittliche Verpflichtungen, die aufgrund der übermäßigen rechtlichen Bindung zu einer übermäßigen rechtlichen Abhängigkeit einer Person von einer anderen führen.[458] Die erzwungene Unterwerfung unter die Schiedsgerichtsbarkeit im Sport stellt sich als eine verbandsinterne Verpflichtung dar, die zwar nicht zu einer Abhängigkeit in diesem Sinne führt, aber in jedem Fall auf ihr beruht, so dass hierin erst recht eine sittenwidrige Beschränkung der Persönlichkeit gesehen werden kann.[459] Gegen den sittenwidrigen Charakter erzwunge-

---

454 *Aebi-Müller/Morand*, CaS 2012, 234, 241; siehe zum „Bereich des absoluten Bindungsausschlusses" Berner Kommentar ZGB/*Bucher*, zu Art. 27 ZGB, Rn. 114 ff.

455 Siehe *Baddeley*, ZSR 115 (1996) II, S. 135, 210.

456 BG v. 17. Juni 1968, BGE 94 II 5, 16, „les conceptions morales reçues au sein de la population".

457 So zitiert in Berner Kommentar ZGB/*Bucher*, zu Art. 27 ZGB, Rn. 272 m.w.N.

458 *Riemer*, Personenrecht des ZGB, Rn. 318.

459 *Baddeley*, L'association sportive face au droit, S. 281, bezeichnet diese Verpflichtung als „devoir social"; *Scherrer*, CaS 2012, 249, 256, zum Entscheid des Regionalgerichts Bern-Mittelland vom 22. Mai 2012 in der „Causa FC Sion": „Die von Art. 27 Abs. 2 ZGB abgesteckte Grenze kann je nach den konkreten Umstän-

ner Schiedsvereinbarungen könnte nach Ansicht des Tribunal de Martigny et St-Maurice sprechen, dass die Entscheidung, an einem Wettbewerb oder einer Meisterschaft teilzunehmen, trotz der strukturell bedingten Umstände auf einem freien Entschluss des Sportlers beruhe.[460] Denn die Bedingungen der Teilnahme seien von Anfang an klar, weshalb sich der Sportler nicht im Nachhinein auf einen Mangel an Freiwilligkeit stützen könne.[461] Diese freie Entscheidung ginge auf eine Güter- und Interessenabwägung zurück, infolge derer sich der Sportler für eine Teilnahme am organisierten Spielbetrieb unter den bestehenden Voraussetzungen aktiv entscheide.[462] Dieser Ansicht ist entschieden entgegenzutreten. Nicht nur, wertet sie ein den Sport prägendes Charakteristikum, nämlich die strukturelle Unterlegenheit des Sportlers, gänzlich ab. Sie ignoriert darüber hinaus die Alternativlosigkeit des Sportlers und seine daraus resultierende Schutzbedürftigkeit. Eine Güter- und Interessenabwägung auf Seiten des Sportlers wird aus diesen Gründen zu einer Farce, da sie letztlich keinerlei Einfluss auf die Entscheidung des Sportlers hat. Die Karrieredauer der meisten Sportler ist zu kurz, um eine Strafe oder einen Ausschluss vom verbandsmäßig organisierten Sport wegen der unterlassenen Zustimmung zur Schiedsgerichtsbarkeit zu riskieren.[463] Ebendiese Tatsache führt erst zu der „Unfreiheit" des Entschlusses, sich der Schiedsgerichtbarkeit zum Zwecke der Sportausübung zu unterwerfen, worauf die Sportverbände in der Regel vertrauen können.[464]

Art. 27 Abs. 2 ZGB zielt grundsätzlich darauf ab, ein Gleichgewicht zwischen der Gewährleistung von Vertragsfreiheit (Privatautonomie) und Vertragstreue auf der einen Seite und dem Schutz der Persönlichkeitsrech-

---

den erreicht sein, wenn die Bedeutung und Natur einer Streitigkeit im Zeitpunkt des Abschlusses der Schiedsvereinbarung nicht absehbar waren."

460 *Scherrer*, CaS 2012, 249 ff. zum Entscheid des Tribunal de Martigny et St-Maurice vom 4./11. Juni 2012.

461 *Scherrer*, CaS 2012, 249, 258.

462 Die Teilnahme am Spielbetrieb sei ihm wichtiger als der Gang vor den staatlichen Richter, vgl. *Scherrer*, CaS 2012, 249, 258.

463 *Zen-Ruffinen*, in: Mélanges en l'honneur de Denis Oswald, La nécessaire réforme du TAS, 483, 491.

464 *Monheim*, in: Facetten des Sportrechts, Die Vereinbarkeit von Schiedsabreden und Schiedsgerichten im Sport mit dem Rechtsstaatsprinzip, S. 93, 105; *Monheim*, SpuRt 2008, 8, 10; *Monheim*, Sportlerrechte und Sportgerichte im Lichte des Rechtsstaatsprinzips, S. 158.

te auf der anderen Seite herzustellen.[465] Ob bei der erzwungenen Unterwerfung unter die Schiedsgerichtsbarkeit eine persönlichkeitsverletzende übermäßige Bindung im Sinne von Art. 27 Abs. 2 ZGB vorliegt, lässt sich demnach letztlich nur mithilfe einer umfassenden Interessenabwägung beurteilen,[466] wobei es einer kritischen Würdigung und Bewertung der betroffenen Interessen bedarf.[467] Die Interessenabwägung ist aufgrund der strukturellen Besonderheiten des Sportverbandswesens, des Kräfteungleichgewichts zwischen Sportverbänden und Sportlern sowie der hieraus resultierenden typisierbaren Fallgestaltung[468] möglichst abstrakt zu halten. Es bietet sich an, allgemeine Kriterien und Maßstäbe herauszuarbeiten, um zu einer einzelfallunabhängigen Lösung zu gelangen. Zur Beurteilung einer übermäßigen Bindung, die die Freiheit in einem die Sittlichkeit verletzenden Grade beschränkt, sind außerhalb des Bereichs des „absoluten Bindungsausschlusses“[469] zahlreiche Faktoren zu berücksichtigen.[470] Beispielhaft können unter anderem die Intensität und Dauer der Bindung,[471] der Grad der Fremdbestimmtheit,[472] ein allfälliges Machtgefälle zwischen den Vertragsparteien beziehungsweise „fehlende Parität“[473], die ungleiche Verteilung von Lasten und Nutzen, aber auch entlastende Faktoren, wie beispielsweise besondere Vorteile, Gegenleistungen oder geringe Risiken angeführt werden.[474] Bereits das Vorliegen eines einzigen Umstands muss je nach Fallkonstellation und Ausmaß für die Begründung der Übermäßigkeit einer Bindung genügen können. Im Rahmen der Konkretisierung und Auslegung des Art. 27 Abs. 2 ZGB müssen zudem die betroffenen Grund-

---

465 Siehe *Zen-Ruffinen*, in: Mélanges en l'honneur de Denis Oswald, La nécessaire réforme du TAS, 483, 488 verweisend auf BGE 102 II 211, 218 ff. und BGE 104 II 108, 116 ff.

466 Vgl. *Rigozzi/Robert-Tissot*, in: ASA Special Series No. 41, „Consent“ in Sports Arbitration: Its Multiple Aspects, S. 59, 71; *Tuor/Schnyder/Schmid/Rumo-Jungo*, Das Schweizerische Zivilgesetzbuch, S. 103 m.w.N., wonach die Schwere des Verzichts gegen die Interessen der Gegenpartei abzuwägen wären.

467 BG v. 27. März 2012, BGE 138 III 322, 330; Zürcher Kommentar ZGB/*Egger*, zu Art. 27 ZGB, Rn. 18.

468 Siehe oben bei Teil 2/Kapitel 1/B./I. ab S. 38.

469 Zum „Bereich des absoluten Bindungsausschlusses“, siehe Berner Kommentar ZGB/*Bucher*, zu Art. 27 ZGB, Rn. 114 ff.

470 Vgl. auch *Haas*, Bulletin ASA 2014, 707, 711.

471 Basler Kommentar ZGB/*Huguenin*, zu Art. 27 ZGB, Rn. 10.

472 Berner Kommentar ZGB/*Bucher*, zu Art. 27 ZGB, Rn. 281 f.

473 Berner Kommentar ZGB/*Bucher*, zu Art. 27 ZGB, Rn. 281.

474 ZGB Kommentar/*Büchler/Frei*, zu Art. 27, Rn. 7.

rechtsgehalte ausreichend beachtet werden, um auf diese Weise wirksamen Grundrechtsschutz gewährleisten zu können.[475] Für den Fall der erzwungenen Unterwerfung unter die (institutionelle) Sportschiedsgerichtsbarkeit bedeutet dies eine ausgewogene Berücksichtigung des Grundsatzes der Verbandsautonomie einerseits und der durch die Vereinbarung bedrohten, schutzwürdigen Interessen und Rechte des Sportlers andererseits. Folglich ist in Teil 2/Kapitel 4 zu untersuchen, ob ein Missbrauch der Vertragsfreiheit seitens der Sportverbände vorliegt oder ob die erzwungene Unterwerfung unter die Schiedsgerichtsbarkeit gerechtfertigt ist, das heißt der Schiedszwang entsprechend der Zweckverfolgung tragbar ist,[476] im Verbandsinteresse liegt, den Sportlerinteressen vorgeht[477] und schließlich auch verhältnismäßig ist[478]. Das Ergebnis hängt zumeist von der Schwere der Belastung ab.[479]

2. Teilnahmeanspruch, Art. 28 ZGB

Neben einer Verletzung von Art. 27 Abs. 2 ZGB kommt ein Anspruch des Sportlers wegen einer Verletzung des Persönlichkeitsrechts aus Art. 28 ZGB in Betracht, wonach jeder, der in seiner Persönlichkeit verletzt wird, zu seinem Schutze gegen jeden, der an der Verletzung mitwirkt, das Gericht anrufen kann. In Verbindung mit Art. 28a Abs. 1 Nr. 1 ZGB könnte eine gerichtliche Klage auf das Verbot einer drohenden Persönlichkeitsrechtsverletzung und somit auf Teilnahme am verbandsmäßig organisierten Spielbetrieb lauten, von dem der Sportler in der Regel ausgeschlossen wird, sofern er den Abschluss der Schiedsvereinbarung verweigert.[480] Der

---

475 Berner Kommentar OR/*Kramer*, zu Art. 19 OR, Rn. 112 m.w.N.; vgl. entsprechend zu Art. 28 ZGB CR CC I/*Jeandin*, zu Art. 28 CC, Rn. 7; *Magg*, Das Spielervermittlerreglement der FIFA, Rn. 347.

476 Siehe BG v. 15. Dezember 1959, BGE 85 II 489, 501; Zürcher Kommentar ZGB/*Egger*, zu Art. 27 ZGB, Rn. 18.

477 BG v. 15. Dezember 1959, BGE 85 II 489, 501.

478 *Fuchs*, Rechtsfragen der Vereinsstrafe, S. 119.

479 Berner Kommentar ZGB/*Bucher*, zu Art. 27 ZGB, Rn. 292; die Abwägung der Interessen ist notwendig, um festzustellen, ob es sich um eine rechtmäßige oder rechtswidrige Beschränkung der Entscheidungsfreiheit im Sinne von Art. 27 Abs. 2 ZGB handelt, vgl. BG v. 26. Juni 1980, BGE 106 II 369, 378.

480 *Fenners*, Der Ausschluss der staatlichen Gerichtsbarkeit im organisierten Sport, Rn. 618.

Schutz des Art. 28 ZGB entfaltet seine Wirkungen auf horizontaler Ebene und gilt somit im Verhältnis zwischen Privatrechtsubjekten.[481]

a. Sachlicher Schutzbereich

Das in Art. 28 ZGB geschützte Persönlichkeitsrecht umschließt „alle physischen, psychischen, moralischen und sozialen Werte, die einer Person kraft ihrer Existenz zukommen."[482] Hierzu gehört auch das Recht eines Sportlers, seinen Sport innerhalb eines angemessenen Rahmens sowie auf einem angemessenen Niveau auszuüben,[483] was insbesondere auch die Teilnahme an Wettkämpfen einschließt.[484] Geschützt ist demnach nicht nur die körperliche Betätigung, sondern auch das Recht des Sportlers, sich in einem medien- und publikumswirksamen Wettkampf zu entfalten.[485] Wird ihm die Sportausübung verwehrt, so geht dies im Profisport regelmäßig mit wirtschaftlichen Einbußen einher, gegen die der Sportler aufgrund seiner wirtschaftlichen Entfaltungsfreiheit als Teil des Persönlichkeitsrechts ebenfalls geschützt werden muss.[486]

Die monopolartige Struktur des Sportverbandswesens und der Grundsatz der Verbandsautonomie erlauben den Verbänden zwar, die Bedingungen für eine Teilnahme an einem organisierten Wettkampf weitgehend selbst zu bestimmen. Dies ist allerdings nur insoweit möglich, als auf Sei-

---

481 CR CC I/*Jeandin*, zu Art. 28 CC, Rn. 7.

482 Botschaft über die Änderung des Schweizerischen Zivilgesetzbuches (Persönlichkeitsschutz: Art. 28 ZGB und 49 OR) vom 5. Mai 1982, BBl 1982 II 636, 658.

483 BG v. 27. August 2007, BGE 134 III 193, 200; *Baddeley*, ZSR 115 (1996) II, S. 135, 181 und 190; *Philipp*, Rechtliche Schranken der Vereinsautonomie und der Vertragsfreiheit im Einzelsport, S. 50; *Aebi-Müller/Morand*, CaS 2012, 234, 235; 41. St. Gallen, Kantonsgericht v. 21.12.1990, SJZ 1991, 284, 285.

484 *Aebi-Müller/Morand*, CaS 2012, 234, 235, zur „Bewegungsfreiheit des Sportlers"; *Fenners*, Der Ausschluss der staatlichen Gerichtsbarkeit im organisierten Sport, Rn. 283.

485 So *Aebi-Müller/Morand*, CaS 2012, 234, 235.

486 Vgl. z.B. BG v. 27. August 2007, BGE 134 III 193, 200; BG v. 20. Dezember 1960, BGE 86 II 365, 376, zum verfassungsmäßigen Recht auf „Entfaltung der wirtschaftlichen Persönlichkeit"; *Haas/Martens*, Sportrecht, S. 83; *Fenners*, Der Ausschluss der staatlichen Gerichtsbarkeit im organisierten Sport, Rn. 284; *Haas*, ZEuP 1999, 355, 360; auch in Deutschland wird die wirtschaftliche Betätigung über Art. 2 Abs. 1 GG geschützt, vgl. *Maunz/Dürig/Di Fabio*, GG-Kommentar, zu Art. 2 GG, Rn. 77.

ten des Sportlers die Entfaltung seiner Persönlichkeit im Sinne der wirtschaftlichen und körperlichen Betätigungsfreiheit nicht gefährdet ist.[487] Eine solche Gefährdung ist beispielsweise im Falle von Auswahl- oder Qualifikationsentscheidungen, Sperren, Lizenzverweigerungen und dergleichen gegeben,[488] was aufgrund der Monopolstellung der Verbände als Berufszulassungsschranke bewertet werden kann.[489]

Der Sportler, der an der beruflichen Ausübung seiner Sportart gehindert wird, kann sich somit auf den Persönlichkeitsrechtsschutz aus Art. 28 ZGB berufen, da seine Situation mit der eines gesperrten Sportlers vergleichbar ist.[490] Der sachliche Schutzbereich des Art. 28 ZGB ist mithin eröffnet, da die Auferlegung einer Bedingung, deren Nichterfüllung zum Ausschluss vom verbandsmäßig organisierten Spielbetrieb führen kann, die wirtschaftliche Betätigungsfreiheit des Sportlers tangiert.

b. Verletzung von Art. 28 ZGB

Problematisch erscheint zunächst, dass Art. 28 ZGB lediglich einen negatorischen, das heißt abwehrrechtlichen, Anspruch normiert,[491] so dass sich der Sportler grundsätzlich nur gegen faktische Eingriffe in sein Persönlichkeitsrecht wehren kann.[492] Das Angebot zum Abschluss einer Schiedsvereinbarung tritt hingegen regelmäßig in der Form einer Zulassungs- beziehungsweise Teilnahmevoraussetzung auf und stellt somit genau genommen noch keinen verbandsmäßigen Eingriff dar. Allerdings besteht für den Sportler aufgrund der Monopolstellung der Verbände hinsichtlich des Abschlusses dieser Vereinbarung keine echte Wahlmöglichkeit,[493] so dass spätestens die Nichtunterwerfung unter die Schiedsgerichtsbarkeit einen Eingriff in Form eines Teilnahmeausschlusses für den jeweiligen Wettbewerb nach sich zieht und somit eine Verletzung der Persönlichkeit des

---

487 *Aebi-Müller/Morand*, CaS 2012, 234, 235.

488 Siehe *Baddeley*, ZSR 115 (1996) II, S. 135, 182.

489 Siehe *Aebi-Müller/Morand*, CaS 2012, 234, 236 m.w.N.

490 *Baddeley*, L'association sportive face au droit, S. 85.

491 *Aebi-Müller/Morand*, CaS 2012, 234, 236 f.

492 Vgl. *Schweizer*, Recht am Wort, Rn. 18, wonach Art. 27 ZGB vor Persönlichkeitsverletzungen durch Rechtsgeschäft und Art. 28 ZGB vor faktischen Verletzungen der Persönlichkeit schützt.

493 *Knoepfler/Schweizer*, SZIER 1994, 149, 153.

Sportlers nach Art. 28 ZGB möglich ist.[494] Denn unabhängig von der Frage, ob der Sportler für die Nichtunterzeichnung der Schiedsklausel möglicherweise gute Gründe vorbringen kann, wird er von der Sportausübung ausgeschlossen. Eine Verletzung des Persönlichkeitsrechts im Sinne von Art. 28 ZGB ist somit grundsätzlich nur in den Fällen denkbar, in denen dem Sportler die Teilnahme am verbandsmäßig organisierten Spielbetrieb von einem Monopolverband nur deshalb versagt wird, weil er die im Rahmen einer Athletenvereinbarung, eines Regelanerkennungsvertrages oder einer Satzung zu akzeptierende Schiedsvereinbarung nicht anerkennt. Verzichtet der Sportler unfreiwillig auf seinen staatlichen Richter, indem er sich der Schiedsgerichtsbarkeit trotz der Zwangsausübung unterwirft, so kommt der bereits erwähnte rechtsgeschäftliche Schutz nach Art. 27 Abs. 2 ZGB in Betracht.[495] Gäbe es Alternativverbände, unter deren Regelungshoheit der Sportler seine Sportart auf ähnlichem Niveau ohne erzwungene Schiedsvereinbarung ausüben könnte, so lägen bereits keine Zwangslage und somit auch keine Verletzung von Art. 28 ZGB vor.

Eine Persönlichkeitsrechtsverletzung nach Art. 28 ZGB muss eine gewisse Intensität aufweisen, da nicht jede Beeinträchtigung der wirtschaftlichen und körperlichen Betätigungsfreiheit einen Verstoß gegen Art. 28 ZGB darstellt.[496] Für die Annahme einer schwerwiegenden Verletzung ließe sich aus der Sicht eines Sportlers anführen, dass die erzwungene Schiedsvereinbarung in jedem Fall seine verfassungsrechtlich abgesicherte Entscheidungsfreiheit sowie seinen Justizgewährungsanspruch berührt[497] und der Ausschluss vom verbandsmäßig organisierten Wettbewerb eine Sanktionierung für die legitime Ausübung seiner Rechte darstellen würde[498]. Zudem muss sich der Sportler nicht nur hinsichtlich der Frage nach dem „Ob" dem Verbandswillen unterwerfen. Ihm wird zusätzlich bei der Ausgestaltung der Schiedsvereinbarung keinerlei Verhandlungsspielraum

494 So auch *Aebi-Müller/Morand*, CaS 2012, 234, 237.

495 Siehe oben bei Teil 2/Kapitel 3/B./I./1./c. ab S. 98.

496 Vgl. BG v. 13. Oktober 1998, BGE 125 III 70, 74 f., zu einem arbeitsrechtlichen Sachverhalt, wonach nicht jede leichte Beeinträchtigung eine Verletzung darstellt, sondern eine gewisse Schwere vorliegen muss; *Philipp*, Rechtliche Schranken der Vereinsautonomie und der Vertragsfreiheit im Einzelsport, S. 50; Basler Kommentar ZGB/*Meili*, zu Art. 28 ZGB, Rn. 38.

497 Siehe zum Grundsatz der Privatautonomie in der Schweiz bei Teil 2/Kapitel 2/A./II. ab S. 33.

498 *Baddeley*, ZSR 115 (1996) II, S. 135, 209.

eingeräumt und somit jeglicher Einfluss hinsichtlich des Ablaufs oder Durchführung eines Schiedsverfahrens versagt (Frage des „Wie").[499]

Ein Ausschluss des Sportlers von der Teilnahme am verbandsmäßig organisierten Spielbetrieb wegen Nichtunterzeichnung der Schiedsvereinbarung käme einer Sperre gleich,[500] die zum Schutze des Sportlers durch sachliche Gründe gerechtfertigt sein muss. Dies gilt umso mehr vor dem Hintergrund, dass sich ein Teilnahmeausschluss auch wegen der im Sport relativ kurzen Karrieredauer als schwerwiegender Eingriff in die Persönlichkeit des Sportlers und deren Entfaltungsmöglichkeiten darstellen kann.[501]

c. Widerrechtlichkeit

Nach Art. 28 Abs. 2 ZGB können neben der Einwilligung des Verletzten oder dem Vorliegen gesetzlicher Rechtfertigungsgründe auch „überwiegende private oder öffentliche Interessen" die Widerrechtlichkeit der Verletzung entfallen lassen. Dies ist der Fall, wenn die verletzende Person ein größeres Interesse an der Verletzung hat als die verletzte Person an der Integrität ihrer Persönlichkeitsrechte[502] und die Maßnahme darüber hinaus verhältnismäßig ist[503]. Ein Interesse wird als „privat" qualifiziert, wenn die Aufopferung der verletzten Person den Vorteilen, die eine andere Person oder sogar die verletzte Person selbst[504] daraus ziehen kann, nachzustehen hat.[505] Dagegen ist ein Interesse als „öffentlich" zu qualifizieren, wenn die Persönlichkeitsrechtsverletzung einer Vielzahl von Personen oder der Gemeinschaft zugute kommt.[506] Als private oder öffentliche Interessen, die den Ausschluss eines Sportlers vom verbandsmäßig organi-

---

499 *Aebi-Müller/Morand*, CaS 2012, 234, 238 f.; *Baddeley*, ZSR 115 (1996) II, S. 135, 210.

500 Auch *Baddeley*, L'association sportive face au droit, S. 85 f., vergleicht die Situation von Sportlern, die gesperrt wurden („sportif suspendu") und Sportlern, denen die Zulassung verweigert wurde („sportif non admis").

501 Siehe *Schillig*, Schiedsgerichtsbarkeit von Sportverbänden in der Schweiz, S. 60.

502 *Riemer*, Personenrecht des ZGB, Rn. 378.

503 *Philipp*, Rechtliche Schranken der Vereinsautonomie und der Vertragsfreiheit im Einzelsport, S. 53.

504 Dies wäre bspw. bei medizinischen Eingriffen der Fall.

505 Siehe CR CC I/*Jeandin*, zu Art. 28 CC, Rn. 79.

506 Siehe CR CC I/*Jeandin*, zu Art. 28 CC, Rn. 80.

sierten Spielbetrieb wegen des Nichtabschlusses einer Schiedsvereinbarung rechtfertigen könnten, kommen aus Verbandssicht insbesondere das Bedürfnis nach schnellen und einheitlichen Entscheidungen, das Interesse an einem reibungslos ablaufenden Wettkampf, an der Einheitlichkeit der Sportausübung sowie an der Gewährung der Chancengleichheit in Betracht.[507] Weitere nennenswerte Interessen stellen darüber hinaus der Schutz der Athleten vor sich selbst, die Förderung und Erhaltung der Sportart, das Ansehen des Verbandes und der Sportart im Allgemeinen, die Einhaltung von Verpflichtungen gegenüber übergeordneten Verbänden sowie der Kampf gegen Doping dar.[508]

Das private oder öffentliche Interesse des Verbandes am Ausschluss des Sportlers muss das Interesse des Einzelnen an der Integrität seiner Persönlichkeitsrechte allerdings überwiegen. Somit ist für die Begründung eines Teilnahmeanspruchs nach Art. 28 ZGB auch an dieser Stelle das Ergebnis der in Teil 2/Kapitel 4 vorgenommenen Interessenabwägung entscheidend.[509] Wie bei Art. 27 Abs. 2 ZGB müssen auch bei der Abwägung im Rahmen von Art. 28 ZGB die betroffenen Grundrechtsgehalte bei der Konkretisierung und Auslegung der zivilrechtlichen Generalklauseln ausreichend beachtet werden, um wirksamen Grundrechtsschutz gewährleisten zu können.[510]

II. Deutschland, § 138 Abs. 1 und § 826 BGB

Aufgrund der typisierbaren Fallgestaltung im Sport, durch die sich der Sportler in der Regel gedrängt sieht, eine Schiedsvereinbarung mit einem Sportverband zum Zwecke der verbandsmäßig organisierten Sportausübung zu akzeptieren, ist es notwendig, die Wirksamkeit erzwungener Schiedsvereinbarungen am Maßstab gesetzlicher Schutznormen zu prüfen. Denn die der Privatautonomie grundsätzlich immanente Befugnis des Ein-

---

507 *Philipp*, Rechtliche Schranken der Vereinsautonomie und der Vertragsfreiheit im Einzelsport, S. 53 f.

508 *Philipp*, Rechtliche Schranken der Vereinsautonomie und der Vertragsfreiheit im Einzelsport, S. 53 f.

509 Siehe CR CC I/*Jeandin*, zu Art. 28 CC, Rn. 78 ff.; *Haas/Martens*, Sportrecht, S. 83.

510 Berner Kommentar OR/*Kramer*, zu Art. 19 OR, Rn. 112 m.w.N.; CR CC I/*Jeandin*, zu Art. 28 CC, Rn. 7; *Magg*, Das Spielervermittlerreglement der FIFA, Rn. 347.

zelnen, Rechtsverhältnisse frei einzugehen und zu gestalten, findet ihre Grenze stets in den schutzwürdigen Interessen des Vertragspartners.[511]

1. Verstoß gegen die guten Sitten, § 138 Abs. 1 BGB

Die Erzwingung der Schiedsgerichtsbarkeit kollidiert regelmäßig mit dem aus der Privatautonomie hergeleiteten Grundsatz der Vertragsfreiheit und betrifft den aus dem Rechtsstaatsprinzip abgeleiteten Justizgewährungsanspruch, durch den der Zugang zu den staatlichen Gerichten, die Prüfung des Streitbegehrens in einem förmlichen Verfahren sowie die verbindliche gerichtliche Entscheidung garantiert werden[512].

Mit dem Sportler auf der einen und dem Sportverband auf der anderen Seite stehen sich zwei ungleich starke Vertragspartner gegenüber, woraus sich eine einseitige Ausgestaltung des Vertragsinhalts ergeben kann. Zum Schutze der schwächeren Partei greift die grundrechtliche Gewährleistung der Privatautonomie nach Art. 2 Abs. 1 GG, die über die Anwendung der Generalklausel aus § 138 Abs. 1 BGB zur Geltung kommt.[513] Auf diese Weise findet eine Überprüfung der inhaltlichen Angemessenheit solcher Verträge statt, die einen der beiden Vertragspartner unter dem Gesichtspunkt von Treu und Glauben ungewöhnlich stark belasten und das Ergebnis strukturell ungleicher Verhandlungsstärke sind.[514]

a. Anwendbarkeit von § 138 Abs. 1 BGB

Die Anwendbarkeit von § 138 Abs. 1 BGB zum Zwecke der Beurteilung der Wirksamkeit erzwungener Schiedsvereinbarungen ist mit dem relativ weitreichenden Regelungsbereich der Norm zu begründen. Zweifel hinsichtlich des Rückgriffs auf die Generalklausel bestehen jedoch wegen der

---

511 *Bamberger/Roth/Wendtland*, zu § 138 BGB, Rn. 1.

512 BVerfG, NJW 2003, 1924; siehe oben bei Teil 2/Kapitel 1/A./I. ab S. 28.

513 BVerfG, NJW 1994, 36, Leitsatz; zur mittelbaren Drittwirkung von Grundrechten, vgl. *Maunz/Dürig/Di Fabio*, GG-Kommentar, zu Art. 2 GG, Rn. 138; wenn über grundrechtlich verbürgte Positionen verfügt wird, müssen staatliche Regelungen ausgleichend eingreifen, um den Grundrechtsschutz zu sichern, vgl. BVerfG, NJW 1990, 1469, 1470.

514 BVerfG, NJW 1994, 36, Leitsatz; BGH, NJW 1995, 583, 585.

Gesetzesänderungen, die mit der Schiedsverfahrensrechtsreform aus dem Jahre 1997 einhergingen.

aa) Regelungsbereich von § 138 Abs. 1 BGB

Für die Beurteilung der Wirksamkeit erzwungener Schiedsvereinbarungen ist die Heranziehung von § 138 Abs. 1 BGB insoweit passend, als der Gesamtcharakter und die inhaltliche Sittenverträglichkeit aufgezwungener Schiedsvereinbarungen einer grundsätzlichen Beurteilung unterzogen werden müssen. Dies kann mithilfe der Leitentscheidung des Bundesverfassungsgerichts zur Wirksamkeit von Bürgschaften einkommens- und vermögensloser Familienangehöriger[515] begründet werden, in der das Gericht besondere Anforderungen an die Abschluss- und Inhaltskontrolle in strukturellen Ungleichgewichtslagen gestellt hat. Das Bundesverfassungsgericht beurteilte in diesen Fällen die Wirksamkeit von Bürgschaftsverträgen mit Banken, aufgrund derer der Bürge als einkommens- und vermögensloser Angehöriger eines Kreditnehmers hohe Haftungsrisiken zu übernehmen hatte.[516] So sei bei dieser Konstellation aufgrund der strukturell ungleichen Verhandlungsstärke der Vertragsparteien nicht von einem normalen Vertrag auszugehen.[517] Vielmehr müssten durch die Anwendung der Generalklauseln, vor allem der §§ 138 und 242 BGB, die grundrechtliche Gewährleistung der Privatautonomie sowie das allgemeine Persönlichkeitsrecht berücksichtigt werden.[518] Wie auch der (finanziell und emotional) überforderte Bürge beziehungsweise Mithaftende muss auch der Sportler im Rahmen eines strukturell bedingten Verhandlungsungleichgewichts[519] eine vertragliche Bindung eingehen, zu der er sich womöglich gar nicht verpflichten will und deren Konsequenzen er nur schwerlich überblicken kann. Zwar geht der Sportler keine Verpflichtung ein, die er voraussichtlich nicht erfüllen kann oder die ihn in lebenslange Verschuldung stürzt.[520] Letzteres ist im Rahmen der Familienangehörigen-Bürgschaft allerdings nur erforderlich, weil die Privatautonomie grundsätzlich

515 BVerfG, NJW 1994, 36 ff.; OLG Düsseldorf, NJW-RR 1996, 620 f.
516 Siehe nur BGH, NJW 1994, 36.
517 BGH, NJW 1994, 36, 39.
518 BGH, NJW 1994, 36, 38.
519 Siehe zur typisierbaren Fallgestaltung oben bei Teil 2/Kapitel 1/B./I. ab S. 38.
520 BVerfG, NJW 1994, 36 f.

auch gestattet, unerfüllbare Verpflichtungen einzugehen.[521] Die Sittenwidrigkeit von Bürgschaftsverträgen ist somit erst bei einem Zusammenspiel von krasser finanzieller Überforderung, dem Ausnutzen einer seelischen Zwangslage beziehungsweise emotionaler Verbundenheit sowie geschäftlicher Unerfahrenheit gegeben.[522] Wird der Abschluss einer Vereinbarung, die den Ausschluss verfassungsmäßiger Rechte zum Gegenstand hat, einer schwächeren Partei aufgezwungen, so kommt demnach ein Sittenverstoß im Sinne von § 138 Abs. 1 BGB in Betracht, dem die Rechtsprechung auch die Funktion zuspricht, „den wesentlichen Grundsätzen und grundlegenden Maßstäben der Rechtsordnung gegenüber einem Missbrauch der Vertragsfreiheit Achtung zu verschaffen."[523] Die Rechtsprechung des Bundesverfassungsgerichts sowie des Bundesgerichtshofs zu Bürgschaftsverträgen mit nahen Angehörigen dient vorliegend als Vorbild, da am Maßstab des § 138 Abs. 1 BGB allgemeine Kriterien entwickelt wurden, die im Ergebnis zu mehr Rechtssicherheit und einem angemessenen Schutz der unterlegenen Vertragspartei geführt haben.

Des Weiteren liegt der Schwerpunkt der vorliegenden Untersuchung auf einer Gesamtwürdigung aller die Vereinbarung kennzeichnenden Umstände, das heißt den objektiven Verhältnissen, unter denen sie zustande gekommen ist, ihren Auswirkungen sowie den subjektiven Merkmalen, wie zum Beispiel dem verfolgten Zweck und den der Schiedsvereinbarung zugrundeliegenden Beweggründen.[524] Da der Ausgleich gestörter Vertragsparität sowie die Verhinderung von Missbräuchen der Privatautonomie zu den Hauptaufgaben des Zivilrechts gehören, stellt der Rückgriff auf § 138 Abs. 1 BGB zur Beurteilung der Wirksamkeit erzwungener Schiedsvereinbarungen grundsätzlich den richtigen Ansatz dar.[525]

---

521 *Lorenz*, NJW 1997, 2578.

522 Vgl. nur BGH, NJW 1997, 1980, 1981; BGH, NJW 1994, 1341 ff.; BGH, NJW 1994, 1278, 1279.

523 Siehe BGH, NJW 2009, 1962, 1964; BGH, NJW 1989, 1477; BGH, NJW 1981, 1206, 1207.

524 Siehe BGH, NJW 1988, 2599, 2602.

525 BVerfG, NJW 1994, 36, 38 f.; *Bamberger/Roth/Wendtland*, zu § 138 BGB, Rn. 2.

bb) Rechtslage nach Abschaffung von § 1025 Abs. 2 ZPO a.F.[526]

(1) Sinn und Zweck des § 1025 Abs. 2 ZPO a.F.

Das Bedürfnis, die schwächere Partei vor unbilligen Schiedsvereinbarungen zu schützen, hat den Gesetzgeber im Jahre 1933 zur Einfügung des § 1025 Abs. 2 ZPO a.F. bewogen, der zumindest bei missbräuchlichen Schiedsvereinbarungen für eine Klarstellung hinsichtlich der Wirksamkeit sorgen sollte.[527] Nichtig waren hiernach Vertragskonstellationen, in denen eine Partei ihre wirtschaftliche oder soziale Überlegenheit ausnutzte, um die andere Partei zum Abschluss einer Schiedsvereinbarung zu nötigen.[528] Ist der Sportler auf die Teilnahme am verbandsmäßig organisierten Sport angewiesen und wird ihm die Schiedsvereinbarung alternativlos aufgezwungen, so handelt es sich um einen klassischen Fall des Ausnutzens sozialer und wirtschaftlicher Überlegenheit. Sie beruht einerseits auf „einer – nicht notwendigerweise rechtlichen – Beziehung zwischen den Vertragschließenden [...], die es dem einen Teil ermöglicht, ungestraft und ohne dass er ernstliche Gegenwehr zu gewärtigen hat, Druck auf den anderen Teil auszuüben“[529], und schafft andererseits im Rahmen des monopolistisch organisierten Sportverbandswesens ein Machtgefälle, das den Sportverbänden erlaubt, dem wirtschaftlich auf sie angewiesenen anderen Teil ihre Bedingungen zu diktieren.[530] Es genügt, dass die Überlegenheit für den Abschluss der Schiedsvereinbarung kausal geworden ist und die Ausübung eines ernstlichen Drucks zum Abschluss überhaupt oder zum Abschluss unter benachteiligenden Bedingungen geführt hat.[531] „Ausnutzen“ bedeutet in diesem Zusammenhang lediglich, dass sich der sozial oder

---

526 In der Fassung bis zur Schiedsverfahrensrechtsreform 1997.

527 Schütze/Tscherning/*Wais*, Handbuch des Schiedsverfahrens, Rn. 160.

528 *Oschütz*, Sportschiedsgerichtsbarkeit, S. 234.

529 So definiert Schütze/Tscherning/*Wais*, Handbuch des Schiedsverfahrens, Rn. 160, die soziale Überlegenheit; Der Tatbestand der sozialen Über- und Unterlegenheit kann auch im Verbandswesen erfüllt sein, siehe Stein/Jonas/*Schlosser*, 20. Aufl., § 1025 III, Rn. 20.

530 So definiert Schütze/Tscherning/*Wais*, Handbuch des Schiedsverfahrens, Rn. 160, die wirtschaftliche Überlegenheit ; vgl. auch Stein/Jonas/*Schlosser*, 20. Aufl., § 1025 III, Rn. 20; *Vollkommer*, RdA 1982, 16, 22 ff., zur Wirksamkeit von Schiedsvereinbarungen des DFB nach § 1025 Abs. 2 ZPO a.F.

531 LG Frankfurt a.M., ZIP 1989, 599, 600; *Thomas/Putzo*, ZPO, 20. Aufl., zu § 1025, Rn. 6.

wirtschaftlich Stärkere seiner Überlegenheit und deren Ursächlichkeit für den Abschluss der Schiedsvereinbarung bewusst ist.[532] So wurde damals schon vereinzelt die Auffassung vertreten, dass Schiedsvereinbarungen innerhalb sozialer Monopolverhältnisse nur möglich sein sollten, wenn der sozial mächtige Teil seinen Vertragspartnern die Unterwerfung unter die Schiedsgerichtsbarkeit ausdrücklich freigestellt hatte.[533] Uneinigkeit herrschte allerdings über die Frage, wann eine „Nötigung" im Sinne der Vorschrift vorlag. Zum Teil genügte für die Annahme der Nichtigkeit das bloße Vorliegen der Ungleichgewichtslage, sofern kein triftiger Grund die Schiedsgerichtsbarkeit rechtfertigte, teilweise wurde aber auch die Beeinflussung der Willensbetätigung und der Willensentschließung unter Ausübung der wirtschaftlichen oder sozialen Übermacht gefordert und nach einer strengeren Auffassung mussten sogar weitere besondere Umstände hinzutreten.[534] Nicht erforderlich war hingegen, dass sich die schwächere Partei dem Druck der Gegenseite in erkennbarer Weise gebeugt hat und dies durch die Vornahme einer ausdrücklichen Handlung deutlich geworden ist.[535] Allgemein kritisch wurde die Norm aufgrund der hohen subjektiven Anforderungen gesehen, da diese nur schwer oder kaum beweisbar waren.[536] Bei Schiedsvereinbarungen in vorformulierten Verträgen und Satzungen, auf deren Geltung die schwächere Partei bereits aus beruflichen oder wirtschaftlichen Gründen angewiesen war, handelte es sich allerdings bereits dann um eine unzulässige Ausübung von Schiedszwang, wenn die stärkere Partei den Hauptvertrag ohne die Schiedsvereinbarung

---

532 Schütze/Tscherning/*Wais*, Handbuch des Schiedsverfahrens, Rn. 160 m.w.N.

533 Siehe Stein/Jonas/*Schlosser*, 20. Aufl., § 1025 III, Rn. 21 (mit entsprechenden Verweisen), der sich in diesem Zusammenhang ausdrücklich auf den Deutschen Fußballbund im Verhältnis zu seinen Lizenzspielern bezieht.

534 Siehe zu den verschiedenen Auffassungen mit den entsprechenden Fundstellen *Haas/Hauptmann*, SchiedsVZ 2004, 175, 181; *Holla*, Der Einsatz von Schiedsgerichten im organisierten Sport, S. 114 f.; *Haas*, ZGR 2001, 325, 331.

535 So *Kornblum*, Probleme der schiedsrichterlichen Unabhängigkeit, S. 220.

536 Nach der damals h.M. war erforderlich, dass der eine Teil ernstlichen Druck ausgeübt und sich der andere Teil erkennbar nur unter dem ausgeübten Druck zur Unterwerfung unter die Schiedsgerichtsbarkeit bereiterklärt hat, siehe *Vollkommer*, RdA 1982, 16, 32; *Nicklisch*, BB 1972, 1285, 1286 f.; *Kornblum*, Probleme der schiedsrichterlichen Unabhängigkeit, S. 223, plädierte hingegen für eine Vermutung hinsichtlich des Vorliegens der subjektiven Voraussetzungen in besonders gravierenden Fällen des Übergewichts.

nicht abgeschlossen hätte.[537] Ebendiese Konstellation ist im verbandsmäßig organisierten Sportgeschehen ebenfalls typisch.

(2) Funktion des § 138 Abs. 1 BGB nach der Schiedsverfahrensrechtsreform

Im Zuge der Schiedsverfahrensrechtsreform hat sich der Gesetzgeber bewusst gegen die Aufrechterhaltung des § 1025 Abs. 2 ZPO a.F. entschieden. Denn der Abschluss einer Schiedsvereinbarung als solcher sollte fortan „unter der Prämisse der Gleichbehandlung der Parteien sowohl bei der Zusammensetzung des Schiedsgerichts als auch bei der Durchführung des schiedsgerichtlichen Verfahrens keine Benachteiligung einer Partei darstellen."[538]

Infolge der Abschaffung stellt sich die Frage nach der Anwendbarkeit von § 138 Abs. 1 BGB für die Beurteilung von Schiedsvereinbarungen, die einer schwächeren Partei von einer sozial oder wirtschaftlich überlegenen Partei aufgezwungen werden. Die ersatzlose Streichung des § 1025 Abs. 2 ZPO a.F., der im Prinzip eine Konkretisierung der Generalklausel aus § 138 Abs. 1 BGB darstellte,[539] begründete der Gesetzgeber mit der grundsätzlichen Gleichwertigkeit von Schiedsgerichtsbarkeit und staatlicher Gerichtsbarkeit.[540] Zwar könnte die Heranziehung des § 138 Abs. 1 BGB für die Beurteilung der Wirksamkeit erzwungener Schiedsvereinbarungen sowie die Annahme einer etwaigen Sittenwidrigkeit diesem gesetzgeberischen Grundgedanken widersprechen.[541] Aufgrund der verfassungsrechtlichen Relevanz dieser Frage kann aus dem derzeit geltenden deutschen Schiedsrecht allerdings nicht abgeleitet werden, dass der Gesetzgeber die Parteien einer Schiedsvereinbarung mit der Reformierung des Schiedsrechts gegenüber Verletzungen der Entscheidungsfreiheit und des Grundsatzes der Freiwilligkeit schutzlos stellen

537 LG Frankfurt a.M., ZIP 1989, 599, 600; *Thomas/Putzo*, ZPO, 20. Aufl., zu § 1025, Rn. 6.

538 BT-Drs. 13/5274, S. 34; a.A. war der BGH noch in einer früheren Entscheidung, wonach bereits die Vereinbarung einer Schiedsklausel als eine Einschränkung des Rechtsschutzes gedeutet wurde, vgl. BGH, NJW 1989, 1477.

539 *Haas*, ZGR 2001, 325, 332.

540 BR-Drs. 211/96, S. 109 f.

541 *Adolphsen*, Internationale Dopingstrafen, S. 561, unter Bezugnahme auf den gesetzgeberischen Willen.

wollte.[542] Dies geht auch nicht aus der ersatzlosen Streichung des Verbots der Schiedsabrede unter Zwang beziehungsweise besonderem Druck (§ 1025 Abs. 2 ZPO a.F.) hervor. Denn eine ausdrückliche gesetzgeberische Normierung, das Kriterium der Freiwilligkeit für den Abschluss einer Schiedsvereinbarung nicht mehr anzuwenden oder einzuschränken, findet sich in den §§ 1025 ff. ZPO nicht. Der Eingriff in die verfassungsmäßig garantierte Privatautonomie kann somit nicht durch die Streichung einer bundesgesetzlichen Norm gerechtfertigt werden. Der Hauptnachteil der Schiedsgerichtsbarkeit liegt immerhin darin, dass die Schiedsgerichte vereinzelt nicht auf dem freien Willen der Parteien beruhen und nicht immer die Gewähr eines unabhängigen und überparteilichen Entscheidungsapparates bieten.[543] Deshalb muss § 138 Abs. 1 BGB, der als zivilrechtliches Einfallstor für die objektive Werteordnung der Grundrechte gilt, zum Schutze der Parteien anwendbar bleiben.[544] Dem mit der Abschaffung des § 1025 Abs. 2 ZPO a.F. zum Ausdruck gebrachten gesetzgeberischen Willen einer Liberalisierung des deutschen Schiedsrechts kann ausreichend Rechnung getragen werden, indem für die Annahme eines Sittenverstoßes im Sinne von § 138 BGB strengere Maßstäbe angelegt werden als dies bisher bei der nötigenden Ausnutzung einer wirtschaftlichen oder sozialen Überlegenheit im Sinne von § 1025 Abs. 2 ZPO a.F. der Fall war.[545] Die dem gesetzgeberischen Willen zugrunde liegende Aussage, dass der Abschluss einer Schiedsvereinbarung an sich keinesfalls eine Benachteiligung für die Parteien darstelle, ist allerdings vor dem Hintergrund, dass mit der Anwendung von Schiedszwang die Verletzung verfassungsmäßiger Grundprinzipien einhergehen kann, nicht nachvollziehbar. Denn die Tatsache, dass der Sportler womöglich gegen seinen Willen auf staatlichen Rechtsschutz sowie auf die staatsgerichtlichen Instanzenzüge verzichten muss und gleichzeitig mangels Wahlrechts seiner Vertrags- und Entschließungsfreiheit beraubt wird, stellt für sich genommen bereits eine nicht zu unterschätzende Benachteiligung dar. Zudem beschränkt sich der staatliche Rechtsschutz bei Schiedsentscheiden im Wesentlichen auf ver-

---

542 *Haas/Hauptmann*, SchiedsVZ 2004, 175, 181; *Haas*, ZGR 2001, 325, 333.

543 Siehe *Baumbach/Lauterbach*, Grundz § 1025 ZPO, Rn. 7.

544 BGH, NJW 2009, 1962, 1964; BGH, NJW 1989, 1477.

545 Teilweise wurde ein Verstoß gegen § 1025 Abs. 2 ZPO a.F. bereits bei einer Beeinflussung der Willensbetätigung und Willensentschließung durch Ausübung der wirtschaftlichen oder sozialen Übermacht angenommen, siehe *Haas*, ZEuP 1999, 355, 373 m.w.N.

fahrensrechtliche und materiellrechtliche *ordre public*-Verstöße (vgl. § 1059 Abs. 2 ZPO), während im Falle staatlicher Gerichtsbarkeit den Gerichten eine volle Überprüfungskompetenz zukommt.[546] Vor diesem Hintergrund ist die Anwendung von § 138 Abs. 1 BGB und der hierin zum Ausdruck kommende Schutz der schwächeren Partei trotz der Streichung von § 1025 Abs. 2 ZPO a.F. unbedingt geboten.[547]

Mithin bleibt § 138 Abs. 1 BGB weiterhin anwendbar, um die Einhaltung verfassungsmäßiger Grundprinzipien garantieren zu können,[548] sofern sich aus der Neufassung des Schiedsverfahrensrechts, insbesondere der Einfügung des § 1034 Abs. 2 ZPO, nicht etwas anderes ergibt.

(3) Kein ausreichender Schutz über § 1034 Abs. 2 ZPO

Ein dem § 138 Abs. 1 BGB vorrangiger Schutz könnte sich aus der spezielleren Norm des § 1034 Abs. 2 ZPO ergeben. Diese regelt die Möglichkeit, ein staatliches Gericht mit der Zusammensetzung des Schiedsgerichts zu beauftragen, sofern die Schiedsvereinbarung diesbezüglich ein Übergewicht zugunsten einer Partei bestimmt, das eine Benachteiligung für die andere Partei zur Folge hat. Die Norm gewährleistet somit die Gleichbehandlung der Parteien bei der Zusammensetzung des Schiedsgerichts. Wie allerdings die Wirksamkeit einer unter Zwang abgeschlossenen Schiedsvereinbarung zu beurteilen ist, kann ihr nicht entnommen werden.[549] Nach der Streichung von § 1025 Abs. 2 ZPO a.F. stellt sich demnach die Frage,

---

546 *König*, SpuRt 2004, 137.

547 So auch LG München I v. 26. Februar 2014, CaS 2014, 154, 166f. (= SpuRt 2014, 113, 117f.). In diesem Zusammenhang muss sich auch die Frage gestellt werden, ob dem Gesetzgeber die besondere Situation, in der sich ein (Profi-)Sportler regelmäßig befindet, bei der Abschaffung des § 1025 Abs. 2 ZPO a.F. überhaupt bewusst war; a.A. *Niedermaier*, SchiedsVZ 2014, 280, 282, der die liberale bzw. „schiedsverfahrensfreundliche" Haltung des Gesetzgebers auch mit § 11 des Referentenentwurfes eines Gesetzes zur Bekämpfung von Doping im Sport begründet, wonach die schiedsgerichtliche Streitbeilegung als Voraussetzung der Teilnahme gemacht werden kann, wenn die Schiedsvereinbarung unter anderem die organisierte Sportausübung ermöglicht, fördert oder sichert.

548 *Holla*, Der Einsatz von Schiedsgerichten im organisierten Sport, S. 118; so in etwa auch *Schwab/Walter*, Schiedsgerichtsbarkeit, Kap. 4, Rn. 15.

549 *Schwab/Walter*, Schiedsgerichtsbarkeit, Kap. 32 Rn. 13, trennen diese beiden Fragen ebenfalls; auch *Baumbach/Lauterbach*, § 1066 ZPO, Rn. 5, unterscheiden zwischen einer möglichen Sittenwidrigkeit wegen unzulässiger Knebelung (§ 138

ob die Freiwilligkeit der Unterwerfung unter die Schiedsgerichtsbarkeit überhaupt zu prüfen ist oder ob § 1034 Abs. 2 ZPO ausreichenden Schutz für die Parteien bietet.[550] Der Gesetzgeber selbst scheint die Parteien nur noch im Zusammenhang mit der gleichberechtigten Zusammensetzung des Schiedsgerichts für schutzbedürftig zu erachten, da – wie soeben beschrieben – aus seiner Sicht der Abschluss einer Schiedsvereinbarung keine Benachteiligung für die Parteien darstellt.[551] Die Vertragsfreiheit und der Schutz der Freiwilligkeit haben jedoch einen rechtsstaatlichen, verfassungsrechtlich abgesicherten Kern, welcher nicht zur Disposition des einfachen Gesetzgebers steht.[552] Dies entschied bereits das Bundesverfassungsgericht, nach dessen Ansicht die Vertragspraxis nicht dem „freien Spiel der Kräfte" ausgesetzt sein dürfe.[553] Als Korrektiv wirkten die in den zivilrechtlichen Generalklauseln zum Ausdruck kommenden Übermaßverbote, innerhalb derer die Grundrechte zu beachten seien.[554] Eine entsprechende Schutzwirkung geht von § 1034 Abs. 2 ZPO nicht aus, zumal die Norm einerseits eine wirksame, das heißt nach den Grundsätzen der Privatautonomie zustande gekommene, Schiedsvereinbarung voraussetzt[555] und andererseits von dem gesetzlichen Regelfall eines intakten „Vertragsschlussmechanismus" ausgeht[556], der jedoch im Bereich des Sports aufgrund der strukturellen Ungleichgewichtslage gestört ist. Auch wenn der Gesetzgeber die Rechtsfolge der Nichtigkeit für unter Zwang abgeschlossene Schiedsvereinbarungen mit der Abschaffung des § 1025 Abs. 2 ZPO a.F. gerade vermeiden wollte,[557] so scheint es vor allem aus verfassungsrechtlicher Sicht höchst bedenklich, eine Partei an eine

---

Abs. 1 BGB) und der Unzulässigkeit der Schiedsgerichtsbildung wegen übermäßiger Einflussnahme seitens einer Partei (§ 1034 Abs. 2 ZPO).

550 *Monheim*, in: Facetten des Sportrechts, Die Vereinbarkeit von Schiedsabreden und Schiedsgerichten im Sport mit dem Rechtsstaatsprinzip, S. 93, 106.

551 BT-Drs. 13/5274, S. 34.

552 *Heermann*, SchiedsVZ 2014, 66, 75; *Monheim*, in: Facetten des Sportrechts, Die Vereinbarkeit von Schiedsabreden und Schiedsgerichten im Sport mit dem Rechtsstaatsprinzip, S. 93, 106 f., und *Monheim*, SpuRt 2008, 8, 10, jeweils mit Verweis auf BVerfG, NJW 1990, 1469 ff.

553 BVerfG, NJW 1990, 1469, 1470.

554 BVerfG, NJW 1990, 1469, 1470.

555 BGH, NJW 2004, 2226, 2227.

556 *Niedermaier*, Schieds- und Schiedsverfahrensvereinbarungen in strukturellen Ungleichgewichtslagen, S. 231.

557 BT-Drs. 13/5274, S. 34.

Schiedsvereinbarung gebunden zu halten,[558] die entgegen verfassungsmäßiger Grundprinzipien zustande gekommen ist. Hierin könnte eine einfachgesetzlich angeordnete Tolerierung von Verfassungsverstößen gesehen werden, welche bezüglich der erzwungenen Unterwerfung unter die Schiedsgerichtsbarkeit weder mit den Grundsätzen der (positiven sowie negativen) Vertragsfreiheit noch mit dem Justizgewährungsanspruch zu vereinbaren wäre. Diese beiden Grundsätze beruhen auf dem Prinzip der Selbstbestimmung und dem Rechtsstaatsprinzip, die der Staat grundsätzlich zu respektieren hat.[559]

Einer oktroyierten Privatisierung des Rechtsschutzes muss somit Einhalt geboten werden,[560] weshalb für die Beurteilung der materiellen Wirksamkeit einer unter Zwang abgeschlossenen Schiedsvereinbarung weiterhin auf die Maßstäbe des § 138 Abs. 1 BGB zurückzugreifen ist.[561] § 1034 Abs. 2 ZPO bleibt dagegen für die Behandlung des Übergewichts einer Partei bei der Zusammensetzung des Schiedsgerichts uneingeschränkt anwendbar.[562]

b. Voraussetzungen von § 138 Abs. 1 BGB

Gemäß § 138 Abs. 1 BGB sind Rechtsgeschäfte nichtig, die gegen die guten Sitten verstoßen. Ob ein Rechtsgeschäft mit den guten Sitten zu vereinbaren ist, misst sich in der Regel am „Anstandsgefühl aller billig und

558 So bspw. *Hesselbarth*, Schiedsgerichtsbarkeit und Grundgesetz, S. 203 ff., die die Regelung des § 1034 Abs. 2 ZPO im gesetzessystematischen Kontext für abschließend hält.

559 Staudinger/*Sack*/*Fischinger* (2011) § 138, Rn. 53; BVerfG, NJW 1994, 36, 38, wonach die Privatautonomie nicht zur beliebigen Disposition des Gesetzgebers steht.

560 *König*, SpuRt 2004, 137, 138.

561 Nach MünchKommZPO/*Münch*, zu § 1034 ZPO, Rn. 12, muss dies insbesondere für die Fälle gelten, in denen die Schiedsvereinbarung aufgrund eines wirtschaftlichen oder sozialen Übergewichts abgenötigt wurde; vgl. auch *Heermann*, SchiedsVZ 2014, 66, 75; *Schwab*/*Walter*, Schiedsgerichtsbarkeit, Kap. 4, Rn. 15; *König*, SpuRt 2004, 137, 138.

562 Eine Sittenwidrigkeit nach § 138 Abs. 1 BGB bleibt möglich, wenn der Grund der Anstößigkeit mit der Zusammensetzung des Schiedsgerichts nichts zu tun hat, so Stein/Jonas/*Schlosser*, § 1029 ZPO, Rn. 26; *Schwab*/*Walter*, Schiedsgerichtsbarkeit, Kap. 32, Rn. 13.

gerecht Denkenden“[563]. Die ständige Rechtsprechung und allgemeine Auffassung in der Literatur beurteilen die Frage, ob ein Vertrag gegen das Anstandsgefühl aller billig und gerecht Denkenden verstößt und damit die Grenzen der durch die Privatautonomie an sich gewährten Vertragsfreiheit verletzt, mithilfe einer Gesamtwürdigung des Rechtsgeschäfts, die sich an dessen Inhalt, Beweggründen und Zweck orientiert.[564] In diese Gesamtwürdigung sind unter anderem die Umstände, die zum Vertragsschluss geführt haben, miteinzubeziehen.[565] Im Ergebnis kann demnach auch die Ausnutzung einer Zwangslage eines Beteiligten die Sittenwidrigkeit eines Vertrages begründen.[566]

§ 138 Abs. 1 BGB ist nicht schon dann ohne Weiteres anwendbar, wenn nicht der Inhalt eines Rechtsgeschäfts, sondern lediglich die Art und Weise seines Zustandekommens gegen die guten Sitten verstößt.[567] Die Norm erfordert vielmehr, dass der Vertrag selbst sittenwidrig ist,[568] wobei zwischen der sogenannten Inhaltssittenwidrigkeit und der Umstandssittenwidrigkeit unterschieden werden muss. Während sich die Inhaltssittenwidrigkeit unmittelbar aus dem Inhalt des Rechtsgeschäfts ergibt, folgt die Umstandssittenwidrigkeit aus dem Gesamtcharakter des Rechtsgeschäfts.[569] Für letztere ist regelmäßig ein Hinzutreten weiterer Umstände erforderlich, die die Sittenwidrigkeit des Rechtsgeschäfts auf besondere Weise begründen. Wie bereits zu Art. 27 ZGB ausgeführt wurde,[570] kann sich ein Sittenverstoß nicht schon aus dem Inhalt einer Schiedsvereinbarung ergeben, was aus den §§ 1025 ff. ZPO, das heißt der gesetzlich normierten Möglichkeit, die staatliche Gerichtsbarkeit zugunsten der Schiedsgerichtsbarkeit auszuschließen, abzuleiten ist. Diese Herangehensweise ist grundsätzlich mit der Ansicht vereinbar, nach der der Abschluss einer Schiedsvereinbarung an sich nicht anstößig, sondern vielmehr ein Gebot der wirtschaftlichen Vernunft sei.[571] Dementsprechend müssen in jedem Fall be-

---

563 Vgl. u.a. BGH, NJW 2009, 1346, 1347; BGH, NJW 2004, 2668, 2670.
564 Siehe BGH, NJW 2008, 20126, 2027 und BGH, NJW 1988, 1373, 1374 m.w.N.
565 BGH, NJW 1988, 1373, 1374.
566 BGH, NJW 2008, 2026, 2027.
567 Staudinger/*Sack/Fischinger* (2011) § 138 BGB Rn. 9.
568 Staudinger/*Sack/Fischinger* (2011) § 138 BGB Rn. 9.
569 Staudinger/*Sack/Fischinger* (2011) § 138 BGB Rn. 5.
570 Siehe oben bei Teil 2/Kapitel 3/B./I./1./a. ab S. 96.
571 *Haas*, ZGR 2001, 325, 331 mit Verweis auf OLG Hamburg, RIW 1989, 574, 575.

sondere Umstände hinzutreten, die die Sittenwidrigkeit erzwungener Schiedsvereinbarungen begründen.[572]

aa) Sittenverstoß bei Vorliegen einer strukturellen Ungleichgewichtslage

Die im Sport bestehende Ungleichgewichtslage ist dem Ein-Platz-Prinzip geschuldet und somit strukturell angelegt.[573] Fraglich ist, inwiefern die gestörte Vertragsparität und die damit einhergehende Einschränkung der Entscheidungsfreiheit des Sportlers bereits einen Verstoß gegen die guten Sitten indizieren können.

Nach Ansicht des Bundesverfassungsgerichts[574] müssen „alle Beteiligten des Zivilrechtsverkehrs den Schutz des Art. 2 Abs. 1 GG genießen und sich gleichermaßen auf die grundrechtliche Gewährleistung ihrer Privatautonomie berufen können“. Es dürfe nicht das „Recht des Stärkeren“ gelten. Hat aber „einer der Vertragsteile ein so starkes Übergewicht, dass er vertragliche Regelungen faktisch einseitig setzen kann, bewirkt dies für den anderen Vertragsteil Fremdbestimmung.“[575] Liegt somit ein strukturelles Ungleichgewicht zwischen den Vertragsparteien vor, so erfordert der Schutz der Selbstbestimmung staatliche Regelungen, die in Gestalt der Generalklauseln korrigierend eingreifen.[576] Rechtfertigen lässt sich diese Korrektur durch einen „paternalistischen Grundansatz“, der den Staat verpflichtet, zum Schutze der schwächeren Vertragspartei „vor einer schrankenlosen ‚Diktatur‘ der anderen Partei einzuschreiten.“[577] Ist der Abschluss einer Schiedsvereinbarung durch einseitige Machtausübung als Folge einer gestörten Vertragsparität zu bewerten, so müssen für dessen Wirksamkeit insbesondere in den Fällen strenge Maßstäbe gelten,[578] in denen Personen aus wirtschaftlichen, beruflichen oder sonstigen Gründen auf eine Mitgliedschaft in einer Organisation beziehungsweise einem Ver-

---

572 *Haas*, ZEuP 1999, 355, 374.

573 Siehe zur typisierbaren Fallgestaltung im Sport oben bei Teil 2/Kapitel 1/B./I. ab S. 38.

574 So BVerfG, NJW 1994, 36, 38; BVerfG, NJW 1994, 2749, 2750.

575 BVerfG, NJW 1990, 1469, 1470.

576 So BVerfG, NJW 1994, 36, 39.

577 Staudinger/*Sack*/*Fischinger* (2011) § 138 BGB Rn. 45.

578 So auch LG Frankfurt a.M., ZIP 1989, 599 ff.; vgl. ebenfalls BGH, NJW 1989, 1477, Leitsatz.

band oder aber auf die Teilnahme an verbandsmäßig organisierten Wettbewerben angewiesen sind[579].

Aus Gründen der Rechtssicherheit darf allerdings nicht schon bei jeder Störung des Verhandlungsgleichgewichts die Schiedsvereinbarung nachträglich in Frage gestellt oder korrigiert werden.[580] Denn jede Begrenzung der Vertragsfreiheit zum Schutze des einen Teils greift gleichzeitig in die Freiheit des anderen Teils ein.[581] Vielmehr ist für einen Sittenverstoß im Sinne von § 138 Abs. 1 BGB zum einen eine typisierbare Fallgestaltung erforderlich, die eine strukturelle Unterlegenheit der einen Vertragspartei erkennen lässt, und zum anderen müssen die Folgen des Vertrages für den unterlegenen Vertragsteil ungewöhnlich belastend sein.[582] Vor dem Hintergrund, dass strukturelle Ungleichgewichtslagen im Rechtsverkehr nicht ungewöhnlich sind, muss somit in jedem Fall eine gewisse „Erheblichkeitsschwelle"[583] überschritten werden, so dass die strukturelle Ungleichgewichtslage für sich allein genommen den Gesamtcharakter des Rechtsgeschäfts noch nicht in die Sittenwidrigkeit verfallen lässt.

bb) Überschreiten der „Erheblichkeitsschwelle"

Neben der strukturellen Ungleichgewichtslage können vor allem der Schiedszwang, das heißt das auf die Unterwerfung unter die Schiedsgerichtsbarkeit gerichtete Ausnutzen einer Monopolstellung beziehungsweise einer stärkeren Machtposition, sowie möglicherweise die übermäßige Einschränkung der Rechtsschutzmöglichkeiten[584] als besondere Umstände zur Begründung eines Verstoßes gegen die guten Sitten hinzutreten. So stellt der Missbrauch einer Monopolstellung nur eine besonders deutliche Erscheinungsform des Missbrauchs von Übermacht dar, der immer dann vorliegt, „wenn ein Vertragspartner sein tatsächliches wirtschaftliches Übergewicht in einer mit den Verkehrsbedürfnissen unvereinbaren Weise

579 *Nicklisch*, BB 1972, 1285, 1290.

580 So BVerfG, NJW 1994, 36, 38; BVerfG, NJW 1994, 2749, 2750; vgl. auch *Haas*, ZGR 2001, 325, 331 f.

581 BVerfG, NJW 1990, 1469, 1470.

582 BVerfG, NJW 1994, 36, 38.

583 Staudinger/*Sack*/*Fischinger* (2011) § 138 BGB Rn. 48.

584 BGH, NJW 1989, 1477.

zu eigenem Vorteil ausnutzt".[585] Es ist demnach fraglich, inwiefern das Ausnutzen der strukturellen Ungleichgewichtslage im Fall der erzwungenen Unterwerfung unter die (institutionelle) Sportschiedsgerichtsbarkeit als sittenwidrig erachtet werden kann.

Für das Überschreiten der Schwelle zur Sittenwidrigkeit lässt sich keine allgemein gültige Formel entwickeln. Der über § 138 Abs. 1 BGB in Verbindung mit Art. 2 Abs. 1 GG gewährte Schutz muss die betroffenen Rechte stets in ein ausgewogenes Verhältnis bringen,[586] da sich auf der einen Seite die positive Vertragsfreiheit des Verbands und auf der anderen Seite die negative Vertragsfreiheit des Sportlers gegenüberstehen. Für die Beurteilung der Schwere der Belastung fällt besonders die Alternativlosigkeit des Sportlers ins Gewicht. Es herrscht nicht nur ein strukturelles Ungleichgewicht, sondern die rechtliche Beziehung zwischen Verband und Sportler ist darüber hinaus von einer einseitigen Abhängigkeit geprägt.[587] Dementsprechend liegt in der erzwungenen Schiedsvereinbarung bereits eine Einwirkung auf die Freiheit der Willensbildung, wenn nicht sogar eine Knebelung im Sinne von § 138 BGB.[588] Der missbilligenswerte Charakter einer solchen Beeinträchtigung kommt beispielsweise in der gesetzlichen Wertung des § 312 BGB zum Haustürgeschäftewiderrufsrecht, aber auch im Wettbewerbsrecht, beispielsweise in § 4 Nr. 1 UWG, zum Ausdruck.[589] Hiernach ist die Entscheidungsfreiheit erheblich beeinträchtigt, wenn die zu befürchtenden Nachteile so erheblich sind, dass sie den Verbraucher dazu veranlassen können, die vom Unternehmer erwartete Entscheidung zu treffen oder sich in der vom Unternehmer erwarteten Weise zu verhalten.[590] Das zu missbilligende Verhalten des Verbandes liegt in dem Entzug der nach Art. 2 Abs. 1 GG grundsätzlich garantierten Wahlmöglichkeit, sich der Schiedsgerichtsbarkeit aus freiem Willen zu unterwerfen.[591] Den zu befürchtenden Nachteil, mit dem der Sportler unter

585 So MünchKommBGB/*Armbrüster*, zu § 138 BGB, Rn. 87 mit Verweis auf OLG Stuttgart, Rechtsbeilage der Elektrizitätswirtschaft, 1975, 1, 5.

586 Staudinger/*Sack*/*Fischinger* (2011) § 138 BGB Rn. 37 ff.

587 Vgl. auch BGH, NJW 1989, 1724, 1726.

588 *Baumbach*/*Lauterbach*, § 1066 ZPO, Rn. 5; *Monheim*, Sportlerrechte und Sportgerichte im Lichte des Rechtsstaatsprinzips, S. 157.

589 *Köhler*, in: Köhler/Bornkamm, zu § 4 UWG, Rn. 1.21; *Lorenz*, NJW 1997, 2578, 2579 f.

590 *Köhler*, in: Köhler/Bornkamm, zu § 4 UWG, Rn. 1.21.

591 *Monheim*, SpuRt 2008, 8, 10, dessen Ansicht nach immer dann ein Sittenverstoß vorliegt, wenn dem Sportler sein Wahlrecht genommen wird.

Druck gesetzt wird, stellt der Ausschluss von der Teilnahme am verbandsmäßig organisierten Spielbetrieb dar, sofern der Sportler die Zustimmung zur schiedsgerichtlichen Streitbeilegung verweigert. Zusätzlich muss beachtet werden, dass der Sportler aufgrund der Zwangsanwendung nicht nur in seiner negativen Vertragsfreiheit beeinträchtigt, sondern in der Folge auch gezwungen wird, auf die verfassungsrechtlich garantierten staatlichen Rechtsschutzmöglichkeiten zu verzichten.

Es ist dementsprechend unter Berücksichtigung aller Umstände im Wege einer in Teil 2/Kapitel 4 vorgenommenen umfassenden Abwägung der Interessen zu ermitteln, ob die strukturelle Ungleichgewichtslage in Verbindung mit dem verbandsmäßigen Einsatz der hieraus entstehenden Machtstellung zur systematischen Durchsetzung der (institutionellen) Sportschiedsgerichtsbarkeit den Sportler ungewöhnlich stark belastet und somit die Erheblichkeitsschwelle überschreitet oder ob die erzwungene Unterwerfung unter die Schiedsgerichtsbarkeit durch sachliche Gründe gerechtfertigt werden kann. Ein Verstoß gegen § 138 Abs. 1 BGB kommt jedenfalls schon aufgrund des strukturellen Vertragsungleichgewichts in Verbindung mit der Zwangslage des Sportlers in Betracht.

cc) Subjektiver Tatbestand

Nach h.M.[592] erfordert das Vorliegen eines sittenwidrigen Rechtsgeschäfts im Sinne von § 138 Abs. 1 BGB zusätzlich die Verwirklichung eines subjektiven Tatbestandes. Hiernach ist der Vorwurf der Sittenwidrigkeit nur dann gerechtfertigt, wenn der überlegene Vertragspartner zumindest alle die Sittenwidrigkeit begründenden Tatumstände gekannt oder sich deren Kenntnis bewusst verschlossen oder entzogen hat.[593] Somit ist es nicht erforderlich, dass sich die die Vertragsgestaltung einseitig bestimmende Partei der Sittenwidrigkeit ihres Handelns bewusst ist,[594] sondern es genügt das Bewusstsein der sittenwidrigkeitsbegründenden Umstände, die das Verhalten bei objektiver Würdigung als einen Verstoß gegen die guten Sit-

---

592 Zum Streit, ob für die Verwirklichung von § 138 BGB überhaupt ein subjektives Element erforderlich ist, vgl. Staudinger/*Sack*/*Fischinger* (2011) § 138 BGB Rn. 74 m.w.N. Die Erforderlichkeit eines subjektiven Tatbestandes ablehnend, *Nicklisch*, BB 1972, 1285, 1289 f.

593 Siehe BGH, NJW 1980, 2407, 2408; BGH, NJW 1988, 1373, 1374.

594 Siehe BGH, NJW 1988, 1373, 1374.

ten erscheinen lassen.[595] Bei der erzwungenen Unterwerfung unter die Schiedsgerichtsbarkeit im Sport kann ohne Weiteres davon ausgegangen werden, dass sich die mächtigen Sportverbände der Umstände bewusst sind, die dem Sportler wegen der Verknüpfung der Schiedsvereinbarung mit der verbandsmäßig organisierten Sportausübung keine freie Wahlmöglichkeit darüber belassen, ob er freiwillig auf den staatlichen Rechtsschutz verzichtet oder nicht.[596]

2. Teilnahmeanspruch, § 826 BGB

Dem Grundsatz nach ist ein Sportverband bei der Frage, ob er einen Sportler im Rahmen seiner Wettkämpfe teilnehmen lässt oder gar als Mitglied aufnimmt, frei (sog. Aufnahmefreiheit).[597] Von diesem Grundsatz hat die Rechtsprechung allerdings Ausnahmen für solche Fälle entwickelt, in denen ein erhöhtes Schutzbedürfnis in Bezug auf sachlich ungerechtfertigte Aufnahme- oder Zulassungsentscheidungen besteht. Dies betrifft zum Beispiel Entscheidungen von Sportverbänden, die bei der Organisation und Veranstaltung sportlicher Wettbewerbe eine Monopolstellung innehaben.[598] Ein Aufnahme- oder Teilnahmeanspruch des Berufssportlers, der auf die Teilnahme an diesen Wettbewerben regelmäßig angewiesen ist, könnte folglich „bei Vorliegen der sportlichen und wirtschaftlichen Voraussetzungen“[599] aus § 826 BGB hergeleitet werden. Denn im Unterschied zu § 138 Abs. 1 BGB stellt § 826 BGB kein Wirksamkeitshindernis für einen sittenwidrigen Vertrag dar, sondern gewährt vielmehr einen (Schadensersatz-)Anspruch für die durch ein sittenwidriges Verhalten geschädigte Person.[600]

Zwar ist das Verhältnis zwischen Sportverbänden und Sportlern in den meisten Fällen vertraglich beziehungsweise nur mittelbar mitgliedschaft-

---

595 Siehe Anm. *Lehmpfuhl* zu BGH „Stromlieferung“, GRUR 1972, 718, 721.

596 So zutreffend noch zu § 1025 Abs. 2 ZPO a.F. *Vollkommer*, RdA 1982, 16, 33; *Knoepfler/Schweizer*, SZIER 1994, 149, 153.

597 Siehe Staudinger/*Weick* (1995), § 35 BGB, Rn. 27; PHB SportR-*Pfister* 2. Teil/Rn. 155.

598 Staudinger/*Weick* (1995), § 35 BGB, Rn. 28.

599 LG Frankfurt a.M., ZIP 1989, 599, 601.

600 Siehe *Bamberger/Roth/Wendtland*, zu § 138 BGB, Rn. 9.

lich[601] ausgestaltet, während der sogenannte Aufnahmeanspruch nach § 826 BGB von der Rechtsprechung regelmäßig als ein Anspruch auf Erwerb einer Mitgliedschaft in einen Verein oder einen Verband angewandt wird.[602] Allerdings muss das Interesse des Sportlers an der Teilnahme am verbandsmäßig organisierten Spielbetrieb, das auch nur temporär auf einen bestimmten Wettbewerb gerichtet sein kann, sowie an der hieraus resultierenden Integration in das Verbandsleben dem Interesse an dem Erwerb einer unmittelbaren Mitgliedschaft gleichgesetzt werden. Es handelt sich bei diesen Konstellationen lediglich um rechtstechnisch unterschiedliche Ausgestaltungen bei faktisch gleicher Zwangslage. Aus diesem Grund muss die zum Aufnahmezwang nach § 826 BGB entwickelte Rechtsprechung auch auf die vertraglichen Beziehungen zwischen einem Sportverband und einem Sportler entsprechend anwendbar sein. Im folgenden Verlauf wird somit einheitlich nach dem Vorliegen eines etwaigen Teilnahmeanspruchs gefragt, da der Sportler sowohl durch den Erwerb der Mitgliedschaft als auch durch den Abschluss eines Regelanerkennungsvertrages beziehungsweise einer Athletenvereinbarung zur Teilnahme am verbandsmäßig organisierten Spielbetrieb berechtigt ist und hierin regelmäßig sein Hauptinteresse liegt.

a. Herleitung eines Teilnahmeanspruchs nach § 826 BGB

§ 826 BGB kommt vorrangig in den – zugegebenermaßen in der Praxis weniger bedeutsamen – Fällen zur Anwendung, in denen der Sportler die von einem Sportverband auferlegte Schiedsvereinbarung nicht akzeptiert und ihm infolgedessen die Teilnahme am verbandsmäßig organisierten Spielbetrieb verweigert wird. In diesen Fällen kann der Sportler möglicherweise einen Teilnahmeanspruch im Sinne des § 826 BGB geltend machen.[603]

---

601 Mittelbare Mitgliedschaft liegt vor, wenn ein Verein die satzungsmäßigen Bestimmungen eines Verbandes durch Verweis in seine Satzung inkorporiert und der Sportler im Wege der Vereinsmitgliedschaft automatisch die Verbandssatzung anerkennt, vgl. *Oschütz*, Sportschiedsgerichtsbarkeit, S. 174 f.

602 Vgl. unter vielen OLG München, NJOZ 2009, 4035 ff.; BGH, NJW 1999, 1326 ff.; LG Heidelberg, NJW 1991, 927 ff.; BGH, NJW-RR 1986, 583; BGH, NJW 1980, 186 ff.

603 Vgl. auch Staudinger/*Weick* (1995), § 35 BGB, Rn. 32, der ebenfalls allgemein von der „Teilnahme an internationalen Wettkämpfen" spricht, ohne speziell auf

§ 826 BGB enthält dem Wortlaut nach nur eine Schadensersatzverpflichtung für denjenigen, der in einer gegen die guten Sitten verstoßenden Weise einem anderen vorsätzlich Schaden zufügt. Ein Anspruch auf Teilnahme an einem verbandsmäßig organisierten Wettbewerb lässt sich der Norm nicht direkt entnehmen.[604] Nach verbreiteter Auffassung kommt der Norm jedoch Generalklauselcharakter zu,[605] so dass auch im Rahmen ihrer Auslegung die objektive Werteordnung des Grundgesetzes mittelbare Drittwirkung entfaltet.[606] Somit kann ein Teilnahmeanspruch des Sportlers aus den Schutzzwecken all derjenigen (Grund-)Rechte begründet werden, die einen entsprechenden Leistungsanspruch beinhalten und durch einen Teilnahmeausschluss verletzt werden.[607] Die Herleitung des Teilnahmeanspruchs aus § 826 BGB wird überdies dem Bedürfnis nach einer formalen Anspruchsnorm gerecht, um systematisch anders geartete Gerechtigkeitserwägungen durchzusetzen.[608]

Der Bundesgerichtshof begründet einen Teilnahmeanspruch auf Grundlage des § 826 BGB mit der Modifikation, dass er sich nicht stringent an den Tatbestandsvoraussetzungen der Norm orientiert.[609] Letztlich handelt es sich um ein im Wege der Rechtsfortbildung entstandenes, gegenüber § 826 BGB selbstständiges Institut mit eigenen Tatbestandsvoraussetzungen.[610] Da in Anlehnung an diese Rechtsprechung davon ausgegangen werden kann, dass ein solcher Anspruch bei Vorliegen der nachfolgenden Voraussetzungen grundsätzlich gegeben ist, muss nicht speziell geprüft werden, ob aufgrund der besonderen Umstände des Falles der Ausschluss des Sportlers vom verbandsmäßig organisierten Spielbetrieb eine gegen die guten Sitten verstoßende Schädigung des Sportlers darstellt.[611]

---

die in diesem Zusammenhang möglichen mitgliedschaftlichen Beziehungen einzugehen.

604 Die erstrebte Rechtsfolge entfernt sich zunächst deutlich von der Dogmatik eines Schadensersatzanspruchs, so Staudinger/*Oechsler*, (2014) § 826 BGB, Rn. 266.

605 Staudinger/*Oechsler* (2014), § 826 BGB, Rn. 20 ff. m.w.N.

606 BGH, NJW 1999, 1326; *Haas*/*Martens*, Sportrecht, S. 81.

607 Staudinger/*Oechsler* (2014), § 826 BGB, Rn. 433, zum Kontrahierungszwang.

608 Staudinger/*Oechsler* (2014), § 826 BGB, 433; *Flume*, Das Rechtsgeschäft (AT Bd. 2), S. 612, nach dessen Ansicht es sich in Wirklichkeit vielmehr um die Statuierung eines selbstständigen Rechtssatzes handelt.

609 BGH, NJW 1975, 771 ff.; BGH, NJW 1985, 1216 ff.; Staudinger/*Oechsler* (2014), § 826 BGB, Rn. 266 und 433.

610 So Staudinger/*Oechsler*, (2014) § 826 BGB, Rn. 266; *Flume*, Das Rechtsgeschäft (AT Bd. 2), S. 612.

611 *Flume*, Das Rechtsgeschäft (AT Bd. 2), S. 612 f., zum Kontrahierungszwang.

b. Schädigung wirtschaftlicher und nichtwirtschaftlicher Interessen

Die Herleitung und Anwendung von § 826 BGB auf Aufnahme beziehungsweise Teilnahmeansprüche wird in der Literatur[612] zum Teil kritisch gesehen. Dem Anspruchssteller gehe es nicht um den Schadensersatz, sondern um den „Neuerwerb eines Rechts", nämlich des Mitgliedschafts- beziehungsweise Teilnahmerechts.[613] Die Anwendung von § 826 BGB bewirke demnach nicht die „Schließung einer Vermögens*lücke* (quod interest), sondern eine Vermögens*vergrößerung*" um ebendieses Recht.[614] Ein Schaden kann aber dann vorliegen, wenn der Sportler auf die Teilnahme derart angewiesen ist, dass er durch den Ausschluss wirtschaftliche Verluste erleidet, die nur im Wege der Teilnahme verhindert werden können, und einzig der Anspruchsgegner für die Abwendung des Schadens in Betracht kommt.[615] Zwar handelt es sich hierbei in der Regel um künftig zu erwartende Erwerbschancen, die noch keinen konkreten Schaden darstellen.[616] Schützenswert sind aber auch nichtwirtschaftliche Interessen,[617] so dass der Ausschluss von der wettbewerbsmäßigen Sportausübung selbst, durch den sich der Sportler nicht mit Konkurrenten auf seinem Niveau messen kann und ebenso wenig von den wirtschaftlichen Vorteilen der organisierten Sportausübung profitiert, als Schaden im Sinne von § 826 BGB qualifiziert werden kann.[618]

Somit ist zum Schutze des Sportlers für die Frage nach einem Teilnahmeanspruch gegenüber einem monopolartigen oder übermächtigen Sportverband eine weite Auslegung des Schadens im Rahmen des § 826 BGB geboten. Dieser kann für den Sportler in der Schädigung wirtschaftlicher und nichtwirtschaftlicher Interessen liegen, die regelmäßig nur durch die

---

612 Staudinger/*Oechsler* (2014), § 826 BGB, Rn. 266; MünchKommBGB/*Wagner*, zu § 826 BGB, Rn. 134 ff., der den Anwendungsbereich des Aufnahmeanspruchs aus § 826 BGB auf die Fälle beschränkt, die nicht von den Regelungen des GWB oder AGG erfasst werden.

613 So Staudinger/*Oechsler* (2014), § 826 BGB, Rn. 266.

614 So Staudinger/*Oechsler* (2014), § 826 BGB, Rn. 266.

615 So Staudinger/*Oechsler* (2014), § 826 BGB, Rn. 266.

616 Hierzu kritisch Staudinger/*Oechsler* (2014), § 826 BGB, Rn. 266.

617 BGH „Landessportbund", GRUR 1969, 242, 243.

618 LG Heidelberg, NJW 1991, 927 ff., wonach die Aufnahme einer Jugendgruppe in einen „Stadtjugendring" keine wirtschaftlichen Zielsetzungen verfolgte und der Anspruch dennoch auf § 826 BGB gestützt wurde; BGH, NJW 1980, 186, wonach aber für die Aufnahme in Geselligkeitsvereine i.d.R. kein schützenswertes Interesse besteht.

Gewährung des Rechts zur Teilnahme am verbandsmäßig organisierten Spielbetrieb verhindert werden kann.

c. Monopolstellung der Sportverbände

Voraussetzung für einen Teilnahmeanspruch nach § 826 BGB ist zunächst eine Monopolstellung beziehungsweise eine überragende Machtstellung derjenigen Sportverbände,[619] die die Teilnahme an ihren Wettbewerben regelmäßig an die nicht verhandelbare Bedingung der Unterwerfung unter die Schiedsgerichtsbarkeit knüpfen. Denn entgegen dem Grundsatz, dass Verbände und Vereinigungen die Voraussetzungen für die Zulassung eines Sportlers zu den von ihnen organisierten Wettbewerben eigenverantwortlich bestimmen können und diese nur hinsichtlich etwaiger Gesetzeswidrigkeit, Willkür oder grober Unbilligkeit gerichtlich überprüfbar sind, müssen die von Monopolverbänden aufgestellten Teilnahmebedingungen einer strengeren Kontrolle unterliegen.[620] Die Verbandsautonomie wird demnach bereits dann eingeschränkt, wenn einerseits der Verband eine überragende wirtschaftliche oder soziale Machtstellung einnimmt und andererseits – aus der Sicht des Sportlers – ein wesentliches oder grundlegendes Interesse an der Teilnahme am verbandsmäßig organisierten Spielbetrieb besteht.[621] Letzteres ist im Berufssport immer schon dann der Fall, wenn die verbandsmäßig organisierte Sportausübung für den Sportler aus wirtschaftlichen, sozialen oder beruflichen Gründen von erheblicher Bedeutung ist.[622] Insbesondere in finanzieller Hinsicht kann der Ausschluss von der Teilnahme am verbandsmäßig organisierten Spielbetrieb für den Sportler schwerwiegende Folgen haben. Zum Schutze des Sportlers findet deshalb über § 826 BGB ein Ausgleich statt, wenn ein Monopolverband

619 OLG München, SpuRt 2014, 110 f.; OLG München, NJOZ 2009, 4035, 4036; BGH, NJW 1999, 1326 ff.; LG Heidelberg, NJW 1991, 927; BGH, NJW-RR 1986, 583 ff.; BGH, NJW 1980, 186 ff.; BGH, NJW 1975, 771 ff.; Staudinger/*Oechsler* (2014), § 826 BGB, Rn. 271.

620 BGH, NJW 1988, 552, 555, und BGH, NJW 1985, 1216.

621 OLG München, SpuRt 2014, 110 f.; OLG München. NJOZ 2009, 4035, 4036; BGH, NJW 1988, 552, 555; BGH, NJW-RR 1986, 583; BGH, NJW 1985, 1216; BGH, NJW 1980, 186.

622 LG Frankfurt a.M., ZIP 1989, 599, 601; BGH, NJW 1988, 552, 555; BGH, NJW 1980, 186; bzw. wenn die Nichtaufnahme für den Betroffenen eine schwerwiegende Benachteiligung darstellt, vgl. BGH, NJW 1985, 1216, 1217.

die Teilnahme am verbandsmäßig organisierten Spielbetrieb an die Erfüllung einer unzulässigen Teilnahmebedingung knüpft.[623] Vom Vorliegen einer Pflicht zur Gewährung des Teilnahmerechts muss dementsprechend bereits dann ausgegangen werden, wenn die Rechtsordnung mit Rücksicht auf schwerwiegende Interessen der betroffenen Kreise und aufgrund der überragenden verbandsmäßigen Machtstellung das verbandsautonome Selbstbestimmungsrecht des Sportverbandes nicht hinnehmen kann.[624] Dies ist beispielsweise bei einem Teilnahmeausschluss der Fall, der „ohne triftigen Grund" gegenüber einem Sportler erfolgt.[625]

d. Schiedsvereinbarung als (un-)zulässige Teilnahmebeschränkung

Wird der Sportler an der Teilnahme am verbandsmäßig organisierten Spielbetrieb gehindert, weil er den Abschluss der Schiedsvereinbarung verweigert, so kann die Bedingung des Abschlusses einer Schiedsvereinbarung als eine Teilnahmebeschränkung qualifiziert werden. Es ist allgemein anerkannt, dass es Teilnahmebeschränkungen im Sport geben muss und darf.[626] Solche Beschränkungen sind jedoch nicht oder nur eingeschränkt zulässig, wenn sie zu einer sachlich nicht gerechtfertigten ungleichen Behandlung und unbilligen Benachteiligung des die Zulassung beantragenden Sportlers führt,[627] das heißt dieser sich nicht ohne unzumutbare Opfer den Verbandsbestimmungen fügen kann[628]. Die Unzulässigkeit der Teilnahmebedingung kommt demnach insbesondere dann in Betracht, wenn vonseiten des Sportlers alle weiteren, insbesondere die sportlichen, Teilnahmevoraussetzungen erfüllt sind.[629]

Ob es sich bei der Verknüpfung des Teilnahmerechts mit der Unterwerfung unter die Schiedsgerichtsbarkeit um eine unbillige Benachteiligung

---

623 Vgl. in etwa BGH, NJW 1969, 316, 317.

624 BGH, NJW 1999, 1326, wonach der BGH seine ständige Rechtsprechung zum Aufnahmezwang auch auf Sportorganisationen anwendet; LG Heidelberg, NJW 1991, 927; BGH, NJW 1988, 552, 555; BGH, NJW 1975, 771; BGH, NJW 1969, 316, 318.

625 LG Frankfurt a.M., ZIP 1989, 599, 601.

626 *Stancke*, SpuRt 2015, 46, 49.

627 BGH, NJW 1975, 771 f.

628 BGH, NJW 1969, 316, 317.

629 Vgl. *Vollkommer*, RdA 1982, 16, 33 f., nach dessen Ansicht in diesem Fall ein „Aufnahmeanspruch des Spielers" gegeben ist.

des Sportlers handelt, lässt sich ausschließlich im Wege einer umfassenden Interessenabwägung ermitteln.[630] Zu diesem Zweck müssen auf der einen Seite die Rechte und berechtigten Interessen des Sportlers, das heißt auch die mit der Teilnahme und der schiedsgerichtlichen Streitbeilegung verbundenen Vorteile, den Rechten und berechtigten Interessen des jeweiligen Verbandes, die mit der erzwungenen Unterwerfung unter die Schiedsgerichtsbarkeit einhergehen, gegenübergestellt werden.[631] Sollte nach dieser Interessenabwägung die Rechtfertigung eines Teilnahmeausschlusses wegen einer nicht akzeptierten Schiedsvereinbarung zu verneinen und diese somit „unbillig" sein, dann besteht aus Sicht des Sportlers in der Regel ein Anspruch auf Teilnahme am verbandsmäßig organisierten Spielbetrieb im Sinne von § 826 BGB.[632] In diesem Zusammenhang ist zu beachten, dass der Monopolverband auch bei einem sachlich gerechtfertigten Interesse dazu angehalten werden kann, seine durch die Teilnahmebeschränkung verfolgten Ziele durch alternative beziehungsweise mildere Mittel zu erreichen, um dem Sportler auf diese Weise die Teilnahme am verbandsmäßig organisierten Spielbetrieb zu ermöglichen.[633] Demgegenüber ist der Vorwurf der Unbilligkeit bereits dann ausgeschlossen, wenn sich der Sportler der Schiedsgerichtsbarkeit unterwerfen kann, ohne unverhältnismäßige Opfer auf sich nehmen zu müssen.[634] Hierin zeigt sich die „Elastizität" der Interessenabwägung,[635] wobei zugunsten des Sportlers ein großzügiger Maßstab anzuwenden ist, um Ungleichbehandlungen beziehungsweise Benachteiligungen auszuschließen.[636] Ob die erzwungene Unterwerfung unter die Schiedsgerichtsbarkeit als Bedingung für die verbandsmäßige Sportausübung eine (un-)zulässige Teilnahmebeschränkung darstellt, wird die in Teil 2/Kapitel 4 vorgenommene Abwägung der betroffenen Interessen zeigen.

---

630 Staudinger/*Oechsler*, (2014) § 826 BGB, Rn. 270.

631 Vgl. etwa OLG München, SpuRt 2014, 110, 111; OLG München, NJOZ 2009, 4035, 4036; BGH, NJW-RR 1986, 583; BGH, NJW 1975, 771, 772.

632 OLG München, SpuRt 2014, 110, 111; OLG München, NJOZ 4035, 4036; BGH, NJW 1999, 1326; BGH, NJW-RR 1986, 583; BGH, NJW 1985, 1216.

633 BGH, NJW 1975, 771, 772.

634 BGH „Landessportbund", GRUR 1969, 242, 243.

635 Staudinger/*Weick* (1995), § 35 BGB, Rn. 31.

636 Siehe OLG München, SpuRt 2014, 110 (Leitsatz).

e. Subjektiver Tatbestand

Dem Wortlaut nach erfordert ein Anspruch gemäß § 826 BGB ein vorsätzliches Verhalten. Hierbei braucht es dem Verband aber nicht auf die Schädigung des Sportlers anzukommen.[637] Denn nach h.M. muss sich der Vorsatz zwar auf die Interessenverletzungen, nicht aber auf die Folgeschäden beziehen.[638] Ausreichend ist darüber hinaus, wenn eine Schädigung vom Sportverband billigend in Kauf genommen und somit mit bedingtem Vorsatz begangen wurde.[639] Angesichts der im Sport typisierbaren Fallgestaltung muss durch die Entziehung der Wahlmöglichkeit hinsichtlich des vom Sportler zu beschreitenden Rechtsweges davon ausgegangen werden, dass der Verband im Falle des Nichtabschlusses der Schiedsvereinbarung die mit dem Teilnahmeausschluss einhergehenden (wirtschaftlichen) Nachteile zumindest billigend in Kauf nimmt. Schließlich resultiert aus dieser Situation das von den Sportverbänden angewandte Druckmittel, das den Sportler ja gerade zum Abschluss der Schiedsvereinbarung drängen soll. Somit ist zumindest ein für das Vorliegen eines Anspruchs nach § 826 BGB ausreichender Eventualvorsatz gegeben.

C. Verstoß gegen das kartellrechtliche Missbrauchsverbot

Der Wirksamkeit erzwungener Schiedsvereinbarungen könnten schließlich kartellrechtliche Vorschriften entgegenstehen. In diesem Zusammenhang stellt sich die Frage, inwiefern die Auferlegung der Bedingung, sich zum Zwecke der verbandsmäßig organisierten Sportausübung der Schiedsgerichtsbarkeit unterwerfen zu müssen, eine unzulässige Verhaltensweise eines marktbeherrschenden Unternehmens nach Art. 7 KG (Schweiz) beziehungsweise eine missbräuchliche Ausnutzung einer marktbeherrschenden Stellung durch ein Unternehmen nach § 19 GWB (Deutschland) oder Art. 102 AEUV (Europa) darstellt. Gemäß Art. 1 KG bezweckt das schweizerische Kartellgesetz volkswirtschaftlich oder sozial schädliche Auswirkungen von Kartellen und anderen Wettbewerbsbeschränkungen zu verhindern und damit den Wettbewerb im Interesse einer freiheitlichen

---

637 MünchKommBGB/*Wagner*, zu § 826 BGB, Rn. 25.

638 MünchKommBGB/*Wagner*, zu § 826 BGB, Rn. 25.

639 BGH, NJW 2000, 2896, 2897; BGH, NJW 1991, 634, 636 f.; BGH, NJW 1989, 3277, 3279.

marktwirtschaftlichen Ordnung zu fördern.[640] Auch das deutsche GWB hat vordergründig den Schutz des Wettbewerbs als Institution zum Ziel, wobei dem Gesetz ein individualschützender Charakter nicht abgesprochen werden kann.[641] Die grundsätzliche Anwendbarkeit von kartellrechtlichen Schutznormen im Bereich des Sports wurde bereits vom Europäischen Gerichtshof in der Rechtssache „Meca-Medina und Majcen"[642] bejaht und wird zumindest für den kommerzialisierten Sport heute nicht mehr bezweifelt.[643] Aufgrund der hauptsächlich marktbezogenen, wettbewerbsorientierten und somit im Allgemeininteresse liegenden Schutzrichtung des Kartellrechts[644] wird die Beurteilung der Wirksamkeit erzwungener Schiedsvereinbarungen im Sport am Maßstab der kartellrechtlichen Verbotsnormen in der vorliegenden Untersuchung den zivilrechtlichen Schutznormen hintangestellt.[645] Letztere dienen vordergründig dem

---

640 Die ausdrückliche Normierung des Wettbewerbs als zu verfolgendes Ordnungsprinzip i.S.v. Art. 1 KG bezweckt den Schutz des Wettbewerbs als Institution, vgl. *Borer*, Wettbewerbsrecht I, Art. 1 KG, Rn. 14.

641 Vgl. *Immenga/Mestmäcker/Fuchs*, § 19 GWB, Rn. 21.

642 EuGH v. 18. Juli 2006, Rs. C-519/04, Slg. 2006 I-6991, Rn. 31 ff.; dies gilt, selbst wenn es um die Festlegung rein „sportbezogener Regeln" geht, vgl. *Stancke*, SpuRt 2015, 46, 47, unter Bezugnahme auf die „Meca-Medina und Majcen"-Entscheidung des EuGH.

643 *Hannamann*, in: Recht und Sport, Athletenvereinbarungen aus kartellrechtlicher Sicht, S. 43; bis zu der „Meca-Medina und Majcen"-Entscheidung war die rechtliche Behandlung von (reinen) Sportregeln, aber auch ihre Qualifizierung als solche, nicht eindeutig. Dies führte zu einer Fülle an diesbezüglicher Literatur, vgl. hierzu den ausführlichen Beitrag von *Heermann*, CaS 2006, 345 ff. In seiner „Walrave"-Entscheidung (EuGH v. 12. Dezember 1974, Rs. 36-74, Slg. 1974 I-1405, S. 1419 f.) hat sich der EuGH bereits zur Frage nach der Drittwirkung von Grundfreiheiten in Beziehungen zwischen Privatpersonen, wie bspw. zwischen Sportverband und Sportler, positiv geäußert.

644 Vgl. *Hannamann*, in: Recht und Sport, Athletenvereinbarungen aus kartellrechtlicher Sicht, S. 43, 45.

645 Auch der BGH hat im Zusammenhang mit einer (faktisch) einseitigen Preisfestsetzung angenommen, dass die durch § 315 BGB analog vorgenommene Preiskontrolle nicht durch die Anwendbarkeit von § 19 GWB ausgeschlossen sei, vgl. z.B. BGH, NJW 2007, 2540 ff., und BGH, NJW 2006, 684 ff.; *Immenga/Mestmäcker/Fuchs*, § 19 GWB, Rn. 54; auch in der Schweiz kann es zwischen den Persönlichkeitsrechten des ZGB und den Vorschriften des Kartellgesetzes zu Überschneidungen kommen, sofern das Kartellgesetz keine Abweichungen vorsieht, *Philipp*, ZStP 186 (2004), 35, 56; das LG Frankfurt a.M., NJW 1983, 761, 763, hat schon aufgrund der fehlenden Wahlmöglichkeit zwischen Schiedsgerichtsbarkeit und ordentlicher Gerichtsbarkeit eine kartellrechtliche Streitigkeit angenom-

Schutz von Individualinteressen, deren Verwirklichung durch die erzwungene Unterwerfung unter die Schiedsgerichtsbarkeit besonders gefährdet ist.[646] Im Ergebnis orientiert sich aber auch die kartellrechtliche Angemessenheitsprüfung – trotz des besonderen öffentlichen Interesses am Schutze des Wettbewerbs – grundsätzlich an den zivilrechtlichen Maßstäben einer Inhaltskontrolle.[647] Denn eine Regelung oder Verbandsmaßnahme ist nur dann nicht kartellrechtlich zu beanstanden, wenn hinsichtlich des Inhalts und der Anwendung der Verhältnismäßigkeitsgrundsatz gewahrt ist.[648] Hierbei bleiben die kartellrechtlichen Grundsätze nicht unbeachtet.[649] Diese Herangehensweise scheint bis zu der oben dargestellten „Pechstein"-Entscheidung des Oberlandesgerichts München[650] sowohl in der Schweiz als auch in Deutschland die gängige Gerichtspraxis gewesen zu sein.[651]

I. Marktbeherrschende Stellung eines Unternehmens

Bei der Beurteilung, ob (internationale oder nationale) Sportverbände bei der Organisation ihrer Sportart marktbeherrschend sind, ist auf die Grundsätze zum Ein-Platz-Prinzip[652] zurückzugreifen. Sportler, die an verbandsmäßig organisierten Wettbewerben teilnehmen möchten, müssen sich den Regelwerken und Bedingungen des jeweiligen Fachverbandes individual-

men. Diese Entscheidung erging noch zur alten Rechtslagen, wonach § 91 GWB a.F. vorsah, dass den Vertragspartnern für bestimmte Streitigkeiten ein Wahlrecht zustehen musste.

646 Siehe bei Teil 2/Kapitel 4/E./I./2. ab S. 168; dementgegen zielen die kartellrechtlichen Vorschriften eher auf den Schutz von Allgemeininteressen, nämlich die Verwirklichung des Binnenmarktes sowie den Schutz der Märkte vor Wettbewerbsbeschränkungen, ab, siehe *Haas/Martens*, Sportrecht, S. 83 ff.

647 So in etwa bei der „vereinsrechtlichen" Angemessenheitsprüfung von Verbandsmaßnahmen nach § 242 BGB, vgl. LG Stuttgart, CaS 2006, 391 und 394; *Haas/Martens*, Sportrecht, S. 86; *Adolphsen*, Internationale Dopingstrafen, S. 194.

648 *Heermann*, CaS 2006, 345, 364; siehe zur Verhältnismäßigkeit erzwungener Schiedsvereinbarungen bei Teil 2/Kapitel 4 ab S. 142.

649 Vgl. bspw. OLG München, NJOZ 2009, 4035 ff., wonach ein Aufnahmeanspruch eines Landesverbands in den Bundesverband aus § 826 BGB i.V.m. den Grundsätzen des § 20 Abs. 6 GWB hergeleitet wurde.

650 Siehe bei Teil 2/Kapitel 2/B./IV./3. ab S. 79.

651 Siehe zur Schweiz bei *Hoffet*, recht 1997, 182, 184; vgl. auch OLG München, NJOZ 2009, 4035 ff.

652 Siehe hierzu bei Fn. 22.

vertraglich oder satzungsmäßig unterwerfen.[653] Den Sportverbänden kommt im Verhältnis zu den Sportlern mithin eine Monopolstellung zu.[654] Diese Monopolstellung erlangt im Bereich des Profisports[655] schon allein deswegen kartellrechtliche Bedeutung, weil allein der Sportverband über die Zulassung eines Sportlers zu seinen Wettbewerben und somit gleichzeitig über die Chance des Sportlers, sich selbst zu vermarkten, entscheiden kann.[656] Mangels Ausweichmöglichkeit des Sportlers beziehungsweise Substituierbarkeit der vom Sportverband angebotenen Leistungen und zur Verfügung gestellten (Infra-)Strukturen tritt dieser dementsprechend als einziger Anbieter seiner Leistungen auf einem bestimmten Markt auf, sei es der „Markt für die Vergabe von Lizenzen“[657], einem allgemeinen „Markt für Sportveranstaltungen“[658] oder einem „Markt für bestimmte Wettbewerbe“[659].[660] Zwar funktionieren Sportmärkte anders als die gewöhnlichen Wettbewerbsmärkte, da das Verhalten der Marktteilnehmer grundsätzlich nicht von einem gegensätzlichen Interesse dominiert wird, das darauf gerichtet ist, sich die Unterlegenheit der Marktgegenseite zum Zwecke der eigenen Profitmaximierung zu Nutze zu machen oder andere

---

653 Vgl. *Adolphsen*, Internationale Dopingstrafen, S. 189.

654 Vgl. *Muresan/Korff*, CaS 2014, 199, 202; *Adolphsen*, Internationale Dopingstrafen, S. 189, unterscheidet zwischen einer „sportlichen“ und der für die Anwendbarkeit des Kartellrechts erforderlichen „wirtschaftlichen“ Monopolstellung; siehe auch bei Teil 2/Kapitel 3/B./II./2./c. ab S. 132.

655 Den Profisport bzw. echten Berufssport übt ein Sportler regelmäßig zum Zwecke seiner Existenzsicherung aus, vgl. PHB SportR-*Pfister* Einführung/Rn. 3.

656 Für den Sportler bedeutet beispielsweise der Ausschluss von der Teilnahme an einem sportlichen Wettbewerb zugleich den Verlust von Vermarktungsmöglichkeiten und anderen Einnahmen, vgl. *Heermann*, CaS 2006, 345, 353, bezugnehmend auf *Hannamann; Hannamann*, in: Recht und Sport, Athletenvereinbarungen aus kartellrechtlicher Sicht, S. 43, 44.

657 LG Stuttgart, CaS 2006, 391, 392; OLG Frankfurt a.M., GRUR 1983, 517 ff.

658 Vgl. *Hannamann*, in: Recht und Sport, Athletenvereinbarungen aus kartellrechtlicher Sicht, S. 43, 46 f.; *Adolphsen*, Internationale Dopingstrafen, S. 190.

659 So kann bspw. ein spezieller Markt für Weltmeisterschaften angenommen werden, vgl. OLG München, SchiedsVZ 2015, 40, 43; welcher Markt im Einzelfall betroffen ist, muss jeweils durch eine umfassende Marktabgrenzung in sachlicher, räumlicher und zeitlicher Hinsicht ermittelt werden, so auch *Hannamann*, in: Recht und Sport, Athletenvereinbarungen aus kartellrechtlicher Sicht, S. 43, 46 f.

660 In der Rechtsprechungspraxis entspricht der zugrunde gelegte Markt oftmals dem durch die Sportregeln festgelegten Tätigkeitsbereich eines Fachsportverbandes, vgl. *Adolphsen*, Internationale Dopingstrafen, S. 190.

Wettbewerber gänzlich auszuschalten.[661] Vielmehr sind auch die Sportverbände auf die Teilnahme der Sportler oder Vereine an ihren Wettbewerben angewiesen, so dass grundsätzlich von einem kooperativen Verhältnis ausgegangen werden kann,[662] in dem der einzelne Sportler auch als Anbieter auftreten kann[663]. Dies ist jedoch dann unbeachtlich, wenn ein Sportverband die Teilnahme an seinen Wettbewerben von bestimmten Bedingungen abhängig machen kann und dem Sportler für die Ausübung seiner sportlichen Tätigkeit keine gleichwertige Alternative zur Verfügung steht.[664]

Für die Frage, ob es sich bei Sportverbänden um „Unternehmen" im kartellrechtlichen Sinne handelt, stützen sich die europäische, schweizerische und deutsche Rechtspraxis auf den funktionalen Unternehmensbegriff, wonach die Ausübung einer konkreten wirtschaftlichen Tätigkeit das entscheidende Kriterium darstellt.[665] Demnach kommt es allein auf die Unternehmensqualität im ökonomischen Sinne an, so dass der Geltungsbereich für sämtliche Formen der unternehmerischen Wirtschaftstätigkeit, das heißt auch ungeachtet der Unterscheidung zwischen natürlichen und juristischen Personen, eröffnet ist.[666] Als unternehmerische Wirtschaftstätigkeit gilt „die auf den entgeltlichen Austausch von Waren und Dienstleistungen gerichtete Teilnahme am Wirtschaftsverkehr"[667]. Entscheidend ist in diesem Zusammenhang, ob durch die Tätigkeit Umsätze mit mini-

---

661 *Dietrich*, CaS 2004, 249, 252.

662 Vgl. *Dietrich*, CaS 2004, 249, 252, wonach sich eine Meisterschaft nur mit einer größeren Anzahl von möglichst ähnlich starken Mannschaften bzw. Sportlern attraktiv durchführen lässt.

663 Vgl. *Adolphsen*, Internationale Dopingstrafen, S. 191, mit dem Hinweis, dass der Sportverband auf dem Nachfragermarkt ebenfalls marktbeherrschend ist, da der Sportler nur ihm seine Leistung anbieten kann.

664 Vgl. OLG München, SchiedsVZ 2015, 40, 43; *Stancke*, SpuRt 2015, 46, 47 f.

665 Siehe *Grätz*, Missbrauch der marktbeherrschenden Stellung durch Sportverbände, S. 131.

666 *Borer*, Wettbewerbsrecht I, Art. 2 KG, Rn. 4 f.; *Candreia*, EIZ 83 (2007), 52, 56 f.; *Immenga/Mestmäcker/Zimmer*, § 1 GWB, Rn. 31.

667 So *Candreia*, EIZ 83 (2007), 52, 58 m.w.N.; OLG München, SchiedsVZ 2015, 40, 43; EuGH v. 19. Februar 2002, Rs. C-309-99, Slg. 2002 I-1577, Rn. 47; *Immenga/Mestmäcker/Zimmer*, § 1 GWB, Rn. 31; nach *Grätz*, Missbrauch der marktbeherrschenden Stellung durch Sportverbände, S. 133, sollte das Tatbestandsmerkmal „Unternehmen" auch mittelbare wirtschaftliche Tätigkeiten erfassen und dementsprechend weit ausgelegt werden, um der Tatsache gerecht zu werden, dass sportlicher und wirtschaftlicher Wettbewerb sehr häufig untrennbar verknüpft sind.

maler volkswirtschaftlicher Bedeutung erzielt werden können.[668] Dementsprechend geht das Kartellrecht grundsätzlich von einem weiten Unternehmensbegriff aus, unter den zweifelsohne auch die Sportverbände zu subsumieren sind.[669] Im Profisport erhalten Entscheidungen von Sportverbänden oder Sportorganisationen schon allein durch ihre Wirkung für den benachteiligten oder begünstigten Adressaten eine wirtschaftliche Dimension.[670]

II. Missbrauch der marktbeherrschenden Stellung

Eine unzulässige Verhaltensweise eines marktbeherrschenden Unternehmens im Sinne des Art. 7 KG beziehungsweise ein missbräuchliches Ausnutzen einer marktbeherrschenden Stellung nach § 19 GWB oder Art. 102 AEUV ist grundsätzlich dann gegeben, wenn für den Schiedszwang kein sachlicher Grund besteht.[671] Das Bestehen eines sachlichen Grundes ist im Wege einer umfassenden Interessenabwägung zu ermitteln, in die zum einen die Besonderheiten des Sports und zum anderen das besondere öffentliche Interesse am Schutze des Wettbewerbs miteinzubeziehen sind.[672] Mithin bedarf es für die Einschränkung einer Verhältnismäßigkeitsprüfung mit Blick auf deren konkrete Notwendigkeit im Sport und im betroffenen Markt.[673]

Bei der Anwendung der kartellrechtlichen Vorschriften sind im jeweiligen Einzelfall der Gesamtzusammenhang, in dem die fragliche Maßnahme getroffen wurde oder ihre Wirkung entfaltet, und insbesondere ihre Ziel-

---

668 *Philipp*, ZStP 186 (2004), 35, 60 f.; *Hoffet*, recht 1997, 182, 187.

669 Vgl. *Haas/Martens*, Sportrecht, S. 87 f.

670 Vgl. *Heermann*, CaS 2006, 345, 353, bezugnehmend auf *Hannamann*.

671 Vgl. *Adolphsen*, Internationale Dopingstrafen, S. 192.

672 Nach *Haas/Martens*, Sportrecht, S. 88 f., erscheint es fraglich, ob die Berücksichtigung des öffentlichen Interesses im Verhältnis zur zivilrechtlichen Interessenabwägung zu einem anderen Ergebnis führt. Vielmehr seien im Rahmen der kartellrechtlichen Angemessenheitsprüfung die gleichen Aspekte zu beachten wie bei der zivilrechtlichen Inhaltskontrolle; *Grätz*, Missbrauch der marktbeherrschenden Stellung durch Sportverbände, S. 133; *Adolphsen*, Internationale Dopingstrafen, S. 194.

673 *Hannamann*, in: Recht und Sport, Athletenvereinbarungen aus kartellrechtlicher Sicht, S. 43, 49 und 57, die den passenden Begriff der „Sportfunktionsnotwendigkeit“ gewählt hat.

setzung zu beachten.[674] Es muss demnach gefragt werden, ob die mit der Maßnahme verbundene wettbewerbsbeschränkenden Wirkungen notwendig mit der Verfolgung der genannten Ziele zusammenhängen.[675] Die Beschränkung des Wettbewerbs durch die Erzwingung einer Schiedsvereinbarung als benachteiligende Geschäftsbedingung kann nach europarechtlichen Grundsätzen somit nur dann zulässig sein, wenn der Zwang auf das zum ordnungsgemäßen Funktionieren des sportlichen Wettkampfs Notwendige begrenzt ist.[676]

D. Zwischenergebnis

Ein Verstoß der von den Sportverbänden erzwungenen Unterwerfungen unter die (institutionelle) Sportschiedsgerichtsbarkeit gegen die in den zivilrechtlichen Generalklauseln (Art. 27, 28 ZGB und §§ 138 Abs. 1, 826 BGB) beziehungsweise kartellrechtlichen Verbotsnormen (Art. 7 KG, § 19 GWB und Art. 102 AEUV) zum Ausdruck kommenden Wertungen kommt nach den bisher erfolgten Ausführungen zweifellos in Frage. Angesichts der typisierbaren Fallgestaltung im Sport sowie der mit der Unterwerfung unter die Schiedsgerichtsbarkeit drohenden Rechtsverluste für den Sportler ist die im Rechtsprechungsüberblick dargestellte Herangehensweise des Schweizerischen Bundesgerichts (ab S. 51), ohne eingehende Abwägung der betroffenen Interessen und Rechte der Vertragsparteien von der Wirksamkeit erzwungener Schiedsvereinbarungen im Sport auszugehen, nicht überzeugend.

Die Schutzrichtung und der Inhalt der Art. 27 und 28 ZGB sowie der §§ 138 Abs. 1 und 826 BGB beziehungsweise der kartellrechtlichen Vorschriften zeigen zahlreiche Parallelen auf. Aufgrund einer etwaigen Gefährdung von Individualinteressen aufseiten des Sportlers wird vorliegend die Anwendung der zivilrechtlichen Generalklauseln als vorzugswürdig erachtet. Somit hängt sowohl nach dem schweizerischen Recht als auch nach dem deutschen Recht die Beurteilung der Wirksamkeit erzwungener

---

674 *Heermann*, CaS 2006, 345, 347.

675 *Heermann*, CaS 2006, 345, 347, bezugnehmend auf EuGH, Urt. V. 18.07.2006, Rs. C-519/04 P, Slg. 2006 I-6991, Rn. 42 – Meca-Medina und Majcen.

676 *Heermann*, CaS 2006, 345, 347, bezugnehmend auf EuGH, Urt. V. 18.07.2006, Rs. C-519/04 P, Slg. 2006 I-6991, Rn. 47 f. – Meca-Medina und Majcen; vgl. hierzu unten bei Teil 2/Kapitel 4/E./II./3. ab S. 186.

Schiedsvereinbarungen beziehungsweise das Vorliegen eines Teilnahmeanspruchs von einer umfassenden Interessenabwägung ab, mittels derer die „Übermäßigkeit" der Bindung (Art. 27 Abs. 2 ZGB) beziehungsweise das Überschreiten der „Erheblichkeitsschwelle" (§ 138 Abs. 1 BGB) oder eine widerrechtliche Persönlichkeitsverletzung (Art. 28 ZGB) beziehungsweise eine „unbillige Benachteiligung" des Sportlers (§ 826 BGB) festgestellt werden muss. Im Rahmen dieser Abwägung müssen die Interessen der Sportverbände und die Interessen des Sportlers unter Berücksichtigung der Besonderheiten des verbandsmäßig organisierten Sports in ein angemessenes Verhältnis gebracht werden. Bemerkenswert erscheint in diesem Zusammenhang, dass die staatlichen Gerichte in der Schweiz und in Deutschland die Wirksamkeit erzwungener Schiedsvereinbarungen trotz der aufgezeigten gesetzlichen und verfassungsrechtlichen Parallelen sowie der rechtsordnungsunabhängigen, das heißt faktisch bestehenden, Interessenlage unterschiedlich beurteilen.[677] Ob der schweizerische Liberalismus seine Rechtfertigung in der Abwägung der schutzwürdigen Interessen und Rechte finden kann, wird die nachfolgende Interessenabwägung zeigen.

Kapitel 4: Allgemeine Interessenabwägung

Grundsätzlich ist im Rahmen des Abschlusses einer Schiedsvereinbarung kaum eine Konstellation denkbar, die die Anwendung von Zwang rechtfertigen könnte.[678] Eine Ausnahme könnte sich jedoch in einer komplexen Regelungsstruktur wie dem verbandsmäßig organisierten Sport ergeben, da dieser insbesondere durch den Grundsatz der Gleichberechtigung geprägt ist und somit diesen Grundsatz verwirklichende Regelungen erfordert.[679]

So ist bei der erzwungenen Unterwerfung unter die (institutionelle) Sportschiedsgerichtsbarkeit nicht schon aufgrund des Vorliegens einer strukturellen Ungleichgewichtslage von einer Verletzung des Persönlichkeitsrechts des Sportlers (Schweiz) oder der Sittenwidrigkeit der Schieds-

677 Vgl. *Haas/Martens*, Sportrecht, S. 83, wonach die Interessenabwägung in der Schweiz und in Deutschland „nach ähnlichen Maßstäben" verläuft.

678 Adolphsen/Nolte/Lehner/Gerlinger/*Adolphsen*, Sportrecht in der Praxis, Rn. 1131.

679 Adolphsen/Nolte/Lehner/Gerlinger/*Adolphsen*, Sportrecht in der Praxis, Rn. 1132.

vereinbarung (Deutschland) auszugehen. Für die Beurteilung der Wirksamkeit erzwungener Schiedsvereinbarungen ist in jedem der vorgenannten Tatbestände vielmehr das Ergebnis einer Abwägung der betroffenen Sportler- und Verbandsinteressen entscheidend, welche eine Beurteilung über die inhaltliche Angemessenheit oder die Übermäßigkeit der Schiedsvereinbarung zulässt.[680] Hierbei verdient das Verbandsinteresse an der Auferlegung der Schiedsvereinbarung trotz der hohen Schutzbedürftigkeit auf Seiten des Sportlers eine adäquate Berücksichtigung. Erscheint nach einer Abwägung der beiderseitigen Interessen die zwangsweise Durchsetzung der Schiedsgerichtsbarkeit angemessen, das heißt ist sie aus dem Verbandszweck zu rechtfertigen[681] und stehen keine schwerwiegenderen Interessen des Sportlers an der Erhaltung des ordentlichen Rechtsweges entgegen,[682] so kann der Verband den Sportler selbst gegen seinen Willen hierauf verweisen.[683] Dabei kommt es entscheidend darauf an, ob und inwieweit die Interessen der am Schiedsverfahren Beteiligten übereinstimmen oder aber differieren.[684] In diesem Zusammenhang müssen somit die etwaigen Vorteile der Schiedsgerichtsbarkeit für den einzelnen Sportler, aber insbesondere auch seine unterlegene Stellung angemessen berücksichtigt werden.[685]

Des Weiteren stellt sich die Frage, ob und inwieweit der Grundsatz der Privatautonomie und der Justizgewährungsanspruch aus Gründen der Vorteilhaftigkeit und objektiven Nützlichkeit von den Interessen der Sportver-

---

680 Siehe BGH, NJW 1995, 583, 585, nach dessen Ansicht die Interessen der Parteien durch eine Interessenabwägung hinreichend geschützt sind. Das Urteil erging allerdings zu Verbandsregelwerken sozialmächtiger Verbände, die keine die staatliche Gerichtsbarkeit ausschließende Schiedsvereinbarung beinhalteten. Angesichts der belastenden Wirkungen einer erzwungenen Schiedsvereinbarung muss der Schutz des Sportlers – nach der hier vertretenden Auffassung – über eine Interessenabwägung im Einzelfall hinausgehen.

681 *Oschütz*, Sportschiedsgerichtsbarkeit, S. 225.

682 *Haas/Hauptmann*, SchiedsVZ 2004, 175, 179 f.

683 Vgl. entsprechend zum Aufnahmezwang BGH, NJW 1999, 1326.

684 Vgl. *Oschütz*, Sportschiedsgerichtsbarkeit, S. 239.

685 Siehe Anm. v. *Haas/Reiche* zu BGE 133 III 235 ff., SchiedsVZ 2007, 330, 335, wonach die Ungleichgewichtslage durch eine richterliche Abwägung der Interessen beider Parteien kompensiert wird; *Zen-Ruffinen*, in: Mélanges en l'honneur de Denis Oswald, La nécessaire réforme du TAS, S. 483, 490; *Netzle*, in: ASA Special Series No. 11, Arbitration agreements by reference to regulations of sports organisations, S. 45, 52; Berner Kommentar ZGB/*Bucher*, zu Art. 27 ZGB, Rn. 526.

bände überhaupt überlagert werden können.[686] Entgegen der Ansicht, die eine Erwägung pauschalisierender Lösungen aufgrund der Vielseitigkeit der denkbaren Sachverhalte verbietet,[687] ist es nach der hier vertretenen Auffassung überaus sinnvoll, aufgrund des Vorliegens einer typisierbaren Fallgestaltung, die sich insbesondere durch das Bestehen eines strukturellen Kräfteungleichgewichts auszeichnet, die Heranziehung eines pragmatischeren Lösungsansatzes zu untersuchen. Von einem solchen Ansatz ist beispielsweise auch der Bundesgerichtshof in seiner Rechtsprechung zur finanziellen Überforderung bei Bürgschaftsversprechen naher Angehöriger ausgegangen, indem er aufgrund der typisierbaren Fallgestaltung konkrete Voraussetzungen zum Schutze der schwächeren Partei aufgestellt hat, bei deren Vorliegen der Bürgschaftsvertrag als sittenwidrig im Sinne von § 138 Abs. 1 BGB qualifiziert wird.[688] So kann es aufgrund der unterlegenen Stellung des Sportlers sowie seiner nicht vorhandenen Verhandlungsmacht auch im Sport in bestimmten Fallkonstellationen erforderlich sein, von der Unwirksamkeit einer erzwungenen Schiedsvereinbarung auszugehen.[689] Zu diesem Zweck erscheint die Entwicklung eines allgemeinen Grundsatzes notwendig, der sowohl die Interessen der Sportler als auch die Interessen der Sportverbände angemessen berücksichtigt und somit den betroffenen, schutzwürdigen Bedürfnissen auch über die Grenzen einer Rechtsordnung hinaus und losgelöst vom Einzelfall gerecht werden kann.[690] Zwar wird diese Herangehensweise eine Abwägung im Einzelfall nicht vollständig ersetzen können. Sie führt jedoch zweifelsohne zu mehr

686 Siehe bspw. *Oschütz*, Sportschiedsgerichtsbarkeit, S. 239, und *Vollkommer*, RdA 1982, 16, 33, die dies verneinen.

687 *Oschütz*, Sportschiedsgerichtsbarkeit, S. 240 und 243; *Haas*, ZGR 2001, 325, 336 f., der eine differenzierte Betrachtungsweise für vorzugswürdig hält und lediglich die Würdigung bzw. Abwägung der Umstände des Einzelfalls für notwendig erachtet; *Niedermaier*, SchiedsVZ 2014, 280, 284, hält eine Inhaltskontrolle der Schiedsvereinbarung und das abstrakte Abstellen auf eine „potentiell nachteilige Abweichung von dem staatlichen Justizgewährungsanspruch" insgesamt für nicht überzeugend.

688 Vgl. BVerfG, NJW 1994, 36 ff.; BGH, NJW 1997, 1980, 1981; BGH, NJW 1994, 1341 ff.; BGH, NJW 1994, 1278, 1279; siehe oben bei Teil 2/Kapitel 3/B./II./1./a./aa) ab S. 114.

689 A.A. wohl *Duve/Rösch*, SchiedsVZ 2014, 216, 225, nach deren Ansicht auch die typisierbare Fallgestaltung keinen allgemeinen Rückschluss auf die Unwirksamkeit von Schiedsvereinbarungen zwischen Sportlern und Verbänden erlaubt.

690 *Haas/Hauptmann*, SchiedsVZ 2004, 175, 182, sprechen von einem „Schutzsystem".

Klarheit und somit zu mehr Rechtssicherheit, was auch angesichts der Bindungswirkung von Art. 6 Abs. 1 EMRK in der Schweiz und in Deutschland[691] ein wünschenswertes Ergebnis darstellt.[692]

A. Heranziehung des Verhältnismäßigkeitsgrundsatzes

Aufgrund der Tatsache, dass die Sportverbände eine Monopol- beziehungsweise überragende Machtstellung innehaben und sich ein Sportler zum Zwecke der Sportausübung an ihre Regelwerke binden muss, hat die Prüfung der erzwungenen Unterwerfung unter die Schiedsgerichtsbarkeit mit einer gewissen Strenge zu erfolgen.[693] Die Erzwingung der Schiedsgerichtsbarkeit kann grundsätzlich mit einer staatlichen Maßnahme beziehungsweise der Ausübung einer hoheitlichen Tätigkeit verglichen werden.[694] In einigen Rechtsordnungen leiten die Sport(dach-)verbände nach dem sogenannten „etatistischen" Modell ihre Befugnisse sogar unmittelbar vom Staat ab und werden somit als „verlängerter Arm des Staates" tätig.[695] Dementsprechend macht es für eine Partei, die sich gezwungen sieht, eine Schiedsvereinbarung mitsamt ihren Vorteilen, aber auch ihren Nachteilen abzuschließen, keinen Unterschied, ob der Zwang von einer staatlichen Institution oder von einem monopolartigen Sportverband ausgeht.[696] Mithin kommt es auch nicht darauf an, ob die Machtstellung öf-

---

691 Siehe oben bei Teil 2/Kapitel 1/A./I./2. ab S. 29.

692 Das Bedürfnis nach Rechtsklarheit sieht auch der deutsche Gesetzgeber mit der Einführung des § 11 des Referentenentwurfs für ein Anti-Doping-Gesetz, mit dem der Versuch unternommen wird, die rechtliche Wirksamkeit von Schiedsvereinbarungen zwischen Sportlern und Sportverbänden für Dopingstreitigkeiten gesetzlich anzuordnen, hierzu kritisch *Heermann*, SpuRt 2015, 4, 5 f.

693 So auch *Rietiker*, ZSR 132 (2013) I, S. 259, 269, denn der Sportler und der Verband befänden sich nicht „sur un pied d'égalité".

694 Siehe *Rigozzi*, ZSR 132 (2013) I, S. 301, die Sportorganisationen „s'organisent comme des ‚mini-Etats'"; *Aebi-Müller/Hausheer*, ZBJV 2001, 337, 356, die die Stellung der Verbände als „quasistaatlich" bezeichnen; vgl. auch *Magg*, Das Spielervermittlerreglement der FIFA, Rn. 345; *Fuchs*, Rechtsfragen der Vereinsstrafe, S. 115.

695 Insbesondere in romanischen Ländern ist dieses Sportmodell verbreitet, siehe hierzu *Haas*, SJZ 2010, 585, 587.

696 Siehe *Haas*, SchiedsVZ 2009, 73, 76; *Pinna*, Gazette du Palais du 14 au 16 décembre 2008, S. 12.

fentlich-rechtlicher oder privatrechtlicher Natur ist.[697] Dementsprechend bietet es sich für die Beurteilung der Wirksamkeit erzwungener Schiedsvereinbarungen an, die für den allgemein anerkannten Verhältnismäßigkeitsgrundsatz[698] geltenden Abwägungskriterien zugrunde zu legen, welche grundsätzlich auch im Verhältnis zwischen Sportverband und Sportler Geltung erlangen können.[699] Die Sportverbände sind hierdurch angehalten, verhältnismäßige Lösungen zur Verwirklichung der mit dem Verbandszweck zusammenhängenden Interessen zu finden, was beispielsweise nicht der Fall wäre, wenn der Verband nur im „eigenen" Interesse ohne Rücksicht auf die Interessen des Sportlers agiert.[700] Die Anwendung des Verhältnismäßigkeitsgrundsatzes verhindert somit, dass bei einem Konflikt zwischen individuellen Rechten und kollektiven Interessen die fundamentalen Rechte des Einzelnen missachtet werden.[701] Die Abwägung muss demnach berücksichtigen, dass mit einer Schiedsvereinbarung über grundrechtliche Positionen verfügt wird.[702] Auf diese Weise erlaubt die Verhältnismäßigkeitsprüfung eine optimale Durchsetzung der betroffenen, rechtlich geschützten Freiheiten und Interessen. Im Rahmen der Prüfung ist zu beachten, dass nach den vorgenannten Generalklauseln die mit der Schiedsgerichtsbarkeit einhergehenden Einschränkungen eine gewisse Intensität aufweisen müssen, damit die verbandsmäßige Machtausübung zur Durchsetzung der schiedsgerichtlichen Streitbeilegung überhaupt als unbillig beziehungsweise anstößig beurteilt werden kann.[703] Das bloße Vorliegen der Ungleichgewichtslage genügt hierfür zwar nicht allein,[704] denn

697 Siehe *Pinna*, Gazette du Palais du 14 au 16 décembre 2008, S. 12.

698 Siehe Art. 5 Abs. 2 und 36 Abs. 3 BV für die Schweiz. In Deutschland wird der Verhältnismäßigkeitsgrundsatz aus dem Rechtsstaatsprinzip abgeleitet, vgl. *Epping/Hillgruber/Huster/Rux*, zu Art. 20 GG, Rn. 190; siehe auch *Grätz*, Missbrauch der marktbeherrschenden Stellung durch Sportverbände, S. 259 f.

699 *Haas/Martens*, Sportrecht, S. 82; *Aebi-Müller/Hausheer*, ZBJV 2001, 337, 381; *Philipp*, Rechtliche Schranken der Vereinsautonomie und der Vertragsfreiheit im Einzelsport, S. 56.

700 *Kaiser*, AJP 2011, 192, 205; *Kaiser*, Berücksichtigung der Interessen des Sports in der Rechtsordnung, Rn. 619, wonach die Verbände vielmehr „im Interesse der Gesamtheit der Sportler und des Sports" zu handeln haben.

701 Siehe *Epping/Hillgruber/Huster/Rux*, zu Art. 20 GG, Rn. 190.

702 *Haas/Hauptmann*, SchiedsVZ 2004, 175, 176.

703 Vgl. auch *Baddeley*, L'association sportive face au droit, S. 281, die eine „obligation excessive", d.h. eine übermäßige Bindung vom Verband, verlangt.

704 Siehe *Haas*, ZGR 2001, 325, 336, aus dessen Sicht ein genereller Ausschluss der Schiedsgerichtsbarkeit bei Vorliegen einer Ungleichgewichtslage einen unver-

es gilt zu berücksichtigen, „dass jede Begrenzung der Vertragsfreiheit zum Schutze des einen Teils gleichzeitig in die Freiheit des anderen Teils eingreift."[705] Dennoch sind Vereinbarungen in Ungleichgewichtslagen anders zu beurteilen als Vereinbarungen unter Gleichgestellten,[706] was zum Beispiel durch eine strengere Anwendung des Verhältnismäßigkeitsgrundsatzes zum Ausdruck gebracht werden kann[707].

Die Verhältnismäßigkeit und somit auch die Wirksamkeit erzwungener Schiedsvereinbarungen wären demnach gegeben, wenn die systematisch auferlegte schiedsgerichtliche Streitbeilegung auf einem legitimen Zweck beruht und der Schiedszwang ein geeignetes, erforderliches und angemessenes Mittel zur Erreichung dieses Zwecks darstellt.[708]

B. (Legitimer) Zweck des Schiedszwangs

Die erzwungene Unterwerfung unter die Sportschiedsgerichtsbarkeit ist in erster Linie den Besonderheiten des Sports geschuldet, die bei der Lösung sportrechtlicher Konflikte stets adäquat berücksichtigt werden müssen.[709] Vordergründig ist in diesem Zusammenhang das Gleichheitsprinzip zu erwähnen, das neben dem Leistungs- und dem Konkurrenzprinzip eines der drei elementaren Grundsätze des Sports darstellt.[710] Das Gleichheitsprinzip gewährleistet insbesondere, dass sportliche Leistungen miteinander verglichen werden können und verbandsmäßig organisierte (internationa-

---

hältnismäßigen Eingriff in die Vertragsfreiheit der überlegenden Partei darstellen würde; *Holla*, Der Einsatz von Schiedsgerichten im organisierten Sport, S. 122 ff.; *Netzle*, in: ASA Special Series No. 11, Arbitration agreements by reference to regulations of sports organisations, S. 45, 55, der in diesem Zusammenhang die Schiedsklauseln zum TAS für unbedenklich hält.

705 BVerfG, NJW 1990, 1469, 1470.

706 Zürcher Kommentar ZGB/*Egger*, zu Art. 27 ZGB, Rn. 19.

707 *Fuchs*, Rechtsfragen der Vereinsstrafe, S. 123, nach dessen Ansicht die Größe und Macht des Verbandes im Rahmen der Verhältnismäßigkeitsprüfung berücksichtigt werden müssen.

708 Vgl. *Monheim*, Sportlerrechte und Sportgerichte im Lichte des Rechtsstaatsprinzips, S. 167, nach dessen Ansicht nach alter wie nach neuer Rechtslage keine überragenden Verbandsinteressen bestünden, die die Erzwingung der Schiedsgerichtsbarkeit rechtfertigen könnten.

709 *Kaiser*, AJP 2011, 192, 204; *Kaiser*, Berücksichtigung der Interessen des Sports in der Rechtsordnung, Rn. 615; *Scherrer*, CaS 2012, 249, 258.

710 So *Adolphsen*, Internationale Dopingstrafen, S. 1.

le) Wettbewerbe nach gleichen und einheitlichen Regeln ausgetragen werden.[711] Diesem Prinzip ist gleichzeitig der Wunsch nach einem Regelungs- und Entscheidungseinklang immanent, welcher sich ebenso zu einem Wesensmerkmal der internationalen Sportausübung entwickelt hat.[712] Das Gleichheitsprinzip sowie das hierin zum Ausdruck kommende Prinzip der Chancengleichheit gelten mithin als Eckpfeiler des gesamten organisierten Sportsystems.[713]

Das Gleichheitsprinzip erfordert die weltweit gleichmäßige Anwendung und Durchsetzung von Verbandsregelwerken und von auf deren Grundlage verhängten Sanktionen[714] sowie eine einheitliche Ausgestaltung der Rechtsbeziehungen und eine umfassend koordinierte Organisation der Sportausübung.[715] Dies kann auf der einen Seite durch internationale Schiedsgerichtsbarkeit sichergestellt[716] und auf der anderen Seite „durch den in staatlichen Gerichtsverfahren realisierten Geltungsanspruch staatlichen Rechts" beeinträchtigt werden.[717] Während nämlich die Sport(dach-)verbände ihre Sportart weltweit regeln und somit weltweit tätig werden, findet staatliches Recht über die Grenzen des jeweiligen Staatsgebiets hinaus nur ausnahmsweise Anwendung. Um dieser Gefahr zu begegnen, sind insbesondere die internationalen Sportverbände bestrebt, möglichst

---

711 So *Rigozzi/Robert-Tissot*, in: ASA Special Series No. 41, „Consent" in Sports Arbitration: Its Multiple Aspects, S. 59, 72; *Haas*, SJZ 2010, 585; *Haas*, SchiedsVZ 2009, 73, 80; *Haas*, in: Gilles/Pfeiffer (Hrsg.), Die Streitbeilegung durch Schiedsgerichte im internationalen Sport, S. 13; *Fenners*, Der Ausschluss der staatlichen Gerichtsbarkeit im organisierten Sport, Rn. 85, der die Herstellung gleicher Bedingungen für alle Sportler als Grundvoraussetzung für einen „geordneten Sportbetrieb" sieht; das Gleichheitsprinzip umfasst auch das Prinzip der Chancengleichheit, vgl. *Adolphsen*, SchiedsVZ 2004, 169, 170; *Adolphsen*, Internationale Dopingstrafen, S. 1; *Netzle*, in: ASA Special Series No. 11, Arbitration agreements by reference to regulations of sports organisations, S. 45, 47.

712 *Haas*, SJZ 2010, 585; *Kaiser*, Berücksichtigung der Interessen des Sports in der Rechtsordnung, Rn. 112; *Haas*, SchiedsVZ 2009, 73, 80.

713 Siehe *Rigozzi*, L'arbitrage international, Rn. 43.

714 *Adolphsen*, SchiedsVZ 2004, 169; hiermit geht auch Rechtssicherheit und Respekt vor Verbands- und Sanktionsorganen einher, vgl. *Aebi-Müller/Morand*, CaS 2012, 234, 246.

715 BGH, NJW 1995, 583, 584; *Zimmermann*, CaS 2014, 11, 15; *Scherrer*, CaS 2012, 249, 258; *Adolphsen*, Internationale Dopingstrafen, S. 561; dies führt auch zur Gleichbehandlung der Sportler, so *Oschütz*, Sportschiedsgerichtsbarkeit, S. 245.

716 *Adolphsen*, SchiedsVZ 2004, 169.

717 *Adolphsen*, SchiedsVZ 2004, 169, 170.

all ihre Streitigkeiten sowie die Streitigkeiten ihrer Unterverbände unabhängig von der Nationalität der Sportler oder ihrem Wohnsitz, dem Vereins- beziehungsweise Verbandssitz, dem Ort des Wettkampfes etc. vor einem internationalen (institutionellen) Sportschiedsgericht zu konzentrieren.[718] Dies hat den Vorteil, dass eine Streitigkeit gegebenenfalls auf der Grundlage anationalen Rechts und unter Beachtung der Besonderheiten des Sports fachkompetent und schnell entschieden werden kann[719]. Vor allem die Fachkompetenz der Schiedsrichter garantiert, dass die Streitparteien in einem Verfahren nicht einem Richter gegenüberstehen, der sich primär mit anderen Rechtsbereichen befasst,[720] so dass den Eigenarten des „Lebenssachverhalts ‚Sport'"[721] ausreichend Rechnung getragen werden kann.[722] Die Fachkompetenz fördert darüber hinaus die schnelle und sachgerechte Entscheidungsfindung,[723] was von den Befürwortern der institutionellen Sportschiedsgerichtsbarkeit regelmäßig als wesentlicher Vorteil dieser Streitbeilegungsmethode hervorgehoben wird[724]. Denn „je rascher der Entscheid erfolgt, desto kleiner ist die Beeinflussung des sportlichen Wettbewerbs."[725] Lange Verfahren und nachträgliche Korrekturen beeinträchtigen das Interesse des Sports erheblich.[726] Oft genannte Beispiele, die die lange Dauer staatsgerichtlicher Verfahren verdeutlichen sollen, sind in diesem Zusammenhang die Dopingstreitigkeiten der deutschen Leichtathleten Katrin Krabbe und Dieter Baumann.[727] Diese Verfahren kamen erst nach einer langjährigen Odyssee durch Verbands- und staatliche

---

718 *Adolphsen*, SchiedsVZ 2004, 169, 171.

719 *Adolphsen*, SchiedsVZ 2004, 169, 174 f.; nach *Handschin*, in: SuR (2. Tagunsband) 2005, Grenzen der Schiedsgerichtsbarkeit im Sport, S. 275, 277, besitzen Schiedsgerichte im Gegensatz zu staatlichen Gerichten aus Gründen, die im zwingenden Prozessrecht liegen, die Fähigkeit, schnelle Entscheidungen zu treffen.

720 So *Hantke*, SpuRt 1998, 186, 190.

721 Siehe *Haas*, SchiedsVZ 2009, 73, 80 f.

722 Siehe für eine kritische Sichtweise zu diesem Argument unten bei Teil 3/Kapitel 3/A./III./1. ab S. 306.

723 *Hantke*, SpuRt 1998, 186, 190.

724 Siehe nur *Muresan/Korff*, CaS 2014, 199; *Zen-Ruffinen*, in: Mélanges en l'honneur de Denis Oswald, La nécessaire réforme du TAS, S. 483, 486.

725 *Handschin*, in: SuR (2. Tagungsband) 2005, Grenzen der Schiedsgerichtsbarkeit im Sport, S. 275, 277.

726 *Handschin*, in: SuR (2. Tagunsband) 2005, Grenzen der Schiedsgerichtsbarkeit im Sport, S. 275, 277.

727 *Berninger/Theißen*, SpuRt 2008, 185.

Gerichtsinstanzen zu einem Ende und hatten folglich beträchtliche finanzielle Folgen sowohl für die Sportler durch den Wegfall von Start- und Sponsorengeldern als auch für die Verbände durch entsprechende Schadensersatzforderungen.[728]

Die Auferlegung von Schiedsvereinbarungen verfolgt darüber hinaus den Zweck, den Sport vor einem nur „schwer handhabbaren Regelungsdualismus"[729] zu schützen.[730] Es soll verhindert werden, dass einige Sportler vor Schiedsgerichten und andere vor staatlichen Gerichten klagen,[731] was bei vergleichbaren Sachverhalten zu unterschiedlichen Ergebnissen und Entscheidungen führen kann[732]. Eine Rechtswegkonzentration wirkt dieser Gefahr einer möglichen „Rechtszersplitterung"[733] entgegen.[734] Auch die Möglichkeiten für die Betreibung des sogenannten „forum shopping" sind weitaus geringer,[735] da sich der Kläger für die Einreichung seiner Klage vor einem spezialisierten Sportschiedsgericht nicht ohne Weiteres auf eine Rechtsordnung beziehen kann, deren gesetzliche Bestimmungen oder Rechtsprechungspraxis ihm bei der Beurteilung seiner Streitigkeit zugute kommen. Wären aus diesen Gründen die Einheitlichkeit der Entscheidungspraxis und folglich die Einheitlichkeit der Sportausübung in Gefahr, so ginge womöglich auch die Professionalität der Wettbewerbe und somit das gesellschaftliche Interesse hieran verloren.[736] Ebenso wird das Argument der Prozessökonomie in diesem Zusammenhang relevant. Denn betrachtet man beispielsweise den gesamten Verfahrensablauf in der Streitsache „Roberts"[737], in die das TAS, das Landgericht und Oberlandesgericht München im Eil- und Hauptsacheverfahren, das Schweizerische

728 *Berninger/Theißen*, SpuRt 2008, 185.

729 Adolphsen/Nolte/Lehner/Gerlinger/*Adolphsen*, Sportrecht in der Praxis, Rn. 1133.

730 *Adolphsen*, Internationale Dopingstrafen, S. 551; *Haas*, ZGR 2001, 325, 346.

731 Adolphsen/Nolte/Lehner/Gerlinger/*Adolphsen*, Sportrecht in der Praxis, Rn. 1133.

732 *Oschütz*, Sportschiedsgerichtsbarkeit, S. 244.

733 *Haas*, in: Gilles/Pfeiffer (Hrsg.), Die Streitbeilegung durch Schiedsgerichte im internationalen Sport, S. 22; *Adolphsen*, SchiedsVZ 2004, 169, 170, verwendet ebenfalls den Begriff der „Zersplitterung".

734 So im Ergebnis auch *Haas*, SchiedsVZ 2009, 73, 81, der mit der Wahrung der Einheitlichkeit der Sportausübung argumentiert; *Adolphsen*, SchiedsVZ 2004, 169, 170 f.

735 *Haas*, SJZ 2010, 585, 590.

736 *Adolphsen*, Internationale Dopingstrafen, S. 551.

737 Siehe oben bei Teil 2/Kapitel 2/A./I. ab S. 52 und B./III. ab S. 74.

Bundesgericht sowie letztlich der Bundesgerichtshof[738] involviert waren, so liegt die Schlussfolgerung nahe, dass aus prozessökonomischen, finanziellen und zeitlichen Gründen eine Konzentration sportrechtlicher Verfahren auf institutionelle Sportschiedsgerichte in jeden Fall sinnvoll erscheint.[739]

Somit ist der Zweck, der aus Verbandssicht mit der erzwungenen Unterwerfung unter die Schiedsgerichtsbarkeit verfolgt wird, als eine die Rechtszersplitterung verhindernde Gewährleistung schneller, einheitlicher und fachkompetenter Entscheidungsfindung zu qualifizieren. Die Erzwingung der Schiedsgerichtsbarkeit findet demnach grundsätzlich in den Bedürfnissen des Sports ihre Legitimation.[740] Dennoch ist sie nicht ausnahmslos und ohne Weiteres zulässig.[741] Der Zweck muss durch die Erzwingung der Schiedsgerichtsbarkeit auch tatsächlich erreichbar und die Maßnahme darf im Verhältnis zu den beeinträchtigten und schutzwürdigen Sportlerrechten nicht unangemessen sein.

C. Schiedszwang als geeignetes Mittel zur Zweckerreichung

Die erzwungene Unterwerfung unter die Schiedsgerichtsbarkeit muss als ein geeignetes Mittel qualifiziert werden können, das heißt die Anwendung von Schiedszwang muss die Erreichung des mit der schiedsgerichtlichen Streitbeilegung verfolgten Zwecks zumindest fördern.[742]

Institutionelle Sportschiedsgerichte, wie beispielsweise das TAS oder das DSS, sind ständige Einrichtungen mit eigenen Verfahrensordnungen. Die Konzentration von Streitigkeiten auf derartige Institutionen führt in der Regel zu einer einheitlichen Entwicklung der Rechtsprechung, zur Entstehung von allgemeinen (Sport-)Rechtsgrundsätzen und infolgedessen zu mehr Rechtssicherheit im Sportgeschehen.[743] Um demnach eine „gewisse Schwerfälligkeit der staatlichen Gerichtsbarkeit" sowie Einflüsse

---

738 Der Bundesgerichtshof lehnte einen Antrag des Sportlers auf Prozesskostenhilfe wegen fehlender Aussicht auf Erfolg ab, siehe *Martens/Feldhoff-Mohr*, SchiedsVZ 2007, 11, 21.

739 *Martens/Feldhoff-Mohr*, SchiedsVZ 2007, 11, 21.

740 *Steiner*, SchiedsVZ 2013, 15, 18; nach *Hantke*, SpuRt 1998, 186, 191, liegt die schiedsgerichtliche Streitbeilegung „im ureigenen Interesse des Sports selbst."

741 *Aebi-Müller/Hausheer*, ZBJV 2001, 337, 358.

742 Siehe *Maunz/Dürig/Grzeszick*, GG-Kommentar, zu Art. 20 GG, Rn. 112.

743 PHB SportR-*Pfister* 2. Teil/Rn. 371.

von möglicherweise nur beschränkt fachkompetenten Richtern zu vermeiden, drängt sich ein erzwungener Verzicht auf die staatliche Gerichtsbarkeit als geeignetes Mittel auf.[744]

Kritisch muss allerdings gesehen werden, dass dem Bedürfnis nach schneller Entscheidungsfindung aufgrund der steigenden Verfahrenszahlen auch vor institutionellen Sportschiedsgerichten oftmals nicht Rechnung getragen werden kann.[745] Außerdem ist vor einem institutionellen Sportschiedsgericht die Einheitlichkeit der Entscheidungspraxis auch nicht grundlegend gewährleistet. So braucht man sich nur die große Anzahl der möglichen Spruchkörperkonstellationen vor Augen führen. Das TAS bietet den Streitparteien eine Liste mit ca. 300 Schiedsrichtern aus unterschiedlichen Rechtsordnungen und Rechtskulturen an.[746] Das DSS stellt sogar eine offene Liste zur Verfügung, was das Erreichen von Entscheidungseinklang erschweren kann.[747] Hinzu kommt, dass der Prüfungsmaßstab sowohl vor einem Schiedsgericht als auch vor einem staatlichen Gericht in der Regel der gleiche ist, da sich in den meisten sportrechtlichen Auseinandersetzungen die Frage nach der rechtmäßigen Anwendung von Verbandsrecht stellt. Zwar ist das Argument der wichtigen Stellung des TAS in der Welt des Sports, der mit seiner Rechtsprechung zu einer einheitlichen Rechtsfortbildung beiträgt,[748] nicht von der Hand zu weisen. Allerdings darf diesem Punkt aus den vorgenannten Gründen auch nicht zu viel Gewicht verliehen werden.

Im Falle der schiedsgerichtlichen Streitbeilegung bleiben mit dem „postarbitralen“ Anfechtungs- beziehungsweise Aufhebungsverfahren, dem einstweiligen Rechtsschutzverfahren sowie dem *ordre public*-Vorbehalt im Anerkennungsverfahren auch weiterhin staatliche Einflüsse bestehen, die trotz der Unterwerfung unter die Schiedsgerichtsbarkeit nicht verhindert werden können.[749] Die Einflussmöglichkeiten sind jedoch weitgehend überschaubar, so dass sich der Sport dank der Schiedsgerichtsbarkeit „mehr und mehr aus der Umklammerung des nationalen Rechts“ lösen

---

744 So *Aebi-Müller/Hausheer*, ZBJV 2001, 337, 358.

745 *Martens*, in: Mélanges en l'honneur de Denis Oswald, Disputes in Sport, S. 429, 434.

746 Siehe zur Zusammensetzung des TAS bei Teil 3/Kapitel 3/A./I. ab S. 282.

747 Siehe zur Zusammensetzung des Spruchkörpers beim DSS bei Teil 3/Kapitel 3/A./II. ab S. 300.

748 *Duve/Rösch*, SchiedsVZ 2014, 216, 224.

749 *Haas*, SJZ 2010, 585, 590.

kann.[750] Zweifellos vermindert die Konzentration sportrechtlicher Streitigkeiten auf (institutionelle) Sportschiedsgerichte somit die „Nationalisierung des globalen Sachverhalts ‚Sport'"[751] sowie eine die Einheitlichkeit der Sportausübung gefährdende Rechtszersplitterung.[752] Die Verwirklichung dieser Rechtswegkonzentration durch die Erzwingung der Schiedsgerichtsbarkeit dient demnach vor allem im internationalen Sportgeschehen der Förderung des zuvor erläuterten Zwecks.[753]

D. Schiedszwang als erforderliches Mittel zur Zweckerreichung

Problematischer erscheint hingegen die Frage, ob die Anwendung von Schiedszwang zur Erreichung des Zwecks tatsächlich erforderlich ist. Dies wäre nur dann der Fall, wenn kein gleich gut geeignetes Mittel zur Verfügung stünde, das die geschützten Rechte des Sportlers weniger beeinträchtigen würde.[754]

I. Alternative, mildere Mittel

Zunächst einmal ist fraglich, welche alternativen und gleichzeitig milderen Mittel geeignet sein könnten, durch schnelle, fachkompetente und einheitliche Entscheidungen die Einheitlichkeit der Sportausübung zu gewährleisten und somit die Gefahr von Rechtszersplitterung im Sport zu verringern. Für den reibungslosen Ablauf sportlicher Wettbewerbe und das gesamte Sportgeschehen ist es unstreitig notwendig, dass sich alle Sportler innerhalb derselben Sportart an die gleichen Spiel- und Verhaltensregeln zu halten haben.[755] Es ist allerdings zweifelhaft, ob es für den Sport und die Wahrung des Verbandszwecks erforderlich ist, alle Teilnehmer und Mitglieder an die (institutionelle) Sportschiedsgerichtsbarkeit zu bin-

---

750 *Haas*, SJZ 2010, 585, 592 f.

751 *Haas*, in: Gilles/Pfeiffer (Hrsg.), Die Streitbeilegung durch Schiedsgerichte im internationalen Sport, S. 19.

752 Vgl. *Haas*, in: Gilles/Pfeiffer (Hrsg.), Die Streitbeilegung durch Schiedsgerichte im internationalen Sport, S. 22; *Adolphsen*, SchiedsVZ 2004, 169, 170.

753 Siehe oben bei Teil 2/Kapitel 4/B. ab S. 147.

754 *Maunz/Dürig/Grzeszick*, GG-Kommentar, zu Art. 20 GG, VII. Rn. 113.

755 So *Monheim*, Sportlerrechte und Sportgerichte im Lichte des Rechtsstaatsprinzips, S. 160.

den,[756] da die Befolgung der Regelwerke bereits weitgehend durch die Verbandsorgane selbst, wie zum Beispiel die Disziplinarkommissionen oder Verbandsgerichte, sichergestellt ist.[757] Darüber hinaus sind die staatlichen Gerichte in ihrer Kompetenz, verbandsgerichtliche Entscheidungen zu überprüfen, derart beschränkt, dass der Sportler lediglich vor gesetzeswidrigen, sittenwidrigen, unbilligen oder willkürlichen Verbandsentscheidungen geschützt wird.[758] Die Möglichkeit der staatlichen Einflussnahme bezüglich Verbandsentscheidungen hält sich demnach von vornherein in Grenzen. Überdies stellt sich die Frage, warum der Sportler auf sein verfassungsmäßiges Recht, im Falle einer Streitigkeit den zu beschreitenden Rechtsweg bewusst und frei wählen zu dürfen, verzichten muss, damit der Verband seine Regeln einheitlich durchsetzen kann. Die Verbandsautonomie[759] ermöglicht es den Verbänden, ihre Regelwerke so genau abzufassen, dass auch ein staatlicher Richter bei der Frage nach der rechtmäßigen Anwendung verbandsrechtlicher Normen zu einem die Sportausübung nicht unnötig belastenden und angemessenen Ergebnis gelangen kann.

1. Wahlrecht für den Sportler

Aus diesen Gründen könnte beispielsweise ein Wahlrecht des Sportlers hinsichtlich des zu beschreitenden Rechtsweges als mildere, weniger einschneidende Maßnahme in Betracht gezogen werden.[760] Dieses würde den

---

756 Siehe *Monheim*, Sportlerrechte und Sportgerichte im Lichte des Rechtsstaatsprinzips, S. 160 f.

757 Nahezu 100% der sportrechtlichen Konflikte werden aufgrund der vergleichsweise hohen Akzeptanz der Entscheidungen bereits auf der Ebene des Sportverbands gelöst, siehe *Oschütz*, Sportschiedsgerichtsbarkeit, S. 6.

758 Siehe für Deutschland: BGH, NJW 1984, 918, 919; BGH, NJW 1959, 982; BGH, NJW 1954, 833, 834; siehe für die Schweiz: BG v. 13. Dezember 1960. BGE 86 II 389, 393, wonach Vereinsbeschlüsse, die das Gesetz oder die Statuten verletzen, nach Art. 75 ZGB angefochten werden können. Dies umfasst auch Verletzungen der Persönlichkeit oder allgemeiner Rechtsgrundsätze (vgl. BG v. 23. August 2007, BGE 134 III, 193 ff.).

759 Siehe zur Verbandsautonomie bei Teil 2/Kapitel 4/E./I./1./b. ab S. 165.

760 So schon *Vollkommer*, RdA 1982, 16, 33 und 36, der die Entscheidungsfreiheit hinsichtlich des Abschlusses der Schiedsvereinbarung als wohl einzig gangbaren Weg sieht, um „‚tatsächlichem' Abschlußzwang zu entgehen"; *Monheim*, Sportlerrechte und Sportgerichte im Lichte des Rechtsstaatsprinzips, S. 158, spricht sich ebenfalls für ein Wahlrecht aus; PHB SportR-*Pfister* 2. Teil/Rn. 373; siehe

Grundsatz der Vertragsfreiheit angemessen berücksichtigen und somit die betroffenen Sportlerrechte uneingeschränkt gewährleisten.[761] Das Wahlrecht trägt außerdem dem Gedanken Rechnung, dass niemand, der sich gegen den Abschluss einer Schiedsvereinbarung entscheidet, benachteiligt werden darf.[762] Dem Sportler könnte durch die Schaffung fairer Bedingungen die Gelegenheit für eine selbstbestimmte Abwägung der Vor- und Nachteile der jeweiligen Rechtsschutzalternative gegeben werden.[763] Dies ließe sich in der Praxis beispielsweise verwirklichen, indem die Sportverbände die Teilnahme am verbandsmäßig organisierten Spielbetrieb nicht länger von dem Abschluss einer Schiedsvereinbarung abhängig machen. Die Zwangssituation gegenüber dem Sportler wäre damit beseitigt, so dass er einerseits bewusst und freiwillig auf seinen staatlichen Rechtsschutzanspruch verzichten könnte und andererseits weder ein Ausnutzen der Verbandsmacht noch ein nötigendes Verhalten vonseiten des Verbandes zu vermuten wäre.[764]

Das Recht zur Wahl des zu beschreitenden Rechtsweges birgt allerdings stets die Gefahr in sich, den Sportler zu rechtsmissbräuchlichem Verhalten anzuregen, indem ihm die Möglichkeit eingeräumt wird, das Verfahren durch einen Verweis auf den jeweils anderen Rechtsweg zu verzögern. Die Gefahr eines solch missbräuchlichen Verhaltens besteht allerdings nur, wenn der Sportler in einem Verfahren als Beklagter auftritt. Denn steht der Sportler auf der Klägerseite, so kann die Einreichung der Klageschrift entweder bei dem vom Verband vorgeschlagenen Schiedsgericht oder bei dem zuständigen staatlichen Gericht als die Ausübung seines Wahlrechts verstanden werden.[765] Richtet sich die Klage jedoch gegen den Sportler, so sollte ihm nach der Streitentstehung eine angemessene Entscheidungs-

---

auch Ausschnitte aus einem offenen Brief der Rechtsanwälte Thomas Summerer (München) und Rainer Cherkeh (Hannover), zitiert in: *Reinsch*, Frankfurter Allgemeine Zeitung (Printausgabe) vom 16. April 2014, Der Preis des Rechtsstaates?, S. 28.

761 *Monheim*, SpuRt 2014, 90, 91 f.

762 Siehe *Monheim*, Sportlerrechte und Sportgerichte im Lichte des Rechtsstaatsprinzips, S. 161.

763 So *Steiner*, SchiedsVZ 2013, 15, 18 (= SpuRt 2014, 2, 4).

764 *Monheim*, SpuRt 2008, 8, 10; *Monheim*, in: Facetten des Sportrechts, Die Vereinbarkeit von Schiedsabreden und Schiedsgerichten im Sport mit dem Rechtsstaatsprinzip, S. 93, 105.

765 Dies betrifft insbesondere im Hinblick auf die verbandsrechtliche Disziplinarhoheit wohl die Mehrheit der Fälle.

frist gesetzt werden, nach deren Ablauf das Wahlrecht erlischt und die schiedsgerichtliche Streitbeilegung in der Folge den einzig zulässigen Rechtsweg darstellt.[766] Die Wahl zugunsten der Sportschiedsgerichtsbarkeit sollte jederzeit möglich bleiben, sofern diese in den jeweiligen Verbandsregelwerken statuiert ist und somit im Verbandsinteresse liegt. Der Sportler kann sich entweder auf ein Verfahren vor einem Sportschiedsgericht einlassen oder die Zulässigkeit des Schiedsverfahrens mangels Schiedsvereinbarung rügen. Davon abgesehen muss die Möglichkeit, eine Schiedsvereinbarung bereits vor der Streitentstehung abzuschließen, auch weiterhin gegeben sein und angesichts der hier unbestrittenen objektiven Nützlichkeit und Vorteilhaftigkeit die Regel darstellen. Denn grundsätzlich kann von einer Ausübung des Wahlrechts zugunsten der Schiedsgerichtsbarkeit ausgegangen werden, sofern die (institutionellen) Sportschiedsgerichte mit einer vertrauenswürdigen und transparenten Organisationsstruktur sowie der Gewährleistung rechtsstaatlicher Verfahren für sich werben, um möglichst viele Sportler von den Vorteilen zu überzeugen.[767]

Einen möglichen Anknüpfungspunkt für die Formulierung und Einführung eines Wahlrechts stellt der Text des Beirats der Aktiven[768] zur Athletenvereinbarung des Deutschen Olympischen Sportbundes (DOSB) dar, wonach gemäß Art. 6.2 „alle aus dieser Athletenvereinbarung entstehenden Streitigkeiten unter Ausschluss der ordentlichen Gerichte nach Maßgabe der der Atheletenvereinbarung anliegenden Schiedsordnung entschieden werden *können*.“[769] Die in Bezug genommene Schiedsordnung soll allerdings nach deren § 1 nur auf diejenigen Streitigkeiten Anwendung finden, „die nach einer von den Vertragsparteien getroffenen

766 So in etwa Anm. v. *Walter* zu BGH v. 26.1.1989 (= NJW 1989, 1477 f.), JZ 1989, 588, 590, mit dem Unterschied, dass *Walter* einen Übergang des Wahlrechts fordert; eine schiedsgerichtliche Klage eines Verbandes gegen einen Sportler ist aufgrund der Disziplinarhoheit der Verbände sowie der hieraus resultierenden Möglichkeit, Disziplinarentscheidungen privat zu vollstrecken, eher die seltene Ausnahme.

767 So auch *König*, SpuRt 2004, 137, 138.

768 Der Beirat der Aktiven ist ein beratendes Gremium des Deutschen Olympischen Sportbundes im Bereich Leistungssport. Er besteht aktuell aus sechs Mitgliedern, die demokratisch von den Aktivenvertretern/Innen der DOSB-Mitgliedsverbände auf ihrer Vollversammlung gewählt werden. Siehe http://www.dosb.de/fileadmin/fm-dosb/arbeitsfelder/leistungssport/bilder_BdA_2004/Downloads/Rahmenrichtlinien_Aktivenvertretung_DOSB_CI.pdf (zuletzt aufgerufen am 04.07.2015).

769 Siehe PHB SportR-*Fritzweiler* Anhang C. Vertragsmuster, S. 1008.

Schiedsvereinbarung unter Ausschluß des ordentlichen Rechtsweges *nach Ausübung des Wahlrechts* des Athleten/der Athletin durch ein Schiedsgericht entschieden werden sollen."[770]

Somit stünde mit der Einführung des Wahlrechts ein milderes Mittel zur Verfügung. Zweifelhaft ist lediglich, ob dieses den Zweck der schiedsgerichtlichen Streitbeilegung auf die gleiche Weise fördern kann wie die Erzwingung der Schiedsgerichtsbarkeit.

2. Beweislastumkehr bezüglich (materieller) Freiwilligkeit

Gemäß Art. 8 ZGB hat derjenige das Vorhandensein einer behaupteten Tatsache zu beweisen, der aus ihr Rechte ableitet. Auch in Deutschland gilt der Grundsatz, dass derjenige die Beweislast trägt, der sich auf die Rechtsfolge einer ihm günstigen Norm beruft.[771] Im Zusammenhang mit einer für zukünftige Streitigkeiten erzwungenen Schiedsvereinbarung ergibt sich für den Sportler aufgrund der Verteilung der Beweislast das Problem, dass er im Streitfall den Mangel an Freiwilligkeit zu beweisen hat, indem er beispielsweise darlegen muss, dass der Verband ihn ohne Abschluss der Schiedsvereinbarung nicht aufgenommen beziehungsweise die Teilnahme verweigert hätte.[772] Der Beweis einer solchen „hypothetischen Kausalität"[773] ist in der Praxis quasi unmöglich.[774] Hieraus folgt eine doppelte Belastung für den Sportler, dem einerseits der staatliche Rechtsschutz versagt wird und der andererseits zu beweisen hat, dass dies nicht seinem Willen entsprach.[775] Erschwerend kommt hinzu, dass insbesondere das Schweizerische Bundesgericht die Wirksamkeit von erzwungenen

---

770 Siehe PHB SportR-*Fritzweiler* Anhang C. Vertragsmuster, S. 1009.

771 Vgl. MünchKommZPO/*Prütting*, zu § 286 ZPO, Rn. 110 ff.

772 BG v. 31. Oktober 1996, Recueil des sentences du TAS (1986-1998), S. 577, 583; LG Köln, SpuRt 2007, 30, 32.

773 Siehe *Vollkommer*, RdA 1982, 16, 33.

774 So schon *Vollkommer*, RdA 1982, 16, 33, und *Vollmer*, GRUR Int. 1986, 589, 591; noch vor der Schiedsverfahrensrechtsreform 1997 scheiterte die Anwendung von § 1025 Abs. 2 ZPO a.F. in fast allen Fällen an der Anforderung, dass die schwächere Partei die Kenntnis der überlegenen Partei beweisen musste. Denn diese musste ihre Machtposition zum Abschluss der Schiedsvereinbarung ausgenutzt haben bzw. die Machtstellung muss für den Abschluss kausal geworden sein. Vgl. *Oschütz*, Sportschiedsgerichtsbarkeit, S. 233.

775 *Monheim*, in: Facetten des Sportrechts, Die Vereinbarkeit von Schiedsabreden und Schiedsgerichten im Sport mit dem Rechtsstaatsprinzip, S. 93, 108.

Schiedsvereinbarungen mithilfe einer vollständig verobjektivierten Interessenabwägung beurteilt,[776] weshalb den verbandsmäßigen Interessen an schnellen Verfahren, Chancengleichheit und Einheitlichkeit unter der Prämisse, dass diese zumindest objektiv auch dem Interesse des Sportlers entsprechen, in der Regel der Vorrang eingeräumt wird.[777] Aus diesen Gründen könnte eine Beweislastumkehr erwogen werden, die den Sportverbänden die Pflicht auferlegt, den Beweis zu führen, dass die Vereinbarung vor Entstehen einer konkreten Streitigkeit auch abgeschlossen worden wäre, wenn sie nicht zu einer Voraussetzung für die Teilnahme am verbandsmäßig organisierten Spielbetrieb gemacht worden wäre.[778] Eine solche Beweislastumkehr steht grundsätzlich auch im Einklang mit den Grundsätzen des Prozessrechts, wonach „die Anforderungen an die Darlegungs- und Beweislast danach zu bestimmen [sind], im Einflussbereich welcher Partei sich bestimmte Vorgänge ereignet haben“[779]. Denn dem Sportler steht aufgrund der strukturellen Ungleichgewichtslage kein wirksames Mittel zur Verfügung, sein Grundrecht auf staatlichen Rechtsschutz (Justizgewährungsanspruch) durchzusetzen.[780]

In der Folge wäre der Abschluss der Schiedsvereinbarung für den Sportler weniger einschneidend, da durch die Anwendung einer solchen Beweislastumkehr bei der Frage nach der Zuständigkeit eines (Schieds-)Gerichts der Sportverband die Beweislast für das Vorliegen einer privatautonom, das heißt bewusst und freiwillig, abgeschlossenen Schiedsvereinbarung zu tragen hätte. Aufgrund der aktuell bestehenden Drucksituation, im Falle des Nichtabschlusses auf die verbandsmäßig organisierte Sportausübung verzichten zu müssen, darf jedoch der bloße Abschluss der Schiedsvereinbarung als Indiz für die Freiwilligkeit nicht aus-

---

776 *Schulze*, IJVO 15 (2008), S. 6, 18; siehe oben bei Teil 2/Kapitel 2/A./II. ab S. 56.

777 Näher hierzu bei Teil 2/Kapitel 4/E./I./2. ab S. 168.

778 So *Monheim*, Sportlerrechte und Sportgerichte im Lichte des Rechtsstaatsprinzips, S. 158; *Monheim*, SpuRt 2008, 8, 10; für eine abgestufte Darlegungs- und Beweislast bietet das Prozessrecht „geeignete Handhaben“, siehe BVerfG, NJW 2000, 1483, 1484, und BVerfG, NJW 1998, 1475, 1476; ein ähnlicher Vorschlag in Bezug auf Verbraucherverträge findet sich bei *Niedermaier*, Schieds- und Schiedsverfahrensvereinbarungen in strukturellen Ungleichgewichtslagen, S. 355 ff.

779 Siehe für Deutschland: BT-Drs. 16/1780, S. 47.

780 BT-Drs. 16/1780, S. 47; BVerfG, NJW 2000, 1483, Leitsatz, wonach einem Arbeitnehmer nicht Nachweis und Darlegung solcher Umstände in vollem Umfang aufgebürdet werden dürfen, die nicht in seiner Sphäre liegen.

reichen. Vielmehr ist ein zusätzlicher Nachweis über die Freiwilligkeit der Unterwerfung unter die Schiedsgerichtsbarkeit erforderlich, der beispielsweise in einem entsprechenden Verhalten des Sportlers gesehen werden könnte.[781] Dieser wird in der Praxis jedoch nur schwerlich gelingen, da ein Sportverband nicht auf die Freiwilligkeit einer Erklärung vertrauen darf, die er faktisch erzwingt. Als Folge der hier vorgeschlagenen Beweislastregelung bliebe den Sportverbänden demnach wohl nichts anderes übrig, als auf das bereits erwähnte Wahlrecht zurückzugreifen, das heißt die Schiedsvereinbarung nicht länger zu einer Voraussetzung für die verbandsmäßig organisierte Sportausübung zu machen.

3. Umfassende Aufklärungs- und Informationspflicht

Eine Schiedsvereinbarung kann nur dann wirksam sein, wenn sich der Sportler, der auf seinen staatlichen Rechtsschutz verzichtet, über die Natur und die Folgen der Vereinbarung bewusst ist.[782] Dies muss umso mehr für die institutionelle Sportschiedsgerichtsbarkeit gelten, weil sich der Sportler einem Rechtsweg unterwirft, dessen spezielle Ausgestaltung und Komplexität er in der Regel nicht durchschauen[783] und dessen Verfahrensregeln er als Vertragspartei selbst nicht mitbestimmen oder aushandeln kann. Aus diesen Gründen muss gefordert werden, dass die Sportverbände umfassend über das im Streitfalle anzuwendende Verfahren sowie dessen Regeln aufzuklären haben.

Allerdings könnte in Anlehnung an eine Auffassung in der Literatur[784] für einen milderen Beurteilungsmaßstab hinsichtlich der Information und Aufklärung über die Folgen der Schiedsvereinbarung im professionellen Sport plädiert werden. Demnach verfüge ein Profisportler über genügend Ressourcen und Beratung, um sich über die rechtlichen Gegebenheiten in seiner Sportart zu informieren. Diese Ansicht basiert allerdings auf der nicht hinreichend begründeten Hypothese, dass ein Profisportler – ob er-

781 Wie z.B. die rügelose Einlassung auf ein Schiedsverfahren (LG München I v. 26. Februar 2014, CaS 2014, 154, 171 (=SpuRt 2014, 113, 122)) oder die Anrufung des Schiedsgerichts in einem vorherigen Fall (BG v. 31. Oktober 1996, Recueil des sentences du TAS (1986-1998), S. 577, 582).

782 *Baddeley*, ZSR 115 (1996) II, S. 135, 211.

783 *Baddeley*, ZSR 115 (1996) II, S. 135, 212.

784 Siehe *Aebi-Müller/Morand*, CaS 2012, 234, 239, zur Einwilligung in Persönlichkeitsrechtsverletzungen.

fahren oder unerfahren, reich oder arm, jung oder alt – stets über umfangreiche Rechtsberatungsmöglichkeiten verfügt, die er darüber hinaus noch in Anspruch zu nehmen hat. Unabhängig von dieser zu weit gehenden Vermutung kann nicht dargelegt werden, aus welchen Gründen einer Person, die zum Verzicht auf ihren staatlichen Rechtsschutz gezwungen wird, eine zusätzliche Informationsbeschaffungspflicht hinsichtlich der Folgen der ihr aufgezwungenen Schiedsvereinbarung aufgebürdet werden sollte. Deshalb müssen die Sportverbände, die einem Sportler die schiedsgerichtliche Beilegung ihrer Streitigkeiten auferlegen, zu umfassender Aufklärung verpflichtet werden. Eine Differenzierung zwischen Profisportlern und Amateursportlern ist in diesem Zusammenhang abzulehnen. Denn es ist kein Grund dafür ersichtlich, warum einem Sportverband, der zur Durchsetzung seiner Verbandsinteressen die Unterwerfung unter die Schiedsgerichtsbarkeit erzwingt, im Bereich des Profisports eine Erleichterung hinsichtlich seiner Aufklärungs- und Informationspflichten gewährt werden sollte. Dies gilt insbesondere vor dem Hintergrund, dass die betroffenen Interessen eines Profisportlers nicht nur von verfassungsrechtlicher, sondern insbesondere auch von großer wirtschaftlicher Bedeutung sind.

Abschließend ist hervorzuheben, dass die Zwangslage des Sportlers solange besteht, wie die Unterwerfung unter die Schiedsgerichtsbarkeit zu einer Bedingung für die Mitgliedschaft beziehungsweise für die Teilnahme an einem verbandsmäßig organisierten Wettbewerb gemacht wird. Die nach der hier vertretenen Ansicht umzusetzende umfassende Aufklärungs- und Informationspflicht muss aufgrund der Tatsache, dass der Sportler mit dem Abschluss der Schiedsvereinbarung über grundrechtliche Positionen verfügt, vielmehr eine Selbstverständlichkeit darstellen. Denn in der Praxis klären die Sportverbände die sich ihnen unterwerfenden Sportler gar nicht oder nur unvollständig beziehungsweise irreführend hinsichtlich der Bedeutung und Reichweite von Schiedsvereinbarungen im Allgemeinen sowie der Beschwerde- beziehungsweise Anfechtungsmöglichkeiten von

Schiedsentscheiden auf.[785] Als formales Kriterium wirkt sich die Beachtung dieser Pflicht jedoch nicht auf die materielle Freiwilligkeit aus.[786]

II. Alternative, mildere Mittel nicht in gleicher Weise geeignet

Definitionsgemäß wird eine Maßnahme erst dann für erforderlich gehalten, wenn die in Betracht gezogenen milderen Mittel den Zweck nicht auf gleiche Weise erreichen können.[787] Dies ist für das oben erwähnte Wahlrecht, die vorgeschlagene Beweislastumkehr oder die umfassende Aufklärungspflicht wohl zu bejahen, da durch die erzwungene Konzentration der Streitigkeiten auf ein (institutionelles) Sportschiedsgericht zumindest eine geringere Streuung unsachgemäßer, langsamer oder unterschiedlicher Entscheidungen garantiert ist, was die Sportverbände ihrem Ziel nach Einheitlichkeit der Sportausübung durch das Erreichen von Entscheidungseinklang zumindest näher bringt.[788]

Gleichwohl ist vorliegend problematisch, dass man sich nur schwerlich ein Mittel vorstellen kann, das in der gleichen Weise geeignet ist, den Zweck zu fördern, wie es für die zwangsweise Unterwerfung unter die Schiedsgerichtsbarkeit aller am verbandsmäßig organisierten Sportgeschehen Beteiligten der Fall ist. Demzufolge müssen bei Vorliegen von Zwangssituationen besondere Maßstäbe angesetzt werden. Dies ist im Rahmen der vorzunehmenden Abwägung unter der folgenden Prämisse zu beachten: Ist das Interesse des Verbandes an der Einführung der Schiedsgerichtsbarkeit zwar sachlich gerechtfertigt, stellt die Zwangsanwendung im Gegenzug jedoch eine unbillige Benachteiligung für den Sportler dar,

---

785 Vgl. *Heermann*, SpuRt 2015, 4, 8, der darauf hinweist, dass so manche Schiedsklausel ihrem Wortlaut nach einem juristisch unerfahrenen Sportler den Eindruck vermitteln könnte, dass Schiedsentscheide unter keinerlei Umständen mehr von einem staatlichen Gericht überprüft werden könnten.

786 A.A. wohl *Netzle*, in: ASA Special Series No. 11, Arbitration agreements by reference to regulations of sports organisations, S. 45, 55, nach dessen Ansicht die erzwungene Unterwerfung unter die Schiedsgerichtsbarkeit wohl gerechtfertigt ist, solange der Sportler ausreichend informiert wurde und das Schiedsverfahren einen fairen Prozess garantiert.

787 *Maunz/Dürig/Grzeszick*, GG-Kommentar, zu Art. 20 GG, Rn. 113.

788 *Haas*, SchiedsVZ 2009, 73, 80; *Simon*, L'arbitrage des conflits sportifs, S. 185, 188 f.; *Adolphsen*, SchiedsVZ 2004, 169, 171; *Netzle*, in: ASA Special Series No. 11, Arbitration agreements by reference to regulations of sports organisations, S. 45, 47, bezugnehmend auf das Gleichheitsprinzip.

so muss der Verband unter Umständen den mit der Schiedsvereinbarung verfolgten Zweck durch eine andere „mildere" Ausgestaltung der Satzung beziehungsweise Vereinbarung zu erreichen versuchen.[789] Dies gilt selbst dann, wenn in der Folge die Effektivität der Maßnahme geringfügig verloren ginge. Zur optimalen Verwirklichung und Beachtung der rechtlich geschützten Verbands- und Sportlerinteressen könnte beispielsweise eine Kombination der soeben genannten Mittel in Erwägung gezogen werden. So würde die Einführung eines Wahlrechts die rechtsverletzende Wirkung von Schiedszwang zum einen gänzlich verhindern. Zum anderen hätte eine umfassende Aufklärung über die Vor- und Nachteile der institutionellen Sportschiedsgerichtsbarkeit zur Folge, dass sich der Sportler womöglich freiwillig im Wege der Ausübung dieses Wahlrechts für die schiedsgerichtliche Streitbeilegung entscheidet.[790]

E. Verhältnismäßigkeit im engeren Sinn

Schließlich dürfen die Beeinträchtigungen auf Sportlerseite nicht außer Verhältnis zu dem Zweck stehen, der durch den Schiedszwang im Sport verfolgt wird. Das heißt, die erzwungene Unterwerfung unter die Schiedsgerichtsbarkeit muss angemessen sein beziehungsweise darf den Sportler nicht unangemessen benachteiligen.[791] Dies wird mithilfe einer Abwägung zwischen dem Nutzen sowie den Vorteilen der schiedsgerichtlichen Streitbeilegung einerseits und den rechtlichen Beeinträchtigungen andererseits[792] unter hinreichender Berücksichtigung der Besonderheiten des Sports beurteilt.[793] Bestenfalls soll hierbei nicht eine der widerstreitenden Rechtspositionen bevorzugt und maximal durchgesetzt werden, sondern sollen alle betroffenen Rechtspositionen und Interessen einen möglichst schonenden Ausgleich mit dem Ziel ihrer Optimierung erfahren.[794]

---

789 So bspw. OLG München, NJOZ 2009, 4035, 4036; BGH, NJW 1999, 1326, 1328.

790 *Duve/Rösch*, SchiedsVZ 2014, 216, 227.

791 *Maunz/Dürig/Grzeszick*, GG-Kommentar, zu Art. 20 GG, Rn. 117; *Monheim*, Sportlerrechte und Sportgerichte im Lichte des Rechtsstaatsprinzips, S. 321.

792 *Maunz/Dürig/Grzeszick*, GG-Kommentar, zu Art. 20 GG, Rn. 117.

793 *Kaiser*, AJP 2011, 192, 206; *Kaiser*, Berücksichtigung der Interessen des Sports in der Rechtsordnung, Rn. 615.

794 Zur Abwägungsmethode der „praktischen Konkordanz", siehe *Muckel*, JA 2010, 670, 672 m.w.N.

I. Rechtliche Beurteilung der Interessenlage

Zum Zwecke einer umfassenden Abwägung gilt es zunächst herauszustellen, welche Interessen durch die erzwungene Unterwerfung unter die Schiedsgerichtsbarkeit sowohl auf Sportlerseite als auch auf Verbandsseite betroffen und rechtlich schützenswert sind. Im Anschluss hieran stellt sich die Frage, ob eine der Parteien ein übergeordnetes Interesse an der Verwirklichung ihrer schutzwürdigen Rechte hat beziehungsweise ob einem der betroffenen Rechte mehr Gewicht zugesprochen werden muss.

1. Gegenüberstellung der rechtlich schutzwürdigen Interessen

a. Die Vertragsfreiheit und der Justizgewährungsanspruch des Sportlers

Das Interesse des einzelnen Sportlers ist in erster Linie auf die Wahrung seiner Rechte und den Schutz vor unrechtmäßigen Eingriffen oder Verletzungen gerichtet.[795] Dieses Interesse ist im Falle einer erzwungenen Unterwerfung unter die Schiedsgerichtsbarkeit in vielerlei Hinsicht bedroht. So stellt beispielsweise die Gefährdung der Vertragsfreiheit beim Abschluss von Schiedsvereinbarungen in strukturellen Ungleichgewichtslagen einen Nachteil dar.[796] Eine Beeinträchtigung der Vertragsfreiheit ist im Bereich des verbandsmäßig organisierten Sports schon deshalb gegeben, weil dem Sportler die Möglichkeit verwehrt wird, eine freie Entscheidung hinsichtlich des im Streitfalle zu beschreitenden Rechtsweges zu treffen.[797] Die infolge der Alternativlosigkeit regelmäßig erfolgte Zustimmung des Sportlers zur außergerichtlichen Streitbeilegung wird mangels freier und echter Auswahlmöglichkeit und somit wegen fehlender Aussagekraft gewissermaßen überflüssig.[798] Dies verletzt zugleich den Justizge-

---

795 Dies umfasst auch das Interesse an einer uneingeschränkten Grundrechtsausübung, vgl. BG v. 14. November 1991, BGE 117 Ia 472, 483.

796 *Baumbach/Lauterbach*, Grundz § 1025 ZPO, Rn. 7, stellt diese Gefährdung sogar als einen der Hauptnachteile der Schiedsgerichtsbarkeit heraus.

797 Nach allgemeiner Ansicht in der Schweiz können nicht nur individuelle subjektive Rechte, sondern auch Rechtsinstitute missbraucht werden, vgl. Berner Kommentar OR/*Kramer*, zu Art. 19 OR, Rn. 114.

798 Die Zustimmung wird zumindest "entwertet", so *Schulze*, *studere 2011, 8, 12; *Netzle*, in: ASA Special Series No. 11, Arbitration agreements by reference to regulations of sports organisations, S. 45, 53.

währungsanspruch des Sportlers.[799] Lediglich in den Fällen, in denen sich der Sportler einer Schiedsvereinbarung gegenübersieht, die er weder als einen Teil der Satzung eines monopolistischen Sportverbandes anzuerkennen noch als Bedingung für die Erteilung einer Lizenz, Antritts- oder Teilnahmeerlaubnis für einen verbandsmäßig organisierten Wettbewerb zu akzeptieren hat, kann von einer freiwilligen Unterwerfung unter die Schiedsgerichtsbarkeit ausgegangen werden.[800] Nur dann liegt grundsätzlich auch ein zulässiger Verzicht auf den Justizgewährungsanspruch vor, da der hierüber garantierte Anspruch auf umfassenden staatlichen Rechtsschutz aufgrund einer gültigen Schiedsvereinbarung auf ein privates Schiedsgericht verlagert wird.[801]

Das Interesse des Sportlers an der Wahrung seiner (Verfassungs-)Rechte verdient umso mehr Beachtung, als (institutionelle) Sportschiedsgerichte einerseits für den Sportler zum Teil sehr weitreichende Entscheidungen treffen, die bis zum Ausspruch eines Berufsverbots gehen können,[802] und sie andererseits im Hinblick auf die fehlenden Instanzenzüge sowie die eingeschränkten Rekurs- und Beschwerdemöglichkeiten nach Art. 393 Schweizerische ZPO, Art. 190 Abs. 2 IPRG beziehungsweise § 1059 Abs. 2 ZPO keinen gleichwertigen Ersatz für eine uneingeschränkte und unmittelbare Zugangsmöglichkeit[803] zu den staatlichen Gerichten bieten.[804]

---

799 Siehe zum Justizgewährungsanspruch und zum Grundsatz der Vertragsfreiheit bei Teil 2/Kapitel 1/A. ab S. 27.

800 *Baddeley*, L'association sportive face au droit, S. 271.

801 MünchKommZPO/*Münch*, Vorbem. zu §§ 1025 ff. ZPO, Rn. 4 f.; das Bundesverfassungsgericht spricht in diesem Zusammenhang sogar von einem „Grundrecht auf Gewährung wirkungsvollen Rechtsschutzes", siehe BVerfG, NJW 1993, 1635, und BVerfG, NJW 1995, 3173 f.; vgl. auch BVerfG, NJW 1992, 1673.

802 *König*, SpuRt 2004, 137, 138.

803 Nicht gemeint ist hier die Gleichwertigkeit der Rechtsschutzqualität, sondern vielmehr der Verzicht auf die Instanzenzüge und Rekursmöglichkeiten vor den staatlichen Gerichten.

804 *Zen-Ruffinen*, in: Mélanges en l'honneur de Denis Oswald, La nécessaire réforme du TAS, S. 483, 485; *Vollmer*, GRUR Int. 1986, 589, 591; *Baddeley*, ZSR 115 (1996) II, S. 135, 235; eine sachliche Nachprüfung des Schiedsentscheids ist grundsätzlich ausgeschlossen, siehe BGH, NJW 1976, 109, 110; a.A. *Duve/Rösch*, SchiedsVZ 2014, 216, 224, nach dessen Ansicht die Beschwerdemöglichkeiten zum Schweizerischen Bundesgericht das Sportlerinteresse an staatlichem Rechtsschutz ausreichend schützen.

Grundsätzlich ist demnach davon auszugehen, dass das Interesse des einzelnen Sportlers auf die uneingeschränkte Gewährleistung seiner Vertragsfreiheit sowie seines Justizgewährungsanspruchs gerichtet ist. Die Beeinträchtigung dieser verfassungsrechtlich garantierten Grundsätze kann nur dann gerechtfertigt sein, wenn diesen Rechtspositionen gleich- oder höherwertige Verbandsrechte gegenüberstehen, an deren Verwirklichung die Sportverbände ein übergeordnetes Interesse haben.

b. Die Autonomie der Sportverbände

Das Hauptinteresse der Sportverbände an der umfassenden schiedsgerichtlichen Beilegung sportrechtlicher Streitigkeiten besteht insbesondere in dem Bestreben, staatliche Einflüsse im Sport möglichst zu vermeiden und somit die verbandseigene Autonomie zu wahren.[805] Dies dient vor allem im internationalen Sportgeschehen der einheitlichen Anwendung und Durchsetzung der Verbandsregelwerke zur Gewährleistung einer rechtsordnungsunabhängigen Sportausübung, um auf diese Weise für jeden Sportler die gleichen Bedingungen und somit einen fairen Wettkampf zu garantieren.[806] Die Umsetzung dieses Bestrebens wird grundsätzlich über die verfassungsrechtlich garantierte Autonomie der Sportverbände gewährleistet.[807]

Der Grundsatz der Vereins- beziehungsweise Verbandsautonomie[808] wird in der Schweiz aus den Art. 23 Abs. 2 BV und Art. 60 ff. ZGB[809] und in Deutschland aus Art. 9 Abs. 1 GG i.V.m. §§ 21 ff. BGB[810] hergeleitet.

---

805 *Maisonneuve*, L'arbitrage des litiges sportifs, Rn. 493; *Haas*, in: Gilles/Pfeiffer (Hrsg.), Die Streitbeilegung durch Schiedsgerichte im internationalen Sport, S. 18, nennt die negativen Folgen einer „Nationalisierung des Lebenssachverhalts ‚Sport'"; *Rigozzi*, L'arbitrage international, Rn. 215 und 354, äußert sich ebenfalls zu dem Bedürfnis, staatliche Einflüsse zu verhindern; siehe auch zum Zweck des Schiedszwangs bei Teil 2/Kapitel 4/B. ab S. 147.

806 *Haas/Martens*, Sportrecht, S. 81; *Netzle*, in: ASA Special Series No. 11, Arbitration agreements by reference to regulations of sports organisations, S. 45, 54, bezeichnet diese Frage als „crucial question".

807 Vgl. *Bergmann*, in: Recht und Sport, Rechtliche Problemstellungen um die Athletenvereinbarung aus Athletensicht, S. 59, 61.

808 Im folgenden Verlauf wird einheitlich der Begriff „Verbandsautonomie" verwendet.

809 Siehe z.B. *Magg*, Das Spielervermittlerreglement der FIFA, Rn. 357.

810 Siehe z.B. BGH, NJW 1999, 1326 ff.

Außerdem findet er ausdrücklich in Art. 11 EMRK Erwähnung. Nachfolgend wird der Grundsatz lediglich in seiner privatrechtlichen Ausgestaltung zugrunde gelegt, wobei aber die verfassungsrechtliche Absicherung im Rahmen der Abwägung nicht außer Acht gelassen werden darf.

Als „tragendes Ordnungsprinzip"[811] des Privatrechts stellt die Verbandsautonomie einen Unterfall der Vertragsfreiheit dar,[812] woraus sich wiederum die Freiheit ergibt, eigene Satzungen und Regeln im Sinne von Art. 63 ZGB beziehungsweise § 25 BGB zu erlassen (Regelungshoheit).[813] Die Sportverbände werden demnach ermächtigt, ihre Sportart in ihrer gesamten Ausgestaltung eigenständig und umfassend zu regeln,[814] so dass sämtliche Verbandsregeln sowie ihre Durchsetzung im Wege verbandsgerichtlicher Disziplinarmaßnahmen grundsätzlich unter dem Schutz der Verbandsautonomie stehen.[815] Untrennbar miteinander verknüpft ist somit das Recht, Verbandsregeln zu setzen und eine innere Ordnung zu schaffen, mit dem Recht, diese Regeln einheitlich anzuwenden und auszulegen.[816] Im Vordergrund steht hierbei die Verwirklichung sowohl des Verbandszwecks als auch der Interessen der den Verband bildenden Gemeinschaft, zugunsten derer vereinzelt individuelle Interessen zurücktreten können.[817] Denn Sportverbände sind aufgrund ihrer Strukturen gerade darauf angelegt, im Interesse der ihnen untergeordneten Gemeinschaft, das heißt im Sinne der Vereine und Sportler, zu handeln. Es ist daher keineswegs außergewöhnlich, dass zu diesem Zweck rechtlich schützenswerte Interessen einzelner Sportler hinter die Interessen der Gemeinschaft zu treten haben.

---

811 Zur Vertragsfreiheit, siehe OR Handkommentar/*Dasser*, zu Art. 19 OR, Rn. 1; zur Vereinsautonomie, siehe Berner Kommentar OR/*Kramer*, zu Art. 19 OR, Rn. 157.

812 Berner Kommentar ZGB/*Riemer*, zu Art. 63 ZGB, Rn. 44; *Bamberger/Roth/Schöpflin*, zu § 21 BGB, Rn. 55; *Haas/Prokop*, JR 1998, 45, 49; Staudinger/*Weick* (1995) Vorbem. §§ 21 ff. Rn. 35.

813 Berner Kommentar ZGB/*Riemer*, zu Art. 63 ZGB, Rn. 44; *Bamberger/Roth/Schöpflin*, zu § 21 BGB, Rn. 55.

814 *Del Fabro*, CaS 2012, 279, 280; *Kaiser*, AJP 2011, 192, 194; *Haas*, in: Gilles/Pfeiffer (Hrsg.), Die Streitbeilegung durch Schiedsgerichte im internationalen Sport, S. 14; *Haas/Prokop*, JR 1998, 45; vgl. auch BGH, NJW 1999, 1326.

815 „Grundsätzlich soll der Sport seine Angelegenheiten selber regeln und sein Haus selber sauber halten." So *Röhricht*, in: Röhricht (Hrsg.), Chancen und Grenzen von Sportgerichtsverfahren nach deutschem Recht, S. 19, 20; *Haas*, ZEuP 1999, 355, 359; BGH, NJW 1995, 583, 584 f.

816 Siehe *Duve/Rösch*, SchiedsVZ 2014, 216, 225.

817 *Baddeley*, ZSR 115 (1996) II, S. 135, 236.

Die Regelungshoheit der Verbände gilt unter anderem sowohl für den Erwerb der Mitgliedschaft als auch für die Aufstellung von Teilnahmevoraussetzungen, so dass der Verband generell über die Aufnahme beziehungsweise Teilnahme eines Sportlers selbst bei Erfüllung der satzungsmäßigen beziehungsweise sonstigen (Teilnahme-)Voraussetzungen frei entscheiden kann.[818] Für die Beurteilung der Rechtmäßigkeit einer Verbandsmaßnahme ist es zudem grundsätzlich unerheblich, dass den Sportverbänden aufgrund des Ein-Platz-Prinzips zusätzlich zu dieser Verbandsautonomie für gewöhnlich eine Monopolstellung zukommt.[819] Im Gegenteil, diese ist für eine internationale Entwicklung des Sports sowie für eine einheitliche Regelanwendung und Regeldurchsetzung unbedingt erforderlich.[820]

Dem aus der Verbandsautonomie hergeleiteten Recht auf eigenverantwortliche Regelung verbandsinterner Angelegenheiten steht jedoch der Anspruch des Sportlers auf Achtung seiner persönlichen Freiheitssphäre sowie auf Schutz vor einer rechtsstaatswidrigen und mit den Grundwerten der Rechts- und Verfassungsordnung nicht zu vereinbarenden Ausübung der Verbandsgewalt gegenüber.[821] Der Verband hat somit keinen Anspruch, die aus seiner Regelungshoheit erwachsene Macht zu missbrauchen.[822] Deshalb muss der Grundsatz der Verbandsautonomie insbesondere dann eine Einschränkung erfahren, wenn der Verband eine überragende Machtstellung innehat und seitens des Sportlers ein wesentliches oder grundlegendes Interesse an der Teilnahme an verbandsmäßig organisierten Wettbewerben besteht.[823] Diese Konstellation ist im organisierten Sport aufgrund der Monopol- und Machtstellung der Verbände, ihrer Regelungshoheit sowie der heutigen wirtschaftlichen und gesellschaftlichen Bedeutung des Sports regelmäßig gegeben.[824] Nutzt ein Sportverband die

---

818 BGH, NJW 1999, 1326; BGH, NJW 1987, 2503, 2505.

819 TAS 96/166 v. 18. November 1997, Recueil des sentences du TAS (1986-1998), S. 361, 368; siehe bei Teil 2/Kapitel 1/B./I. ab S. 38.

820 TAS 96/166 v. 18. November 1997, Recueil des sentences du TAS (1986-1998), S. 361, 368.

821 *Röhricht*, in: Röhricht (Hrsg.), Chancen und Grenzen von Sportgerichtsverfahren nach deutschem Recht, S. 19, 22.

822 Siehe BGH, NJW 1989, 1724, 1726; *Rigozzi*, L'arbitrage international, Rn. 133.

823 BGH, NJW 1997, 3368, 3370; LG Frankfurt a.M., ZIP 1989, 599, 601; BGH, NJW 1988, 552, 555; BGH, NJW 1985 1216.

824 *Röhricht*, in: Röhricht (Hrsg.), Chancen und Grenzen von Sportgerichtsverfahren nach deutschem Recht, S. 19, 32.

Zwangslage des Sportlers aus, um ihn zum Abschluss einer Schiedsvereinbarung zu drängen, so ist hierin ein missbräuchliches Verhalten zu sehen, sofern sich aus einer Bewertung und Berücksichtigung der Verbandsinteressen keine sachlichen Gründe dafür ergeben, den Bewerber von der Teilnahme auszuschließen.[825]

Gesetzlich kommen die Einschränkungen der Verbandsautonomie sowohl in der Schweiz als auch in Deutschland in den obengenannten Schutzvorschriften der Art. 19 Abs. 2 i.V.m. Art. 27 ZGB beziehungsweise § 138 Abs. 1 BGB sowie im Falle des Teilnahmeausschlusses eines Sportlers in Art. 28 ZGB beziehungsweise § 826 BGB zum Ausdruck.[826] Verbandsmaßnahmen müssen in der Regel der Verwirklichung des legitimen Verbandszwecks unter Beachtung der „Grundregeln elementarer Gerechtigkeit und Rechtlichkeit" dienen, so dass jede darüber hinausgehende Maßnahme einen Missbrauch der Freiheit zur Selbstregulierung darstellen würde.[827] Hierbei ist allerdings zu beachten, dass sich das schweizerische Vereinsrecht sowie die bereits geschilderte Rechtsprechung des Schweizerischen Bundesgerichts[828] durch eine gewisse Milde auszeichnen. Nicht zuletzt deshalb haben wohl zahlreiche internationale Sportverbände ihren Sitz in der Schweiz.[829]

2. Einordnung des Sportlerinteresses innerhalb der Sportlergemeinschaft

Auf Sportler- sowie auf Verbandsseite stehen sich demnach verfassungsmäßig garantierte Rechte gegenüber, die in ein angemessenes Verhältnis gebracht werden müssen. In Anbetracht der Tatsache, dass die Sportverbände grundsätzlich im Interesse der ihr untergeordneten Gemeinschaft handeln, muss im Rahmen der Interessenabwägung aber zudem berücksichtigt werden, dass die Vorteile der schiedsgerichtlichen Streitbeilegung grundsätzlich auch dem Sportler zugute kommen und der mit der Unter-

825 BGH, NJW 1999, 1326.

826 Dies umfasst u.a. das Verbot des Rechtsmissbrauchs, den Gleichbehandlungsgrundsatz sowie die Persönlichkeitsrechte, vgl. *Rigozzi*, L'arbitrage international, Rn. 133.

827 So *Röhricht*, in: Röhricht (Hrsg.), Chancen und Grenzen von Sportgerichtsverfahren nach deutschem Recht, S. 19, 22.

828 Siehe oben bei Teil 2/Kapitel 2/A. ab S. 51.

829 *Rigozzi*, L'arbitrage international, Rn. 131.

werfung unter die Schiedsgerichtsbarkeit verfolgte Zweck[830] somit in seinem Interesse liegen kann. In diesem Fall wären die Einschränkung der Vertragsfreiheit sowie der Verzicht auf staatlichen Rechtsschutz trotz der Alternativlosigkeit des Sportlers nicht als unangemessene Benachteiligung beziehungsweise übermäßige Bindung einzustufen. Es ist jedoch fraglich, inwiefern die Begründung der Verhältnismäßigkeit mit einer Gleichsetzung der Sportler- und Sportlergemeinschaftsinteressen überhaupt sachgemäß und naheliegend ist.

a. Interesse des Sportlers als Teil der Sportlergemeinschaft

Alle am Sport beteiligten Personen, Vereine oder Verbände sind gewissermaßen „Nutznießer des [verbandsmäßig] organisierten Sports"[831]. Sie setzen die einheitliche Regelanwendung regelmäßig voraus und unterwerfen sich den Verbandsregelwerken nur, weil sie – entsprechend dem Gebot der Chancengleichheit – von einer gleichartigen Bindung aller Mitstreiter ausgehen.[832] Ausgehend vom Zweck der zwangsweisen Unterwerfung unter die Schiedsgerichtsbarkeit dient die schiedsgerichtliche Streitbeilegung im Bereich des Sports gerade dieser einheitlichen Regelanwendung und Sportausübung, durch die sich ein Sportler erst effektiv, insbesondere auf internationalem Niveau, mit seinen Wettbewerbern messen kann.[833] Die (institutionelle) Sportschiedsgerichtsbarkeit liegt demnach nicht nur im Interesse der Sportverbände, sondern kommt – zumindest mittelbar – jedem Sportler gleichermaßen zugute.[834] So profitieren die Sportler im Rahmen eines Schiedsverfahrens von der Tatsache, ihre Streitigkeiten durch fach-

---

830 Siehe zum Zweck des Schiedszwangs bei Teil 2/Kapitel 4/B. ab S. 147.

831 So *Steiner*, SchiedsVZ 2013, 15, 18.

832 *Oschütz*, Sportschiedsgerichtsbarkeit, S. 243; *Haas/Hauptmann*, SchiedsVZ 2004, 175, 186; *Haas*, ZGR 2001, 325, 337; BGH, NJW 1995, 583, 584; *Monheim*, SpuRt 2014, 90, 91, weist hingegen zu Recht darauf hin, dass aus dieser Argumentation nicht geschlossen werden könne, dass der Sportler zugleich damit einverstanden sei, seine Streitigkeiten durch ein Schiedsgericht beilegen zu lassen, auf dessen Zusammensetzung er keinen Einfluss habe.

833 Siehe *Haas*, SchiedsVZ 2009, 73, 80.

834 Siehe *Duve/Rösch*, SchiedsVZ 2014, 216, 223; LG München I v. 26. Februar 2014, CaS 2014, 154, 161 f., Vorbringen des beklagten Sportverbandes (= SpuRt 2014, 113, 118); *Fenners*, Der Ausschluss der staatlichen Gerichtsbarkeit im organisierten Sport, Rn. 619 m.w.N.; *Oschütz*, Sportschiedsgerichtsbarkeit, S. 244 m.w.N.

kompetente und mit den Besonderheiten des Sports vertraute Schiedsrichter entscheiden lassen zu können.[835] Nach Ansicht einiger Befürworter verhindere die Streitbeilegung vor Schiedsgerichten übermäßig lange Verfahren vor ordentlichen Gerichten,[836] was den Sportlern angesichts ihrer verhältnismäßig kurzen Karrieredauer ebenfalls entgegenkommen sollte.[837] Darüber hinaus biete sie aufgrund ihrer Vertraulichkeit in manchen Fällen auch die Möglichkeit, Vergleiche zu schließen, die vor ordentlichen Gerichten aufgrund des regelmäßig geltenden Öffentlichkeitsgrundsatzes in derselben Form oder mit demselben Inhalt nicht geschlossen werden könnten.[838] Zudem sei das Verfahren nach Ansicht einiger Fürsprecher vergleichsweise „transparent und einfach".[839] Der Sportler könne einen Schiedsrichter mehr oder weniger frei wählen[840] und ein obsiegender Schiedsentscheid sei dank des New Yorker Übereinkommens über die Anerkennung und Vollstreckung von Schiedsentscheiden praktisch weltweit vollstreckbar.[841] Außerdem ermögliche die Flexibilität von Schiedsverfahren eine Anpassung des Verfahrens an die Bedürfnisse der Streitparteien.[842] Nicht zuletzt werden auch die im Verhältnis zur staatlichen Gerichtsbarkeit vermeintlich günstigeren Prozesskosten für schiedsgerichtliche Verfahren als für den Sportler vorteilhaft und in seinem Interesse liegend angeführt.[843] Im Ergebnis stelle ein Verfahren vor einem echten Schiedsgericht somit für keine der Streitbeteiligten eine unangemessene Benachteiligung dar.[844]

---

835 Siehe *Oschütz*, Sportschiedsgerichtsbarkeit, S. 243 m.w.N.

836 *Holla*, Der Einsatz von Schiedsgerichten im organisierten Sport, S. 125.

837 *Haas/Hauptmann*, SchiedsVZ 2004, 175, 186.

838 *Oschütz*, Sportschiedsgerichtsbarkeit, S. 243 f.

839 *Oschütz*, SpuRt 2007, 177, 178 f.

840 Siehe zur Auswahl der Schiedsrichter beim TAS und beim DSS bei Teil 3/Kapitel 3/A. ab S. 280.

841 *Oschütz*, SpuRt 2007, 177, 178 f.

842 *Oschütz*, Sportschiedsgerichtsbarkeit, S. 243.

843 BG v. 27. Mai 2003, BGE 129 III 445, 462; der vermeintliche Kostenvorteil wird oftmals mit dem schnelleren Verfahren vor Schiedsgerichten begründet, so z.B. bei *Haas/Martens*, Sportrecht, S. 126. Die Autoren weisen aber auch darauf hin, dass die Kosten eines Schiedsverfahrens, insbesondere bei Verfahren vor Dreierschiedsgerichten, höher sein können als vor staatlichen Gerichten.

844 Siehe *Schwab/Walter*, Schiedsgerichtsbarkeit, Kap. 4, Rn. 14; hierfür spricht neben dem im Schiedsverfahrensrecht geltenden Grundsatz der Gleichbehandlung der Streitparteien im Schiedsverfahren (§ 1042 Abs. 1 S. 1 ZPO und Art. 182 Abs. 3 IPRG) beispielsweise auch die Möglichkeit eines Antrags auf staatliche

Aus Sicht der Befürworter dieser Interessenbetrachtung sei es aufgrund der aufgezeigten Vorteile demnach nicht unangemessen, dem Sportler die Zustimmung zur schiedsgerichtlichen Streitbeilegung zuzumuten.[845] Die Anforderungen an das Kriterium der Freiwilligkeit werden also in der Art abgeschwächt, dass die schiedsgerichtliche Streitbeilegung im Sport als ein unabdingbarer und interessengerechter Kompromiss zur Gewährleistung der einheitlichen Regelanwendung sowie Sportausübung anzusehen ist.

b. Individuelles Interesse des Sportlers

Für eine verhältnismäßige Einschränkung der Vertragsfreiheit und dementsprechend für die Auferlegung von Schiedsvereinbarungen im Sport sprechen durchaus sachliche Gründe.[846] Eine derart pauschale Beurteilung der Interessenlage legt allerdings nicht die Rechtspositionen und Interessen des einzelnen Sportlers, sondern lediglich die der Sportlergemeinschaft als maßgebend zugrunde. Diese Betrachtungsweise berücksichtigt in keiner Weise die Schutzbedürftigkeit des einzelnen Sportlers, da seine Interessen einem Gemeinschaftsinteresse untergeordnet werden, welches in der Regel mit dem Verbandszweck und somit den Verbandsinteressen übereinstimmt.[847]

Einer Gleichstellung der Interessen von einzelnen Sportlern mit denen der Sportlergemeinschaft oder gar der Sportverbände muss entgegengehalten werden, dass die Interessen insbesondere bei Vorliegen einer Rechtsstreitigkeit divergieren[848] und darüber hinaus die betroffenen verfassungsmäßig garantierten Rechtsgrundsätze, das heißt der Grundsatz der Vertragsfreiheit sowie der Justizgewährungsanspruch, individueller Natur sind. Der Versuch, aus der objektiven Nützlichkeit und Vorteilhaftigkeit der schiedsgerichtlichen Streitbeilegung die Einschränkungen dieser ver-

---

Mitwirkung nach § 1034 Abs. 2 ZPO im Falle einer ungleichen Zusammensetzung des Schiedsgerichts, durch die eine Partei benachteiligt wird.

845 Siehe *Steiner*, SchiedsVZ 2013, 15, 18.

846 *Fenners*, Der Ausschluss der staatlichen Gerichtsbarkeit im organisierten Sport, Rn. 620.

847 Dies zeigt auch die Darstellung von *Duve/Rösch*, SchiedsVZ 2014, 216, 225, die das Sportlerinteresse dem Allgemeininteresse weitestgehend gleichstellen; *Rigozzi*, L'arbitrage international, Rn. 817.

848 Vgl. OLG München, SchiedsVZ 2015, 40, 45.

fassungsmäßig garantierten Rechtsgrundsätze zu rechtfertigen oder sogar die Freiwilligkeit der Unterwerfung herzuleiten, führt dazu, dass die individuellen Rechte des Sportlers und dessen Schutzbedürftigkeit weitestgehend unbeachtet bleiben. Stattdessen wird ihm mittels einer vollständig verobjektivierten Interessenabwägung ein objektives Durchschnittsinteresse oktroyiert.[849] Dies führt zu einem sportspezifischen Schutz der Verbände und der Sportschiedsgerichtsinstitutionen, welcher bestenfalls nur mittelbar dem Sportler zugute kommt.[850] Es wäre sachgerechter, dem Sportler die Entscheidung, ob er auf seinen verfassungsrechtlich garantierten staatlichen Rechtsschutzanspruch verzichtet und somit von den dargestellten Vorteilen der schiedsgerichtlichen Streitbeilegung profitiert, selbst zu überlassen.[851]

Dass das Sportlerinteresse nicht grundsätzlich dem Sportlergemeinschaftsinteresse entspricht, lässt sich darüber hinaus am Beispiel der Athletenvereinbarung des Deutschen Olympischen Sportbundes (DOSB) verdeutlichen.[852] Denn die hierin enthaltene Verpflichtung, eine Schiedsvereinbarung abzuschließen,[853] wurde vom Beirat der Aktiven[854] nicht widerspruchslos akzeptiert. Dessen Ansicht nach hat sich der Verzicht auf den staatlichen Rechtsschutz lediglich auf eine Erklärung zu beschränken, nach der „alle aus der Athletenvereinbarung entstehenden Streitigkeiten unter Ausschluss der staatlichen Gerichte nach Maßgabe der anliegenden Schiedsordnung entschieden werden *können*."[855] Darüber hinaus solle der Verband einen Verzicht auf Erhebung der Schiedseinrede für den Fall erklären, dass sich der Sportler für die Beilegung seiner Streitigkeit auf dem ordentlichen Rechtsweg entscheide.[856] Auch in Anlehnung an den Fall der

849 *Vollkommer*, RdA 1982, 16, 33.

850 *Schulze*, IJVO 15 (2008), S. 18.

851 So auch *Monheim*, Sportlerrechte und Sportgerichte im Lichte des Rechtsstaatsprinzips, S. 166.

852 Siehe PHB-SportR-*Fritzweiler* Anhang C Vertagsmuster, S. 1001 ff.

853 Der vorgesehene Text lautete: „Außerdem verpflichten sich die Vertragsparteien, die gesondert beiliegende Schiedsvereinbarung zu unterzeichnen." Vgl. Art. 6.2 Athletenvereinbarung, PHB-SportR-*Fritzweiler* Anhang C Vertragsmuster, S. 1008.

854 Vgl. Fn. 768.

855 PHB-SportR-*Fritzweiler*, Anhang C Vertragsmuster, S. 1008.

856 PHB-SportR-*Fritzweiler*, Anhang C Vertragsmuster, S. 1008.

deutschen Eisschnellläuferin Claudia Pechstein[857] hatten sich mehrere „namhafte deutsche Sportler mit Pechstein solidarisch erklärt und das bestehende Sportschiedsgerichtssystem abgelehnt."[858] Demnach geht die Verallgemeinerung, die schiedsgerichtliche Beilegung sportrechtlicher Streitigkeiten liege stets auch im (mutmaßlichen) Interesse des Sportlers, zu weit und trifft allenfalls aus Verbandssicht so zu.[859] Des Weiteren muss berücksichtigt werden, dass sich der Sportler mit der erzwungenen Schiedsvereinbarung nicht nur der Schiedsgerichtsbarkeit, sondern gleichzeitig auch einer bestimmten Schiedsgerichtsinstitution mit eigener Schiedsordnung unterwirft, deren Entscheidung er letztlich anzuerkennen hat. Es ginge zu weit, sein Interesse und seinen mutmaßlichen Willen auch hierauf zu erstrecken.[860] Eine Verobjektivierung der Interessenlage benachteiligt zusätzlich diejenigen Sportler, die einem Rechtsstaat mit einem funktionierenden sowie vertrauenswürdigen Rechtssystem angehören und aus diesem Grund kein Interesse am Abschluss einer umfassenden Schiedsvereinbarung haben.

Der Versuch, das Interesse des Sportlers an der Schiedsgerichtsbarkeit und somit seinen mutmaßlichen Willen über das Argument herzuleiten, ein Sportler vertraue stets darauf, genau wie seine Konkurrenz einem einheitlichen Prüfungsmaßstab bei der Regelanwendung und -durchsetzung zu unterliegen,[861] überzeugt genauso wenig. Zwar vertraut selbstverständlich jeder Sportler auf die einheitliche Einhaltung der Grundsätze der (Chancen-)Gleichheit, der Fairness sowie auf die Einheitlichkeit der Sportausübung. Hierfür ist die Schiedsgerichtsbarkeit allerdings nicht un-

857 Siehe hierzu insbesondere die Entscheidung des LG München I v. 26. Februar 2014, CaS 2014, 154 ff. (= SpuRt 2014, 113 ff.); eine nähere Erläuterung dieser Entscheidung findet sich bei Teil 2/Kapitel 2/B./IV./2. ab S. 77.

858 Siehe *Reinsch*, Frankfurter Allgemeine Zeitung (Printausgabe) vom 16.04.2014, Der Preis des Rechtsstaates?, S. 28, sowie die entsprechende Erklärung, abrufbar unter: http://www.claudia-pechstein.de/Athleten-Erklaerung.pdf (zuletzt aufgerufen am 04.07.2015).

859 Dass auch aus Verbandssicht nicht immer ein Interesse an der schiedsgerichtlichen Streitbeilegung besteht, verdeutlicht der Fall „Friedek". Hier fühlte sich der DOSB mangels Schiedsvereinbarung nicht an einen Schiedsentscheid gebunden, obwohl er die Errichtung des Deutschen Sportschiedsgerichts mit initiiert und unterstützt hat. Siehe Adolphsen/Nolte/Lehner/Gerlinger/*Niese*, Sportrecht in der Praxis, Rn. 308 f.

860 So auch *Monheim*, Sportlerrechte und Sportgerichte im Lichte des Rechtsstaatsprinzips, S. 160.

861 Vgl. bspw. *Haas*, SJZ 2010, 585, 588.

bedingt erforderlich. Die staatlichen Gerichte beschränken sich regelmäßig auf die Prüfung der rechtmäßigen Anwendung von Verbandsrecht, welches wiederum auf diesen Grundprinzipien des Sports aufbaut. Die Sportverbände haben es demnach selbst in der Hand, durch die Schaffung detaillierter Regelwerke dafür zu sorgen, dass Streitigkeiten mit untergeordneten Verbänden, Vereinen oder Sportlern auch vor staatlichen Gerichten weitgehend einheitlich entschieden werden können.

Abschließend muss konstatiert werden, dass sich ein Sportler wohl kaum selbst um die vermeintlichen Vorteile der institutionellen Sportschiedsgerichtsbarkeit bringen würde, wenn diese in der Praxis tatsächlich so eindeutig überwiegen und in seinem Interesse liegen würden. Denn die schiedsgerichtliche Streitbeilegung bringt je nach Ausgestaltung auch Nachteile mit sich. So ist neben dem fehlenden Instanzenzug sowie den hohen Anforderungen an eine Anfechtung beziehungsweise Aufhebung eines Schiedsentscheids auch der grundsätzliche Ausschluss der Öffentlichkeit bei Schiedsverfahren für denjenigen Sportler ungünstig, der auf ein öffentliches Verfahren und die damit verbundene demokratische Kontrolle vertraut.[862] Auch die Frage nach der Unabhängigkeit und Überparteilichkeit institutioneller Sportschiedsgerichte[863] ruft immer wieder begründete Zweifel an der Vorteilhaftigkeit dieser Streitbeilegungsmethode hervor. Darüber hinaus können die zum Teil recht hohen Prozesskosten eines schiedsgerichtlichen Verfahrens den Sportler stark belasten, der aufgrund der erzwungenen Schiedsvereinbarung auf staatlichen Rechtsschutz samt den entsprechenden Regelungen zur Prozesskostenhilfe verzichten muss.[864] So kann sich nach Art. R64 TAS-Code ein Schiedsverfahren vor dem TAS als überaus kostspielig erweisen, insbesondere wenn es sich bei dem Verfahren nicht um eine Berufung gegen eine verbandsmäßige Disziplinarentscheidung nach Art. R65 TAS-Code handelt. Für letztere fallen zwar keine Verwaltungs- und Schiedsrichterkosten an.[865] Zu beachten ist

862 So auch LG München I v. 26. Februar 2014, CaS 2014, 154, 167 (= SpuRt 2014, 113, 119). In dem vorausgehenden Schiedsverfahren beantragte die Sportlerin erfolglos die Öffnung des Verfahrens für die Öffentlichkeit; PHB SportR-*Pfister* 2. Teil/Rn. 371 spricht von der Gefahr des Anscheins einer Geheimjustiz.

863 Siehe hierzu in Teil 3 ab S. 197.

864 Siehe LG München I v. 26. Februar 2014, CaS 2014, 154, 167 (= SpuRt 2014, 113, 119); *Steiner*, SchiedsVZ 2013, 15, 18; *Niedermaier*, Schieds- und Schiedsverfahrensvereinbarungen in strukturellen Ungleichgewichtslagen, S. 124.

865 *Rigozzi/Robert-Tissot*, in: Jusletter 16. Juli 2012, La pertinence du „consentement“ dans l'arbitrage du Tribunal Arbitral du Sport, Rn. 16; *Zen-Ruffinen*, in:

allerdings, dass sich die Verfahrenskostenbefreiung weder auf die Anwaltshonorare noch auf die Auslagen von Gutachtern oder Zeugen bezieht, vgl. Art. R65.3 TAS-Code. Auch die vor dem DSS durch ein Verfahren entstehenden Kosten müssen gemäß § 40 DIS-SportSchO durch die Streitparteien weitgehend vollständig beglichen werden.[866] Für den Fall, dass die Streitbeilegung vor einem institutionellen Sportschiedsgericht tatsächlich mit außergewöhnlich hohen Kosten verbunden ist, kann nicht mehr von einer gleichwertigen Alternative zur staatlichen Gerichtsbarkeit ausgegangen werden. Allerdings hat der Sportler aufgrund der Beweislastregelungen[867] konkret darzulegen, dass ihm wegen der hohen Verfahrenskosten der Rechtsweg faktisch versperrt bleibt.

Die sich auf die objektive Vorteilhaftigkeit beschränkende Ansicht vermeidet zur Rechtfertigung des Schiedszwangs eine tiefgehende und insbesondere kritische Auseinandersetzung mit ihren eigenen Argumenten. Läge die Unterwerfung unter die Schiedsgerichtsbarkeit tatsächlich im Interesse der Sportler, so erschiene die Anwendung von Schiedszwang wenig plausibel, da als logische Konsequenz von einer freiwilligen Unterwerfung ausgegangen werden könnte. Somit können Gründe, die zwar dem Sportbetrieb als Ganzem, nicht aber dem Sportler persönlich zum Vorteil gereichen, mangels gesetzlicher Grundlage keine Rechtfertigung für einen unfreiwillig abverlangten Verzicht auf die staatliche Gerichtsbarkeit darstellen.[868] Angesichts der individuellen Natur sowie des verfassungsrechtlichen Stellenwertes der betroffenen Rechte muss der einzelne Sportler regelmäßig selbst darüber entscheiden können, ob er von den objektiven Vorteilen der Sportschiedsgerichtsbarkeit profitieren möchte oder nicht.[869]

Mélanges en l'honneur de Denis Oswald, La nécessaire réforme du TAS, S. 483, 487.

866 *Hofmann*, Zur Notwendigkeit eines institutionellen Sportschiedsgerichts in Deutschland, S. 380. Da § 40 DIS-SportSchO mit § 40 DIS-SchO weitgehend übereinstimmt, können die Überlegungen *Hofmanns* auf das DSS übertragen werden; ähnlich verhält es sich auch beim FIBA Arbitral Tribunal (FAT), das ebenfalls durch die Schiedsparteien und somit ohne äußere finanzielle Unterstützung finanziert wird, vgl. BG v. 14. Dezember 2012 mit Anm. v. *Kahlert/Zagklis*, SpuRt 2013, 115, 117.

867 Siehen oben bei Teil 2/Kapitel 4/D./I./2. ab S. 157.

868 *Maihold*, SpuRt 2013, 95, 96; so auch LG München I v. 26. Februar 2014, CaS 2014, 154, 168 (= SpuRt 2014, 113, 118).

869 *Monheim*, SpuRt 2008, 8, 10 f.; *Nicklisch*, BB 1972, 1285, 1289.

3. Würdigung

Prinzipiell überwiegen vor dem Hintergrund der verfassungsrechtlichen Bedeutung des Grundsatzes der Privatautonomie sowie des Justizgewährungsanspruchs die individuellen Interessen des einzelnen Sportlers. Das Bedürfnis nach schnellen, fachkompetenten und einheitlichen Entscheidungen kann einen Eingriff in diese Rechte grundsätzlich nicht rechtfertigen,[870] so dass die erzwungene Unterwerfung unter die Schiedsgerichtsbarkeit eine unangemessene und somit unverhältnismäßige Benachteiligung des Sportlers darstellt. Jeder Sportler muss demnach das Recht haben, durch die Ausübung seiner verfassungsmäßigen Rechte den Abschluss einer Schiedsvereinbarung auch ablehnen zu können.[871] Demzufolge darf der Verzicht auf staatlichen Rechtsschutz grundsätzlich nicht zu einer Voraussetzung für die Teilnahme an verbandsmäßig organisierten Wettkämpfen gemacht werden.[872]

Es kann allerdings nicht bestritten werden, dass die Gewährleistung des Grundsatzes der Chancengleichheit sowie die Einheitlichkeit der Sportausübung und somit der verbandsmäßig organisierte Sport im Allgemeinen gefährdet wären, wenn jeder Sportler für jede Streitigkeit seinen Rechtsweg frei wählen dürfte. Diese durchaus bedrohliche Situation kann im Ausnahmefall eine verhältnismäßige Einschränkung der Vertragsfreiheit mit der Folge der Wirksamkeit erzwungener Schiedsvereinbarungen erforderlich machen. Entgegen der wohlwollenden Rechtsprechung in der Schweiz[873], aber auch entgegen der strengeren Rechtsprechung in Deutschland[874] ist aus diesen Gründen eine vermittelnde Lösung zu erwägen, die zu einem befriedigenden Ausgleich der betroffenen Rechte und Interessen führt.[875] Die Schwierigkeit besteht darin, eine Grenze für eine

---

870 *Muresan/Korff*, CaS 2014, 199, 202.

871 Siehe *Wyler*, ZSR 116 (1997) I, S. 45, 61; *Monheim*, SpuRt 2008, 8, 11.

872 So auch *Hofmann*, Zur Notwendigkeit eines institutionellen Sportschiedsgerichts in Deutschland, S. 350.

873 Siehe bspw. oben bei Teil 2/Kapitel 2/A. ab S. 51; BG v. 7. Februar 2001, 4P. 230/2000, Bulletin ASA 2001, 523 ff., oder BG v. 22. März 2007, BGE 133 III 235 ff.

874 Siehe bspw. oben bei Teil 2/Kapitel 2/B./II. und IV. ab S. 67: BGH, NJW 2000, 1713 f., oder LG München I v. 26. Februar 2014, CaS 2014, 154 ff. (= SpuRt 2014, 113 ff.).

875 Auch *Duve/Rösch*, SchiedsVZ 2014, 216, 227, halten das Streben nach einem besseren Ausgleich der Parteiinteressen und nach einer besseren Organisation der

noch rechtfertigungsfähige Anwendung von Schiedszwang zu ziehen und dabei gleichzeitig den hohen verfassungsrechtlichen Stellenwert der beeinträchtigten Rechte sowie die Schutzbedürftigkeit des einzelnen Sportlers angemessen zu berücksichtigen. Einen möglichen Anknüpfungspunkt könnte eine Beschränkung der Reichweite von erzwungenen Schiedsvereinbarungen darstellen, um auf diesem Wege die Verhältnismäßigkeit des Schiedszwangs ausschließlich für Streitigkeiten zu bejahen, die eine konkrete Gefährdung für den Sport darstellen.

II. Die angemessene Reichweite erzwungener Schiedsvereinbarungen

Die schiedsgerichtliche Streitbeilegung wird im Bereich des Sports in erster Linie für erforderlich gehalten, um das Sportgeschehen nicht durch langandauernde Verfahren und gegensätzliche oder unsachgemäße Entscheidungen zu beeinträchtigen.[876] Aus diesem Grund haben die Sportverbände ein gesteigertes Interesse daran, möglichst viele Streitigkeiten, die in irgendeiner Weise im Zusammenhang mit ihrem Sport stehen, von einem (institutionellen) Sportschiedsgericht entscheiden zu lassen. Zu den wesentlichen Punkten einer Schiedsvereinbarung gehören aber neben der Absicht der Parteien, ihren Rechtsstreit einem Schiedsgericht zu übertragen, auch die eindeutige Bestimmung des Streitgegenstands, über den der Spruchkörper zu entscheiden hat.[877] Schiedsvereinbarungen, die künftige Streitigkeiten betreffen, unterliegen demnach einem Bestimmtheitserfordernis, das die Vertragsparteien vor unüberschaubaren Bindungen an ein Schiedsverfahren schützt.[878] Dies ergibt sich bereits aus § 1032 Abs. 1 ZPO, wonach die streitige Angelegenheit Gegenstand der Schiedsvereinbarung zu sein hat.[879] Auch Art. 359 Schweizerische ZPO lässt einen Einwand gegen die (objektive) Tragweite der Schiedsvereinbarung zu, was eine diesbezügliche Bestimmung voraussetzt.[880] Art. 178 IPRG enthält zwar keinen Hinweis auf die Wesensmerkmale, den notwendigen Inhalt

Streitbeilegung im Sportrecht für einen durchaus sportlichen und gerechtfertigten Ansatz.

876 *Fenners*, Der Ausschluss der staatlichen Gerichtsbarkeit im organisierten Sport, Rn. 619.

877 BG v. 7. November 2011, BGE 138 III 29, 32.

878 *Schwab/Walter*, Schiedsgerichtsbarkeit, Kap. 3, Rn. 15.

879 LG Köln, SpuRt 2007, 30, 32.

880 Kommentar zur Schweizerischen ZPO/*Müller-Chen/Egger*, zu Art. 359, Rn. 16 ff.

einer Schiedsvereinbarung oder das Bestimmtheitserfordernis.[881] Dennoch muss die Übereinkunft auch nach dem schweizerischen IPRG bereits bestehende oder hinreichend „bestimmte zukünftige Streitigkeiten" erfassen.[882] Für den Umfang der Schiedsvereinbarung gilt ebenfalls der Grundsatz der Vertragsfreiheit. Der Umfang der Schiedsvereinbarung muss daher im Wege der Auslegung ermittelt werden, sofern die Parteien diesbezüglich keine eindeutige Bestimmung getroffen haben.[883]

Unabhängig vom konkreten Streitgegenstand beschränkt sich die sachliche Zuständigkeit des TAS und des DSS nach Art. S12 und R27 TAS-Code beziehungsweise § 1.1 DIS-SportSchO grundsätzlich[884] nur auf Streitigkeiten, die einen Bezug zum Sport aufweisen.[885] Gemäß Art. R27 Abs. 1 und 2 TAS-Code kann dies alle ordentlichen Verfahren oder Berufungsverfahren vor dem TAS betreffen, die die Klärung von Grundsatzfragen des Sports, wirtschaftliche Interessen oder andere Interessen im Zusammenhang mit der Ausübung oder Entwicklung des Sports beziehungsweise jeder sportbezogenen Aktivität zum Gegenstand haben. In der Regel schreiben die Sportverbände die schiedsgerichtliche Streitbeilegung für all diejenigen Streitigkeiten vor, die einen Bezug zu der jeweiligen Sportart oder zu einem bestimmten Wettbewerb aufweisen beziehungsweise im Zusammenhang mit einer speziellen Athletenvereinbarung oder Satzung stehen.[886] Dies betrifft grundsätzlich alle Ansprüche, welche andernfalls Ge-

881 BG v. 21. November 2003, BGE 130 III 66, 70.

882 BG v. 21. November 2003, BGE 130 III 66, 70, wonach dies aus dem „überlieferten Begriff der privaten Schiedsgerichtsbarkeit" hervorgeht.

883 Stein/Jonas/*Schlosser*, § 1029 ZPO, Rn. 18.

884 Sofern kein (ausreichender) Bezug zum Sport vorliegt, können sich die institutionellen Sportschiedsgerichte dennoch für zuständig erklären, wenn die Schiedsgerichtsinstitution, die Schiedsrichter und die Parteien hiermit einverstanden sind. Vgl. TAS 92/81 v. 30. November 1992, Recueil des sentences du TAS (1986-1998), S. 47, 49; *Oschütz*, Sportschiedsgerichtsbarkeit, S. 84.

885 Vgl. Wortlaut des Art. S12 TAS-Code „les litiges survenant dans le domaine du sport" und § 1.1 DIS-SportSchO „Streitigkeiten [...], die einen Bezug zum Sport aufweisen"; siehe auch *Rochat*, in: ASA Special Series No. 11, Tribunal Arbitral du Sport: Quelle procédure pour quel litige?, S. 11.

886 *Zen-Ruffinen*, Droit du Sport, Rn. 1435; siehe beispielsweise Art. 26 Nr. 1 der *ISU Constitution and General Regulations* (Stand: 2014): „All Members, their members, and all other persons claiming standing as present or prospective participants in the ISU or ISU Competitions, Championships, Congress or other activities, and the ISU, agree to binding arbitration under the Rules of the Ordinary Arbitration Division of the Court of Arbitration for Sport (CAS), Lausanne,

genstand eines Klageverfahrens vor einem Zivilgericht sein könnten.[887] Diese zum Teil weitreichenden Formulierungen genügen in der Regel dem gesetzlichen Bestimmtheitserfordernis[888] und verdeutlichen, dass die Zuständigkeit der institutionellen Sportschiedsgerichte für ein großes Spektrum an Streitigkeiten zwischen einem Verband und einem Sportler gegeben sein kann.[889] Aus diesem Grund kommt es in der Praxis auch nicht vor, dass sich ein institutionelles Sportschiedsgericht, wie zum Beispiel das TAS, mangels Sportbezugs für unzuständig erklärt.[890] Dies ist zwar grundsätzlich mit dem Zweck der erzwungenen Unterwerfung unter die (institutionelle) Sportschiedsgerichtsbarkeit, nämlich dem Streben nach Einheitlichkeit der Sportausübung sowie nach Entscheidungseinklang durch die schiedsgerichtliche Beilegung von Rechtsstreitigkeiten[891] mit Sportbezug, zu vereinbaren. Viele Sportler sind sich jedoch nicht im Klaren darüber, welches Ausmaß der Abschluss einer Schiedsvereinbarung annehmen kann.[892] In diesem Zusammenhang muss berücksichtigt werden, dass eine zu weite Ausdehnung des Umfangs der Schiedsvereinba-

---

Switzerland, as the exclusive jurisdiction and method of resolution of all claims or disputes not governed by the terms of Articles 24 and 25 above, that is:
a) Damage and money claims as well as other claims, which could otherwise be the subject of a lawsuit in a civil court: (1) against the ISU or any Office Holder, ISU Official, agent or employee acting on behalf of the ISU; and, (2) by the ISU against any party with standing, or claiming standing, with the ISU as identified above in this Article 26.
b) Requests under Article 75 of the Swiss Civil Code."

887 Vgl. OLG München, SchiedsVZ 2015, 40, 42, das sich auf Art. 26 Nr. 1 der *ISU Constitution and General Regulations* (siehe Fn. 886) bezieht.

888 Vgl. zu den recht niedrigen Anforderungen an die Einhaltung des Bestimmtheitserfordernisses, Stein/Jonas/*Schlosser*, § 1029 ZPO, Rn. 13.

889 Auch das Schweizerische Bundesgericht nimmt bei der Bestimmung der Reichweite einer Schiedsvereinbarung eine überaus großzügige Haltung ein. Siehe hierzu bei *Kaufmann-Kohler/Rigozzi*, Arbitrage international, Rn. 255 ff.

890 Siehe bspw. den Schiedsentscheid des TAS v. 5. März 2013, TAS 2012/A/3027, Rn. 64 ff., wonach bereits ein schwacher Bezug zum Sport die Zuständigkeit des TAS begründet; Schiedsentscheid des TAS v. 30. November 1992, TAS 92/81, Rn. 3 ff.; *Reeb*, in: CAS 1984-2004, The role and functions of the CAS, S. 31, 32.

891 Seien es bspw. Streitigkeiten aufgrund von Disziplinarmaßnahmen, Qualifikationsverweigerungen, Athletenvereinbarungen oder Verträgen mit wirtschaftlichem Hintergrund, vgl. *Simon*, L'arbitrage des conflits sportifs, S. 185, 191.

892 Siehe Vorbringen der Klägerin in LG München I v. 26. Februar 2014, CaS 2014, 154, 158 (= SpuRt 2014, 113, 115), die bspw. die Erstreckung der Schiedsvereinbarung auf zivilrechtliche Schadensersatzansprüche für zu weitgehend erachtete.

rung dem Sportler seinen staatlichen Rechtsschutz für eine beachtliche Anzahl an Streitigkeiten zwangsweise entziehen würde. Aufgrund der typisierbaren Fallgestaltung im Sport ist zum Schutze des Sportlers bei der Auslegung der Schiedsvereinbarung eine Beschränkung ihrer Reichweite in Erwägung zu ziehen.

Für die Frage, inwieweit der Schiedszwang unter Abwägung der Verbands- und Sportlerinteressen angemessen ist, muss dieser mit dem Zweck der institutionellen Sportschiedsgerichtsbarkeit in Relation gesetzt werden. Es ist somit zu prüfen, für welche Streitigkeiten die schiedsgerichtliche Streitbeilegung so unabdingbar und notwendig ist, dass die über die Generalklauseln (Art. 27 Abs. 2 ZGB und § 138 Abs. 1 BGB beziehungsweise Art. 28 ZGB und § 826 BGB) geschützten und verfassungsrechtlich verankerten Rechtsgrundsätze hinter die Verbandsautonomie zurückzutreten haben.[893]

1. Kein entsprechender Parteiwille

Grundsätzlich ist für die Bestimmung der Reichweite einer Schiedsvereinbarung der tatsächliche Wille der Parteien maßgebend.[894] Gibt dieser hierüber keinen Aufschluss, so ist die Schiedsvereinbarung nach objektiven Kriterien und unter Beachtung der Umstände des Einzelfalles auszulegen.[895] Unklarheiten sind nach allgemeiner Auffassung unter Beachtung des Vertrauensprinzips[896] sowie des „effet utile"-Gedankens möglichst zugunsten der Schiedsgerichtsbarkeit, das heißt zugunsten der Wirksamkeit der Schiedsvereinbarung, auszulegen.[897] Angesichts der Tatsache, dass der

---

893 *Hannamann*, in: Recht und Sport, Athletenvereinbarungen aus kartellrechtlicher Sicht, S. 43, 49 und 57, verwendet den zutreffenden Begriff der „Sportfunktionsnotwendigkeit".

894 Siehe BG v. 9. Juli 2014, 4A_90/2014, E.3.2.2.

895 Kommentar zur Schweizerischen ZPO/*Müller-Chen*/*Egger*, zu Art. 359, Rn. 17.

896 Siehe in diesem Zusammenhang die zum Vertrauensprinzip geäußerte Kritik bei Teil 2/Kapitel 3/B./I./1./c./aa) ab S. 99.

897 BG v. 9. Juli 2014, 4A_90/2014, E.3.2.2; BG v. 17. Januar 2013, 4A_244/2012, E.4.2; BG v. 7. November 2011, BGE 138 III 29, 36; BG v. 21. November 2003, BGE 130 III 66, 71 f.; siehe auch *Haas*/*Köppel*, in: Jusletter 16. Juli 2012, Abwehransprüche des Sportlers gegen (angeblich rechtswidriges) Verbandsverhalten vor dem TAS, Rn. 18 ff.; *Schwab*/*Walter*, Schiedsgerichtsbarkeit, Kap. 3, Rn. 1a; *Rigozzi*, L'arbitrage international, Rn. 838; allgemein zur Auslegung sog. „pathologischer Schiedsklauseln": *Wyss*, in: Jusletter 25. Juni 2012, Aktuelle Zuständig-

Sportler gezwungen wird, auf seinen staatlichen Rechtsschutz zu verzichten, und darüber hinaus die Beschwerdemöglichkeiten nach Art. 393 Schweizerische ZPO, Art. 190 Abs. 2 IPRG sowie § 1059 Abs. 2 ZPO stark eingeschränkt sind, ist im Zweifel jedoch eine restriktive Auslegung des Parteiwillens geboten.[898] Dies gilt vor allem, wenn es um die Frage nach der Reichweite eines unfreiwilligen Verzichts auf die staatliche Gerichtsbarkeit und somit zu Teilen auch um die Wirksamkeit der Schiedsvereinbarung selbst geht.[899] Da im Wege der Auslegung in der Regel noch nicht einmal sicher festgestellt werden kann, ob überhaupt eine freiwillig abgeschlossene und somit wirksame Schiedsvereinbarung vorliegt, wäre es widersinnig, bei der Frage nach der Reichweite der Schiedsvereinbarung von einer weiten Auslegung auszugehen.[900] Eine Auslegung der Schiedsvereinbarung nach dem Vertrauensprinzip ist auch angesichts der Zwangslage, in der sich der Sportler beim Abschluss der Schiedsvereinbarung befindet, sowie des strukturellen Kräfteungleichgewichts nicht zielführend.[901] Ebenso wenig ist es sachgerecht, den Inhalt beziehungsweise die Bestimmungen der Schiedsvereinbarung selbst zur Beantwortung der Frage nach deren Reichweite heranzuziehen. Diese können angesichts der strukturellen Ungleichgewichtslage einseitig gestaltet sein und werden dem Sportler genauso auferlegt wie der hiermit verbundene Verzicht auf

---

keitsfragen im Zusammenhang mit internationalen kommerziellen Schiedsgerichten mit Sitz in der Schweiz, Rn. 96 ff.

898 BG v. 17. Januar 2013, 4A_244/2012, E.4.2; BG v. 7. November 2011, BGE 138 III 29, 36; siehe *Zen-Ruffinen*, in: Mélanges en l'honneur de Denis Oswald, La nécessaire réforme du TAS, S. 483, 485; a.A. wohl *Haas/Köppel*, in: Jusletter 16. Juli 2012, Abwehransprüche des Sportlers gegen (angeblich rechtswidriges) Verbandsverhalten vor dem TAS, Rn. 20, nach deren Ansicht in Anlehnung an das Vertrauensprinzip eine weite Auslegung geboten ist.

899 Siehe bspw. BG v. 17. Januar 2013, 4A_244/2012, E.4.2, BG v. 7. November 2011, BGE 138 III 29, 36 und BG v. 8. Juli 2003, BGE 129 III 675, 680 f., wonach bei der Auslegung einer Schiedsvereinbarung deren Rechtsnatur zu beachten ist und eine restriktive Auslegung geboten ist, sofern ein Zweifelsfall hinsichtlich des Verzichts auf den staatlichen Rechtsschutz vorliegt.

900 Dies widerspräche auch der Rechtsprechung des Schweizerischen Bundesgerichts, nach der für eine weite Auslegung der Reichweite zumindest feststehen muss, dass die Parteien auf die staatliche Gerichtsbarkeit verzichten und ihre Sache zur Entscheidung an ein Schiedsgericht übertragen wollen. Siehe BG v. 20 September 2011, 4A_103/2011, E.3.2.1, BG v. 27. Januar 2010, 4A_562/2009, E. 2.1 oder BG v. 21. November 2003, BGE 130 III 66, 71 f.

901 Siehe zur „Relativierung des Vertrauensprinzips" bei Teil 2/Kapitel 3/B./I./1./c./aa) ab S. 99.

staatlichen Rechtsschutz. Unklarheiten hinsichtlich der Reichweite einer Schiedsvereinbarung sind demnach nicht zugunsten der Schiedsgerichtsbarkeit, sondern zugunsten eines Wahlrechts für den Sportler auszulegen. Ein Sportler muss grundsätzlich wählen dürfen, welchen Rechtsweg er einschlagen möchte – je nachdem, ob er mehr in die Schiedsgerichtsbarkeit oder in die ordentliche Gerichtsbarkeit vertraut.[902] Die Aufrechterhaltung der Schiedsvereinbarung nach dem „effet utile"-Gedanken ist lediglich dann gerechtfertigt, wenn einerseits der Wille zum Verzicht auf den staatlichen Rechtschutz unmissverständlich und freiwillig geäußert wurde[903] und lediglich Modalitäten hinsichtlich des schiedsgerichtlichen Verfahrens unklar sind[904] oder andererseits das Interesse des Sportlers an der Wahrung seiner verfassungsmäßigen Rechte dem Interesse der Sportverbände an der Einheitlichkeit, der Erhaltung und der Sicherung des verbandsmäßig organisierten Spielbetriebs nachstehen muss. Das Zurücktreten verfassungsmäßig garantierter Rechte stellt allerdings einen intensiven Eingriff dar, so dass die Reichweite von Schiedsvereinbarungen im Sport so zu bestimmen ist, dass sowohl aus Verbands- als auch aus Sportlersicht ein angemessenes und interessengerechtes Ergebnis erreicht wird.

2. Begrenzung der Reichweite auf Streitigkeiten mit „Bezug zum Sport"

Da eine Auslegung der Schiedsvereinbarung in den meisten Fällen keine zufriedenstellenden Ergebnisse verspricht, ist für die Eingrenzung der im Rahmen der Verhältnismäßigkeit liegenden Reichweite von erzwungenen Schiedsvereinbarungen letztlich nur eine Kategorisierung der möglichen Streitigkeiten in Erwägung zu ziehen. So könnte beispielsweise in Anlehnung an die sachliche Zuständigkeit (institutioneller) Sportschiedsgerichte eine Beschränkung der Reichweite auf Streitigkeiten mit Bezug zum Sport eine mögliche Lösung darstellen. Auf diese Weise wäre die erzwungene

---

902 Zitat aus einem offenen Brief der Rechtsanwälte Thomas Summerer (München) und Rainer Cherkeh (Hannover), zitiert in: *Reinsch*, Frankfurter Allgemeine Zeitung (Printausgabe) vom 16.04.2014, Der Preis des Rechtsstaates?, S. 28.

903 Siehe entsprechend BG v. 7. November 2011, BGE 138 III 29 ff.

904 Vgl. BG v. 9. Juli 2014, 4A_90/2014, E.3.2.2 und E.3.2.3.1, wonach lediglich die Bezeichnung des anzurufenden Schiedsgerichts und somit dessen Zuständigkeit unklar war. Der Wille zur außer(staats-)gerichtlichen Streitbeilegung kam in der Schiedsvereinbarung unmissverständlich zum Ausdruck.

Unterwerfung unter die Schiedsgerichtsbarkeit bei Vorliegen einer sportbezogenen Streitigkeit noch angemessen.

Die genaue Beantwortung der Frage, wann ein ausreichender Bezug zum Sport gegeben ist, der die Anwendung von Schiedszwang rechtfertigt, stellt sich als ein schwieriges Unterfangen dar. Die zahlreichen Definitionsversuche[905] des Begriffs „Sport“ verdeutlichen die Komplexität dieses Lebensbereichs, der wiederum mit anderen Lebensbereichen verbunden ist. Zudem besteht das Problem, dass sich der Sport mitsamt seiner wirtschaftlichen, rechtlichen sowie technischen Ausläufer ständig weiterentwickelt[906] und die Interessen der am Sport Beteiligten variieren. Deshalb hängt das Verständnis von Sport stets auch vom Standpunkt des Betrachters ab.[907] Der Versuch, eine allgemein gültige Definition zu erarbeiten, wurde im Jahre 1992 vom Europarat mit der Verabschiedung der Europäischen Sportcharta[908] durch das Minister-Komitee unternommen. Art. 2 dieser Sportcharta besagt, dass Sport „alle Arten von körperlicher Betätigung umfasst, die auf gelegentlicher oder organisierter Basis die Verbesserung der körperlichen und geistigen Fitness, die Förderung sozialer Beziehungen oder das Erreichen von Ergebnissen bei Sportwettkämpfen auf allen Ebenen zum Ziel haben.“ Dieses Verständnis von Sport kann aufgrund seiner „exzessiven Allgemeinheit“[909] nicht als rechtsverbindliche Definition qualifiziert werden. In Anlehnung an frühere IOC-Entscheidungen würde man den Sport als eine „körperliche Aktivität, die eine Art des Spiels, der Anstrengung und gegebenenfalls Geschicklichkeit umfasst und

905 Vgl. PHB SportR-*Pfister* Einführung/Rn. 1, der darauf hinweist, dass es bisher keine allgemein anerkannte Definition des Begriffes „Sport“ gibt; *Rigozzi*, L'arbitrage international, Rn. 15; *Jolidon*, in: Festgabe Kummer, Arbitrage et sport, S. 633, 634, spricht von einer „quasiimpossibilité d'une définition exhaustive du sport“.

906 *Rochat*, in: ASA Special Series No. 11, Tribunal Arbitral du Sport: Quelle procédure pour quel litige?, S. 11, 12.

907 So kann die Befragung eines Zuschauers, eines Sportwissenschaftlers oder einer Sportorganisation zu drei unterschiedlichen Auffassungen zum Sportbegriff führen, vgl. PHB SportR-*Pfister* Einführung/Rn. 1 f.

908 Abrufbar unter: https://wcd.coe.int/ViewDoc.jsp?Ref=Rec%2892%2913&Sector=secCM&Language=lan-French&Ver=rev&BackColorInternet=9999CC&BackColorIntranet=FFBB55&BackColorLogged=FFAC75 (zuletzt aufgerufen am 04.07.2015).

909 „l'excessive généralité“, siehe *Rigozzi*, L'arbitrage international, Rn. 16.

deren Ausübung ein methodisches Training sowie die Einhaltung von Regeln und Disziplin voraussetzt" verstehen.[910]

Zweifelsohne steht stets eine körperliche oder geistige[911] Betätigung im Vordergrund, die dem Sportler eine gewisse Anstrengung abverlangen muss. Beide Begriffsbestimmungen definieren den Sport jedoch nur umrisshaft und lassen die für das Gelingen eines sportlichen Wettkampfes essentiellen Grundsätze der Chancengleichheit[912], der Einheitlichkeit der Sportausübung und des ungewissen Ausgangs[913] weitgehend außen vor. Zudem berücksichtigen sie nur unzureichend die vielfältigen Ausübungs- und Gestaltungsmöglichkeiten des Sports. Aufgrund der verfassungsrechtlichen Bedeutung sowohl der Vertragsfreiheit als auch des Justizgewährungsanspruchs darf es zwar keinen Unterschied machen, ob die verbandsmäßig organisierte Sportausübung vordergründig dem Spaß am Spiel und der Erhaltung körperlicher Fitness ohne Entgelt dient (sogenannter Amateursport)[914] oder ob der Sportler auf die Ausübung seiner Sportart zur Existenzsicherung angewiesen ist (sogenannter Profi- beziehungsweise echter Berufssport)[915].[916] Denn in beiden Fällen stellen die Eingliederung des Sportlers in ein detailliertes Regelsystem sowie die Teilnahme an von Sportverbänden veranstalteten Wettkämpfen charakteristische Merkmale dar. Die Verwirklichung wirtschaftlicher Interessen steht jedoch im Profisport in einem unmittelbaren Zusammenhang zu der Leistung und der

---

910 „Activité comportant l'existence d'une activité physique impliquant un sens du jeu, de l'effort, le cas échéant d'adresse, et dont la pratique suppose un entraînement méthodique et le respect de règles et discipline." Siehe *Rochat*, in: ASA Special Series No. 11, Tribunal Arbitral du Sport: Quelle procédure pour quel litige?, S. 11, 12.

911 Dies ist umstritten. Dafür spricht aber die Aufnahme des Schach-Weltverbandes FIDE in die Olympische Charta, siehe http://schach.wienerzeitung.at/Welt.aspx?id=1064 und http://www.olympic.org/fr/content/le-cio/federations-reconnues/federation25/ (beide zuletzt aufgerufen am 04.07.2015) wie auch die Existenz der Olympischen Schießsportarten, bei denen ebenfalls Geschick und Konzentration im Vordergrund stehen.

912 Siehe PHB SportR-*Pfister* Einführung/Rn. 2.

913 Siehe *Rigozzi*, L'arbitrage international, Rn. 52.

914 Adolphsen/Nolte/Lehner/Gerlinger/*Wüterich*/*Breucker*, Sportrecht in der Praxis, Rn. 550.

915 PHB SportR-*Pfister* Einführung/Rn. 3.

916 Vgl. LG Kempten, SpuRt 2015, 35; siehe bei *Rigozzi*, L'arbitrage international, Rn. 21, zur Differenzierung zwischen Amateur- und Profisport.

Sportausübung,[917] so dass Streitigkeiten in diesem Bereich eine weitaus komplexere Gestalt annehmen können. Auch den widerstreitenden Interessen wird grundsätzlich eine größere Bedeutung zugemessen,[918] weshalb auch die Anzahl der sportbezogenen Streitigkeiten mit schiedsgerichtlichem Ausgang naturgemäß höher ist als im Amateursport.[919]

Die Bestimmung der Reichweite erzwungener Schiedsvereinbarungen mithilfe des Sportbegriffs scheint nahezu unmöglich. Die diesbezüglichen Schwierigkeiten werden zusätzlich durch das Ausreichen eines bloßen „Bezugs" zum Sport verstärkt. So ist es nach Ansicht des TAS nicht erforderlich, dass die zu entscheidende Streitigkeit offensichtlich mit dem Sport zusammenhängt.[920] Vielmehr reicht bereits ein schwacher Bezug aus, um eine Verbindung zum Sport und somit die sachliche Zuständigkeit des TAS zu begründen.[921] Die Bandbreite an möglichen sportbezogenen Streitigkeiten ist demnach beträchtlich, ohne dass diese besondere sportspezifische Merkmale oder Eigenarten aufweisen.[922] Nach dem aktuellen Stand müssen Streitigkeiten mit Bezug zum Sport nicht einmal unmittelbar mit der Ausübung einer Sportart im Zusammenhang stehen. Eine sportbezogene Streitigkeit ist etwa schon dann gegeben, wenn das dem Streit zugrunde liegende Problem organisatorische Abläufe oder sonstige

---

917 So sind beispielsweise Prämien in Sponsoringverträgen unmittelbar an die Leistung des Sportlers gebunden. Vgl. hierzu TAS 91/45 v. 31. März 1992, Recueil des sentences du TAS (1986-1998), S. 19 ff.

918 Vor allem die wirtschaftlichen Interessen stehen in der heutigen Zeit im Vordergrund, da im Zusammenhang mit Sportveranstaltungen zum Teil horrende Geldsummen bewegt werden.

919 Siehe *Rigozzi*, L'arbitrage international, Rn. 29.

920 Siehe den Schiedsentscheid des TAS v. 5. März 2013, TAS 2012/A/3027, Rn. 66: „[...] la Formation relève que le TAS connaît des litiges dont la relation avec le sport n'apparaît pas comme évidente au premier abord, un lien ténu semblant à même de justifier une relation suffisante avec le sport."

921 Siehe den Schiedsentscheid des TAS v. 5. März 2013, TAS 2012/A/3027, Rn. 66; vgl. auch Schiedsentscheid des TAS v. 30. November 1992, TAS 92/81, Rn. 3 ff., wonach schon allein die Tatsache, dass die Parteien über Ansprüche aus einem Vertrag stritten, der die Entwicklung von „bateaux de sport" (Sportbooten) zum Gegenstand hatte, für die Annahme eines ausreichenden Sportbezugs herangezogen wurde.

922 Die meisten Streitigkeiten des Sports haben einen wirtschafts- oder handelsrechtlichen Charakter und sind somit als „gewöhnliche" Streitigkeiten zu qualifizieren, siehe *Simon*, in: Droit et sport, Le conflit sportif: un conflit de normes?, S. 103, 104.

mit dem Sport zusammenhängende Angelegenheiten betrifft.[923] Es kann sich somit auch um Streitigkeiten handeln, in deren Mittelpunkt geldwerte Interessen stehen, sofern diese in irgendeiner Weise auf die Ausübung einer sportlichen Tätigkeit zurückgeführt werden können.[924]

Da eine so weitreichende Geltung von erzwungenen Schiedsvereinbarungen nicht mit der Schutzbedürftigkeit des einzelnen Sportlers in Einklang gebracht werden kann, muss klargestellt werden, wann eine mittels Zwangsanwendung auferlegte Schiedsvereinbarung in einem angemessenen Verhältnis zu ihrem Zweck (Entscheidungseinklang, Schnelligkeit des Verfahrens, Fachkompetenz der Schiedsrichter, Einheitlichkeit der Sportausübung) steht und somit noch als angemessen beurteilt werden kann. Der Sport beeinflusst heute als Objekt von (Medien-)Spektakeln, Konsumgut, Werbeträger, Arbeitgeber[925] etc. immer mehr Lebensbereiche des Sportlers,[926] weshalb für die Frage, wie weit eine erzwungene Unterwerfung unter die Sportschiedsgerichtsbarkeit reichen darf, zum Schutze des Sportlers eine restriktive Auslegung des Sportbezugs geboten ist.

3. Begrenzung der Reichweite auf den Kernbereich des Sports

Die Reichweite erzwungener Schiedsvereinbarungen im Sport ist beachtlich groß. Die Auswirkungen sind teilweise unüberschaubar und reichen weit in verschiedene Lebensbereiche des Sportlers hinein. Je weiter sich der Zwang auf Bereiche außerhalb der eigentlichen Sportausübung auswirkt, desto schützenswerter ist der Sportler, da seine erzwungene oder vielmehr erdachte Zustimmung nicht beliebig weit ausgedehnt werden darf. Der Sportler muss sich im Moment der Unterwerfung darüber im Klaren sein, für welche Rechtsstreitigkeiten er auf seinen staatlichen Richter zu verzichten hat[927] und in welchen Fällen er den ordentlichen Rechts-

---

923 TAS 92/81 v. 30. November 1992, Recueil des sentences du TAS (1986-1992), S. 47, 49; *Karaquillo*, in: Rigozzi/Bernasconi (Hrsg.), Le rôle du Tribunal arbitral du sport en tant qu'instance d'appel externe aux fédérations sportives, S. 35; *Simon*, L'arbitrage des conflits sportifs, S. 185, 191.

924 *Oschütz*, Sportschiedsgerichtsbarkeit, S. 83.

925 Anders als in Deutschland gem. §§ 4 i.V.m. 101 ArbGG werden arbeitsrechtliche Streitigkeiten in der Schweiz grundsätzlich für schiedsfähig gehalten.

926 *Schwaar*, in: Chapitres choisis du droit du sport, Tribunal Arbitral du Sport, S. 59.

927 *Holla*, Der Einsatz von Schiedsgerichten im organisierten Sport, S. 73.

weg beschreiten kann. Außerdem wäre durch eine zu weite Auslegung der Schiedsvereinbarung wegen einer Anhäufung der beizulegenden Verfahren der Zweck der Sportschiedsgerichtsbarkeit, nämlich die schnelle, einheitliche und vor allem fachkompetente Streitbeilegung sportrechtlicher Streitigkeiten,[928] gefährdet.

Aus diesen Gründen ist es abzulehnen, die Reichweite einer erzwungenen Schiedsvereinbarung im Wege einer geltungserhaltenden Reduktion beziehungsweise unter Anwendung des „effet utile"-Gedankens möglichst zugunsten der Schiedsgerichtsbarkeit und demnach recht weit auszudehnen. Andernfalls wäre der ordentliche Rechtsweg für die meisten Rechtsstreitigkeiten mit einem Sportler ausgeschlossen, da man bei Streitigkeiten mit Beteiligung eines Sportverbandes und eines Profisportlers wohl regelmäßig irgendeinen Bezug zum Sport herstellen kann.[929] In Anbetracht der Tatsache, dass der Sportler jedoch keine Wahl hat, ob er die Schiedsvereinbarung abschließt oder nicht, ist vielmehr über eine restriktive Auslegung des Sportbezugs die Bestimmung der Reichweite einer erzwungenen Schiedsvereinbarung vorzunehmen. Diese Vorgehensweise ist bereits dadurch gerechtfertigt, dass die schiedsgerichtliche Streitbeilegung nicht grundsätzlich im individuellen Interesse des Sportlers liegt[930] und die Freiwilligkeit eine essenzielle Voraussetzung für die Wirksamkeit einer Schiedsvereinbarung darstellt.[931] Es ist jedoch auch zu berücksichtigen, dass die schiedsgerichtliche Streitbeilegung zum Schutze verbandsmäßig organisierter Wettbewerbe sowie des gesamten Spielbetriebs bei Vorliegen bestimmter Streitigkeiten genauso essenziell sein kann. Dies ist zum Beispiel der Fall, wenn Gerichts- oder Schiedsverfahren Sachverhalte zum Gegenstand haben, die einen laufenden oder unmittelbar bevorstehenden sportlichen Wettbewerb betreffen.[932] In diesen Fällen sind zweifelsohne schnelle, fachkompetente und einheitliche Entscheidungen notwendig, um

---

928 Zu den Argumenten, die die Sportschiedsgerichtsbarkeit als attraktive Möglichkeit zur Streitentscheidung erscheinen lassen, vgl. *Adolphsen*, Internationale Dopingstrafen, S. 486.

929 Vgl. nur die Schiedsentscheide des TAS v. 5. März 2013, TAS 2012/A/3027, Rn. 66, sowie TAS v. 30. November 1992, TAS 92/81, Rn. 3 ff.

930 Siehe hierzu oben bei Teil 2/Kapitel 4/E./I./2./b. ab S. 171.

931 So auch *Monheim*, Sportlerrechte und Sportgerichte im Lichte des Rechtsstaatsprinzips, S. 161.

932 Dies ist im verbandsmäßig organisierten Sport oftmals der Fall, vgl. *Handschin*, in: SuR (2. Tagungsband) 2005, Grenzen der Schiedsgerichtsbarkeit im Sport, S. 275, 276; *Zimmermann*, CaS 2014, 11, 14.

nicht den Ablauf des Wettbewerbs zu gefährden beziehungsweise die Integrität des Wettbewerbs zu schützen.[933] Die Reichweite erzwungener Schiedsvereinbarungen ist demnach auf das für den reibungslosen Ablauf sportlicher Wettbewerbe Notwendige und Verhältnismäßige zu begrenzen.[934]

Angemessen erscheint deshalb eine Begrenzung der Reichweite erzwungener Schiedsvereinbarungen auf solche Streitigkeiten, die einen unmittelbaren Bezug zur konkreten Sportausübung aufweisen, das heißt Rechtsstreitigkeiten[935], die unmittelbar den Kernbereich des Sports betreffen.[936] Auf den Schutz des Kernbereichs des Sports sind zweifelsohne sowohl die Sportverbände als auch die Sportler angewiesen, so dass sich in diesem Bereich die Interessen der am Sportgeschehen Beteiligten grundsätzlich überschneiden.[937] Zum Kernbereich des Sports gehören nach der hier vertretenen Auffassung diejenigen Rechtsstreitigkeiten, die entweder einen unmittelbaren Bezug zur Sportausübung aufweisen oder deren Ausgang die ordnungsgemäße Durchführung eines anstehenden oder laufenden Sportwettbewerbes gefährden könnten. [938] Hierzu zählen Rechtsstreitigkeiten, die Verstöße gegen Wettkampfregelungen zum Gegenstand haben, sowie Streitigkeiten, die Sperren, Nominierungen beziehungsweise

---

933 Siehe *Handschin*, in: SuR (2. Tagungsband) 2005, Grenzen der Schiedsgerichtsbarkeit im Sport, S. 275, 276: „Je rascher ein Entscheid ergeht, desto geringer sind die Auswirkungen des Entscheids auf den sportlichen Wettbewerb.“

934 Vgl. *Stancke*, SpuRt 2015, 46, 49; siehe entsprechend *Heermann*, CaS 2006, 345, 347, bezugnehmend auf EuGH, Urt. V. 18.07.2006, Rs. C-519/04 P, Rn. 47 f. – Meca-Medina und Majcen.

935 Siehe zur Unterscheidung der Verletzung einer Spielregel und einer Rechtsregel das Werk von *Kummer*, Spielregel und Rechtsregel, sowie *Jolidon*, in: Festgabe Kummer, Arbitrage et sport, S. 633 ff. Spielregelverletzungen können nicht nachträglich durch ein Schiedsgericht oder ein staatliches Gericht entschieden werden.

936 So in etwa schon LG Frankfurt a.M., ZIP 1989, 599, 601 (siehe oben Teil 2/Kapitel 2/B./I. ab S. 63).

937 LG Frankfurt a.M., ZIP 1989, 599, 602.

938 Siehe *Holla*, Der Einsatz von Schiedsgerichten im organisierten Sport, S. 25, der zu Recht bei solchen Streitigkeiten die Notwendigkeit schneller Entscheidungen sieht; *Zimmermann*, CaS 2014, 11, 14 und 20.

Qualifikationsentscheidungen[939], Spielmanipulationen[940], unsportliches Verhalten[941] etc. betreffen. Den Kernbereich des Sports betreffen insbesondere auch Streitigkeiten über Verstöße gegen Dopingbestimmungen, da das Doping im Sport wesentliche Prinzipien des Sports, wie zum Beispiel die Chancengleichheit und das ordnungsgemäße Funktionieren sportlicher Wettbewerbe, gefährdet und die Wirkungen eines leistungssteigernden Dopingmittels erst in einem Wettbewerb auftreten oder zumindest bis zu einem Wettbewerb anhalten.[942] Abgesehen von der völkerrechtlichen Verpflichtung zur Umsetzung des WADA-Codes und der hierin enthaltenen Anordnung zur schiedsgerichtlichen Beilegung von Dopingstreitigkeiten,[943] ist eine erzwungene Schiedsvereinbarung für Dopingfälle somit schon aufgrund ihrer Reichweite, die auf den Schutz des Kernbereichs des Sports abzielt, angemessen. Dementsprechend erscheint auch § 11 des Referentenentwurfes eines deutschen Bundesgesetzes zur Bekämpfung von Doping im Sport angemessen, der es den Sportverbänden erlaubt, den Abschluss einer Schiedsvereinbarung zu einer Voraussetzung für die Teilnahme zu machen, sofern „die Schiedsvereinbarungen die Sportverbände und Sportlerinnen und Sportler in die nationalen oder internationalen Sportorganisation einbinden und die organisierte Sportausübung insgesamt ermöglichen, fördern oder sichern."[944] Zu weit ginge hingegen die Erstreckung der Schiedsvereinbarung auf Streitigkeiten, die keine Auswirkungen auf die Sportausübung befürchten lassen. Hierunter fallen beispielsweise Streitigkeiten in Bezug auf Schadensersatzansprüche[945], Disziplina-

939 Vgl. den Schiedsentscheid v. 6. August 2012 der Ad hoc-Kammer des TAS für die 30. Olympischen Spiele in London, TAS OG 12/08; Schiedsentscheid des TAS v. 23. Juli 2012, TAS 2012/A/2845.

940 Siehe bspw. den Schiedsentscheid des TAS v. 18. Januar 2011, TAS 2010/A/2172; TAS v. 12. Juli 2008, TAS 2008/A/1590.

941 Siehe bspw. den Schiedsentscheid des TAS v. 8. August 2008, TAS 2008/A/1594.

942 Siehe zum Erfordernis einer einheitlichen Anwendung der Dopingregeln durch einen einheitlichen Spruchkörper *Handschin/Schütz*, SpuRt 2014, 179, 181.

943 *Duve/Rösch*, SchiedsVZ 2014, 216, 227.

944 Vgl. § 11 Entwurf eines Gesetzes zur Bekämpfung von Doping im Sport, abrufbar auf der Internetseite des Bundesministeriums des Innern: http://www.bmi.bund.de/SharedDocs/Downloads/DE/Nachrichten/Kurzmeldungen/anti-doping-gesetz.pdf?__blob=publicationFile (zuletzt aufgerufen am 04.07.2015).

945 Siehe bspw. den Schadensersatz-Prozess der Eisschnellläuferin Claudia Pechstein vor dem LG München I v. 26. Februar 2014, CaS 2014, 154 ff. (= SpuRt 2014, 113 ff.); auch im Skisport muss mit Unterzeichnung der Athletenvereinbarung des Internationalen Skiverbandes (FIS) gemäß Nr. 5 der Vereinbarung auf den or-

rentscheidungen, die sich nicht unmittelbar auf die Sportausübung auswirken (z.B. Geldstrafen oder Stadionverbote)[946], Ausbildungsentschädigungen[947] sowie Streitigkeiten, die Ansprüche oder Rechte aus Spielerverträgen, Sponsoringverträgen[948], Ausrüsterverträgen, Vermarktungsverträgen, Berater- und Spielervermittlerverträgen etc. betreffen oder rein verbandsinterner Natur[949] sind, da diese den Ablauf eines Wettbewerbs in der Regel nicht beeinflussen und somit keine Gefahr für den Kernbereich des Sports darstellen. Dementsprechend müssen zum Schutze des Sportlers Konflikte, deren Ursprung man nur zufällig und indirekt dem Sport zuordnen kann, vom Geltungsbereich der erzwungenen Schiedsvereinbarung ausgeschlossen werden.[950] Der Ausschluss von Streitigkeiten, die keinen unmit-

---

dentlichen Rechtsweg auch für Klagen auf Schadensersatz verzichtet werden. Abrufbar unter: http://www.fis-ski.com/mm/Document/documentlibrary/Administrative/04/35/34/AthletesDeclaration-German_English.pdf (zuletzt aufgerufen am 04.07.2015).

946 Siehe bspw. die von der FIFA verhängte Strafe gegen den uruguayischen Nationalspieler Luis Suarez wegen seiner „Beißattacke". Neben einer Sperre von 9 Pflichtspielen für Uruguay, erhielt der Spieler ein viermonatiges Verbot für alle Fußballaktivitäten (u.a. Stadionbesuche) sowie eine Geldstrafe i.H.v. 100.000 Schweizer Franken. In einem Berufungsverfahren vor dem TAS wurde der Umfang des viermonatigen Verbots zugunsten des Spielers auf offizielle Spiele beschränkt. Siehe die Pressemitteilung des TAS vom 14. August 2014: http://www.tas-cas.org/fileadmin/user_upload/communique20medias2036652020_FR_1420082014.pdf (zuletzt aufgerufen am 04.07.2015); a.A. wohl *Zimmermann*, CaS 2014, 11, 16 f., nach dessen Ansicht für sämtliche Disziplinarentscheidungen eine großzügige Auslegung der Schiedsvereinbarung angezeigt ist.

947 Siehe bspw. den Schiedsentscheid des TAS v. 11. April 2014, TAS 2012/A/2720, Rn. 3.15, wonach der klagende Verein die Zuständigkeit des TAS wegen der hohen Verfahrenskosten und somit der faktischen Versperrung des Rechtswegs bestritt, obwohl er sich den Verbandsstatuten und der darin enthaltenen Schiedsklausel unterworfen hat.

948 Vgl. bspw. den Streit der deutschen Eisschnellläuferinnen Anni Friesinger und Claudia Pechstein mit der Deutschen Eisschnelllaufgemeinschaft (DESG) aus dem Jahre 2002, wo es um die Vergabe von Werbeflächen auf Trainingsanzügen zugunsten des Individualsponsorings ging, *Bergmann*, in: Recht und Sport, Rechtliche Problemstellungen um die Athletenvereinbarung aus Athletensicht, S. 59, 63 f.

949 Vgl. Schiedsentscheid des TAS v. 5. März 2013, TAS 2012/A/3027, Rn. 64 ff., wo es um die Zulassung eines Verbandsmitglieds als Kandidat zur Präsidentschaftswahl der Confédération Africaine de Football (CAF) ging.

950 *Karaquillo*, in: Rigozzi/Bernasconi (Hrsg.), Le rôle du Tribunal arbitral du sport en tant qu'instance d'appel externe aux fédérations sportives, S. 35.

telbaren Bezug zur Sportausübung aufweisen, muss erst recht vor dem Hintergrund gelten, dass (institutionelle) Sportschiedsgerichte für den Sportler zum Teil sehr weitreichende Entscheidungen treffen, die hohe Geldstrafen oder gar Berufsverbote zur Folge haben können.[951] Je weiter sich die Streitigkeit von einem unmittelbaren Bezug zur Sportausübung entfernt, desto mehr Gründe sprechen zugunsten des Sportlers gegen die Wirksamkeit der erzwungenen Unterwerfung unter die Schiedsgerichtsbarkeit.[952]

Zu beachten ist allerdings, dass eine Streitigkeit, die den Kernbereich der Sportausübung unmittelbar betrifft, oftmals die Grundlage für eine Folgestreitigkeit bildet, die dem Kernbereich der Sportausübung nicht mehr zugeordnet werden kann. So kann beispielsweise ein Sportler, der die Rechtmäßigkeit einer Dopingsperre bestreitet, vor seinem staatlichen Gericht Schadensersatzansprüche in Bezug auf die verlorengegangenen Einnahmen geltend machen.[953] Das staatliche Gericht hat in diesem Fall inzident zu prüfen, ob es den Schiedsentscheid im Zusammenhang mit der Dopingsperre anerkennt oder nicht. Handelt es sich um den Schiedsentscheid eines echten Schiedsgerichts[954], so entfaltet dieser aufgrund des New Yorker Übereinkommens über die Anerkennung und Vollstreckung ausländischer Schiedssprüche vom 10. Juni 1958 (UNÜ) grundsätzlich Bindungswirkung für das staatliche Gericht.[955] Denn unter Beachtung des Kernbereichskriteriums wäre die Angemessenheit des Schiedszwangs in Bezug auf die vorangegangene Dopingentscheidung und dementsprechend auch das Vorliegen einer „Vereinbarung" im Sinne des Art. II UNÜ zu bejahen. In der Folge wäre dem Schadensersatzbegehren des Sportlers wegen der Rechtskraftwirkung des Schiedsentscheids die Grundlage entzogen, so dass die einheitliche Anwendung des Kernbereichskriteriums auch zur Vermeidung von Rechtszersplitterung führen würde.

---

951 *König*, SpuRt 2004, 137, 138.

952 Vgl. *Heermann*, CaS 2006, 345, 355, unter Bezugnahme auf *Pfister*, nach dessen Ansicht die Entscheidungskompetenz von Sportverbänden bei „sporttypischen" Regeln, Verbandsmaßnahmen oder Sportlerverhalten weiter ginge als bei Eingriffen in den außersportlichen, insbesondere den finanziellen Bereich.

953 Siehe bspw. zum Fall der Eisschnellläuferin Claudia Pechstein bei Teil 2/Kapitel 2/B./IV. ab S. 75.

954 Siehe hierzu unten bei Teil 3/Kapitel 1/B. und C. ab S. 208.

955 Vorausgesetzt der Anerkennung des Schiedsentscheids steht aus der Sicht des staatlichen Gerichts kein Versagungsgrund nach Art. V UNÜ entgegen (wie bspw. ein Verstoß gegen den *ordre public* i.S.v. Art. V Abs. 2 lit. b UNÜ).

Grundsätzlich muss demnach stets die Frage nach der Notwendigkeit der (institutionellen) Sportschiedsgerichtsbarkeit gestellt werden. Es ist in vielen Fällen nicht ersichtlich, aus welchen Gründen Streitigkeiten mit einem schwächeren Bezug zum Sport nicht auch von staatlichen Gerichten entschieden werden können.[956] Deshalb ist die erzwungene Unterwerfung unter die (institutionelle) Sportschiedsgerichtsbarkeit zumindest in denjenigen Fällen als unangemessen zu qualifizieren, in denen nicht der Kernbereich des Sports betroffen ist und die Notwendigkeit der Streitentscheidung durch ein (institutionelles) Sportschiedsgericht aufgrund fehlender Nähe zur Sportausübung fragwürdig erscheint.

III. Abwägungsergebnis

Angesichts des hohen verfassungsrechtlichen Stellenwertes der Vertragsfreiheit sowie des Justizgewährungsanspruchs muss die Wirksamkeit erzwungener Schiedsvereinbarungen grundsätzlich an restriktive Bedingungen geknüpft werden, sofern Zweifel hinsichtlich der Freiwilligkeit beim Abschluss der Schiedsvereinbarung bestehen.[957] Lediglich soweit es um die Aufrechterhaltung des Spielbetriebs und somit den Schutz des Kernbereichs des Sports geht, überwiegt das Verbandsinteresse an einer schiedsgerichtlichen Streitbeilegung, die in diesen Fällen als sinnvolles, sogar essentielles Instrument zur Sicherstellung der Funktionsfähigkeit und des Fortbestands von verbandsmäßig organisierten Wettbewerben anzusehen ist.[958] Somit ist die Anwendung von Zwang zur schiedsgerichtlichen Beilegung von Streitigkeiten, die einen unmittelbaren Bezug zur Sportausübung aufweisen, trotz der Einschränkung verfassungsrechtlich verankerter Garantien des Sportlers als angemessen zu beurteilen. Nur in diesem Bereich decken sich mit an Sicherheit grenzender Wahrscheinlichkeit das individuelle Sportlerinteresse und das Interesse der Sportlergemein-

---

956 Vgl. OLG Bremen v. 30. Dezember 2014, 2 U 67/14, SV Wilhelmshaven e.V. gegen Norddeutscher Fußball-Verband e.V., S. 26; *Knoepfler/Schweizer*, SZIER 1994, 149, 153; vgl. zur fehlenden Rechtfertigung für eine geschlossene Schiedsrichterliste bei Teil 3/Kapitel 3/A./III./1. ab S. 306.

957 BG v. 7. November 2011, BGE 138 III 29, 36; BG v. 8. Juli 2003, BGE 129 III 675, 681; *Zen-Ruffinen*, in: Mélanges en l'honneur de Denis Oswald, La nécessaire réforme du TAS, S. 483, 485.

958 So auch LG Frankfurt a.M., ZIP 1989, 599, 601, wonach die Anwendung von Schiedszwang lediglich innerhalb der „Grenzen des Unabdingbaren" zulässig ist.

schaft,[959] so dass in diesem Fall ein übereinstimmender Parteiwille naheliegend und somit eine Einschränkung der individuellen Vertragsfreiheit ausnahmsweise gerechtfertigt sein kann. Da hingegen die schiedsgerichtliche Beilegung von Streitigkeiten, die über den Kernbereich des Sports hinausgehen, nur im entfernten Sinne der Aufrechterhaltung und Einheitlichkeit des Spielbetriebs dienen, ist für diese Fälle die Wirksamkeit erzwungener Schiedsvereinbarungen abzulehnen. Diesbezüglich kommt letzten Endes nur ein Wahlrecht zugunsten des Sportlers[960] in Frage.

Auf den Kernbereich des Sports stellte bereits das Landgericht Frankfurt a.M. in seiner „LONDON"-Entscheidung[961] ab. Schon damals erkannten die Richter, dass keine der Parteien ein Interesse an der Gesamtnichtigkeit der Schiedsvereinbarung hatte.[962] Eine konsequente Anwendung dieser Kernbereichstheorie vonseiten der Rechtsprechung hätte die Herausbildung eindeutiger Fallgruppen zur Folge, bei deren Vorliegen die Verhältnismäßigkeit des Schiedszwangs indiziert wäre. In jedem Fall berücksichtigt die hier vorgenommene Beschränkung der Wirksamkeit erzwungener Schiedsvereinbarungen sowohl die Schutzbedürftigkeit des Sportlers als auch das Bedürfnis der Sportverbände nach schnellen, einheitlichen und fachkompetenten Entscheidungen bezüglich derjenigen Streitigkeiten, die die verbandsmäßig organisierte Sportausübung tatsächlich gefährden können und deshalb die Entscheidung eines spezialisierten (institutionellen) Sportschiedsgerichts unbedingt erfordern.

Kapitel 5: Fazit

Sofern einem Sportler hinsichtlich der Entscheidung, ob er den Weg vor ein (institutionelles) Sportschiedsgericht oder vor ein staatliches Gericht beschreiten will, kein echtes Wahlrecht eingeräumt wird, sind Schiedsvereinbarungen, deren Reichweite über den Schutz des Kernbereichs des Sports oder die Aufrechterhaltung eines anstehenden oder laufenden Wett-

---

959 So zu Recht BGH, NJW 1995, 583, 585, wonach sowohl der Sportler als auch der Verband ein Interesse an der Aufrechterhaltung eines geregelten und geordneten Spielbetriebs haben.

960 Siehe zu den Ausgestaltungsmöglichkeiten eines solchen Wahlrechts bei Teil 2/Kapitel 4/D./I./1. ab S. 154.

961 Siehe hierzu oben bei Teil 2/Kapitel 2/B./I. ab S. 63 (LG Frankfurt a.M., ZIP 1989, 599 ff.).

962 LG Frankfurt a.M., ZIP 1989, 599, 602.

bewerbs hinausgehen, nach der hier vertretenen Auffassung übermäßig beziehungsweise unangemessen und somit nach Art. 19 Abs. 2 OR i.V.m. Art. 27 Abs. 2 ZGB beziehungsweise § 138 Abs. 1 BGB sowie aus kartellrechtlicher Sicht (Art. 7 KG, § 19 GWB, Art. 102 AEUV) unwirksam. Dieses Ergebnis gilt nach deutschem und – entgegen der Entscheidungspraxis des Schweizerischen Bundesgerichts – grundsätzlich auch nach schweizerischem Recht. Denn im Zweifel muss die Schutzbedürftigkeit des Sportlers überwiegen, der letztlich den Abschluss einer Schiedsvereinbarung freien Willens ablehnen können sollte, ohne deswegen von der Teilnahme am verbandsmäßig organisierten Spielbetrieb ausgeschlossen zu werden.[963] Dass das Schweizerische Bundesgericht diesbezüglich dennoch eine andere Ansicht vertritt, ist wegen der transnationalen Geltung von Art. 6 Abs. 1 und 13 EMRK zu beanstanden, die den Justizgewährungsanspruch auf europäischer Ebene garantieren und für dessen Auslegung die Rechtsprechung des EGMR als maßgebend berücksichtigt werden muss[964]. Das EGMR verleiht dem Recht auf Zugang zur staatlichen Gerichtsbarkeit (Justizgewährungsanspruch) zu Recht einen hohen Stellenwert,[965] den das Schweizerische Bundesgericht bei der Abwägung der im Zusammenhang mit dem Schiedszwang betroffenen Interessen zu beachten hat.

Zwar scheinen bei rein objektiver Betrachtung nur wenige Argumente gegen die von den Sportverbänden auferlegte Schiedsgerichtsbarkeit zu sprechen.[966] Es bleiben aber die Einschränkungen von verfassungsmäßig garantierten Rechten auf Sportlerseite, die der Wirksamkeit erzwungener Schiedsvereinbarungen im Wege stehen. Die hohe verfassungsrechtliche

963 So auch *Wyler*, in: Röhricht (Hrsg.), Die Schiedsabrede im Sport, S. 43, 52.

964 *Heermann*, SchiedsVZ 2014, 66, 67.

965 Siehe bspw. EGMR Urteil v. 28. Oktober 2010 (1643/06), *Suda gegen Tschechische Republik*, Rn. 48; EGMR Urteil v. 27. Februar 1980 (Ser. A no. 35), *Deweer gegen Belgien*, Nr. 42, EGMR-E 1, S. 463, 474 (Rn. 49); nach *Niedermaier*, SchiedsVZ 2014, 280, 283, sei die Heranziehung der Entscheidung des EGMR in der Streitsache *Suda gegen Tschechische Republik* zur Beurteilung der Wirksamkeit von Schiedsvereinbarungen verfehlt, da das Gericht die Frage nach den Anforderungen an die freie Willensbildung bei einer Schiedsvereinbarung nicht abschließend geklärt habe. Dieser Auffassung ist nicht zuzustimmen, da der EGMR unmissverständlich zum Ausdruck bringt, dass der Verzicht auf die staatliche Gerichtsbarkeit „libre, licite et sans équivoque“ (frei, erlaubt und unmissverständlich) zu erfolgen habe, siehe Fundstelle am Anfang dieser Fn.

966 So zumindest *Oschütz*, Sportschiedsgerichtsbarkeit, S. 246.

Bedeutung der Vertragsfreiheit sowie des Justizgewährungsanspruchs erfordern bereits auf der Ebene des Abschlusses einer Schiedsvereinbarung einen Ausgleich für das Kräfteungleichgewicht zwischen Sportverbänden und Sportlern. Dieser Ausgleich kann durch eine Beschränkung der Reichweite erzwungener Schiedsvereinbarungen erreicht werden. Denn einem Sportler, der sich vor Streitentstehung mangels Alternative regelmäßig keine konkreten Gedanken bezüglich der Konsequenzen und der Reichweite einer Schiedsvereinbarung macht, wird es im Nachhinein nur in wenigen Fällen gelingen, den Kausalzusammenhang zwischen der Drucksituation und seiner erklärten Zustimmung zur Schiedsvereinbarung darzulegen.[967] Die im Rahmen dieser Untersuchung vorgeschlagene vermittelnde Lösung zeigt somit einen Weg auf, der die Interessen auf Sportverbands-, aber auch auf Sportlerseite in ein angemessenes Verhältnis rückt. Denn es wird vorliegend nicht bestritten, dass die schiedsgerichtliche Streitbeilegung zum Schutze des Kernbereichs des Sports, etwa zur Dopingbekämpfung, notwendig ist.[968] Sollten die Sportverbände weiterhin darauf bestehen, dass sich jeder Sportler zum Zwecke der verbandsmäßig organisierten Sportausübung der (institutionellen) Sportschiedsgerichtsbarkeit zu unterwerfen hat, so gibt der Gang dieses Mittelweges dem betroffenen Sportler die Möglichkeit, je nach Art der Streitigkeit die Wirksamkeit der Schiedsvereinbarung und somit die Zulässigkeit eines Schiedsverfahrens zu rügen. Eine diesbezügliche Rüge hat in jedem Fall ausdrücklich und zu Beginn des Schiedsverfahrens zu erfolgen.[969] Deren Unterlassung muss hingegen als konkludenter Verzicht auf den Justizgewährungsanspruch gewertet werden.[970] Auf diese Weise ist der Sportler

---

967 *Oschütz*, Sportschiedsgerichtsbarkeit, S. 246, vertritt die Ansicht, dass die besonderen Umstände, die den Sportler in Form von unzulässiger Druckausübung zum Abschluss der Schiedsvereinbarung bewegen, nachgewiesen werden müssen.

968 So auch zu Recht *Handschin/Schütz*, SpuRt 2014, 179, 181.

969 Pfeiffer, SchiedsVZ 2014, 161, 162, sieht die Erforderlichkeit einer Rüge zurecht im allgemein anerkannten Verbot widersprüchlichen Verhaltens begründet; LG München I v. 26. Februar 2014, CaS 2014, 154, 171 (= SpuRt 2014, 113, 122); angesichts der strukturellen Ungleichgewichtslage erscheint eine vorherige Rüge des Sportlers gegenüber dem Verband oder die Erklärung eines Vorbehalts aussichtslos. Nach § 1040 Abs. 2 ZPO hat die Rüge der Unzuständigkeit des Schiedsgerichts spätestens mit der Klagebeantwortung zu erfolgen.

970 So zutreffend LG München I v. 26. Februar 2014, CaS 2014, 154, 171 (= SpuRt 2014, 113, 122), nach dessen Ansicht es im Falle einer ausdrücklichen Rüge jedoch nicht schadet, wenn der Sportler dennoch vor dem Schiedsgericht, dessen Zuständigkeit er rügt, zur Sache verhandelt.

dem Willen der Sportverbände hinsichtlich der wichtigen Frage nach seinen Rechtsschutzmöglichkeiten nicht mehr völlig schutz- und alternativlos ausgeliefert.

Die Beschränkung der Reichweite erzwungener Schiedsvereinbarungen verringert darüber hinaus die Gefahr eines Missbrauchs verbandsmäßiger Machtstellungen. So ist in der Praxis zu erkennen, dass viele Sportverbände beabsichtigen, mit der Auferlegung der Schiedsgerichtsbarkeit den ordentlichen Rechtsweg so umfassend wie möglich auszuschließen, um die staatlichen Einflüsse gering zu halten. Nach der hier vertretenen Auffassung hängt die Entscheidung über die Wirksamkeit der Schiedsvereinbarung jedoch von objektiven Kriterien, nämlich dem unmittelbaren Bezug zur Sportausübung sowie der Notwendigkeit der schiedsgerichtlichen Streitbeilegung zum Schutze des Kernbereichs des Sports, ab. Zwar lassen diese Kriterien dem über die Wirksamkeit der Schiedsvereinbarung entscheidenden Spruchkörper einen gewissen Ermessens- und Interpretationsspielraum. Dies ist jedoch allemal sachgerechter als die Annahme einer vermeintlich freiwillig vereinbarten, sämtliche sportbezogene Streitigkeiten umfassenden Schiedsvereinbarung. Es ist zudem davon auszugehen, dass mit der Anwendung des Kernbereichskriteriums Fallgruppen entstehen, die eine zweifelsfreie Bestimmung der Wirksamkeit ermöglichen.

Geht man entweder mit dem Schweizerischen Bundesgericht von der grundsätzlichen Wirksamkeit erzwungener Schiedsvereinbarungen oder mit der hier vertretenden Auffassung von einer lediglich beschränkten Wirksamkeit solcher Schiedsvereinbarungen aus, so gewinnt insbesondere die Frage nach der Einhaltung der rechtsstaatlichen Mindeststandards bei der Organisation und Durchführung von Schiedsverfahren vor (institutionellen) Sportschiedsgerichten an Bedeutung. Im nächsten Teil ist deshalb am Beispiel des TAS und des DSS zu untersuchen, welche Anforderungen an die Unabhängigkeit und Überparteilichkeit institutioneller Sportschiedsgerichte zu stellen sind. In diesem Zusammenhang ist näher auf die Struktur und Organisation dieser Schiedsgerichtsinstitutionen sowie auf die Zusammenstellung und Besetzung der Schiedsrichterbank einzugehen. Unabhängig von den Einschränkungen, die ein Sportler beim Abschluss der Schiedsvereinbarung im Hinblick auf die Freiwilligkeit und folglich beim Justizgewährungsanspruch in Kauf zu nehmen hat, müssen ihm grundsätzlich eine vertrauenswürdige Schiedsgerichtsinstitution zur Verfügung stehen und das schiedsgerichtliche Verfahren den rechtsstaatlichen Ansprüchen an ein faires Verfahren genügen.

Teil 3: Die Unabhängigkeit institutioneller Sportschiedsgerichte

Bereits im Jahre 1973 forderte *Kummer* in seinem vielzitierten Werk *Spielregel und Rechtsregel* „höchste Wachsamkeit" bei institutionalisierten Sportschiedsgerichten, da diese ausnahmslos Gefahr liefen, „nach und nach ihre innere Unbefangenheit, selbst in guten Treuen, einzubüssen und unmerklich ins Fahrwasser der Verbandsinteressen zu geraten." [971]

Die von *Kummer* geforderte „höchste Wachsamkeit" ist insbesondere vor dem Hintergrund geboten, dass den Sportlern der Verzicht auf die staatliche Gerichtsbarkeit einerseits sowie die Beilegung ihrer Streitigkeiten durch ein vorgeschriebenes institutionelles Sportschiedsgericht andererseits aufgezwungen werden. Bei institutionellen Sportschiedsgerichten handelt es sich um privatrechtlich organisierte Gerichte, die die staatliche Gerichtsbarkeit ersetzen. Diese Abschirmung der staatlichen Gerichtsbarkeit wird durchaus kritisch beobachtet.[972] Deshalb müssen institutionelle Sportschiedsgerichte nicht nur wie jedes gewöhnliche Schiedsgericht den rechtsstaatlichen Mindeststandards genügen. Angesichts des erzwungenen Verzichts auf staatlichen Rechtsschutz haben sie darüber hinaus die Aufgabe, den Streitbeteiligten ein besonders vertrauenswürdiges Streitbeilegungssystem zur Seite zu stellen.[973] Sobald ein Staat die Übertragung seines Rechtsprechungsmonopols auf privatautonom vereinbarte Schiedsgerichte zulässt, rückt besonders das Interesse an der Einhaltung des Gebots unabhängiger und überparteilicher Rechtspflege in den Vordergrund,[974] dem im Bereich der Schiedsgerichtsbarkeit eine „parteischützende Funktion"[975] zugesprochen wird. Bei institutionellen Sportschiedsgerichten ist in diesem Zusammenhang auf zwei Ebenen näher einzugehen: Zum einen auf die institutionelle Unabhängigkeit der Sportschiedsgerichtsinstitution, die unter anderem die rechtliche und organisatorische Selbstständigkeit

---

971 Siehe *Kummer*, Spielregel und Rechtsregel, S. 78.

972 So bereits *Vollkommer*, RdA 1982, 16 ff.

973 *Simon*, L'arbitrage des conflits sportifs, S. 185, 205.

974 *Kornblum*, NJW 1987, 1105, 1107; BGH, NJW 1986, 3027, 3028.

975 BGH, NJW 1986, 3027, 3028, wohingegen in staatlichen Gerichtsverfahren das öffentliche Interesse an der Einhaltung des Gebots unabhängiger und überparteilicher Rechtspflege überwiegt.

der Institution im Verhältnis zu potenziellen Streitbeteiligten erfordert, und zum anderen auf die Unabhängigkeit und Überparteilichkeit des zur Entscheidung berufenen Spruchkörpers, der unter Beachtung der betroffenen Interessen selbstständige Entscheidungen zu treffen hat.[976]

Aufgrund der typisierbaren Fallgestaltung im Sport[977] müssen jegliche Zweifel hinsichtlich der Unabhängigkeit und Überparteilichkeit des institutionellen Sportschiedsgerichts insbesondere im Hinblick auf etwaige Einflüsse seitens der Dachorganisationen des Sports oder mächtiger Sportverbände ausgeräumt werden. Das gilt umso mehr, als diese die Unterwerfung unter die Schiedsgerichtsbarkeit in ihren Satzungen oder individualvertraglich vorschreiben[978] und die Beilegung von Streitigkeiten zwischen Sportlern und Verbänden einen Großteil der Arbeit der institutionellen Sportschiedsgerichte ausmacht.[979]

Kapitel 1: Das Gebot unabhängiger und überparteilicher Rechtspflege

Die Unabhängigkeit und Überparteilichkeit eines Spruchkörpers wird grundsätzlich am Maßstab des sogenannten „Gebots überparteilicher Rechtspflege“[980] bestimmt. Sinngemäß beinhaltet dieses Gebot neben dem Überparteilichkeitsgrundsatz auch die Einhaltung des Unabhängigkeitsgrundsatzes. Diese Grundsätze sind derart eng miteinander verbunden, dass erst deren gemeinsame Beachtung die Anerkennung eines Schiedsgerichts als eine rechtsstaatliche Gerichtsbarkeit ermöglicht.[981] Diese Ver-

---

976 *Simon*, L'arbitrage des conflits sportifs, S. 185, 205, der diese Erfordernisse zum einen mit dem Bedürfnis nach einer „autorité sportive indépendante“ und zum anderen der „l'indépendance ‚d'esprit' des arbitres“ umschreibt; *Knoepfler/Schweizer*, SZIER 1994, 149, 152 f.

977 Siehe hierzu bei Teil 2/Kapitel 1/B./I. ab S. 38.

978 *Rigozzi*, ZSR 132 (2013) I, S. 301, 305; *Hofmann*, Zur Notwendigkeit eines institutionellen Sportschiedsgerichts in Deutschland, S. 369.

979 Vgl. bspw. *Reeb*, Recueil des sentences du TAS II, S. xix, wonach im Jahre 2000 65% der Streitigkeiten Disziplinarmaßnahmen zum Gegenstand hatten.

980 Siehe *Schwab/Walter*, Schiedsgerichtsbarkeit, Kap. 9, Rn. 4; *Kornblum*, NJW 1987, 1105; *Oschütz*, Sportschiedsgerichtsbarkeit, S. 87.

981 Vgl. *Frowein/Peukert*, EMRK-Kommentar, zu Art. 6 EMRK, Rn. 213, wonach zwischen der „Unabhängigkeit“ und der „Unparteilichkeit“ ein funktionaler Zusammenhang besteht; siehe *Raeschke-Kessler*, Bulletin ASA 2008, 3, 6, nach dem die Unabhängigkeit und Unparteilichkeit Komplementärbegriffe darstellen,

bindung zeigt sich auch in Art. 367 Abs. 1 lit. c Schweizerische ZPO und § 1036 Abs. 1 ZPO sowie in Art. R33 Abs. 1 TAS-Code und § 15 DIS-SportSchO, die jeweils die Bildung eines unabhängigen und überparteilichen Schiedsgerichts voraussetzen.[982] Während die Unabhängigkeit eher als das Fehlen von sichtbaren oder beschreibbaren Bindungen zwischen einer Partei und einem Schiedsrichter definiert werden kann, ist die Überparteilichkeit durch einen gedanklich einzuhaltenden gleichen Abstand eines Schiedsrichters zu den Parteien gekennzeichnet.[983] Bei den Begriffen der Unabhängigkeit und der Überparteilichkeit handelt es sich mithin nicht um Synonyme,[984] so dass mithilfe dieser Definitionen eine Unterscheidung vorgenommen werden kann, die insbesondere für die schiedsgerichtliche Streitbeilegung Bedeutung erlangt. So wird im Rahmen der Schiedsgerichtsbarkeit oftmals dafür plädiert, an die Unabhängigkeit eines Schiedsgerichts nicht die gleichen Anforderungen zu stellen wie an ein staatliches Gericht.[985] Dies ist auf die Tatsache zurückzuführen, dass die Parteien die das Schiedsgericht bildenden Schiedsrichter zum Teil selbst benennen und somit zwischen der ernennenden Partei und dem ernannten Schiedsrichter eine gewisse Verbindung besteht.[986] Dementgegen ist aber grundsätzlich zu fordern, dass an die Einhaltung der Überparteilichkeit so-

---

die lediglich zwei verschiedene Seiten der gleichen Medaille bilden, da sie jeweils die Distanz des Schiedsrichters zu den Streitparteien fordern; so auch *Knoepfler*, SZIER 2007, 463, 471, mit Hinweis auf Art. 180 Abs. 1 lit. c) IPRG; Zürcher Kommentar IPRG/*Vischer*, zu Art. 180, Rn. 11; *Baddeley*, L'association sportive face au droit, S. 263 m.w.N.

982 Art. 180 Abs. 1 lit. c) IPRG benennt zwar nicht ausdrücklich das Erfordernis der Überparteilichkeit. Nach *Orelli*, in: Arbitration in Switzerland, zu Art. 180 IPRG, Rn. 8, sei eine Trennung der Voraussetzungen der Unabhängigkeit und der Überparteilichkeit aber äußerst schwierig und nicht vom Schweizerischen Gesetzgeber intendiert.

983 So *Raeschke-Kessler*, Bulletin ASA 2008, 3, 6; diese Definition beruht auf der Abgrenzung zwischen einem objektiven Element (Unabhängigkeit) und einem subjektiven Element (Überparteilichkeit), vgl. *Niedermaier*, Schieds- und Schiedsverfahrensvereinbarungen in strukturellen Ungleichgewichtslagen, S. 49; *Villiger*, Handbuch der EMRK, Rn. 415.

984 *Baddeley*, L'association sportive face au droit, S. 264.

985 *Baddeley*, L'association sportive face au droit, S. 264.

986 . *Baddeley*, L'association sportive face au droit, S. 264; siehe hierzu näher unten bei Teil 3/Kapitel 3. ab S. 278.

wohl bei Schiedsgerichten als auch bei staatlichen Gerichten stets die gleichen, strengen Anforderungen zu stellen sind.[987]

Zur Verwendung einheitlicher Terminologie und als Ausdruck der substanziellen Bedeutung sowohl der Unabhängigkeit als auch der Überparteilichkeit für die (institutionelle) Sportschiedsgerichtsbarkeit wird vorliegend nach der Einhaltung des „Gebots der unabhängigen und überparteilichen Rechtspflege" gefragt.

A. Herleitung für die Schiedsgerichtsbarkeit

I. Schweiz

Das Gebot unabhängiger und überparteilicher Rechtspflege wird in der Schweiz aus Art. 30 BV hergeleitet.[988] Hiernach hat jeder Prozessbeteiligte einen Anspruch auf ein durch Gesetz geschaffenes, zuständiges und insbesondere unabhängiges sowie überparteiliches Gericht. Die Vorschrift garantiert, dass keine Umstände, die außerhalb des Prozesses liegen, in sachwidriger Weise zugunsten oder zulasten einer Partei auf das Urteil einwirken.[989] Diese grundlegende Verfahrensgarantie gilt nicht nur für staatliche Gerichte, sondern erfasst auch die privaten Schiedsgerichte, deren Entscheidungen jenen der staatlichen Rechtspflege hinsichtlich Rechtskraft und Vollstreckbarkeit gleichstehen und die deshalb dieselbe Gewähr für eine unabhängige Rechtsprechung bieten müssen.[990] Die in der Schweiz vorgenommene Unterscheidung zwischen nationalen und internationalen Schiedsverfahren, die über die Anwendung der

---

987 Vgl. BG v. 6. Mai 1988, BGE 114 V 292, 295 f.; BG v. 17. November 1987, BGE 113 Ia 407, 408 ff., wonach an den Nachweis der Befangenheit keine allzu strengen Anforderungen zu stellen seien. Sind aber an den Nachweis der Befangenheit keine strengen Anforderungen zu stellen, so muss im Umkehrschluss gerade ein strenger Maßstab für die Einhaltung des Überparteilichkeitserfordernisses gelten.

988 Die Art. 29 bis 32 BV wurden durch Art. 6 EMRK entscheidend geprägt und abgesehen von den die Öffentlichkeit betreffenden Regeln enthält die schweizerische Bundesverfassung keinerlei Einschränkungen, vgl. *Auer/Malinverni/Hottelier*, Droit constitutionnel suisse, Rn. 1164 und 1167.

989 BG v. 19. April 2013, 1B_664/2012, E.3.3.1; BG v. 28. Juli 1998, BGE 124 I 255, 261.

990 BG v. 15. März 1993, BGE 119 II 271, 275, E. 3 b); BG v. 30. April 1991, BGE 117 Ia 166, 167, E. 5 a); BG v. 30. Juni 1994, Bulletin ASA 1997, 99, 104.

Art. 353 ff. Schweizerische ZPO beziehungsweise der Art. 176 ff. IPRG entscheidet, hat trotz der Verwendung unterschiedlicher Terminologie in den jeweiligen Prozessordnungen und der wohl liberaleren Fassung des IPRG[991] keinen Einfluss auf die einzuhaltenden Anforderungen an die verfassungsrechtlich gewährleistete Unabhängigkeits- und Überparteilichkeitsgarantie.[992]

Eine Verletzung des Gebots unabhängiger und überparteilicher Rechtspflege ist gegeben, wenn Umstände vorliegen, die bei objektiver Betrachtung geeignet sind, Zweifel oder Misstrauen hinsichtlich der Unabhängigkeit und Überparteilichkeit des Schiedsgerichts zu erwecken.[993] Diesbezügliche Zweifel dürfen somit nicht ausschließlich auf dem subjektiven Empfinden einer Partei beruhen, sondern müssen vielmehr in objektiver Weise begründet werden.[994] Sie können entweder mithilfe eines bestimmten Verhaltens eines der Schiedsrichter[995] oder insbesondere anhand äußerer Gegebenheiten funktioneller oder organisatorischer Natur aufgezeigt werden.[996] Somit ist für die Beurteilung der Unabhängigkeit eines Schiedsgerichts nicht ausschließlich die Befangenheit einzelner Schiedsrichter ausschlaggebend. Anzuknüpfen ist im Falle eines institutionellen Sportschiedsgerichts vielmehr bereits bei dessen Organisation und Verwaltung sowie speziell beim Verfahren zur Zusammensetzung des Schiedsgerichts[997]. Für einen Verstoß gegen das Gebot unabhängiger und überparteilicher Rechtspflege genügt bereits, dass die objektiv begründeten Zweifel

---

991 So auch *Fenners*, Der Ausschluss der staatlichen Gerichtsbarkeit im organisierten Sport, Rn. 541 m.w.N.

992 Während das IPRG auf den Begriff der „Unparteilichkeit“ verzichtet, nehmen die Art. 363 Abs. 1 und 367 Abs. 1 lit. c) Schweizerische ZPO hierauf ausdrücklich Bezug. Dieser Verzicht ist jedoch angesichts der Unabhängigkeitsanforderung, bspw. in Art. 180 Abs. 1 lit. c) IPRG, kaum von Bedeutung. Siehe BG v. 30. Juni 1994, Bulletin ASA 1997, 99, 104.

993 So u.a. BG v. 6. Dezember 2013, 1C_791/2013, E.2.1; BG v. 19. April 2013, 1B_664/2012, E.3.2; BG v. 28. April 2008, BGE 134 I 238, 240; *Rigozzi/Robert-Tissot*, in: ASA Special Series No. 41, „Consent“ in Sports Arbitration: Its Multiple Aspects, S. 59, 71.

994 BG v. 19. April 2013, 1B_664/2012, E.3.2; BG v. 20. März 2008, 4A_506/2007, E.3.1.1.

995 BG v. 28. April 2008, BGE 134 I 238, 240.

996 So u.a. BG v. 19. April 2013, 1B_664/2012, E.3.2; BG. 4. Mai 2011, BGE 137 I 227, 229

997 BG v. 12. September 1997, BGE 123 II 511, 517; *Auer/Malinverni/Hottelier*, Droit constitutionnel suisse, Rn. 1207.

den bloßen Anschein der Voreingenommenheit und Befangenheit erwecken.[998] Diese Zweifel können in der Organisationsstruktur des Schiedsgerichts, mittels derer von außen auf das Schiedsverfahren Einfluss genommen werden kann, ihren Ursprung haben. Sie können aber auch auf das Verfahren zur Besetzung des Schiedsgerichts, das sich beispielsweise nicht mit sachlichen Gründen rechtfertigen lässt, zurückzuführen sein.[999]

Die Sicherstellung des Gebots erfolgt in der Schweiz durch die Möglichkeit, einen Schiedsrichter nach Art. 367 Abs. 1 lit. c) Schweizerische ZPO beziehungsweise nach Art. 180 Abs. 1 lit. c) IPRG abzulehnen, wenn berechtigte Zweifel an seiner Unabhängigkeit bestehen. Im Falle eines nationalen Schiedsverfahrens kann darüber hinaus das gesamte Schiedsgericht nach Art. 368 Schweizerische ZPO abgelehnt werden, wenn eine Partei einen überwiegenden Einfluss auf die Ernennung der Schiedsrichter ausgeübt hat. Schließlich können die Parteien bei berechtigten Zweifeln hinsichtlich der Einhaltung des Gebots unabhängiger und überparteilicher Rechtspflege den Schiedsentscheid gemäß Art. 389 Abs. 1 i.V.m. Art. 393 lit. a) Schweizerische ZPO beziehungsweise nach Art. 190 Abs. 2 lit. a) IPRG wegen einer vorschriftswidrigen Zusammensetzung des Schiedsgerichts anfechten.[1000]

II. Deutschland

Die Art. 92 ff. GG normieren unter der Überschrift „Die Rechtsprechung" zahlreiche Zuständigkeiten, Grundsätze sowie rechtsstaatliche Garantien. Hervorzuheben sind insbesondere die Art. 97 GG (Unabhängigkeitsgrund-

---

998 BG v. 19. April 2013, 1B_664/2012, E.3.2; BG v. 20. März 2008, 4A_506/2007, E.3.1.1; BG v. 26. Mai 1993, BGE 119 Ia 221, 226, E. 3; *Auer/Malinverni/Hottelier*, Droit constitutionnel suisse, Rn. 1206.

999 BG v. 25. April 2013, 6B_682/2012, E.1.3; grundsätzlich hat sich ein Schiedsrichter durch einen „freien Geist" auszuzeichnen, indem er sich nicht von äußeren Umständen leiten oder verleiten lässt, siehe *Auer/Malinverni/Hottelier*, Droit constitutionnel suisse, Rn. 1196.

1000 BG v. 10. Februar 2010, 4A_612/2009, E.3.1.2; BG v. 27. Mai 2003, BGE 129 III 445, 449; BG v. 18. August 1992, BGE 118 II 359, 361; vgl. insbesondere die Entscheidung des BG v. 3. Oktober 2011, 4A_530/2011, E.3.2, in der sich der Kläger gemäß Art. 190 Abs. 2 lit. e) IPRG auf einen Verstoß gegen den prozessualen *ordre public* berief und das Bundesgericht die Beschwerde unter anderem wegen der Einwendung eines falschen Beschwerdegrundes zurückwies.

satz), Art. 101 Abs. 1 GG (Verbot von Ausnahmegerichten und Anspruch auf einen gesetzlichen Richter) sowie Art. 103 Abs. 1 GG (Anspruch auf rechtliches Gehör). Diese Garantien sind für die Schiedsgerichtsbarkeit allerdings nicht ausdrücklich normiert, weshalb sich die Frage nach der Herleitung und Anwendbarkeit des Gebots unabhängiger und überparteilicher Rechtspflege stellt.

Die Art. 92 ff. GG regeln unmittelbar nur die Rechtsprechung durch gesetzlich begründete staatliche Gerichte, so dass nichtstaatliche Gerichte nach Art. 92 GG weder ausdrücklich erlaubt noch ausdrücklich verboten sind.[1001] Schiedsgerichte im Sinne der §§ 1025 ff. ZPO fallen somit formell betrachtet zwar nicht unter den Titel „Die Rechtsprechung".[1002] Allerdings ist die Einhaltung der rechtsstaatlichen Verfahrensgarantien einerseits auch für die Schiedsgerichtsbarkeit teilweise ausdrücklich vorgeschrieben (so zum Beispiel in §§ 1034 Abs. 2[1003] und 1042 Abs. 1 ZPO[1004]). Andererseits sind die Garantien als ein Gebot der natürlichen Gerechtigkeit und damit als Teil des verfassungsrechtlichen Rechtsstaatsprinzips, dem nicht nur eine staatsgerichtete, sondern auch eine die Gesellschaft rechtlich ordnende Aufgabe zukommt, zu gewährleisten.[1005] Den Parteien eines (Schieds-)Gerichtsverfahrens steht demnach keine Dispositionsbefugnis hinsichtlich der die Rechtsstaatlichkeit eines Verfahrens garantierenden Elemente zu.[1006] Der Unabhängigkeitsgrundsatz aus Art. 97 GG ist somit zwar nicht unmittelbar für private Gerichte geregelt, da diese nicht wie die staatlichen Gerichte hoheitliche

---

1001 *Epping/Hillgruber/Morgenthaler*, zu Art. 92 GG, Rn. 32; *Maunz/Dürig/Hillgruber*, GG-Kommentar, zu Art. 92 GG, Rn. 87; die Möglichkeit der privatrechtlichen Streitbeilegung durch Vereinbarung einer Schiedsabrede oder in Form einer Schiedsklausel ergibt sich jedoch grundsätzlich aus § 1029 Abs. 1 ZPO.

1002 *Maunz/Dürig/Schmid-Aßmann*, GG-Kommentar, zu Art. 103 Abs. 1 GG, Rn. 50.

1003 § 1034 Abs. 2 ZPO wurde mit der Schiedsverfahrensrechtsreform 1997 in Anlehnung an den in der „Überlegenheitsklausel" des § 1025 Abs. 2 ZPO a.F. enthaltenen Rechtsgedanken der unabhängigen und überparteilichen Besetzung des Schiedsgerichts in die ZPO aufgenommen. Siehe BT-Drs. 13/5274, S. 39.

1004 § 1042 Abs. 1 ZPO normiert in S. 1 das Gleichbehandlungsprinzip der Parteien und in S. 2 den Anspruch auf rechtliches Gehör.

1005 Vgl. zum Anspruch auf rechtliches Gehör *Maunz/Dürig/Schmid-Aßmann*, GG-Kommentar, zu Art. 103 Abs. 1 GG, Rn. 50, und *Fenn*, in: FS Henckel, Zur Abgrenzung von Verbandsgerichtsbarkeit, S. 173, 175.

1006 Vgl. in etwa *Hofmann*, Zur Notwendigkeit eines institutionellen Sportschiedsgerichts in Deutschland, S. 70.

Gewalt im Sinne von Art. 1 Abs. 3 GG ausüben.[1007] Dadurch, dass den Schiedsgerichten aber materielle Rechtsprechungsgewalt zukommt, stellt der Gesetzgeber auch bei Schiedsgerichten im Sinne der §§ 1025 ff. ZPO die Einhaltung des Gebots unabhängiger und überparteilicher Rechtspflege als wesentliches Element des Rechtsstaatsprinzips[1008] und Grundvoraussetzung für ein faires Verfahren in entsprechender Anwendung der verfassungsrechtlichen Normen sicher.[1009] Schließlich zählt dieses Gebot aufgrund seiner herausragenden Bedeutung für die Verfahrensbeteiligten und das Verfahren selbst zum „Kernbereich der privaten Schiedsgerichtsbarkeit“[1010]. [1011]

Dem Grundsatz nach ist jeder richterlichen Tätigkeit immanent, dass sie von einem nicht beteiligten Dritten ausgeübt wird.[1012] Das Bundesverfassungsgericht formulierte insoweit, dass „diese Vorstellung [...] mit dem Begriff von ‚Richter' und ‚Gericht' untrennbar verknüpft“[1013] sei. So sind nach dem Vorbild des Art. 97 Abs. 1 GG[1014] auch die Schiedsrichter bei der Auslegung und Anwendung des Rechts frei von Weisungen und zu eigenverantwortlicher Entscheidung innerhalb des rechtlichen Rahmens berufen.[1015] Schiedsrichter eines institutionellen Sportschiedsgerichts dürfen somit keine Organe, Angestellte oder Mitglieder einer Sportorganisation oder eines Sportverbandes sein, die in einem Schiedsverfahren als Streitpartei auftreten, sofern die Schiedsparteien einer solchen Konstellation

---

1007 Siehe *Schwab/Walter*, Schiedsgerichtsbarkeit, Kap. 9, Rn. 4; anders als Art. 30 BV bezieht sich Art. 97 Abs. 1 GG ausschließlich auf staatliche Gerichte, vgl. auch *Oschütz*, Sportschiedsgerichtsbarkeit, S. 89.

1008 Siehe BGH, NJW 1986, 3027, 3028.

1009 Siehe BGH, NJW 1986, 3027, 3028; *Schwab/Walter*, Schiedsgerichtsbarkeit, Kap. 9, Rn. 4; *Oschütz*, Sportschiedsgerichtsbarkeit, S. 89, der das „Gebot der überparteilichen Rechtspflege“ als Bestandteil des deutschen *ordre public* betrachtet.

1010 So *Kornblum*, NJW 1987, 1105, 1108.

1011 So schon OLG Karlsruhe, NJW 1957, 1036 f.

1012 Siehe statt vieler BGH, NJW 1986, 3027, 3028; *Kornblum*, Probleme der schiedsrichterlichen Unabhängigkeit, S. 117.

1013 So BVerfG, NJW 1956, 137, 138.

1014 Art. 97 Abs. 1 GG garantiert nur die äußere Unabhängigkeit der Richter gegenüber staatlicher Intervention, so dass innere Hemmnisse die richterliche Unabhängigkeit solange nicht verletzen, als die Betroffenen sachlich unabhängig, d.h. frei von Weisungen, entscheiden können. Siehe *Maunz/Dürig/Hillgruber*, GG-Kommentar, zu Art. 97 GG, Rn. 23.

1015 *Epping/Hillgruber/Morgenthaler*, zu Art. 97 GG, Rn. 4; *Hager*, NJW 1988, 1694, 1695.

nicht ausdrücklich zustimmen.[1016] Dies würde einem „Richten in eigener Sache“[1017] gleichkommen.[1018] Weiterhin beinhaltet das Gebot unabhängiger und überparteilicher Rechtspflege den Grundsatz der Waffengleichheit, welcher in Art. 3 Abs. 1 GG verankert und in § 1042 Abs. 1 ZPO ausdrücklich normiert ist. Dieser Grundsatz verschafft den Streitbeteiligten eine in verfahrensrechtlicher Hinsicht gleiche Ausgangsposition und gewährt während des gesamten Verfahrens bis zu dessen Abschluss die Chancengleichheit.[1019] Eine Gefährdung des Gebots unabhängiger und überparteilicher Rechtspflege ist bereits dann gegeben, wenn Umstände vorliegen, die berechtigte Zweifel an der Unabhängigkeit und Überparteilichkeit des Schiedsgerichts aufkommen lassen.[1020] Demnach müssen genügend objektive Gründe existieren, die in den Augen eines vernünftigen Menschen geeignet sind, Misstrauen hinsichtlich der Unabhängigkeit und Überparteilichkeit zu erregen.[1021] Dieses Misstrauen kann auch auf die Organisationsstruktur eines institutionellen Schiedsgerichts zurückzuführen sein, was dann eine Gefahr für die Unabhängigkeitsgarantie darstellt, wenn aufgrund äußerer Einflüsse ein Ungleichgewicht zwischen potenziellen Streitbeteiligten entsteht.

In der Praxis wird die Einhaltung des Gebots der unabhängigen und überparteilichen Rechtspflege über die Anwendung der Generalklausel aus § 138 Abs. 1 BGB[1022] sichergestellt, welche die Parteien einer Schiedsvereinbarung vor schwerwiegenden Einschränkungen des Rechtsschutzes so-

1016 Zu der Ausnahme, dass die Bestimmung eines Verbandsmitglieds zum Schiedsrichter aufgrund seiner Fachkompetenz auch im Interesse der Parteien liegen kann, vgl. *Schwab/Walter*, Schiedsgerichtsbarkeit, Kap. 9, Rn. 8.

1017 PHB SportR-*Pfister* 2. Teil/Rn. 374/Fn. 738; *Hofmann*, Zur Notwendigkeit eines institutionellen Sportschiedsgerichts in Deutschland, S. 67; *Fenn*, in: FS Henckel, Zur Abgrenzung von Verbandsgerichtsbarkeit, S. 173, 189; das Verbot des Richtens in eigener Sache ist sowohl in der Rechtsprechung als auch in der Rechtslehre weitestgehend anerkannt, so schon *Kornblum*, Probleme der schiedsrichterlichen Unabhängigkeit, S. 6 f.

1018 BGH, NJW 2004, 2226, 2227; Kröll, ZIP 2005, 13, 17.

1019 Siehe *Albers*, Der parteibestellte Schiedsrichter im schiedsgerichtlichen Verfahren der ZPO und das Gebot überparteilicher Rechtspflege, S. 37.

1020 *Schwab/Walter*, Schiedsgerichtsbarkeit, Kap. 14, Rn. 6.

1021 Siehe *Schwab/Walter*, Schiedsgerichtsbarkeit, Kap. 14, Rn. 6.

1022 Für eine ausführliche Darstellung zu § 138 Abs. 1 BGB, siehe oben bei Teil 2/Kapitel 3/B./II./1. ab S. 113.

wie vor Verletzungen allgemeiner Rechtsgrundsätze schützen soll.[1023] Darüber hinaus können die Streitbeteiligten einen Schiedsrichter nach § 1036 Abs. 2 S 1 ZPO ablehnen, wenn berechtigte Zweifel an seiner Unabhängigkeit und Überparteilichkeit bestehen, beziehungsweise gemäß § 1034 Abs. 2 S. 1 ZPO ein staatliches Gericht damit beauftragen, im Falle eines Übergewichts einer Partei bei der Zusammensetzung des Spruchkörpers den oder die Schiedsrichter zu ernennen. Außerdem kann gemäß § 1059 Abs. 2 Nr. 1 lit. d) ZPO die Aufhebung des Schiedsentscheids beantragt werden, sofern die Bildung des Schiedsgerichts einer Bestimmung der ZPO nicht entsprochen hat und anzunehmen ist, dass sich dies auf den Schiedsentscheid ausgewirkt hat[1024].

III. Art. 6 EMRK

Wie bereits in Teil 2/Kapitel 1/A./I./2. ab S. 29 erwähnt findet das Gebot unabhängiger und überparteilicher Rechtspflege schließlich auch in Art. 6 Abs. 1 EMRK Erwähnung, welcher sowohl in Deutschland als auch in der Schweiz direkt anwendbares Recht darstellt. Da Art. 6 Abs. 1 EMRK nach herrschender Ansicht[1025] auch Schiedsgerichte umfasst, müssen die Garantien, die den Verfahrensbeteiligten ein faires Verfahren ermöglichen, unabhängig von der Frage, ob Art. 6 EMRK direkte oder analoge Anwen-

---

1023 Wieczorek/Schütze/*Schütze*, 3. Aufl., § 1025 ZPO, Rn. 46; Staudinger/*Sack*/*Fischinger* (2011) § 138 BGB Rn. 671; BGH, NJW 1989, 1477; a.A. BGH, NJW 1971, 139, oder BGH, NJW 1969, 750, 751, im Zusammenhang mit der einseitigen Besetzung eines Schiedsgerichts. Die Verletzung des Gebots überparteilicher Rechtspflege stelle einen Verstoß gegen ein Verbotsgesetz im Sinne des § 134 BGB dar. Für einen Verstoß gegen ein gesetzliches Verbot i.S.v. § 134 BGB ist nach Ansicht von *Kornblum*, Probleme der schiedsrichterlichen Unabhängigkeit, S. 231 f., bereits ausreichend, dass sich die Unwirksamkeit bestimmter Rechtsgeschäfte „aus dem Wesen einer Einrichtung“ ergibt. Demgemäß verstoße die einseitige Besetzung des Schiedsgerichts gegen das Gebot der überparteilichen Rechtspflege, welches wiederum aus dem Wesen der Schiedsgerichtsbarkeit als echter Rechtsprechung folge.

1024 Im Rahmen der Aufhebung ist darauf zu achten, dass die Besorgnis der Befangenheit nach Kenntnisnahme der objektiven Umstände zu äußern ist, vgl. MünchKommZPO/*Münch*, zu § 1036 ZPO, Rn. 27.

1025 Siehe oben bei Teil 2/Kapitel 1/A./I./2. ab S. 29.

dung findet, entsprechend für die private Schiedsgerichtsbarkeit gelten.[1026] Insbesondere die Einhaltung des Gebots unabhängiger und überparteilicher Rechtspflege muss demnach als Teil des verfahrensrechtlichen *ordre public* innerhalb der (institutionellen) Schiedsgerichtsbarkeit sichergestellt sein.[1027] Inhaltlich kann weitesgehend auf die Ausführungen zum Gebot der unabhängigen und überparteilichen Rechtspflege in der Schweiz und in Deutschland verwiesen werden. So schützt auch Art. 6 Abs. 1 EMRK die Parteien vor äußeren, das Verfahren beeinflussenden Umständen (Unabhängigkeitsgarantie) sowie vor der Voreingenommenheit und Parteinahme des zur Entscheidung berufenen (Schieds-)Richters (Überparteilichkeitsgarantie).[1028] Art. 6 Abs. 1 EMRK weist ebenfalls eine institutionelle Komponente auf, so dass nicht nur der einzelne Richter, sondern das gesamte Gericht vor äußerer Beeinflussung geschützt werden müssen.[1029] Darüber hinaus besteht im Sport die Besonderheit, dass aufgrund des Schiedszwangs und der hieraus resultierenden Analogie zur obligatorischen Schiedsgerichtsbarkeit[1030] für die Beurteilung der Unabhängigkeit und Überparteilichkeit nicht die gleichen Maßstäbe gelten dürfen wie für die privatautonom vereinbarte Schiedsgerichtsbarkeit. Die staatlichen Gerichte haben die Verpflichtung, die Einhaltung der in Art. 6 Abs. 1 EMRK geregelten Garantien und somit auch das Gebot unabhängiger und überparteilicher Rechtspflege zu kontrollieren und sicherzustellen.[1031]

1026 EGMR Urteil v. 28. Oktober 2010 (1643/06), *Suda gegen Tschechische Republik*, Rn. 53; *Knoepfler*, SZIER 2007, 463, 469 f., mit Hinweis auf die Entscheidung des Cour d'appel de Paris v. 18. November 1987, société Carfa Groupo et Omnium des Travaux c/ République de Guinée; BG v. 30. April 1991, BGE 117 Ia 166, 168.

1027 *Haas*, SchiedsVZ 2009, 73, 84.

1028 Siehe *Villiger*, Handbuch der EMRK, Rn. 415 und 418.

1029 *Villiger*, Handbuch der EMRK, Rn. 415; *Frowein/Peukert*, EMRK-Kommentar, zu Art. 6 EMRK, Rn. 205.

1030 Ein Beispiel für obligatorische Schiedsgerichtsbarkeit sind die (Außen-)Handelsschiedsgerichte der ehemaligen Ostblockstaaten. Die Streitbeilegung vor diesen Schiedsgerichten wurde zur Bedingung gemacht, um mit bestimmten Handelspartnern im ehemaligen Ostblock Geschäfte abschließen zu können. Siehe *Haas*, SchiedsVZ 2009, 73, 75 f.; *Knoepfler*, SZIER 2007, 463, 465 f.; *Rigozzi*, L'arbitrage international, Rn. 907.

1031 EKMR Entscheidung v. 27. November 1996 (28101/95), *Liia Marianne Nordström-Janzon und Aira Marja Nordström-Lehtinen gegen die Niederlande*; ausreichend ist allerdings schon die „Möglichkeit“ der Kontrolle, siehe *Haas*, SchiedsVZ 2009, 73, 81.

B. Grundsätzliche Bedeutung für die Abgrenzung von Verbandsgerichtsbarkeit und Schiedsgerichtsbarkeit

Der Rechtsweg zu den staatlichen Gerichten darf nur dann ausgeschlossen werden, wenn die Schiedsvereinbarung die Zuständigkeit eines sogenannten „echten“[1032] Sportschiedsgerichts vorsieht,[1033] da im Gegensatz zu Verbandsgerichten nur dessen Entscheidungen endgültige[1034], rechtskräftige[1035] sowie vollstreckbare[1036] Wirkung entfalten. Während somit die Schiedsgerichtsbarkeit Rechtsprechung im materiellen Sinne darstellt, handelt es sich hingegen bei Entscheidungen von Verbandsgerichten um rein exekutives Verbandshandeln.[1037] Verbandsgerichte haben vorwiegend den Zweck, die Einhaltung der Verbandsregelwerke zu garantieren und etwaige Verstöße hiergegen zu sanktionieren.[1038] Die Möglichkeit ihrer Errichtung resultiert aus der Vereinsstrafgewalt[1039] und der Disziplinarhoheit[1040] der Verbände, welche aus dem verfassungsmäßigen Grundsatz der Verbandsautonomie abgeleitet werden.[1041]

1032 Sog. „unechte“ Schiedsgerichte sind bloße Verbandsgerichte, vgl. PHB SportR-*Pfister* 2. Teil/Rn. 375; *Hantke* SpuRt 1998, 186, 189.

1033 Siehe *Oschütz*, Sportschiedsgerichtsbarkeit, S. 88.

1034 Vgl. Art. 190 Abs. 1 IPRG.

1035 Vgl. § 1055 ZPO sowie Art. 387 Schweizerische ZPO.

1036 Vgl. Art. 387 Schweizerische ZPO.

1037 BGE v. 15. März 1993, 119 II 271, 276, wonach eine Verbandsentscheidung eine „simple manifestation de volonté émise par l'association intéressée“ darstellt.

1038 *Rigozzi*, L'arbitrage international, Rn. 171; die Möglichkeiten der Bestrafung reichen von einer Verwarnung über eine Nichtzulassung, Punktabzug, Geldstrafe, Disqualifikation bis hin zu einem dauerhaften Ausschluss vom Wettkampfgeschehen, vgl. *Haas*, SJZ 2010, 585, 591; PHB SportR-*Pfister*/*Summerer*, 2. Aufl., 2. Teil/Rn. 278, nennt zur Hervorhebung des Stellenwertes der Verbandsgerichtsbarkeit im Sport eine Anzahl von ca. 420 000 Verfahren pro Jahr.

1039 Siehe *Rigozzi*, L'arbitrage international, Rn. 171.

1040 Siehe *Haas*, in: Gilles/Pfeiffer (Hrsg.), Die Streitbeilegung durch Schiedsgerichte im internationalen Sport, S. 16

1041 In der Schweiz und in Deutschland ist die Verbandsautonomie über die Vereinigungsfreiheit gemäß Art. 23 BV bzw. Art. 9 Abs. 1 GG abgesichert. Außerdem ist sie in Art. 11 EMRK verankert. Siehe oben bei Teil 2/Kapitel 4/E./I./1./b. ab S. 165.

Die Qualifizierung der jeweiligen Gerichtsbarkeit ist im Einzelfall nicht immer eindeutig.[1042] Dies kann zu Unsicherheiten aufseiten der Parteien führen. So mag am Ende eines Verfahrens die berechtigte Frage aufkommen, ob im Falle einer Verbandsentscheidung eine Klage nach den allgemeinen Vorschriften[1043] gegen diese vor dem zuständigen Gericht erster Instanz zu richten oder im Falle eines Schiedsentscheids dieser vor dem Schweizerischen Bundesgericht anzufechten[1044] beziehungsweise nach deutschem Zivilprozessrecht ein Antrag auf Aufhebung vor dem zuständigen Oberlandesgericht[1045] zu stellen ist.[1046] Bei der Wahl des unzulässigen Rechtsweges würden die Klage beziehungsweise der Antrag abgelehnt und dem Kläger beziehungsweise Antragsteller die Kosten auferlegt.[1047] Schließlich kann die Antwort auf die Frage, ob eine Verbands- oder Schiedsgerichtsentscheidung vorliegt, die Grundlage des gerichtlichen Prüfungsumfangs bilden. Während sich die Gerichte bei Vorliegen eines Schiedsentscheids auf die Aufhebungs- beziehungsweise Anfechtungsgründe des § 1059 Abs. 2 ZPO beziehungsweise der Art. 393 Schweizerische ZPO oder Art. 190 Abs. 2 IPRG beschränken,[1048] sind Entscheidungen von (nicht-monopolistischen) Verbänden grundsätzlich auf ihre Satzungs-, Gesetzes- und Sittenwidrigkeit hin überprüfbar.[1049] Für Monopolverbände beziehungsweise für Verbände mit sozial oder wirtschaftlich überragender Machtstellung, die einer Aufnahmepflicht unterstehen,[1050]

1042 Dies liegt zum einen daran, dass die Satzungstexte der Verbände nicht immer direkt erkennen lassen, um welche Form der Gerichtsbarkeit es sich handelt. Zum anderen streben einige Verbände die Schiedsgerichtsbarkeit an, erfüllen aber nicht die Voraussetzungen der §§ 1025 ff. ZPO. Siehe *Hofmann*, Zur Notwendigkeit eines institutionellen Sportschiedsgerichts in Deutschland, S. 62.

1043 Bspw. nach § 253 ff. ZPO, vgl. BGH, NJW-RR 2013, 873, 874, oder BGH, NJW 2004, 2226, 2227.

1044 Siehe Art. 77 BGG.

1045 Siehe § 1062 Abs. 1 Nr. 4 ZPO.

1046 PHB SportR-*Pfister*/*Summerer*, 2. Aufl., 2. Teil/Rn. 283.

1047 Das Risiko, sich für den falschen Weg zu entscheiden, trägt in der Regel das Vereinsmitglied, vgl. *Grunsky*, in: FS für Röhricht, Schiedsgerichtsbarkeit im deutschen Fußball, S. 1137, 1139.

1048 *Grunsky*, in: FS für Röhricht, Schiedsgerichtsbarkeit im deutschen Fußball, S. 1137, 1139; *Kröll*, ZIP 2005, 13, 14 f.

1049 Siehe Stein/Jonas/*Schlosser*, 20. Aufl., vor § 1025 I, Rn. 6; PHB SportR-*Summerer* 2. Teil/Rn. 429; der BGH stellt in diesem Zusammenhang auf die Kriterien der „groben Unbilligkeit“ und der „Willkür“ ab, vgl. BGH, NJW 1988, 552, 555; BGH, NJW 1984, 918, 919; BGH, NJW 1962, 247.

1050 Siehe hierzu bspw. oben bei Teil 2/Kapitel 3/B./II./2. ab S. 128.

geht der Bundesgerichtshof zusätzlich davon aus, dass bei der gerichtlichen Nachprüfbarkeit ihrer Entscheidungen ein strengerer Maßstab angelegt wird.[1051]

Die Abgrenzung von Schiedsgerichtsbarkeit und Verbandsgerichtsbarkeit erfolgt anhand einer „Gesamtschau“ [1052] objektiver Abgrenzungskriterien.[1053] Wie die Parteien das Gericht vertraglich oder satzungsmäßig benennen, fällt im Rahmen der Beurteilung weniger ins Gewicht.[1054] Vielmehr sind drei Kriterien ausschlaggebend. Neben einer „Rechtsstreitigkeit“[1055] erfordert die echte Schiedsgerichtsbarkeit die endgültige Entscheidung durch einen „unabhängigen und überparteilichen“ Spruchkörper

---

1051 Vgl. BGH, NJW 1988, 552, 555; PHB SportR-*Summerer* 2. Teil/Rn. 430; *Bergmann*, in: Recht und Sport, Rechtliche Problemstellungen um die Athletenvereinbarung aus Athletensicht, S. 59, 61.

1052 Siehe hierzu BGH, NJW 2004, 2226, 2228.

1053 Diese ergeben sich unter anderem aus den jeweiligen Prozessordnungen, das heißt aus den Art. 176 ff. IPRG und Art. 353 ff. Schweizerische ZPO beziehungsweise §§ 1025 ff. ZPO, wobei lediglich auf die materiellen Voraussetzungen abzustellen ist, vgl. Hantke, SpuRt 1998, 186, 189. Die formellen Voraussetzungen der Schiedsgerichtsbarkeit, wie z.B. Form der Schiedsvereinbarung, Anzahl der Schiedsrichter, Ablauf des Verfahrens etc. können problemlos auch von Verbandsgerichten eingehalten werden und sind somit für eine klare Abgrenzung nicht aussagekräftig genug; *Kröll*, ZIP 2005, 13, 16, spricht von einem „Bedeutungsverlust subjektiver Elemente“ für die hier vorgenommene Abgrenzung.

1054 Fälschlicherweise wurden in der Vergangenheit häufig bloße Verbandsgerichte als „Schiedsgerichte“ bezeichnet, vgl. *Oschütz*, Sportschiedsgerichtsbarkeit, S. 3; siehe *Fenn*, in: FS Henckel, Zur Abgrenzung von Verbandsgerichtsbarkeit, S. 173, 179, der der Bezeichnung des Spruchkörpers sogar „keinerlei“ Bedeutung zumisst; etwas defensiver sehen es *Haas/Martens*, Sportrecht, S. 123, und *Kröll*, ZIP 2005, 13, 15, die die Bezeichnung durch die Parteien zwar nur „allerhöchstens“, aber immerhin als „ersten Fingerzeig“ bzw. „Anhaltspunkt für die Qualifizierung deuten; *Hantke*, SpuRt 1998, 186, 189; OLG Frankfurt a.M., NJW 1970, 2250.

1055 Dieses Kriterium ist für die vorliegende Abgrenzung wohl weniger geeignet, da die bloße Klärung abstrakter Rechtsfragen oder einfache Streitschlichtung nur in seltenen Fällen alleinige Aufgabe eines Rechtsprechungsorgans innerhalb eines Verbandes sein wird, siehe *Hofmann*, Zur Notwendigkeit eines institutionellen Sportschiedsgerichts in Deutschland, S. 64.

unter „Ausschluss des ordentlichen Rechtswegs“[1056].[1057] Dem Gebot der unabhängigen und überparteilichen Rechtspflege kommt für die Qualifizierung eines Spruchkörpers als echtes Schiedsgericht und somit für die Abgrenzung zur Verbandsgerichtsbarkeit regelmäßig eine zentrale Rolle zu.[1058] Im Bereich der institutionellen Sportschiedsgerichtsbarkeit ist in diesem Zusammenhang entscheidend, dass diese verfassungsrechtliche Garantie durch eine unabhängige Organisationsstruktur und Verwaltung der Schiedsgerichtsinstitution sowie durch ein unabhängiges und überparteiliches Besetzungsverfahren des Spruchkörpers gewährleistet werden muss. Weniger von Bedeutung ist hingegen die tatsächliche Unabhängigkeit und Überparteilichkeit eines einzelnen Schiedsrichters, da die Einzelfallentscheidung eines befangenen Schiedsrichters dem gesamten Spruchkörper nicht automatisch die Schiedsgerichtsqualität absprechen kann.[1059] Von einem echten Schiedsgericht kann in jedem Fall dann nicht ausgegangen werden, wenn bereits von vornherein durch die abstrakten Regeln zur Streitbeilegung, wie sie beispielsweise in der entsprechenden Schiedsord-

---

1056 Einige Autoren bezeichnen den Ausschluss ordentlicher Gerichtsbarkeit als „eindeutiges“ oder „grundlegendes“ Abgrenzungskriterium, da hierin gerade der Sinn außergerichtlicher Streitbeilegung zu sehen sei, siehe *Fenn*, in: FS Henckel, Zur Abgrenzung von Verbandsgerichtsbarkeit, S. 173, 192, oder *Hofmann*, Zur Notwendigkeit eines institutionellen Sportschiedsgerichts in Deutschland, S. 65 f. Allerdings liegt kein echtes Schiedsgericht vor, wenn zwar der Ausschluss staatlicher Gerichtsbarkeit vereinbart ist, der Spruchkörper aber keine unabhängige Rechtsprechung garantiert. Der Ausschluss der ordentlichen Gerichtsbarkeit stellt vielmehr ein – unter Umständen konkludent – vereinbartes Element der Schiedsvereinbarung dar, welches sich deshalb nicht alleinig für die Abgrenzung eignet.

1057 So in etwa OLG Köln, NVwZ 1991, 1116; *Hofmann*, Zur Notwendigkeit eines institutionellen Sportschiedsgerichts in Deutschland, S. 63, bezeichnet diese drei Kriterien ohne Rücksicht auf die Schiedsfähigkeit oder die Rechtsstaatlichkeit des Verfahrens als elementar.

1058 *Hofmann*, Zur Notwendigkeit eines institutionellen Sportschiedsgerichts in Deutschland, S. 66; nach *Kröll*, ZIP 2005, 13 und 15, hat das Verbot des Entscheidens in eigener Sache und somit der Grundsatz der Überparteilichkeit für die Annahme von Schiedsgerichtsbarkeit konstitutive Wirkung; *Oschütz*, Sportschiedsgerichtsbarkeit, S. 88; *Haas*, ZEuP 1999, 355, 361 f.; a.A. *Fenn*, in: FS Henckel, Zur Abgrenzung von Verbandsgerichtsbarkeit, S. 173, 191, der diesen Kriterien aufgrund ihrer regelmäßigen Beachtung auf Verbandsgerichtsseite nur schwerlich eine große Bedeutung beimessen kann.

1059 So auch *Fenn*, in: FS Henckel, Zur Abgrenzung von Verbandsgerichtsbarkeit, S. 173, 189; *Oschütz*, Sportschiedsgerichtsbarkeit, S. 87.

nung oder Verbandssatzung zu finden sind, gewisse Einflussnahmemöglichkeiten oder etwa ein parteiliches Übergewicht zugunsten einer Streitpartei oder einer Interessengemeinschaft angelegt sind.[1060] Sind unabdingbare Verfahrensgarantien, zu denen das Gebot unabhängiger und überparteilicher Rechtspflege oder der Gleichbehandlungsgrundsatz zweifelsohne gehören, durch Satzung, Parteivereinbarung oder die Schiedsordnung selbst ausgeschlossen oder gefährdet, so handelt es sich im Zweifel nicht um ein echtes Schiedsgericht.[1061]

C. Besonderer Geltungsanspruch für die institutionelle Sportschiedsgerichtsbarkeit

Im Gegensatz zu sogenannten Ad hoc-Schiedsgerichten[1062], deren Bestellung und verfahrensrechtliche Ausgestaltung in der Hand der Streitbeteiligten liegen,[1063] bieten institutionelle Schiedsgerichte eine Form der administrierten Schiedsgerichtsbarkeit, welche die Streitbeteiligten bei der Durchführung des Verfahrens und insbesondere bei der Bestellung des Schiedsgerichts durch eine vorgegebene Schiedsordnung beschränkt.[1064] Zwar hat dies einerseits den Vorteil, dass die – zum Teil unerfahrenen – Streitbeteiligten vom Einreichen der Schiedsklage bis zu deren Bescheidung professionell begleitet werden. Auf der anderen Seite bedeutet die vorgeschriebene Geltung einer bestimmten Schiedsordnung im Sport aber auch den Verzicht auf privatautonome Ausgestaltungsmöglichkeiten. Vor dem Hintergrund, dass der Grundsatz der Privatautonomie bereits beim Abschluss der Schiedsvereinbarung (teilweise[1065]) den Interessen an einer einheitlichen und schnellen Streitbeilegung weichen muss, sind die jeweils schwer überschaubare Verwaltung und Organisationsstruktur institutionel-

---

1060 BGH, NJW 2004, 2226, 2227; *Oschütz*, Sportschiedsgerichtsbarkeit, S. 87.

1061 *Schwab/Walter*, Schiedsgerichtsbarkeit, Kap. 32, Rn. 17.

1062 Auch Gelegenheitsschiedsgerichte genannt, die regelmäßig nur zur Beilegung einer konkreten Streitigkeit bestellt werden, vgl. *Schwab/Walter*, Schiedsgerichtsbarkeit, Kap. 1, Rn. 10.

1063 Siehe *Pfisterer/Schnyder*, Internationale Schiedsgerichtsbarkeit, S. 6.

1064 Siehe Schütze/*Schütze*, Institutionelle Schiedsgerichtsbarkeit, Rn. 1.

1065 Siehe oben bei Teil 2/Kapitel 4/E./II./3. ab S. 186, wo nach der hier vertretenen Auffassung die Wirksamkeit erzwungener Schiedsvereinbarungen nur für Streitigkeiten zu bejahen ist, die nicht über den Schutz des Kernbereichs des Sports hinausgehen.

ler Sportschiedsgerichte, aber auch die Regeln zur Konstituierung des Schiedsgerichts hinsichtlich der Beachtung des Gebots unabhängiger und überparteilicher Rechtspflege an strengen Maßstäben zu messen.[1066] Dies gilt umso mehr, als die Schiedsgerichtsbarkeit dem Sportler nicht in demselben Umfang Rechtsschutz gewährt, wie dies vor einem staatlichen Gericht der Fall wäre, wo ihm ein vollständiger Instanzenzug zur Verfügung steht und das Verfahren mit besonderen Garantien ausgestattet sowie durch zahlreiche gesetzliche Vorschriften geregelt ist.[1067] Im Bereich der institutionellen Sportschiedsgerichtsbarkeit ergibt sich außerdem die Besonderheit, dass die Verbände im Rahmen ihrer Verbandsautonomie über die sogenannte Disziplinarhoheit verfügen. Diese ermöglicht es ihnen nicht nur, gegenüber Sportlern verbandsrechtliche Sanktionen zu verhängen,[1068] sondern darüber hinaus die Vollstreckung beziehungsweise Befolgung dieser Sanktionen oder eines in diesem Zusammenhang ergangenen Schiedsentscheids privat zu erzwingen (sog. „Infizierungsregel“).[1069] Das schweizerische Bundesgericht hat die Anwendung dieser privaten Vollstreckungsmethode als mit dem staatlichen Zwangsvollstreckungsmonopol für vereinbar und damit grundsätzlich für zulässig angesehen.[1070] Demzu-

---

1066 Das Schweizerische Bundesgericht sieht hauptsächlich in der Art und Weise der Besetzung des Schiedsgerichts das entscheidende Element für die Einhaltung der erforderlichen Unabhängigkeit, vgl. *Rochat*, in: Droit et sport, Le règlement des litiges en matière sportive, S. 91, 95. Dieses Element ist jedoch mit der rechtlichen und organisatorischen Unabhängigkeit der gesamten Schiedsgerichtsinstitution untrennbar verknüpft, da bereits jeglicher verbandsmäßiger Einfluss auf der Organisationsebene die Unabhängigkeit des Schiedsgerichts/Spruchkörpers beeinträchtigen kann, siehe unten bei Teil 3/Kapitel 2/A./I./4. ab S. 237 zur Kritik am Besetzungsverfahren des CIAS.

1067 BG v. 13. Oktober 1954, BGE 80 I 336 S. 341 f.; insbesondere das Öffentlichkeitsprinzip findet im Bereich der Schiedsgerichtsbarkeit keine Anwendung, so dass hiermit eine Kontrollebene verloren geht, siehe LG München I v. 26. Februar 2014, CaS 2014, 154, 167 (= SpuRt 2014, 113, 119); *Steiner*, SchiedsVZ 2013, 15, 18; *Niedermaier*, Schieds- und Schiedsverfahrensvereinbarungen in strukturellen Ungleichgewichtslagen, S. 124 f.

1068 *Haas*, SJZ 2010, 585, 591. Die Möglichkeiten der Bestrafung reichen von einer Verwarnung über eine Nichtzulassung, Punktabzug, Geldstrafe, Disqualifikation bis hin zu einem dauerhaften Ausschluss vom Wettkampfgeschehen.

1069 *Schulze*, IJVO 15 (2008), S. 19; dies kann durch Androhung einer Spielsperre oder den Ausschluss von der Teilnahme an einem Wettbewerb geschehen, siehe *Schulze*, *studere 2011, 8, 13; *Engelbrecht*, SpuRt 2007, 104.

1070 BG v. 5. Januar 2007, BGE 4P.240/2006, E. 4.

folge findet im Sport regelmäßig keine staatliche Kontrolle des Schiedsentscheids in Form einer staatlichen Exequaturentscheidung[1071] statt.

Aufgrund dieser Besonderheiten, der fehlenden Wahlmöglichkeit hinsichtlich des zu beschreitenden Rechtswegs sowie der fehlenden Einflussmöglichkeit hinsichtlich der Ausgestaltung des Schiedsverfahrens muss das Vertrauen des Sportlers sowohl in die gesamte Schiedsgerichtsinstitution als auch den jeweiligen Spruchkörper gestärkt werden, da diese für seine Sportlerkarriere zum Teil weitreichende Entscheidungen bis hin zum Berufsverbot treffen können.[1072] Mithin ist es die Aufgabe der Schiedsgerichtsinstitutionen, ihre Verfahrensregeln nicht ausschließlich an den rechtsstaatlichen Mindestanforderungen ausrichten, sondern vielmehr so zu gestalten, dass von ihnen eine gewisse Vorbildfunktion, insbesondere im Hinblick auf deren Vertrauenswürdigkeit, ausgeht.[1073] Dies entspricht auch dem Zweck des Gebots unabhängiger und überparteilicher Rechtspflege, nach dem die Gerichte den ihrer Gerichtsbarkeit unterworfenen Parteien Vertrauen vermitteln müssen.[1074] Das gilt umso mehr, als sich ein Sportler, der sich einer Schiedsvereinbarung hauptsächlich zum Zwecke der verbandsmäßig organisierten Sportausübung unterwirft, in der Regel keine konkreten Gedanken über den Ablauf und die Ausgestaltung eines möglichen Schiedsverfahrens macht.[1075] Diese oftmals fehlende Kenntnis und die nicht vorhandene Mitwirkungsmöglichkeit bei der Verfahrensgestaltung erfordern in jedem Fall eine ausreichend transparente Organisationsstruktur und Verwaltung der Schiedsgerichtsinstitution, die einen hohen Grad an Unabhängigkeit und Überparteilichkeit gewährleisten und darüber hinaus die Möglichkeit der Einflussnahme einzelner Interessengrup-

---

1071 Die Exequaturentscheidung ist die Entscheidung eines staatlichen Gerichts, in der die Vollstreckbarkeit und somit inzident auch die Wirksamkeit bzw. Unanfechtbarkeit eines ausländischen Schiedsentscheids festgestellt wird, vgl. *Schwab/Walter*, Schiedsgerichtsbarkeit, Kap. 26, Rn. 3.

1072 *König*, SpuRt 2004, 137, 138; *Villiger*, Handbuch der EMRK, Rn. 415; *Kummer*, Spielregel und Rechtsregel, S. 78 f.; vgl. auch BGH, NJW 1971, 139, wonach die Überparteilichkeit eines Gerichts bereits dann in Frage gestellt wird, „wenn das Gericht für einen unbefangenen Betrachter den Eindruck erwecken muß, die eine Partei könnte gegenüber der anderen benachteiligt sein."

1073 Vgl. *Niedermaier*, SchiedsVZ 2014, 280, 286.

1074 Siehe Urteil (EGMR) *Piersack gegen Belgien* v. 1. Oktober 1982, Serie A Nr. 53 Rn. 30 a); *Villiger*, Handbuch der EMRK, Rn. 415; BGH, NJW 1971, 139.

1075 *Hofmann*, Zur Notwendigkeit eines institutionellen Sportschiedsgerichts in Deutschland, S. 74.

pen ausschließen. Nur auf diese Weise findet eine angemessene Kompensation für die erzwungene Schiedsvereinbarung statt, da dem Sportler als Ausgleich für den erzwungenen Verzicht auf staatlichen Rechtsschutz zumindest ein vertrauenswürdiges Streitbeilegungssystem zur Seite gestellt wird. In der Praxis wird die Transparenz und Unabhängigkeit der institutionellen Sportschiedsgerichte jedoch insbesondere durch die komplexe und monopolistische Struktur des Sportverbandswesens, die hieraus resultierenden strukturellen Machtunterschiede sowie die zwangsweise Unterwerfung unter die Verbandsregelwerke im Allgemeinen und unter die Schiedsgerichtsbarkeit im Besonderen erschwert. Denn die gesamte Sportwelt steht unter der Kontrolle der „drei Säulen der Olympischen Bewegung“, das heißt dem Internationalen Olympischen Komitee (IOC), den Nationalen Olympischen Komitees (NOK) sowie den Internationalen Sportverbänden (IF),[1076] deren Regelwerke ein Sportler satzungsmäßig oder individualvertraglich, wie zum Beispiel durch die Unterzeichnung einer Athletenvereinbarung oder eines Regelanerkennungsvertrags, zum Zwecke der verbandsmäßig organisierten Sportausübung alternativlos zu akzeptieren und sich somit deren Disziplinarhoheit zu unterwerfen hat.[1077] Grundsätzlich muss deshalb vermieden werden, dass Sportorganisationen oder Sportverbände unmittelbar oder mittelbar – beispielsweise über die Positionierung einzelner Interessenvertreter auf einflussreichen Posten oder durch finanzielle Unterstützung – den Betrieb der Schiedsgerichtsinstitution in irgendeiner Weise, sei es auch nur theoretisch, beeinflussen oder lenken können.[1078]

Das Gebot unabhängiger und überparteilicher Rechtspflege darf sich demnach nicht nur auf die Zusammensetzung des Spruchkörpers und die Unabhängigkeit der einzelnen Schiedsrichter selbst beschränken,[1079] son-

1076 Siehe Regel 1 Abs. 2 der Olympischen-Charta, wonach das IOC, die IF und die ACNO diese drei Säulen bilden, abrufbar unter: http://www.olympic.org/Documents/olympic_charter_fr.pdf (zuletzt aufgerufen am 04.07.2015).

1077 *Martens*, in: Mélanges en l'honneur de Denis Oswald, Disputes in Sport, S. 429, 437.

1078 In diesem Zusammenhang ist aktuell eine Klage beim Europäischen Gerichtshof für Menschenrechte anhängig, die die Unabhängigkeit und Überparteilichkeit (der Schiedsrichter) des TAS aufgrund der Einflüsse des IOC rügt. Siehe zur Streitsache Claudia Pechstein c./ Schweiz bei *Rietiker*, ZSR 132 (2013) I, S. 259, 271.

1079 So *Hofmann*, Zur Notwendigkeit eines institutionellen Sportschiedsgerichts in Deutschland, S. 67.

dern muss in der gleichen Weise für die das Schiedsgericht verwaltenden Organe gelten, da diese über weitreichende Kompetenzen verfügen und über die Abläufe innerhalb der Schiedsgerichtsinstitution sowie den Inhalt der Schiedsordnung bestimmen. Ergeben sich aufgrund der Organisationsstruktur oder der Besetzung des Schiedsgerichts berechtigte Zweifel, die auf die mögliche Einflussnahme vonseiten potenzieller Verfahrensbeteiligter zurückzuführen sind, so ist hierin wegen der Gefahr äußerer Beeinflussung eine Gefährdung des Gebots unabhängiger und überparteilicher Rechtspflege zu sehen.

D. Zusammenfassung

Das Gebot unabhängiger und überparteilicher Rechtspflege wird in der Schweiz gemäß Art. 30 BV als rechtsstaatliche „Minimalgarantie"[1080], in Deutschland als „elementarer Grundsatz rechtsprechender Gewalt"[1081] und Teil des Rechtsstaatsprinzips sowie völkerrechtlich über Art. 6 Abs. 1 EMRK garantiert. Es ordnet vornehmlich an, dass keine Person Richter in eigener Sache sein darf.[1082] Ferner verhindert diese Verfahrensgarantie, dass Umstände, die außerhalb des Prozesses liegen, in sachwidriger Weise zugunsten oder zulasten einer Partei auf das Urteil einwirken[1083] oder eine der Parteien bereits bei der Besetzung des Schiedsgerichts eine Position einimmt, die den Verfahrensausgang als nicht mehr offen erscheinen lässt[1084]. Für die Frage nach dem Vorliegen echter Schiedsgerichtsbarkeit stellt die Unabhängigkeits- und Überparteilichkeitsgarantie aufgrund der materiellen Rechtskraftwirkung von Schiedsentscheiden eine grundlegende Voraussetzung dar. Hieraus ergibt sich die Anforderung an jedes Schiedsgericht, eigenverantwortlich, weisungsfrei und neutral zu entscheiden. Ein besonderer Geltungsanspruch kommt dem Gebot unabhängiger und überparteilicher Rechtspflege im Bereich der institutionellen

---

1080 BG v. 18. Februar 2013, 8C_994/2012, E.3.1, sowie BG v. 29. Mai 2012, 8C_843/2011, E.2.2.1.

1081 BGH, NJW 1986, 3027, 3028.

1082 *Oschütz*, Sportschiedsgerichtsbarkeit, S. 87; *Hofmann*, Zur Notwendigkeit eines institutionellen Sportschiedsgerichts in Deutschland, S. 67; *Fenn*, in: FS Henckel, Zur Abgrenzung von Verbandsgerichtsbarkeit, S. 173, 189.

1083 BG v. 19. April 2013, 1B_664/2012, E.3.3.1; BG v. 28. Juli 1998, BGE 124 I 255, 261.

1084 BG v. 27. Mai 2003 mit Anm. v. *Oschütz*, SchiedsVZ 2004, 208, 211.

Sportschiedsgerichtsbarkeit zu. Denn die institutionellen Sportschiedsgerichte verdanken ihre Existenz in erster Linie den Verbandssatzungen und -regelwerken, die den Sportlern den Abschluss der Schiedsvereinbarung als Bedingung für die verbandsmäßig organisierte Sportausübung regelmäßig vorschreiben. Auch diese Situation führt neben dem Schiedszwang sowie dem strukturellen Kräfteungleichgewicht regelmäßig zu Zweifeln hinsichtlich der Unabhängigkeit und Überparteilichkeit institutioneller Sportschiedsgerichte. Da einem Sportler stets auch ein für die Streitbeilegung zuständiges institutionelles Sportschiedsgericht mitsamt der dazugehörigen Schiedsordnung mehr oder weniger aufgezwungen werden, muss diesem als Ausgleich ein besonders vertrauenswürdiges und in vollem Maße rechtsstaatliches Verfahren geboten werden. Dies setzt bereits eine ebenso vertrauenswürdige Organisation und Verwaltung der Schiedsgerichtsinstitution voraus. Demzufolge sind möglichst alle Zweifel, die den Anschein fehlender Unabhängigkeit oder Überparteilichkeit erwecken könnten, von vornherein auf allen Ebenen auszuräumen.[1085]

Kapitel 2: Die rechtliche und organisatorische Verselbstständigung institutioneller Sportschiedsgerichte

Wie zuvor angedeutet ist Frage nach der rechtlichen und organisatorischen Verselbstständigung institutioneller Sportschiedsgerichte gerade in Anbetracht der wirtschaftlichen und gesellschaftlichen Bedeutung des Sports von höchster Relevanz. Denn trotz ihrer wichtigen Aufgabe, Schiedsverfahren zu administrieren und rechtskräftige Entscheidungen in sportrechtlichen Streitigkeiten zu fällen, bleiben sie vollständig in privatrechtlicher Hand.[1086]

Die Gewährleistung institutioneller Unabhängigkeit, die vorliegend als rechtliche und organisatorische Selbstständigkeit der Schiedsgerichtsinstitution im Verhältnis zu den Dachorganisationen des Sports und den internationalen Sportverbänden verstanden wird, ist somit für die Vertrauenswürdigkeit und Rechtsstaatlichkeit institutioneller Sportschiedsgerichte von wesentlicher Bedeutung. Sie stellt die Grundlage für unabhängige

1085 So zum TAS *Vrijman*, in: CAS 1984-2004, Experiences with arbitration before the CAS, S. 63, 66 und 68, der dieser Entwicklung noch einen langen Weg voraussagt(e).

1086 Vgl. zum TAS *Baddeley*, L'association sportive face au droit, S. 271.

Rechtsprechung dar, da nur auf diesem Wege die Eigenverwaltung der Schiedsgerichtsinstitution und daraus folgend die Eigenverantwortlichkeit ihrer Entscheidungen sichergestellt werden kann.[1087] Gefährdungspotenzial besteht insbesondere dann, wenn die Institution äußeren Einflüssen seitens der am Sport beteiligten Organisationen und Verbände ausgesetzt ist oder auch nur die Möglichkeit einer Einflussnahme besteht. Denn sofern die mächtigen internationalen Sportverbände die Verwaltung oder den Betrieb des institutionellen Sportschiedsgerichts sowie insbesondere den Ablauf des Schiedsverfahrens in irgendeiner Weise mittelbar oder unmittelbar lenken oder beeinflussen können, muss die Einhaltung des Gebots unabhängiger und überparteilicher Rechtspflege bereits auf der Organisationsebene in Frage gestellt werden. Diese Bewertung ist zum Schutze des Sportlers geboten, da dieser in vielen Fällen mit einer Sportorganisation oder einem Sportverband über die Rechtmäßigkeit einer Verbandsentscheidung streitet. Ferner ziehen die Schiedsrichter im Rahmen dieser Verfahren stets die Verbandsregelwerke zur Entscheidung über die Rechtmäßigkeit der jeweiligen Verbandsentscheidung heran,[1088] so dass eine unabhängige Beurteilung nur dann garantiert ist, wenn keine wesentlichen Verbindungen zwischen dem (institutionellen) Sportschiedsgericht und den Sportverbänden bestehen.[1089]

A. Die Organisationsstruktur des Tribunal Arbitral du Sport (TAS) und des Deutschen Sportschiedsgerichts (DSS)

Das TAS und das DSS sind institutionelle Sportschiedsgerichte zur Beilegung sportrechtlicher Streitigkeiten, die über eine eigene Schieds- und Verfahrensordnung verfügen. Sie sind nachfolgend Gegenstand einer eingehenden Untersuchung, die mögliche Schwächen, aber auch Stärken der jeweiligen Organisationsstruktur insbesondere hinsichtlich der Gewährleistung institutioneller Unabhängigkeit aufdecken und darstellen soll.

1087 Zu einer differenzierten Betrachtung von institutioneller und persönlicher Unabhängigkeit siehe auch *Baddeley*, L'association sportive face au droit, S. 292, bezugnehmend auf die Entscheidung des Schweizerischen Bundesgerichts im Fall *Gundel* (BGE 119 II 271 ff.); *Berninger/Theißen*, SpuRt 2008, 185, 186.

1088 *Pinna*, Gazette du Palais du 19/20 mai 2004, 31, 39.

1089 Hinsichtlich der Angemessenheit von Verbandsnormen haben staatliche Gerichte und Schiedsgerichte nur eine eingeschränkte Prüfungskompetenz. Vgl. BGH, NJW 1995, 583, 585, im Zusammenhang mit sozialmächtigen Verbänden.

Während das TAS bereits seit dem Jahre 1984 existiert, hat das DSS erst im Jahre 2008 seinen Betrieb aufgenommen. Über dem nachfolgenden Vergleich schwebt mithin die Frage, welche strukturellen Veränderungen erstrebenswert wären und ob es legitime Gründe dafür geben könnte, dass sich die am Sport beteiligten Sportorganisationen, Sportverbände und Sportler zur Beilegung ihrer Streitigkeiten in Zukunft eher an das DSS wenden sollten.[1090]

I. Tribunal Arbitral du Sport (TAS)

Das TAS hat gemäß Art. S1 Abs. 3 TAS-Code seinen Sitz in Lausanne (Schweiz) und stellt mit über 400 registrierten Verfahren pro Jahr[1091] das wichtigste Schiedsgericht für den verbandsmäßig organisierten Sport dar.

1. Geschichtliche Hintergründe

Die Idee zur Errichtung eines institutionellen Sportschiedsgerichts wurde auf Initiative des damaligen Präsidenten des Internationalen Olympischen Komitees (IOC), Juan Antonio Samaranch, ins Leben gerufen und mit dem Inkrafttreten der ersten Schiedsordnung am 30. Juni 1984 verwirklicht.[1092] Der Ursprungsgedanke zur Gründung des TAS wurzelte in einem Konflikt, in den das IOC seinerzeit gegen eines seiner Mitglieder involviert war.[1093] Den Verantwortlichen des IOC wurde im Zuge der Streitig-

1090 Vgl. *Mertens*, SpuRt 2008, 140, 141, dessen Fragestellung eher auf die Existenzberechtigung des DSS abzielt.

1091 Siehe Pressemitteilung des TAS v. 18. November 2014 zur Neubesetzung des CIAS, abrufbar unter: http://www.tas-cas.org/fileadmin/user_upload/Media_Release_ICAS_Nov_2014_FINAL.pdf (zuletzt aufgerufen am 04.07.2015); im Jahre 2012 waren es noch ca. 350 Verfahren, siehe hierzu die vom TAS veröffentlichte Statistik, abrufbar unter: http://www.tas-cas.org/fileadmin/user_upload/CAS_Statistics_2013.pdf (zuletzt aufgerufen am 04.07.2015).

1092 1983 stellte Kéba M'baye, Mitglied des IOC und Vorsitzender der Arbeitsgruppe zur Ausarbeitung eines TAS-Code, das Tribunal Arbitral du Sport erstmalig auf einem Olympischen Kongress in Neu-Dehli vor, siehe *M'baye*, Bulletin ASA 1990, 114, 116.

1093 Das Nationale Olympische Komitee (NOK) von Taiwan wehrte sich im Jahre 1979 dagegen, bei den Olympischen Spielen unter der Flagge der Republik China aufzulaufen, während die Athleten aus China dem NOK der Volksrepublik

keit bewusst, dass man Auseinandersetzungen vor staatlichen Rechtsprechungsorganen nur vermeiden konnte, indem man die ordentliche Gerichtsbarkeit durch die Errichtung eines spezialisierten Schiedsgerichts ersetzte, um somit die speziellen Probleme und Konflikte des Sports im eigenen Kreise lösen zu können.[1094] Anfangs prägte diesen Gedanken allerdings eher die Absicht, das IOC aus Streitigkeiten herauszuhalten, anstatt seinen Mitgliedern ein spezielles und angemessenes Streitbeilegungssystem zur Verfügung zu stellen.[1095] So wollte man ursprünglich jedem neuen IOC-Mitglied unter Eid auferlegen, Entscheidungen des IOC ohne Berufungsmöglichkeit zu akzeptieren.[1096] Dieser Methode mangelte es jedoch – wenig überraschend – an der Umsetzungsfähigkeit.[1097]

Des Weiteren ist die Errichtung des TAS im Zusammenhang mit der Abkehr der Olympischen Bewegung vom Amateurgedanken und dem Beginn der Kommerzialisierung der Olympischen Spiele seit Anfang der 1980er Jahre zu sehen,[1098] wodurch sich die Anzahl der Streitigkeiten und die Bedeutung der im Sport betroffenen Interessen deutlich erhöhte.

a. Rechtsprechungsüberblick

Die erste TAS-Schiedsordnung aus dem Jahre 1984 sah vor, dass das TAS aus 60 Mitgliedern bestehen sollte, die zu gleichen Teilen vom IOC, den

---

China unterstellt waren. Sie forderten ebenfalls für sich, den gesamten chinesischen Sport zu vertreten. Diese Affäre ist unter dem Namen „Zwei Chinas" bekannt. Vgl. *Rigozzi*, L'arbitrage international, Rn. 216; siehe auch *Haas*, in: Gilles/Pfeiffer (Hrsg.), Die Streitbeilegung durch Schiedsgerichte im internationalen Sport, S. 25.

1094 *M'baye*, Bulletin ASA 1990, 114, 116.

1095 *Rigozzi*, L'arbitrage international, Rn. 216, wonach die Absicht des IOC, sich selbst zu schützen, dem Ziel, den Athleten ein milderes, schnelleres und kostengünstigeres Verfahren zu schaffen, zum Zeitpunkt der Errichtung des TAS übergeordnet war.

1096 Siehe *M'baye*, Bulletin ASA 1990, 114, 116.

1097 Siehe *M'baye*, Bulletin ASA 1990, 114, 116: „Il avait été décidé qu'on ajouterait au serment que doit prêter tout nouveau membre du Comité international olympique une disposition disant que les décisions du Comité international olympique sont sans appel pour les membres, mais on s'est aperçu très vite que ce n'était pas suffisamment efficace [...]."

1098 *Adolphsen*, SchiedsVZ 2004, 169, 172; *Adolphsen*, Internationale Dopingstrafen, S. 489.

Internationalen Verbänden (IF), den Nationalen Olympischen Komitees (NOK) sowie dem IOC-Präsidenten vorgeschlagen und letztlich vom IOC-Präsidenten ernannt wurden.[1099] Außerdem übernahm das IOC die Kosten für den Betrieb des Schiedsgerichts und war zuständig für den Erlass und die Abänderung der Schiedsordnung.[1100] Die unmittelbare finanzielle und administrative Nähe zum IOC begründeten jedoch Zweifel an der Unabhängigkeit des TAS.[1101] Dies führte unausweichlich zu der nachfolgenden Grundsatzentscheidung des Schweizerischen Bundesgerichts, die ein Umdenken sowie eine Umstrukturierung innerhalb der Lausanner Sportschiedsgerichtsinstitution bewirkte.

aa) „Gundel"-Entscheidung des Schweizerischen Bundesgerichts[1102]

Im Vorfeld zu der „Gundel"-Entscheidung von 1993 stritten der deutsche Profisportler Gundel und die Fédération Equestre Internationale (FEI)[1103] vor dem TAS über die Rechtmäßigkeit einer vom Verband erlassenen Dopingsperre. Das Schiedsgericht gab dem Begehren des Sportlers, die Sperre aufzuheben, nur teilweise statt.[1104] Daraufhin reichte dieser nach Art. 191 Abs. 1 IPRG eine staatsrechtliche Beschwerde gegen den den Schiedsentscheid des TAS beim Schweizerischen Bundesgericht ein und stützte diese hauptsächlich auf die fehlende Unabhängigkeit des TAS.[1105] Dementsprechend hatte das Bundesgericht zu klären, ob es sich beim TAS um ein echtes Schiedsgericht und somit bei der TAS-Entscheidung tatsächlich um einen Schiedsentscheid im Sinne des IPRG handelte oder nicht.

1099 *Reeb*, in: CAS 1984-2004, The role and functions of the CAS, S. 31, 32. Die vom IOC-Präsidenten bestellten 15 Mitglieder durften nicht den genannten Organisationen angehören; vgl. auch *Oschütz*, Sportschiedsgerichtsbarkeit, S. 39.

1100 *Reeb*, in: CAS 1984-2004, The role and functions of the CAS, S. 31, 33; BG v. 27. Mai 2003, BGE 129 III 445, 450.

1101 *Pinna*, Gazette du Palais du 19/20 mai 2004, 31, 39.

1102 BG v. 15. März 1993, BGE 119 II 271 ff.

1103 Internationaler Pferdesportverband.

1104 Zwar wurde die zu zahlende Geldstrafe reduziert, aber die Dopingsperre an sich hat das TAS aufrechterhalten, siehe BG v. 15. März 1993, BGE 119 II 271, 274.

1105 Für eine ausführliche Zusammenfassung des Sachverhalts in deutscher Sprache, siehe *Haas*, ZEuP 1999, 355 f.

In den Entscheidungsgründen erwogen die schweizerischen Bundesrichter, dass ein Schiedsgericht, das gleichzeitig als ein Organ eines der Verfahrensbeteiligten zu qualifizieren ist, keine ausreichende Garantie für unabhängige Rechtsprechung biete.[1106] In diesen Fällen handele es sich bei den Entscheidungen vielmehr um Verbands- beziehungsweise Vereinsmaßnahmen.[1107] Folglich stellte sich die Frage, in welcher Beziehung das TAS zur FEI stand.[1108] Zwar sei das TAS nach wohl einhelliger Auffassung in der Literatur ein echtes, das heißt von den Sportverbänden unabhängiges, Schiedsgericht, das eine freie und vollumfängliche Kontrolle über die Rechtmäßigkeit von Verbandsentscheidungen ausübe.[1109] Diese Auffassung könne aber nicht „ohne Zögern"[1110] für die Fälle geteilt werden, in denen das IOC als Verfahrensbeteiligte auftrete.[1111] Jedenfalls sei das TAS aber nicht als Organ der FEI zu bewerten, da es ausreichend eigenständig im Verhältnis zu dem internationalen Pferdesportverband und keineswegs weisungsgebunden sei.[1112] Außerdem könne der Sportler im Rahmen der Schiedsrichterbestellung stets eines der 15 Mitglieder wählen, die in keiner Beziehung zu den Sportverbänden stehen dürften.[1113] Somit war nach Ansicht der Bundesrichter die Unabhängigkeit des TAS in dem konkreten Fall sichergestellt.

Das Bundesgericht betonte dennoch, dass Einwände gegen die Unabhängigkeit des TAS im Zusammenhang mit den administrativen und finanziellen Verknüpfungen zum IOC nicht ohne Weiteres ausgeräumt werden könnten.[1114] So könne das IOC die Schiedsordnung abändern, trage die Kosten für den Betrieb des TAS und spiele eine herausragende Rolle bei der Benennung seiner Mitglieder.[1115] Da aber zumindest die Unabhängigkeit des Spruchkörpers durch diverse Regelungen sichergestellt sei,[1116] dürften diese Einwände allein nicht ausreichen, um dem TAS die Qualität

1106 BG v. 15. März 1993, BGE 119 II 271, 276 f.
1107 BG v. 15. März 1993, BGE 119 II 271, 276.
1108 BG v. 15. März 1993, BGE 119 II 271, 277.
1109 BG v. 15. März 1993, BGE 119 II 271, 279.
1110 „non sans hésitation", siehe BG v. 15. März 1993, BGE 119 II 271, 279.
1111 BG v. 15. März 1993, BGE 119 II 271, 279.
1112 BG v. 15. März 1993, BGE 119 II 271, 279.
1113 BG v. 15. März 1993, BGE 119 II 271, 279.
1114 BG v. 15. März 1993, BGE 119 II 271, 280.
1115 BG v. 15. März 1993, BGE 119 II 271, 280.
1116 Siehe zu dieser Frage bei Teil 3/Kapitel 3/A. ab S. 280.

eines echten Schiedsgerichts zu nehmen.[1117] Abschließend betonten die schweizerischen Bundesrichter jedoch ausdrücklich, dass eine „gesteigerte Unabhängigkeit des TAS im Verhältnis zum IOC“[1118] wünschenswert wäre. Im Umkehrschluss bedeutete dies, dass das TAS aus Sicht des Schweizerischen Bundesgerichts zumindest hinsichtlich jener Verfahren ohne Beteiligung des IOC als eine unabhängige Institution und somit als echtes Schiedsgericht betrachtet werden konnte.[1119]

Die „Gundel“-Entscheidung hatte im Jahre 1994 eine wichtige Umstrukturierung des TAS zur Folge. Das IOC musste einsehen, dass es seine Rolle innerhalb des TAS einzuschränken hatte, damit dieses als ein echtes Schiedsgericht im Sinne der schweizerischen Rechtsordnung anerkannt werden konnte.[1120] Folglich wurden zum einen die Satzung und Verfahrensordnung komplett neugefasst und zum anderen eine Stiftung schweizerischen Rechts in Form des *Conseil International de l'Arbitrage en matière de Sport* (CIAS) zwischen das IOC und das TAS geschaltet, um die Unabhängigkeit der Schiedsgerichtsinstitution zu garantieren.[1121] Die Gründung des CIAS[1122] stellte einerseits einen wichtigen Schritt für die rechtliche Selbstständigkeit der Schiedsgerichtsinstitution dar. Der CIAS ist andererseits aber auch nicht unumstritten und Anknüpfungspunkt für Kritiken, die die Unabhängigkeit des TAS betreffen.[1123]

bb) „Lazutina/Danilova“-Entscheidung des Schweizerischen Bundesgerichts[1124]

Im Jahre 2003, also erst zehn Jahre nach der „Gundel“-Entscheidung, hatte das Schweizerische Bundesgericht über die damals noch am Rande aufgeworfene Frage zu entscheiden, wie die Unabhängigkeit des TAS in einem Verfahren mit Beteiligung des IOC zu beurteilen ist. Das TAS hatte

1117 BG v. 15. März 1993, BGE 119 II 271, 280.

1118 „[...] quand bien même il serait souhaitable que l'on assurât une indépendance accrue du TAS à l'égard du CIO“, BG v. 15. März 1993, BGE 119 II 271, 280.

1119 So auch *Pinna*, Gazette du Palais du 19/20 mai 2004, 31, 40.

1120 *Rigozzi*, ZSR 132 (2013) I, S. 301, 302.

1121 Siehe „Historique du TAS“: http://www.tas-cas.org/fr/informations-generales/historique-du-tas.html (zuletzt aufgerufen am 04.07.2015).

1122 Siehe zum CIAS bei Teil 3/Kapitel 2/A./I./2./a. ab S. 228.

1123 Siehe hierzu insbesondere bei Teil 3/Kapitel 2/A./I./4. ab S. 237.

1124 BG v. 27. Mai 2003, BGE 129 III 445 ff.

zwei vom IOC und der FIS gegen zwei russische Skilangläuferinnen ausgesprochene Dopingsperren bestätigt, wogegen diese eine Anfechtungsklage wegen mangelnder Unabhängigkeit und Überparteilichkeit des TAS gemäß Art. 190 Abs. 2 lit. a) IPRG in Verbindung mit Art. 30 BV und Art. 6 EMRK vor dem Schweizerischen Bundesgericht erhoben.[1125] Hauptsächlich rügten die Klägerinnen die Struktur des CIAS, die Art und Weise der Ernennung der Schiedsrichter sowie die Organisation, Finanzierung und Abläufe innerhalb des Sportschiedsgerichts, welche durch enge Beziehungen zwischen dem CIAS und dem IOC geprägt seien.[1126] Nach Ansicht des Gerichts beruhte die Argumentation der Klägerinnen allerdings auf falschen Tatsachen.[1127] Zwar könne die Zusammensetzung des CIAS nach Art. S4 TAS-Code die Möglichkeit einer Einflussnahme seitens des IOC nicht völlig ausschließen. Das Zahlenverhältnis der vom IOC ernannten CIAS-Mitglieder zu den übrigen Mitgliedern genüge allerdings nicht für die Annahme einer faktischen Kontrolle des IOC über den CIAS.[1128] Das Gericht deutete zwar an, dass eine solche faktische Kontrolle in der Theorie wohl denkbar wäre.[1129] Der CIAS sei jedoch eine autonome Organisation, die vom IOC weder Weisungen erhalte noch an dessen Entscheidungen gebunden sei.[1130] Hierfür spreche auch die Tatsache, dass das Schiedsgericht vor allem in Berufungsverfahren die Kompetenz habe, Verbandsentscheidungen vollumfänglich, das heißt in sachlicher und rechtlicher Hinsicht, zu prüfen und sogar seine Entscheidung an die Stelle der Verbandsentscheidung zu setzen.[1131]

1125 BG v. 27. Mai 2003, BGE 129 III 445, 448.

1126 BG v. 27. Mai 2003, BGE 129 III 445, 455.

1127 BG v. 27. Mai 2003, BGE 129 III 445, 455.

1128 BG v. 27. Mai 2003, BGE 129 III 445, 455 f.

1129 „Il ne s'agit là toutefois que d'une hypothèse, assez théorique à vrai dire, qui n'entre pas en ligne de compte en l'espèce." BG v. 27. Mai 2003, BGE 129 III 445, 456.

1130 BG v. 27. Mai 2003, BGE 129 III 445, 456.

1131 BG v. 27. Mai 2003, BGE 129 III 445, 459; hierzu zu Recht sehr kritisch *Scherrer*, CaS 2008, S. 58 ff., der wegen Art. 75 ZGB (Anfechtung eines Vereinsbeschlusses) und der kassatorischen Wirkung einer Anfechtung dem Schiedsgericht lediglich die Kompetenz zugesteht, eine Verbandsentscheidung aufzuheben.

cc) Würdigung

Die vorstehenden Entscheidungen, die die Unabhängigkeit sowie Überparteilichkeit des TAS bescheinigen, können nicht als abschließende Klärung des Problems angesehen werden. Vor dem Hintergrund der sportrechtlichen Besonderheiten stellt die Erreichung eines den rechtsstaatlichen (Mindest-)Standards angepassten Streitbeilegungsmechanismus eine sehr schwer zu bewältigende und längst nicht abgeschlossene Aufgabe dar. Auch das Schweizerische Bundesgericht hält das TAS trotz seiner zahlreichen Vorteile für eine „institution perfectible“[1132], obwohl sie sich nach und nach das Vertrauen im professionellen Sportbereich erarbeitet.[1133] Die Entscheidungen liegen zudem schon einige Jahre zurück, so dass ihr Geltungsanspruch aufgrund aktueller Entwicklungen eingehender überprüft werden muss. So hat sich beispielsweise die FIFA im Jahre 2002[1134] dazu entschieden, das TAS für Streitigkeiten „zwischen der FIFA, den Mitgliedern, den Konföderationen, Ligen, Klubs, Spielern, Offiziellen und lizenzierten Spiel- und Spielervermittlern“[1135] anzuerkennen,[1136] was einen enormen Anstieg der Verfahrenszahlen sowie des Ansehens der Schiedsgerichtsinstitution zur Folge hatte.[1137] Das TAS profitiert ungemein von den Fällen, die ihm aufgrund der FIFA-Schiedsklausel[1138] zur Entscheidung zwingend vorgelegt werden müssen und macht den Fußball somit zu seiner Haupteinnahmequelle[1139]. Darüber hinaus beschränken sich die Ausführungen in der „Lazutina/Danilova“-Entscheidung auf die Beziehungen des CIAS/TAS zum IOC, ohne insgesamt auf die berherrschende Stellung der Dachorganisationen des Sports sowie der internationalen Sportverbände in der Welt des verbandsmäßig organisierten Sports und

---

1132 Das heißt eine „verbesserungswürdige Institution“, vgl. BG v. 27. Mai 2003, BGE 129 III 445, 463.

1133 BG v. 27. Mai 2003, BGE 129 III 445, 463.

1134 BG v. 25. März 2004, BG 4P.253/2003, E.5.2.2.

1135 Siehe Art. 66 Abs. 1 FIFA-Statuten

1136 Ursprünglich hatte die FIFA die Errichtung eines eigenen Tribunal Arbitral du Football (TAF) geplant, siehe *Zen-Ruffinen*, Droit du Sport, Rn. 1479 ff.

1137 Hierauf stützt sich auch die Klageschrift der sechs suspendierten Spieler des FC Sion, vgl. *Scherrer*, CaS 2012, 249, 256.

1138 Art. 66 ff. FIFA-Statuten 2015, abrufbar unter: http://de.fifa.com/aboutfifa/ (zuletzt aufgerufen am 04.07.2015).

1139 So auch in der Klageschrift der sechs suspendierten Spieler des FC Sion, wonach ein Verlust des Fußballgeschäfts eine Umsatzeinbuße von womöglich „weit über 50%“ zur Folge hätte, vgl. *Scherrer*, CaS 2012, 249, 256.

folglich auch bei der Organisationsstruktur und der Verwaltung des TAS einzugehen.[1140]

In seiner „Lazutina/Danilova"-Entscheidung erörterte das Schweizerische Bundesgericht die Einwände der Klägerinnen zwar äußerst ausführlich[1141] und brachte somit zumindest aus der Sicht mancher Autoren die lang erwartete Rechtssicherheit[1142]. Allerdings gelang es nicht, alle Zweifel und Bedenken hinsichtlich der Verbindungen des IOC sowie anderer bedeutender Sportverbände zum CIAS beziehungsweise TAS auszuräumen.[1143] Dies hängt vor allem mit der streng formalen Argumentationsweise des Gerichts zusammen, aus dessen Sicht die Zwischenschaltung des CIAS bereits einen ausreichenden Schritt zur Unabhängigkeit der Institution darzustellen scheint. Die Rechtsprechung des Schweizerischen Bundesgerichts wird in diesem Zusammenhang zu Recht kritisiert, da sie dem TAS „praktisch kritiklos Schiedsgerichtsqualität zugesteht" und somit die Macht der monopolistischen Sportverbände – insbesondere gegenüber den Sportlern – massiv verstärkt.[1144]

b. Die Rolle des TAS im Kampf gegen Doping

Ein weiteres wichtiges Kapitel in der Geschichte des TAS schreibt der von Sportorganisationen, Verbänden und Staaten offen aufgenommene Kampf gegen Doping im Sport. In diesem Zusammenhang wurde im Jahre 2003 anlässlich der Welt-Doping-Konferenz in Kopenhagen der Welt-Anti-Doping-Code (WADA-Code)[1145] als Grundlage für diesen weltweiten Kampf sowie zur Harmonisierung der nationalen Anti-Doping-Vorschriften verabschiedet.[1146] Zahlreiche Staaten, wie zum Beispiel die Schweiz, Deutschland, China, Russland und die USA, haben sich zur Einführung

---

1140 Hierzu ebenfalls kritisch *Rigozzi*, ZSR 132 (2013) I, 301, 308.

1141 Es handelt sie „geradezu lehrbuchmäßig" ab, vgl. BG v. 27. Mai 2003 mit Anm. v. *Oschütz*, SchiedsVZ 2004, 208, 212.

1142 So z.B. für BG v. 27. Mai 2003 mit Anm. v. *Oschütz*, SchiedsVZ 2004, 208, 212; *Baddeley*, CaS 2004, 91.

1143 So zu Recht *Baddeley*, CaS 2004, 91.

1144 Siehe *Scherrer*, CaS 2008, 58, 64.

1145 Der neue WADA-Code 2015 ist abrufbar unter: https://www.wada-ama.org/en/resources/the-code/2015-world-anti-doping-code (zuletzt aufgerufen am 04.07.2015).

1146 BG v. 27. Mai 2003, BGE 129 III 445, 462.

und Anwendung des WADA-Codes völkerrechtlich verpflichtet.[1147] Gemäß Art. 13.2.1 WADA-Code ist das TAS als Berufungsinstanz für alle Dopingstreitigkeiten zuständig, die im Zusammenhang mit einem auf internationalem Niveau tätigenden Sportler oder mit einem internationalen Sportwettbewerb stehen.

Das Schweizerische Bundesgericht zieht das dem TAS entgegenbrachte Vertrauen zahlreicher Staaten heran, um die Unabhängigkeit der Schiedsgerichtsinstitution zu begründen.[1148] Es sei schwer vorstellbar, dass dem Schiedsgericht eine derartige Rechtsprechungsgewalt zugestanden worden wäre, wenn die interessierten Staaten das Gefühl gehabt hätten, dass das TAS in den Einflussbereich des IOC fiele.[1149] Diesem Argument darf nach der hier vertretenen Auffassung jedoch nicht allzu viel Gewicht verliehen werden. So füllen in den letzten Jahren die Schlagzeilen über Korruption und undurchsichtige Vergabeverfahren für Sportgroßereignisse, wie beispielsweise die Olympischen Spiele oder die FIFA-Weltmeisterschaften,[1150] die Tageszeitungen. Für jeden Staat bedeutet die Austragung einer medienwirksamen Sportveranstaltung ein in vielerlei Hinsicht bedeutendes Geschäft,[1151] für deren Vergabe auch eine gute Beziehung zu den mächtigen Sportverbänden zuträglich sein kann. Zweifelsohne ist die Konzentration von Dopingstreitigkeiten auf ein internationales Sportschiedsgericht zum Schutze des Kernbereichs des Sports unbedingt erforderlich. [1152] Auch zu diesem Zweck wurde das TAS von den mächtigen Sportverbänden ins Leben gerufen und es stellt momentan aufgrund seiner Erfahrung und Infrastruktur die einzige Institution dar, die den hohen Erwartungen an ein Weltsportschiedsgericht zur einheitlichen Bekämpfung

---

1147 BG v. 27. Mai 2003, BGE 129 III 445, 462; *Duve/Rösch*, SchiedsVZ 2014, 216, 227; siehe die „Copenhagen Declaration List of Signatories“: https://www.wada-ama.org/en/who-we-are/anti-doping-community/governments/copenhagen-declaration-list-of-signatories (zuletzt aufgerufen am 04.07.2015).

1148 BG v. 27. Mai 2003, BGE 129 III 445, 462.

1149 BG v. 27. Mai 2003, BGE 129 III 445, 462.

1150 Dies gilt insbesondere im Hinblick auf die nach Russland (2018) und Qatar (2022) vergebenen FIFA-Weltmeisterschaften. Vgl. http://www.nzz.ch/sport/fussball/der-fall-katar-zieht-sich-dahin-1.18387375 oder http://www.zeit.de/sport/2014-09/fifa-ethikkommission-garcia-russland-katar (beide zuletzt aufgerufen am 04.07.2015); siehe ebenfalls Frankfurter Allgemeine Zeitung (Printausgabe) vom 26.04.2013, „So darf der Fussball nicht rollen“, Interview mit Theo Zwanziger, S. 29; „FIFA-Skandal“ vom 27. Mai 2015.

1151 Insbesondere in wirtschaftlicher sowie innen- und außenpolitischer Hinsicht.

1152 Siehe hierzu oben bei Teil 2/Kapitel 4/E./II./3. ab S. 186.

von Doping gewachsen ist. Es ist allerdings überaus zweifelhaft, ob man aus diesen Tatsachen auch die institutionelle Unabhängigkeit des TAS ableiten kann.

2. Organisationsstruktur

Die Organisation und Verwaltung des TAS übernehmen mehrere Organe mit unterschiedlichen Funktionen. An alle Personen und Organe, die im Zusammenhang mit der Verwaltung oder den Betrieb des TAS tätig sind, sollten grundsätzlich die gleichen Anforderungen in Bezug auf deren Unabhängigkeit und Überparteilichkeit zu stellen sein wie an die zu einer Entscheidung berufenen Schiedsrichter selbst.[1153]

a. Conseil International de l'Arbitrage en matière de Sport (CIAS)[1154]

Der CIAS ist eine Stiftung nach den Art. 80 ff. ZGB. Als Aufsichtsorgan administriert und betreut der CIAS das TAS, welcher aus zwei unterschiedlichen Spruchkammern[1155] sowie den jeweils zur Entscheidung berufenen Spruchkörpern besteht.[1156] Die Errichtung einer Stiftung nach schweizerischem Recht ist die Folge einer Umstrukturierung, die im Jahre 1993 mit der „Gundel"-Entscheidung[1157] des Schweizerischen Bundesge-

1153 BG v. 28. Juli 1998, BGE 124 I 255, 265, zur Geltung des Unabhängigkeitsgrundsatzes für die Person des Gerichtsschreibers; vgl. auch *Holla*, Der Einsatz von Schiedsgerichten im organisierten Sport, S. 213. *Holla* geht zwar nur von Hilfstätigkeiten aus. Die Anforderung der Unabhängigkeit muss dann jedoch erst recht für alle Personen gelten, die in irgendeiner Form an der Organisation oder Verwaltung der Schiedsgerichtsinstitution beteiligt sind.

1154 Auch genannt „Internationaler Rat für Sportschiedsgerichtsbarkeit", vgl. *Netzle*, in: Röhricht (Hrsg.), Das Internationale Sport-Schiedsgericht in Lausanne. Zusammensetzung, Zuständigkeit und Verfahren, S. 9, 11.

1155 Siehe hierzu bei Teil 3/Kapitel 2/A./I./2./b. ab S. 231.

1156 Siehe *Oschütz*, Sportschiedsgerichtsbarkeit, S. 43; *Netzle*, in: Röhricht (Hrsg.), Das Internationale Sport-Schiedsgericht in Lausanne. Zusammensetzung, Zuständigkeit und Verfahren, S. 9, 11.

1157 BG v. 15, März 1993, BGE 119 II 271 ff. Die Richter ließen in einem *obiter dictum* aufhorchen, dass die Unabhängigkeit des TAS möglicherweise nicht gegeben sei, wenn das IOC als Streitpartei in einem Verfahren vor dem TAS auftrete; siehe bei Teil 3/Kapitel 2/A./I./1./a./aa) ab S. 221.

richts eingeleitet wurde. Die wichtigsten Vertreter der Welt des Sports,[1158] namentlich das IOC, die internationalen Sportverbände der Olympischen Sommer- (ASOIF)[1159] und Winterspiele (AIOFW)[1160] sowie die Vereinigung der Nationalen Olympischen Komitees (ACNO)[1161] haben zu diesem Zweck am 22. Juni 1994 mit Abschluss der *Convention relative à la Constitution du CIAS*[1162] den CIAS gegründet und Regelungen getroffen, die die Abnabelung des TAS vom IOC und den Sportverbänden besorgen sollten.[1163] Der CIAS kann seither als Rechtsträger des TAS bezeichnet werden.[1164] Gemeinsam sind beide Organe für die Beilegung sportrechtlicher Streitigkeiten zuständig,[1165] wobei das TAS unter der Leitung des CIAS vielmehr als unselbstständige Einheit in Erscheinung tritt.[1166] Stiftungszweck ist nach der Präambel der *Convention relative à la Constitution du CIAS* die Erleichterung der Streitbeilegung im Bereich des Sports, die Wahrung der Rechte der Parteien vor dem TAS sowie die Garantie vollständiger Unabhängigkeit der Institution.

Gemäß Art. S4 und S5 TAS-Code besteht der CIAS aus 20 „erfahrenen Juristen“[1167], die für eine Periode von vier Jahren (wieder-)gewählt werden. Die Zusammensetzung erfolgt in insgesamt fünf Schritten. Zunächst bestimmen die internationalen Sportverbände vier Mitglieder, wovon drei

---

1158 *Reeb*, in: CAS 1984-2004, The role and functions of the CAS, S. 31, 33.

1159 ASOIF = Association of Summer Olympic International Federations. Mitglieder der ASOIF sind bspw. die FIFA, die FIBA oder die UCI.

1160 AIOFW = Association of International Olympic Winter Sports Federations. Mitglied der AIOWF ist unter anderem die FIS.

1161 ACNO = Association des Comités Nationaux Olympiques. Die ACNO vereint alle 204 NOK, siehe http://www.acnolympic.org/nocs/nocs-directory/ (zuletzt aufgerufen am 04.07.2015).

1162 Nach ihrem Abschlussort auch „Convention de Paris“ genannt, siehe BG v. 27. Mai 2003, BGE 129 III 445, 455.

1163 *Rigozzi*, ZSR 132 (2013) I, S. 301, 303; 31 internationale Sportverbände haben damals die *Convention de Paris* unterzeichnet, vgl. *Wyler*, in: Röhricht (Hrsg.), Die Schiedsabrede im Sport, S. 43, 47.

1164 Vgl. *Zen-Ruffinen*, Droit du Sport, Rn. 1463; *Plantey*, in: CAS 1984-2004, Quelques observations sur l’arbitrage sportif international, S. 54, 57, spricht von „[…] le Tribunal arbitral du sport et son tuteur, le Conseil international de l’arbitrage en matière de Sport (CIAS) […]“.

1165 *Wyler*, in: Röhricht (Hrsg.), Die Schiedsabrede im Sport, S. 43.

1166 Hierfür spricht auch Art. S9 TAS-Code, wonach der Präsident des CIAS gleichzeitig als Präsident des TAS fungiert.

1167 „Le CIAS est composé de vingt membres, juristes expérimentés, [...]“, siehe Art. S4 TAS-Code.

Mitglieder auf die ASOIF und ein Mitglied auf die AIOWF entfallen. Sodann benennen die ACNO und das IOC jeweils vier Mitglieder. Die Zugehörigkeit zu einer dieser Sportorganisationen oder -verbände ist für diese 12 CIAS-Mitglieder nach Art. S4 TAS-Code ausdrücklich erlaubt. Nach angemessenen Beratungen ernennen diese 12 Vertreter vier weitere Mitglieder, welche die Interessen der Athleten schützen und sichern sollen. Diese 16 Mitglieder berufen letztlich die verbleibenden vier Mitglieder, die aus einem von den obengenannten Sportorganisationen und internationalen Sportverbänden unabhängigen Personenkreis stammen müssen. Für diese Mitglieder bildet die Zugehörigkeit zu einer Sportorganisation beziehungsweise einem internationalen Sportverband demnach ein Ausschlusskriterium. Die Zusammensetzung des CIAS soll darauf abzielen, die unterschiedlichen Sportbeteiligten und insbesondere die Olympische Bewegung hinreichend zu berücksichtigen.[1168]

Mit ihrer Ernennung müssen alle 20 Mitglieder gemäß Art. S5 Abs. 2 TAS-Code eine Erklärung unterzeichnen, in der sie sich zu einer persönlichen, objektiven und unabhängigen Ausübung ihrer Tätigkeit verpflichten. Sie dürfen gemäß Art. S5 Abs. 3 TAS-Code weder als Schiedsrichter des TAS tätig sein noch als Parteivertreter in Schiedsverfahren vor dem TAS auftreten,[1169] womit die Möglichkeit der unmittelbaren Einflussnahme auf das Schiedsverfahren weitgehend ausgeschlossen werden soll[1170]. Nach Art. S11 TAS-Code können Mitglieder des CIAS abberufen werden, sofern Umstände vorliegen, die berechtigte Zweifel an deren Unabhängigkeit in Bezug auf einen Verfahrensbeteiligten begründen. Ebenso muss ein CIAS-Mitglied sein Amt niederlegen, wenn eine Entscheidung des CIAS im Rahmen eines Schiedsverfahrens eine Sportorganisation oder einen Sportverband betrifft, in dem er Mitglied ist, oder wenn er einer Anwaltskanzlei zugehörig ist, die diese Organisation oder diesen Verband entweder als Beraterin vertritt oder im Prozess als dessen Parteischiedsrichterin auftritt.

Gemäß Art. S6 Nr. 2 TAS-Code wählen die CIAS-Mitglieder nach einer Beratung mit dem IOC, der ASOIF, der AIOFW und der ACNO aus ihrer Mitte einen Präsidenten sowie seine beiden Vize-Präsidenten für einen mehrmalig verlängerbaren Zeitraum von vier Jahren. Der Präsident des

---

1168 *Simon*, L'arbitrage des conflits sportifs, S. 185, 206.

1169 BG v. 27. Mai 2003, BGE 129 III 445, 451.

1170 *Plantey*, in: CAS 1984-2004, Independance of the CAS recognised by the Swiss Federal Tribunal, S. 50, 51.

CIAS ist gleichzeitig der Präsident des TAS. Er übernimmt hauptsächlich die alltäglichen administrativen Aufgaben des CIAS.[1171]

Zu den Hauptaufgaben des CIAS zählen die Sicherstellung der vollständigen Unabhängigkeit des TAS[1172] sowie dessen Finanzierung[1173]. Außerdem normiert Art. S6 TAS-Code weitere Kompetenzen, wie zum Beispiel die Änderung der Schiedsordnung, die Ernennung und Abberufung der auf der Schiedsrichterliste figurierenden Personen, die Ernennung der Kammerpräsidenten, die Ernennung des Generalsekretärs sowie die oberste Aufsicht über die Geschäftsstelle des TAS und dessen Finanzierung. Zum Schutze der Beteiligtenrechte und zur Förderung der Schiedsgerichtsbarkeit für Streitigkeiten mit Bezug zum Sport kann der CIAS darüber hinaus jede Maßnahme treffen, die er für angemessen hält (Generalermächtigung).[1174]

Der CIAS tritt zusammen, sofern die Geschäfte des TAS dies erfordern, mindestens jedoch einmal im Jahr, Art. S8 Nr. 1 Abs. 1 TAS-Code. Seine Beschlussfähigkeit ist in Übereinstimmung mit Art. S8 Nr. 1 Abs. 2 TAS-Code dann gegeben, wenn sich zumindest die Hälfte aller Mitglieder an der Entscheidungsfindung beteiligt. Grundsätzlich bedürfen Beschlüsse der einfachen Mehrheit der abgegebenen Stimmen. Strengere Anforderungen gelten lediglich für Abstimmungen über Änderungen des TAS-Codes. Hieran müssen sich mindestens zwei Drittel der Mitglieder beteiligen.[1175] Grundsätzlich entscheidet die Stimme des Präsidenten im Falle von Stimmengleichheit.[1176]

b. Spruchkammern und Kammerpräsidenten

Das TAS besteht gemäß Art. S3 Abs. 2 i.V.m. Art. S20 TAS-Code aus einer Kammer für ordentliche Verfahren[1177] sowie einer Kammer für Be-

1171 Vgl. Art. S9 TAS-Code.

1172 Der CIAS wurde mit dem Ziel errichtet, „d'assurer la sauvegarde des droits des parties devant le TAS ainsi que l'entière indépendance de cette institution [...]“, siehe Präambel der *Convention relative à la Constitution du CIAS.*

1173 Vgl. Art. S6 Nr. 5 TAS-Code.

1174 Art. S6 TAS-Code nennt weitere Kompetenzen, die für die vorliegende Untersuchung nicht von Bedeutung sind.

1175 Vgl. Art. S8 Nr. 2 TAS-Code.

1176 Vgl. Art. S8 Nr. 1 Abs. 2 TAS-Code.

1177 Ordentliche Verfahren richten sich nach den Art. R38 bis R46 TAS-Code.

rufungsverfahren[1178]. Beide Kammern stehen jeweils unter der Leitung eines Präsidenten, die gleichzeitig Mitglieder des CIAS sind und samt ihrer Amtsvertreter gemäß Art. S6 Nr. 2 TAS-Code direkt im Anschluss an die Wahl der Mitglieder des CIAS von letzteren ebenfalls auf vier Jahre gewählt werden. Die Existenz der Kammerpräsidenten und ihrer Vertreter stellt eine Besonderheit des TAS dar.[1179] Sie sind insbesondere für den ordnungsgemäßen Ablauf des Schiedsverfahrens[1180], in bestimmten Fällen für die Auswahl der Schiedsrichter[1181] sowie den Erlass einstweiliger Maßnahmen oder Anträge auf Anordnung aufschiebender Wirkung zuständig, so dass der Sportler im Falle eines Berufungsverfahrens anstelle eines staatlichen Gerichts auch das TAS anrufen kann, um derartige Schutzmaßnahmen zu erhalten.[1182]

aa) Kammer für ordentliche Schiedsverfahren

Die Kammer für ordentliche Schiedsverfahren entscheidet aufgrund einer Schiedsvereinbarung zwischen den Parteien in erster Linie über Streitigkeiten mit wirtschaftlichem Hintergrund, die im Zusammenhang mit einem sportbezogenen Vertragsverhältnis stehen.[1183] Dies wären zum Beispiel Streitigkeiten im Zusammenhang mit Veranstalter-, Sponsoren- oder Managementverträgen.[1184] Das ordentliche Schiedsverfahren kann weitgehend frei und privatautonom in der Schiedsvereinbarung ausgestaltet werden. So können die Parteien wählen, ob ihre Streitigkeit von einem Einzelschiedsrichter oder einem Dreierschiedsgericht entschieden werden soll und wie die Zusammensetzung des Schiedsgerichts zu erfolgen hat, Art. R40.1 und R40.2 TAS-Code. Gemäß Art. R40.3 TAS-Code hat der Kammerpräsident zu prüfen, ob die Schiedsrichter die Anforderungen an die Unabhängigkeit und Überparteilichkeit (Art. R33 TAS-Code) erfüllen, be-

---

1178 Berufungsverfahren richten sich nach den Art. R47 bis R59 TAS-Code.

1179 So *Reeb*, Revue de l'avocat 2002, 8, 10.

1180 Gem. Art. S20 TAS-Code sorgen die Kammerpräsidenten und ihre Stellvertreter für die Einhaltung der Art. R27 ff. TAS-Code.

1181 Siehe zur Auswahl der TAS-Schiedsrichter bei Teil 3/Kapitel 3/A./I./1. ab S. 284.

1182 Vgl. Art. R37 Abs. 3 und Art. R52 Abs. 1 S. 3 TAS-Code; *Reeb*, Revue de l'avocat 2002, 8, 10.

1183 Siehe *Oschütz*, Sportschiedsgerichtsbarkeit, S. 47.

1184 Siehe *Oschütz*, Sportschiedsgerichtsbarkeit, S. 50.

vor die endgültige Ernennung durch seine Zustimmung erfolgt. Soweit die Schiedsvereinbarung hinsichtlich der Anzahl der Schiedsrichter oder der Zusammensetzung des Schiedsgerichts keine Aussage trifft und die Parteien sich diesbezüglich nicht einigen können, bestimmt der Kammerpräsident, ob die Streitsache von einem Einzel- oder Dreierschiedsgericht entschieden werden soll, und benennt den beziehungsweise die Schiedsrichter selbst, sofern die Streitparteien von ihrem Benennungsrecht keinen Gebrauch machen, Art. R40.1 und R40.2 TAS-Code. Im Falle eines Dreierschiedsgerichts wird der Vorsitzende des Schiedsgerichts von den parteiernannten Schiedsrichtern gewählt. Sollten diese hierbei nicht zu einem übereinstimmenden Ergebnis gelangen, so ernennt der Kammerpräsident den Vorsitzenden des Schiedsgerichts. Weitere Kompetenzen hat der Kammerpräsident auch bei der Entscheidung über die Zusammensetzung des Schiedsgerichts in einem Mehrparteienverfahren sowie über die Zulässigkeit einer Streitverkündung oder einer Nebenintervention, Art. R41 TAS-Code.

bb) Kammer für Berufungsverfahren

Die sogenannte Kammer für Berufungsverfahren ist zuständig für Berufungen gegen (Disziplinar-)Entscheidungen von nationalen Sportschiedsgerichten, Sportorganisationen, Sportverbänden oder Sportvereinen, sofern das TAS satzungsmäßig, einzelvertraglich oder in sonstiger Weise als Berufungsinstanz vorgesehen ist.[1185] Terminologisch ist die Bezeichnung des TAS als Berufungsinstanz jedoch nur in denjenigen Fällen zutreffend, in denen die Entscheidung einer ersten (schieds-)gerichtlichen Instanz angefochten wird. Dies ist etwa bei Dopingstreitigkeiten der Fall, die beispielsweise nach Art. 12.1.3 NADA-Code in der ersten Instanz vom DSS entschieden wurden und gegen die gemäß § 38.2 DIS-SportSchO ein Rechtsmittel zum TAS eingelegt wurden.

Das Berufungsverfahren vor dem TAS setzt gemäß Art. R47 Abs. 1 TAS-Code voraus, dass der Sportler zur Beilegung der Streitigkeit im Vorfeld alle (verbandsinternen) Instanzen ausschöpft, die ihm aufgrund der

1185 Art. S12 Abs. 3 lit. b), Art. S20 und Art. R47 TAS-Code; vgl. auch PHB SportR-*Pfister* 6. Teil/Rn. 169; *Wyler*, in: Röhricht (Hrsg.), Die Schiedsabrede im Sport, S. 43, 44; siehe zu den Unterwerfungsarten bei Teil 2/Kapitel 1/B./II./1. ab S. 42.

für ihn geltenden Verbandsregelwerke zur Verfügung stehen. Sofern in den Verbandsregelwerken keine abweichende Frist bestimmt ist, muss die Berufung spätestens 21 Tage nach Zugang der anzugreifenden Entscheidung beim TAS eingereicht werden, Art. R49 TAS-Code. Das Berufungsverfahren wird in der Regel vor einem Dreierschiedsgericht durchgeführt, wenn sich die Parteien nicht auf ein Einzelschiedsgericht einigen oder der Kammerpräsident bei fehlender Einigung die Bildung eines Einzelschiedsgerichts in Anbetracht der Umstände für sachgerechter hält, Art. R50 TAS-Code. Weitere Kompetenzen des Kammerpräsidenten betreffen vor allem die Zusammensetzung des Schiedsgerichts. Sofern im Falle eines Dreierschiedsgerichts der Berufungsbeklagte die Frist zur Ernennung eines Schiedsrichters verstreichen lässt, wird der Schiedsrichter vom Kammerpräsidenten ernannt.[1186] Eine überaus bedeutsame und verantwortungsvolle Funktion hat der Kammerpräsident zusätzlich bei der Bestimmung des Einzelschiedsrichters beziehungsweise des Vorsitzenden des Dreierschiedsgerichts. Denn bei dieser Entscheidung ist er gemäß Art. R54 TAS-Code in keiner Weise an etwaige Vorschläge der Parteien gebunden.[1187]

Im Rahmen des Berufungsverfahrens kann das Schiedsgericht die Verbandsentscheidung in tatsächlicher und rechtlicher Hinsicht vollumfänglich überprüfen.[1188] Im Gegensatz zu staatlichen Gerichten hat das TAS die Möglichkeit, entweder anstelle der angegriffenen Entscheidung eine eigene Entscheidung in der Sache zu fällen oder die Entscheidung aufzuheben und an die Vorinstanz zurückzuverweisen, Art. R57 TAS-Code. Der endgültige Schiedsentscheid ergeht schließlich durch den Einzelschiedsrichter und im Falle eines Dreierschiedsgerichts durch eine mehrheitliche Entscheidung des Schiedsgerichts. Sollten sich die Schiedsrichter im letzteren Fall in Bezug auf einzelne Punkte, wie beispielsweise das Strafmaß oder die Art der Sanktion, uneinig sein und deshalb nicht zu einer Entscheidung gelangen, so hat der vom Kammerpräsidenten ernannte Vorsitzende des Schiedsgerichts gemäß Art. R59 TAS-Code allein zu entscheiden.

1186 Siehe Art. R53 TAS-Code, wonach die Frist 10 Tage nach Zugang der Berufungserklärung abläuft. Zu beachten ist, dass der Berufungskläger „seinen" Schiedsrichter bereits bei der Einreichung der Berufung zu benennen hat, siehe Art. R48 TAS-Code.

1187 *Oschütz*, Sportschiedsgerichtsbarkeit, S. 47.

1188 D.h. es findet eine Tatsachen- und eine Rechtsprüfung statt, siehe Art. R57 Abs. 1 TAS-Code.

Eine Besonderheit des Berufungsverfahrens vor dem TAS ist der gemäß Art. R65.2 Abs. 1 TAS-Code für die Schiedsparteien vorgesehene Erlass der vor dem TAS anfallenden Prozess- beziehungsweise Verwaltungskosten, sofern die Disziplinarentscheidung einer Sportorganisation oder eines internationalen Sportverbandes angriffen wird.[1189]

c. Büro des CIAS

Das Büro des CIAS setzt sich aus dem Präsidenten des CIAS und seinen Stellvertretern sowie den beiden Kammerpräsidenten zusammen. Gemäß Art. S7 TAS-Code können zentrale Aufgaben des CIAS an das Büro delegiert werden. Ausgenommen sind ausdrücklich die Grundlagengeschäfte gemäß Art. S6 Nr. 1, Nr. 2, Nr. 5.2 und Nr. 5.3 TAS-Code. Diese betreffen den Inhalt der Schiedsordnung, die Finanzierung des CIAS/TAS und die Besetzung des Büros des CIAS selbst. Beschlüsse werden nach Einberufung durch den CIAS-Präsidenten unter Anwesenheit von mindestens drei Mitgliedern mit einfacher Mehrheit gefasst, Art. S10 TAS-Code. Die Stimme des Präsidenten ist bei Stimmengleichheit entscheidend. Das Büro des CIAS ist nach Art. R34 Abs. 2 TAS-Code außerdem für die Ablehnungsverfahren bei Zweifeln hinsichtlich der Unabhängigkeit und Überparteilichkeit von Schiedsrichtern zuständig und nimmt daher eine wichtige Rolle ein.

d. Generalsekretär des TAS

Der Generalsekretär des TAS wird gemäß Art. S6 Nr. 6 TAS-Code ebenfalls vom CIAS ernannt. Der Generalsekretär nimmt mit beratender Stimme an Beschlussfassungen des Büros des CIAS teil und fungiert gleichzeitig als dessen Sekretär, Art. S8 Nr. 4 und S10 Abs. 2 TAS-Code. Darüber hinaus ist der Generalsekretär des CIAS gleichzeitig auch Generalsekretär des TAS. Seine Rolle betrifft in erster Linie Verwaltungsaufgaben und nur in Ausnahmefällen erstreckt sich seine Kompetenz darüber hinaus. So kann er beispielsweise nach dem Erlass eines Schiedsentscheids gemäß Art. R46 und R59 TAS-Code die „bloße Form“ des Schiedsentscheids kor-

1189 Siehe zur Berechnung der Prozesskosten, Art. R65 TAS-Code.

rigieren oder die zuständige Kammer auf die Klärung grundsätzlicher Fragen aufmerksam machen. Darüber hinaus verfügt das TAS über eine Geschäftsstelle, die nach Art. S22 TAS-Code aus dem Generalsekretär und sogenannten „Beratern“[1190] besteht, die den Generalsekretär bei Bedarf vertreten. Die Geschäftsstelle kümmert sich weitgehend um die schnelle und ordnungsgemäße Abwicklung der vorprozessualen Verwaltungsaufgaben[1191] und ist gemäß Art. R31 TAS-Code für die Kommunikation zwischen den Parteien sowie für die Zustellung von Schriftstücken zuständig.

3. Finanzierung

Das TAS steht unter der Schirmherrschaft des CIAS und ist somit eine privatrechtlich organisierte Schiedsgerichtsinstitution, die für einen ordnungsgemäßen Betrieb auf finanzielle Unterstützung von Privatrechtssubjekten angewiesen ist. In der *Convention relative à la Constitution du CIAS* wurden dementsprechend Regelungen zur Finanzierung des TAS vereinbart.

Eine Besonderheit des TAS stellt die Finanzierung durch die „drei Säulen der Olympischen Bewegung“[1192], nämlich das IOC, die NOK und die IF dar.[1193] Gemäß Art. 3 der *Convention relative à la Constitution du CIAS* wird der CIAS und somit auch das TAS konkret über Beiträge finanziert, welche von den Einnahmen des IOC aus dem Verkauf von Fernsehrechten für die Olympischen Spiele abgezogen werden. Dementsprechend wird das TAS zu 4/12 durch das IOC, zu 3/12 durch die Olympischen Sommersportverbände, zu 1/12 durch die Olympischen Wintersportverbände und zu 4/12 durch die Nationalen Olympischen Komittees finanziert. Der CIAS empfängt und verwaltet die Gelder zum ordnungsgemäßen Betrieb des TAS. Das Budget des TAS betrug im Jahre 2006/07 noch rund 7 Millionen Schweizer Franken,[1194] wobei aufgrund der stetig ansteigenden Verfahrenszahlen von einer Erweiterung dieses Budgets auszugehen ist.

1190 Siehe Wortlaut von Art. S22 TAS-Code: „Conseillers“.

1191 So müssen bspw. Schiedsklagen bei der Geschäftsstelle eingereicht werden, die diese an die zuständige Kammer weiterleitet und der beklagten Partei zustellt, vgl. *Oschütz*, Sportschiedsgerichtsbarkeit, S. 48.

1192 Siehe Fn. 1076.

1193 *Reeb*, Revue de l’avocat 2002, 8, 10.

Zwar könnte man annehmen, dass das IOC durch die Einbehaltung der Anteile der anderen Organisationen das TAS selbst unmittelbar finanziert.[1195] Die zu zahlenden Beiträge sind jedoch explizit in Art. 3 *Convention relative à la Constitution du CIAS* geregelt, so dass das IOC lediglich die den übrigen Organisationen zustehenden Gelder einbehält.[1196] Diese Vorgehensweise verhindert, dass sich der CIAS an jede einzelne Sportorganisation beziehungsweise an jeden internationalen Sportverband wenden muss, um die entsprechenden Beiträge zu erhalten oder einzutreiben.[1197] Letztlich wird auch vertreten, dass die Schiedsrichter des TAS einen Beitrag zur Finanzierung des institutionellen Schiedsgerichts leisten, indem die Honorare vieler Schiedsrichter weit unter den Beträgen liegen, die sie normalerweise für ihre Tätigkeit verlangen könnten.[1198]

4. Würdigung

a. Der CIAS – Das Konstrukt einer Interessengemeinschaft?

Insbesondere die Zusammensetzung des CIAS in Verbindung mit seinen weitreichenden Kompetenzen müssen einer kritischen Beurteilung unterzogen werden. Im Prinzip werden alle Mitglieder des CIAS direkt beziehungsweise indirekt von den Dachorganisationen des Sports und den internationalen Sportverbänden vorgeschlagen und gewählt.[1199] So werden neben den 12 direkt vom IOC, der ACNO, der ASOIF und der AIOWF gewählten Mitgliedern sogar die vier „Vertreter der Sportlerinteressen" von dieser zwölfköpfigen Gruppe und somit indirekt von den jeweiligen Sportorganisationen und Sportverbänden ernannt. Unerklärlich ist in diesem Zusammenhang, aus welchem Grund nur ein Fünftel der Mitglieder aus-

---

1194 Siehe Beitrag „Gerichtshof CAS – Sport am grünen Tisch" v. 20. September 2007 in der Onlineausgabe der Zeitung „Der Tagesspiegel", abrufbar unter: http://www.tagesspiegel.de/sport/gerichtshof-cas-sport-am-gruenen-tisch/1046624.html (zuletzt aufgerufen am 04.07.2015); http://www.tas-cas.org/informations-generales/historique-du-tas.html (zuletzt aufgerufen am 04.07.2015).

1195 So die Klägerinnen in BG v. 27. Mai 2003, BGE 129 III 445, 460.

1196 BG v. 27. Mai 2003, BGE 129 III 445, 460.

1197 BG v. 27. Mai 2003, BGE 129 III 445, 460.

1198 So z.B. *Rigozzi/Hasler/Noth*, in: Arbitration in Switzerland, Introduction to the CAS Code, Rn. 11.

1199 So auch *Baddeley*, CaS 2004, 91 f.

drücklich zum Schutze der Sportlerinterinteressen ernannt wird und für wessen Interessen die übrigen vier Fünftel einzustehen haben.[1200] Diese 16 Mitglieder wählen schließlich die unabhängigen Mitglieder, das heißt diejenigen Personen, die nicht aus den vorbezeichneten Sportorganisationen und Sportverbänden stammen dürfen. Die Normierung in Art. S4 lit. e. TAS-Code, dass CIAS-Mitglieder den internationalen Sportverbänden nicht angehören dürfen, besteht somit ausdrücklich nur für ein Fünftel der Mitglieder, so dass die übrigen 16 CIAS-Mitglieder, das heißt sogar die Vertreter der Sportlerinteressen, nebenher als Verbandsfunktionäre tätig sein dürfen und somit im Verhältnis zu den Sportorganisationen und internationalen Sportverbänden gerade nicht unabhängig sein müssen. Auch die aktuelle Mitgliederliste des CIAS deutet darauf hin, dass eine parallele Beschäftigung bei einer Sportorganisation oder einem internationalen Sportverband für die Mitgliedschaft im CIAS grundsätzlich unschädlich ist.[1201]

Bedenklich ist weiterhin, dass weder die Wahl der vier Sportlerinteressenvertreter noch die Wahl der vier Unabhängigen von einem externen Gremium vorgenommen werden, sondern diese vielmehr von den bereits ernannten Mitgliedern kooptiert werden.[1202] Dies erhöht die Wahrscheinlichkeit, dass sich die von den Sportorganisationen und Sportverbänden direkt gewählten 12 Mitglieder wohl eher auf die Auswahl solcher Personen einigen werden, die gleichgerichtet und linientreu im Sinne der Sportverbandsinteressen handeln.[1203] Darüber hinaus unterliegen die acht kooptierten Mitglieder aufgrund ihrer Minderheit einem gewissen Anpassungs-

---

1200 So auch *Netzle*, in: Röhricht (Hrsg.), Das Internationale Sport-Schiedsgericht in Lausanne. Zusammensetzung, Zuständigkeit und Verfahren, S. 9, 11 (Fn. 7) mit Verweis auf *Hoxha*, Atlanta '96 and Athletes' Rights, in: The Entertainment & Sports Lawyer, Spring 1996, S. 9.

1201 So ist bspw. der Präsident des CIAS, John D. Coates, gleichzeitig Vizepräsident des IOC. Weitere Mitglieder sind die Vizepräsidentin des internationalen Ruderverbandes (FISA), ein Mitglied der Ethikkommission des internationalen Schwimmverbandes (FINA), ein Mitglied der Rechtsabteilung des internationalen Skiverbandes (FIS), Exekutivmitglieder der FIFA, FINA sowie des slowenischen NOK, ein Mitglied des Disziplinarausschusses des internationalen Eishockeyverbandes (IIHF), und zwei IOC-Mitglieder. Die Liste ist abrufbar unter: http://www.tas-cas.org/cias/les-membres.html (zuletzt aufgerufen am 04.07.2015). Die meisten der übrigen CIAS-Mitglieder waren einmal für eine Sportorganisation oder einen internationalen Sportverband tätig.

1202 Vgl. OLG München, SchiedsVZ 2015, 40, 44.

1203 So auch *Baddeley*, CaS 2004, 91, 92.

zwang, sofern ein Interesse an einer Wiederwahl als CIAS-Mitglied besteht. Im Ergebnis ist das CIAS-Besetzungsverfahren demnach auf die Bildung einer homogenen Gruppe ausgerichtet, indem offensichtlich vermieden wird, dass allen von der Schiedsgerichtsbarkeit betroffenen Personenkreisen beziehungsweise Interessengruppen die Möglichkeit einer unmittelbaren oder zumindest mittelbaren Beteiligung an der Ernennung der CIAS-Mitglieder zuteil wird.[1204] Folglich haben die von den Dachorganisationen des Sports und den internationalen Sportverbänden direkt oder indirekt entsandten Mitglieder derzeit ein deutliches Übergewicht innerhalb des CIAS, des leitenden Organs des TAS.[1205]

Im Rahmen der Untersuchung der Organisationsstruktur des TAS darf für die Frage nach der institutionellen Unabhängigkeit der Schiedsgerichtsinstitution nicht ausschließlich die Beziehung zwischen dem IOC und dem TAS in den Fokus rücken.[1206] Es sind vielmehr die Verbindungen der Sportorganisationen und internationalen Sportverbände untereinander, die gemeinsam für die Organisation und Verwaltung des CIAS und somit auch des TAS verantwortlich sind, zu problematisieren. Denn trotz der rechtlichen Unabhängigkeit des IOC, der einzelnen IF und der ACNO im Verhältnis zueinander[1207] bestehen dennoch satzungsmäßige Verknüpfungen, die darauf hindeuten, dass diese „drei Säulen der Olympischen Bewegung“ als eine Interessengemeinschaft auftreten und agieren.[1208] So verpflichtet sich beispielsweise die Vereinigung der Nationalen Olympischen

---

1204 *Netzle*, in: Röhricht (Hrsg.), Das Internationale Sport-Schiedsgericht in Lausanne. Zusammensetzung, Zuständigkeit und Verfahren, S. 9, 11 (Fn. 7), hielt bereits im Jahre 1997 eine „basisdemokratischere“ Lösung bei der Zusammensetzung des TAS für wünschenswert, um die Akzeptanz der Schiedsgerichtsinstitution unter den Sportlern zu steigern.

1205 „Von einer absolut sauberen Trennung zwischen CAS und Sportverbänden kann [...] auch unter der Ägide des ICAS keine Rede sein.“ Siehe *Mertens*, SpuRt 2008, 140, 143.

1206 Auf die Prüfung dieses Verhältnisses beschränkt sich das Schweizerische Bundesgericht weitgehend in BG v. 27. Mai 2003, BGE 129 III 445 ff.

1207 Siehe bspw. Regel 25 Olympische Charta, wonach die internationalen Verbände ihre Unabhängigkeit und Autonomie bei der Verwaltung ihrer Sportart behalten, abrufbar unter: http://www.olympic.org/Documents/olympic_charter_fr.pdf (zuletzt aufgerufen am 04.07.2015).

1208 Siehe auch *Baddeley*, CaS 2004, 91, 92, nach deren Ansicht sich die Interessen der mächtigen Sportorganisationen decken; vgl. OLG München, SchiedsVZ 2015, 40, 45.

Komitees in Art. 5.1 lit. a. Constitution-ACNO[1209], mit dem IOC, das gemäß Regel 1 Abs. 1 Olympische Charta[1210] das oberste und leitende Organ der Olympischen Bewegung darstellt, zusammenzuarbeiten, um die Werte und Grundprinzipien der Olympischen Bewegung einzuhalten und zu fördern. Genauso bemühen sich die internationalen Sportverbände der Olympischen Sommerspiele[1211] gemäß Art. 1.2.3 Constitution-ASOIF[1212] um enge Zusammenarbeit mit ihren Mitgliedern und den Mitgliedern der Olympischen Bewegung sowie anderen Organisationen. Darüber hinaus bestimmen die Dachorganisationen des Sports und die internationalen Sportverbände die weltweit gültigen Regeln des Sports, denen sich ein Sportler zum Zwecke der Sportausübung zu unterwerfen hat. Sie haben dementsprechend allesamt ein Interesse an der Befolgung dieser Regeln beziehungsweise an der Durchsetzung ihrer Disziplinarmaßnahmen im Falle etwaiger Regelverstöße. Hinzu tritt die Tatsache, dass die internationalen Sportverbände regelmäßig als Streitpartei vor dem TAS auftreten und somit als sogenannte *repeat player*[1213] über die Akzeptanz der Schiedsgerichtsinstitution wesentlich mitentscheiden.[1214] Denn eine Schiedsgerichtsinstitution, deren Schiedsrichter über die Interessen der *repeat player* hinwegentscheiden, muss als logische Konsequenz um ihre Existenz fürchten.[1215] Die Annahme, dass Sportorganisationen und Sportverbände die schiedsgerichtliche Streitbeilegung vor einer bestimmten Schiedsgerichtsinstitution erzwingen und sich hierbei nicht von eigenen Interessen leiten lassen, ist bei einer Institution, deren Aufbau und Organisation von genau diesen Sportorganisationen und Sportverbänden durch die Besetzung des leitenden Organs mitbestimmt werden, mehr als fernlie-

---

1209 Abrufbar unter: http://www.acnolympic.org/about-anoc/organisation/constitution/ (zuletzt aufgerufen am 04.07.2015).

1210 Siehe Fn. 1207.

1211 Mitglieder der ASOIF sind mit der IAAF, FIFA, UCI, FIBA, FEI etc. die bedeutendsten internationalen Sportverbände, siehe http://www.asoif.com/IFDirectory/Default.aspx (zuletzt aufgerufen am 04.07.2015).

1212 Abrufbar unter: http://www.asoif.com/pdfs/Statuts_Francais_2014.pdf (zuletzt aufgerufen am 04.07.2015).

1213 Siehe *Murray*, ZZPInt 2006, 295, 304, der die *repeat player* als Parteien definiert, die eine große Anzahl an Fällen vor ein bestimmtes Schiedsgericht bringen; siehe ausführlich zur *repeat player*-Problematik unten bei Teil 3/Kapitel 3/B./II./3. ab S. 332.

1214 So auch *Murray*, ZZPInt 2006, 295, 304.

1215 *Murray*, ZZPInt 2006, 295, 304.

gend. Nach Regel 1 Abs. 3 der Olympischen Charta gehören zwar auch die Sportler zur Olympischen Familie, so dass ihre Interessen ein „grundlegendes Element“[1216] der Olympischen Bewegung darstellen sollen. Angesichts der Tatsache, dass Streitigkeiten zwischen Sportlern und ihren Verbänden häufig vor dem TAS ausgetragen werden und die Interessen beider Gruppen somit des Öfteren divergieren,[1217] erscheint das überaus verbandslastige Besetzungsverfahren des CIAS jedoch umso verwunderlicher.

Vor diesem Hintergrund ist es nicht erstaunlich, dass sich die Sportverbände mit der Errichtung des TAS einen Streitbeilegungsmechanismus geschaffen haben, dessen Entscheidungen nur in einem engen Rahmen[1218] der rechtlichen Kontrolle durch die staatliche Gerichtsbarkeit zugänglich sind.[1219] Als Argument gegen diese Betrachtungsweise wird mitunter angeführt, dass die internationalen Sportverbände in Verfahren, in denen sie als Streitpartei auftreten, längst nicht immer als Sieger hervorgingen.[1220] Dieser Feststellung muss jedoch – abgesehen von ihrer geringen Indizwirkung – jegliche Überzeugungskraft abgesprochen werden. Denn es erscheint höchst bedenklich, einem institutionellen Schiedsgericht die notwendige Unabhängigkeit und Vertrauenswürdigkeit nur deshalb zu attestieren, weil es gelegentlich gegen die sie beeinflussende Interessengemeinschaft urteilt. Entscheidend ist vielmehr die unabhängige und vertrauenswürdige Ausgestaltung des gesamten Systems, durch die der Schiedsgerichtsinstitution auch losgelöst vom Verfahrensausgang die notwendige Unabhängigkeit und Vertrauenswürdigkeit bescheinigt werden kann.

Aufgrund dieser Kritikpunkte ist es grundsätzlich zweifelhaft, ob mit der Umstrukturierung und der Errichtung des CIAS eine rechtliche und or-

---

1216 „[...] élément fondamental de l’action du Mouvement olympique [...]“, siehe Regel 1 Abs. 3 Olympische Charta.

1217 Siehe Fn. 979, wonach im Jahre 2000 65% der Streitigkeiten Disziplinarmaßnahmen zum Gegenstand hatten. Diese werden am häufigsten zwischen Sportlern und Verbänden ausgetragen.

1218 Vgl. die Art. 393 Schweizerische ZPO, Art. 190 Abs. 2 IPRG sowie § 1059 ZPO.

1219 *Pachmann*, in: Sportrecht Band I, Struktur und Governance des nationalen und internationalen Sportverbandswesens, S. 19, 34 f.

1220 BG v. 27. Mai 2003, BGE 129 III 445, 462.

ganisatorische Verselbstständigung des TAS tatsächlich gelungen ist.[1221] Zwar besteht keine direkte Verbindung in Form einer Weisungsgebundenheit zwischen den Dachorganisationen des Sports beziehungsweise den internationalen Sportverbänden und dem TAS, woraus sich seine institutionelle Unabhängigkeit ableiten lassen mag.[1222] Derzeit bestünde jedoch rein theoretisch sogar die Möglichkeit, dass die 12 oder sogar 16 vom IOC, den IF und der ACNO ernannten CIAS-Mitglieder alle selbst beim IOC beschäftigt sind und das IOC die Kontrolle über den CIAS und somit auch das TAS übernimmt.[1223] Es wäre deshalb zu weit gegriffen, von einer insgesamt völlig freien, selbstständigen Organisationsstruktur des TAS zu sprechen. Das Besetzungsverfahren des CIAS macht schließlich deutlich, dass die Schiedsgerichtsinstitution fest im System des organisierten Sports verankert ist,[1224] was mitunter dazu führt, dass das TAS in der Literatur vereinzelt immer noch als „Tribunal du CIO“[1225] bezeichnet wird. Seit seiner Entstehung erscheint das TAS als Teil der Sportbewegung, und obwohl die Zwischenschaltung des CIAS die rechtliche Verselbstständigung bewirken sollte, führte sie vielmehr zu einer noch tieferen Verwurzelung des TAS im Sportverbandssystem, was vorliegend an der engen Verbindung zwischen dem TAS und dem verbandslastig besetzten CIAS zu sehen ist.[1226] Zwar müssen alle 20 Mitglieder des CIAS gemäß Art. S5 Abs. 2 TAS-Code eine Erklärung unterzeichnen, in der sie sich zu einer persönlichen, objektiven und unabhängigen Ausübung ihrer Tätigkeit verpflichten. Dennoch können sich aus dem Besetzungsverfahren besondere Treuepflichten der CIAS-Mitglieder gegenüber den sie ernennenden

---

1221 *Schillig*, Schiedsgerichtsbarkeit von Sportverbänden in der Schweiz, S. 159, bezeichnet die Errichtung des CIAS lediglich als eine „Symptombekämpfung“, nicht als Lösung des Problems.

1222 *Rigozzi*, L'arbitrage international, Rn. 524, unter Bezugnahme auf BG v. 15. März 1993, BGE 119 II 271, 279.

1223 Das Schweizerische Bundesgericht hat eine solche Konstellation jedoch zu Recht nur als „assez théorique“ am Rande erwogen, siehe BG v. 27. Mai 2003, BGE 129 III 445, 456.

1224 *Simon*, L'arbitrage des conflits sportifs, S. 185, 206.

1225 Siehe *Zen-Ruffinen*, Droit du Sport, Rn. 1484. Zwar erschien die Auflage dieses Werks bereits im Jahre 2002 und somit vor der Entscheidung des BG v. 27. Mai 2003, BGE 129 III 445 ff. Dies ist allerdings unmittelbar vor dem Urteil und weit nach der vollzogenen Umstrukturierung, so dass die Bezeichnung als „Tribunal du CIO“ die hier vorgenommene Wertung erlaubt.

1226 *Simon*, L'arbitrage des conflits sportifs, S. 185, 206 f.

Sportorganisationen und Sportverbänden ergeben[1227], zumal der Erklärung gemäß Art. S5 Abs. 2 TAS-Code ohnehin nicht mehr als nur eine rein deklaratorische Wirkung entnommen werden kann.

b. Die Funktionen und Kompetenzen der Organe

Mit seiner Errichtung übernahmen der CIAS respektive das Büro des CIAS all diejenigen zentralen Aufgaben zur Verwaltung des TAS, die das IOC bis zur „Gundel"-Entscheidung noch selbst wahrgenommen hatte.[1228] Der CIAS hat demnach hauptsächlich die Finanzierung und die Unabhängigkeit des TAS sicherzustellen. Vor allem letztere Verantwortung erfüllt er durch die Wahrnehmung der in Art. S6 TAS-Code genannten Aufgaben, das heißt die Änderung beziehungsweise Aktualisierung der Schiedsordnung, die Ernennung und Abberufung der auf der Schiedsrichterliste figurierenden Personen[1229], die Ernennung der Kammerpräsidenten und des Generalsekretärs sowie die oberste Aufsicht über die Geschäftsstelle des TAS und dessen Finanzierung. Der CIAS tritt demnach als geschäftsführendes und gleichzeitig als kontrollierendes Organ auf.

Darüber hinaus kann der CIAS zum Schutze der Beteiligtenrechte sowie zur Förderung der Schiedsgerichtsbarkeit für Streitigkeiten mit Bezug zum Sport mithilfe der Generalermächtigung aus Art. S6 Nr. 10 TAS-Code jede Maßnahme treffen, die er für angemessen hält. Bis zur aktuellen Fassung des TAS-Codes vom 1. März 2013 sah Art. S6 Nr. 10 TAS-Code a.F. in der Generalermächtigung auch den Zweck, die „vollständige Unabhängigkeit der Schiedsrichter"[1230] zu garantieren. Diese Passage wurde gestri-

---

1227 *Knoepfler/Schweizer*, SZIER 1994, 149, 153; ebenso *Baddeley*, CaS 2004, 91, 92, nach deren Ansicht richtigerweise davon auszugehen ist, dass die Dachorganisationen des Sports und die internationalen Sportverbände Personen auswählen, die ihre Ansichten – insbesondere im Hinblick auf mögliche Schiedsverfahren vor dem TAS – teilen.

1228 *Rigozzi*, ZSR 132 (2013) I, S. 301, 303; *Schillig*, Schiedsgerichtsbarkeit von Sportverbänden in der Schweiz, S. 159.

1229 Zur Besetzung der Schiedsrichterliste durch den CIAS, siehe unten bei Teil 3/ Kapitel 3/A./I. ab S. 282.

1230 „Il peut prendre toute autre mesure qu'il juge propre à […] garantir au mieux l'entière indépendance des arbitres", siehe Art. S6 Nr. 10 TAS-Code (2012), abrufbar unter: http://www.tas-cas.org/cias/code-statut-du-cias-et-du-tas.html (zuletzt aufgerufen am 04.07.2015).

chen, was wegen der generellen Verpflichtung des CIAS, gemäß der Präambel der *Convention relative à la Constitution du CIAS* die vollständige Unabhängigkeit des TAS zu gewährleisten, einerseits als Streichung einer Selbstverständlichkeit angesehen werden könnte, aber auf der anderen Seite dennoch einen gewissen Raum für Interpretationen lässt.[1231] So betonte Art. S6 Nr. 10 TAS-Code a.F. ausdrücklich die Bedeutung der schiedsrichterlichen Unabhängigkeit im Verfahren und die entsprechende Rolle des CIAS, durch den Erlass jeder erforderlichen Maßnahme hierfür Sorge zu leisten. Die Streichung wirkt sich somit zwar rechtlich nicht aus. Angesichts der durchaus nicht unbegründeten Kritik bezüglich der Unabhängigkeit des TAS erscheint die Änderung jedoch vor allem im Hinblick auf die Außendarstellung der Schiedsgerichtsinstitution fragwürdig. Ferner sind die weitreichenden Funktionen des CIAS aufgrund seiner verbandslastigen Besetzung kritisch zu sehen, da die Sicherstellung der vollständigen Unabhängigkeit des TAS[1232] von einem Organ wahrgenommen werden soll, dessen eigene Unabhängigkeit zweifelhaft ist.[1233]

Darüber hinaus sind die Möglichkeiten der (mittelbaren) Einflussnahme durch den CIAS auf das Schiedsverfahren beträchtlich. So hat beispielsweise der Präsident der Berufungskammer, der gleichzeitig Mitglied des CIAS ist, nach Art. 40.3 i.V.m. R33 TAS-Code die Unabhängigkeit der Schiedsrichter, die vom CIAS auf die Schiedsrichterliste gesetzt werden, vor deren Ernennung zu prüfen. Außerdem bestimmt er den Einzelschiedsrichter beziehungsweise den Vorsitzenden des Dreierschiedsgerichts, deren Stimmen bei der Entscheidungsfindung im jeweiligen Verfahren entscheidend sind.[1234] Dieser Befugnis ist bereits angesichts der Tatsache, dass sich bei einer Vielzahl der vor dem TAS beizulegenden Streitigkeiten ein Sportler und sein Verband gegenüberstehen[1235] und der Sportler

---

1231 In Aufsätzen, die sich mit den Neuerungen des TAS-Codes vom 1. März 2013 auseinandersetzen, finden sich bedauerlicherweise keine Anmerkungen zu dieser Streichung, vgl. bspw. *Noth/Abegg*, CaS 2013, 112 ff.

1232 Der CIAS wurde mit dem Ziel errichtet, „d'assurer la sauvegarde des droits des parties devant le TAS ainsi que l'entière indépendance de cette institution [...]“, siehe Präambel der *Convention relative à la Constitution du CIAS*.

1233 Siehe hierzu die Anmerkungen zum Besetzungsverfahren des CIAS bei Teil 3/Kapitel 2/A./I./4./a. ab S. 237.

1234 Vgl. OLG München, SchiedsVZ, 40, 44; siehe zur Art und Weise der Besetzung des Spruchkörpers im ordentlichen Verfahren und im Berufungsverfahren bei Teil 3/Kapitel 3/A./I./1. ab S. 284.

1235 Siehe Fn. 979.

bei der Wahl seines Schiedsrichters nicht frei ist[1236], mit Skepsis zu begegnen. Darüber hinaus mangelt es den diesbezüglichen Vorschriften des TAS-Code an Transparenz, da für die Entscheidung des Kammerpräsidenten hinsichtlich der Wahl des Einzelschiedsrichters beziehungsweise des vorsitzenden Schiedsrichters weder ein bestimmtes Verfahren vorgesehen noch eine Begründung erforderlich ist. Ferner begleitet der Generalsekretär, der ebenfalls vom CIAS ernannt wird, das Schiedsverfahren und hat mit der Kompetenz zur Formkorrektur sowie dem Hinweisrecht zur Klärung grundsätzlicher Fragen[1237] Befugnisse, die eine Beeinflussung des Verfahrens ermöglichen könnten.[1238] Diese zum Teil undurchsichtigen Kompetenzen waren bereits Gegenstand von Beschwerden gegen Schiedsentscheide des TAS, da die Stellung sowie eine mögliche Einflussnahme des Generalsekretärs nicht klar aus dem Schiedsentschied hervorgingen.[1239] Einerseits habe er im CIAS eine beratende Stimme und andererseits könne er vom TAS erlassene Schiedsentscheide überprüfen und zu Änderungen anregen, obwohl er selbst nicht am Schiedsentscheid mitgewirkt habe.[1240] Diese Kompetenzen lägen weit über denen eines Gerichtsschreibers.[1241]

Letztlich ist nicht ersichtlich, inwiefern die verbandslastige Besetzung des CIAS für den Betrieb des TAS erforderlich und mit welchen Argumenten sie zu rechtfertigen ist.[1242] Denn für eine ordnungsgemäße Verwal-

---

1236 Siehe unten bei Teil 3/Kapitel 3/A./I./2. ab S. 287.

1237 Siehe Art. R46 Abs. 1 und R59 Abs. 2 TAS-Code.

1238 Klägervorbringen zur Entscheidung des LG München I v. 26. Februar 2014, CaS 2014, 154, 160, wonach die Vorlagepflicht zum Generalsekretär einer „verkappten Zensur“ gleichkäme; PHB SportR-*Summerer* 2. Teil/Rn. 196 spricht sogar von einer Pflicht des Schiedsgerichts, den Schiedsspruch vor Verkündung dem Generalsekretär „zur Abnahme“ vorlegen zu müssen.

1239 So ginge aus dem Schiedsentscheid nicht hervor, inwiefern der Generalsekretär bei dessen Erlass mitgewirkt habe, vgl. BG v. 10. Februar 2010, 4a_619/2009, E.3.3; *Scherrer*, CaS 2012, 249 ff. zum Entscheid des Tribunal de Martigny et St-Maurice vom 4./11. Juni 2012; *Rigozzi/Robert-Tissot*, in: ASA Special Series No. 41, „Consent“ in Sports Arbitration: Its Multiple Aspects, S. 59, 72, mit dem Hinweis, dass die Schiedsrichter in keiner Weise an die Empfehlungen des Generalsekretärs gebunden sind.

1240 *Scherrer*, CaS 2012, 249, 256, zum Entscheid des Tribunal de Martigny et St-Maurice vom 4./11. Juni 2012.

1241 *Scherrer*, CaS 2012, 249, 256, zum Entscheid des Tribunal de Martigny et St-Maurice vom 4./11. Juni 2012.

1242 *Knoepfler/Schweizer*, SZIER 1994, 149, 153, nach deren Ansicht sportrechtliche Streitigkeiten nicht komplexer sind als Streitigkeiten anderer Lebensbereiche.

tung sind gemäß Art. S4 TAS-Code richtigerweise nur besondere Rechtskenntnisse[1243] und nicht unbedingt besondere sportliche beziehungsweise sportrechtliche Fähigkeiten oder Erfahrungen gefragt.[1244] Die Errichtung des CIAS im Anschluss an die „Gundel"-Entscheidung wird somit nicht zu Unrecht als bloße „Symptombekämpfung" bezeichnet, die das Grundproblem, nämlich die Nähe des TAS zu den mächtigen Sportverbänden, weder gelöst noch verringert hat.[1245]

c. Die Finanzierung

Die Beitragsverteilung zur Finanzierung des CIAS und des TAS zeigt, dass das IOC keine völlige Kontrolle über die Finanzen der Schiedsgerichtsinstitution ausübt. Die Kontrollmöglichkeit des IOC entspricht vielmehr den Machtverhältnissen innerhalb des CIAS. Demnach trägt das IOC immerhin ein Drittel zur Finanzierung des CIAS und des TAS bei. Die restlichen Zuschüsse stammen von den internationalen Fachsportverbänden. Aufgrund der gemeinsamen Interessen der Dachorganisationen des Sports und der internationalen Sportverbände[1246] lässt die einseitig stattfindende Finanzierung die Unabhängigkeit des TAS zumindest zweifelhaft erscheinen.[1247]

Nach Ansicht des Schweizerischen Bundesgerichts hängt die Finanzierungsweise des TAS jedoch mit der Struktur des Sportverbandsverbandswesens zusammen.[1248] Die Ungleichgewichtslage zwischen einem Sportler und seinem Sportverband in Verbindung mit der Alternativlosigkeit des Sportlers sowie seiner im Vergleich zu den Sportverbänden geringeren finanziellen Leistungsfähigkeit würden den Sportler erheblich benachteiligen, wenn dieser den Betrieb des Schiedsgerichts sowie das Schiedsverfahren anteilig mitfinanzieren müsste. Dies gilt umso mehr für die Fälle, in

1243 Siehe Art. S4 TAS-Code, der die Besetzung des CIAS mit „erfahrenen Juristen" vorschreibt.

1244 Letztere sind zweifelsohne für die Qualität des Schiedsverfahrens sowie des Schiedsentscheids, d.h. bei den Schiedsrichtern, von Bedeutung.

1245 Siehe *Schillig*, Schiedsgerichtsbarkeit von Sportverbänden in der Schweiz, S. 159; *Knoepfler/Schweizer*, SZIER 1994, 149, 153.

1246 Siehe oben bei Teil 3/Kapitel 2/A./I./4./a. ab S. 237.

1247 *Baddeley*, CaS 2004, 91, 92; so auch *Wyler*, ZSR 116 (1997) I, S. 45, 48, der diese These bedauerlicherweise nicht begründet.

1248 BG v. 27. Mai 2003, BGE 129 III 445, 461.

denen sich der Sportler gegen eine Verbandsentscheidung zur Wehr setzen möchte. Andernfalls würde ihm der Rechtsweg faktisch abgeschnitten, wenn ihm einerseits die schiedsgerichtliche Streitbeilegung auferlegt wird, er andererseits aber seine Rechte vor dem jeweiligen Schiedsgericht aus finanziellen Gründen nicht wahrnehmen könnte. Grundsätzlich besteht aus der Sicht des Schweizerischen Bundesgerichts keine Gefahr, dass die Finanzierungsweise des TAS die Garantie der Unabhängigkeit und Überparteilichkeit gefährden könnte.[1249] Letztlich sei auch eine alternative Finanzierungsmethode nur schwer vorstellbar.[1250] So würde man in einem Rechtsstaat bei Verfahren, in denen der Staat selbst Streitpartei ist, die Unabhängigkeit der Gerichte nicht in Frage stellen, obwohl auch diese vom Staat finanziell abhängig sind.[1251] Aus diesem Grund dürfte auch den Schiedsrichtern des TAS zugetraut werden, dass sie das IOC und die weiteren Stifter wie jeden anderen Verfahrensbeteiligten behandeln.[1252]

Trotz des etwas fernliegenden Vergleichs der Finanzierung staatlicher Gerichte mit der Finanzierung des TAS kann der Argumentation des Schweizerischen Bundesgerichts insoweit gefolgt werden, als die Art der Finanzierung des TAS allein – also isoliert vom Besetzungsverfahren des CIAS betrachtet – grundsätzlich nicht die Unabhängigkeit der Schiedsgerichtsinstitution in Frage stellt. Unbedenklich wäre diese Art der Finanzierung allerdings nur dann, wenn die Bereitstellung finanzieller Mittel die einzige wesentliche Verbindung zwischen dem CIAS/TAS und den die Sportwelt beherrschenden Organisationen und Verbänden darstellen würde. Dies ist wie bereits erörtert nicht der Fall. Die Finanzierungsweise des TAS schafft ein gewisses Abhängigkeitsverhältnis zwischen der Schiedsgerichtsinstitution und ihren Geldgebern. Letztere vereinbarten in Art. 3 *Convention relative à la Constitution du CIAS* nämlich nicht nur die Art der Finanzierung des TAS, sondern sie „blockierten" gleichzeitig in Art. 2 *Convention relative à la Constitution du CIAS* ganze 12 der insgesamt 20 zu vergebenen Plätze im Stiftungsrat (CIAS) und räumten sich darüber hinaus ein indirektes Ernennungsrecht in Bezug auf die restlichen acht Plätze ein. Somit wird über die Verwendung und den Einsatz dieser finanziel-

1249 BG v. 27. Mai 2003, BGE 129 III 445, 461.

1250 BG v. 27. Mai 2003, BGE 129 III 445, 461; *Knoepfler/Schweizer*, SZIER 2003, 577, 589.

1251 BG v. 27. Mai 2003, BGE 129 III 445, 461.

1252 BG v. 27. Mai 2003, BGE 129 III 445, 461.

len Mittel nicht von einem unabhängigen Organ, sondern indirekt von den Geldgebern selbst entschieden.

d. Fazit

Das TAS repräsentiert weder eine Sportorganisation noch einen internationalen Sportverband.[1253] Dennoch ergeben sich aufgrund seiner Entstehungsgeschichte sowie seiner Organisationsstruktur einige Zweifel hinsichtlich der institutionellen Unabhängigkeit, die ursprünglich durch die Errichtung des CIAS garantiert werden sollte. Angesichts des aktuellen Besetzungsverfahrens des CIAS und den Verbindungen seiner Mitglieder zu diversen Sportorganisationen und internationalen Sportverbänden stellt sich die durch die „Gundel"-Entscheidung eingeleitete Umstrukturierung des TAS nicht als eine gänzlich gelungene Entwicklung dar. Die Zwischenschaltung des CIAS bedeutete in erster Linie nur eine „formelle Verselbstständigung"[1254], um in der Außendarstellung Bedenken hinsichtlich der Unabhängigkeit zu beseitigen und angemessen auf die „Gundel"-Entscheidung des Schweizerischen Bundesgerichts zu reagieren. Nichtsdestotrotz bleibt das TAS eine von der Sportbewegung geschaffene Institution,[1255] die nicht frei von Sportverbandseinflüssen organisiert und verwaltet wird[1256]. Somit muss zwischen der rechtlichen Unabhängigkeit, die durch die Umstrukturierung des TAS und die hieraus resultierende Errichtung des CIAS wohl geglückt ist, und einer organisatorisch sowie strukturell und personell angelegten Abhängigkeit unterschieden werden.[1257] Letztere kann die Unabhängigkeit und Überparteilichkeit der gesamten Schiedsgerichtsinstitution gefährden.[1258] Das Schweizerische Bundesgericht nimmt zur Begründung der Unabhängigkeit des TAS ausschließlich auf das IOC Bezug und bringt klar zum Ausdruck, dass die Unabhängigkeit des TAS sichergestellt sei.[1259] Dies wird auch durch die Bezeichnung

---

1253 *Baddeley*, L'association sportive face au droit, S. 272.

1254 *Scherrer*, CaS 2008, 58, 62; so auch das Schweizerische Bundesgericht in BG v. 31. Oktober 1996, Recueil des sentences du TAS (1986-1998), S. 577, 584.

1255 *Simon*, L'arbitrage des conflits sportifs, S. 185, 207.

1256 *Baddeley*, CaS 2004, 91, 92.

1257 So zu Recht *Baddeley*, CaS 2004, 91, 92.

1258 *Simon*, L'arbitrage des conflits sportifs, S. 185, 207.

1259 Siehe bspw. BGE v. 27. Mai 2003, 129 III 445, 462 f.

des TAS als „Cour suprême du sport mondial“[1260] oder „l’un des principaux piliers du sport organisé“[1261] deutlich. Eine solch enge Betrachtungsweise ist jedoch angesichts der Tatsache, dass sich die Interessen der den CIAS bildenden Sportorganisationen und Sportverbände weitgehend decken, nicht richtig.[1262] Vielmehr muss eine Betrachtung der Zusammensetzung des CIAS zu dem Ergebnis kommen, dass das TAS zwar nicht mehr alleinig ein Konstrukt des IOC, aber unter der Kontrolle des CIAS ein Konstrukt der den Sport beherrschenden Sportverbände darstellt. Steht ein Sportler in einem Schiedsverfahren einer Sportorganisation oder einem Sportverband gegenüber,[1263] so ist es aufgrund der verbandslastigen Organisation des TAS sowie der Einflussnahmemöglichkeiten des CIAS auf das Schiedsverfahren schwierig, auf die Unabhängigkeit und Überparteilichkeit der Schiedsgerichtsinstitution zu schließen.[1264] Eine kritische und eingehende Auseinandersetzung mit dieser Problematik lässt das Schweizerische Bundesgericht vermissen. Ebenso ergibt sich eine widerstreitende Interessenlage, da die Existenz des TAS von Schiedsvereinbarungen in Verbandsregelwerken zu dessen Gunsten abhängig ist und es gleichzeitig zur Beurteilung sportrechtlicher Streitigkeiten zwischen einem Verband und einem Sportler genau diese Regelwerke heranzuziehen hat.[1265] So sieht sich die Schiedsgerichtsinstitution mit der schwierigen Aufgabe konfrontiert, einerseits ihre Unabhängigkeit garantieren zu müssen und andererseits ihre Existenz zu sichern, da sie auf die Vereinbarung individualvertraglicher Schiedsabreden beziehungsweise der Einfügung satzungsmäßiger Schiedsklauseln in die Verbandsregelwerke angewiesen ist.[1266]

Isoliert betrachtet stellt die Finanzierungsweise des TAS kein Problem dar. Besetzen jedoch die Geldgeber gleichzeitig wichtige Positionen im CIAS, so sind die Möglichkeiten der Einflussnahme so hoch, dass nicht von einer vollständig unabhängigen Sportschiedsgerichtsinstitution gesprochen werden kann. Zum Wohle der Effizienz und Vertrauenswürdigkeit des TAS müssen diese die Unabhängigkeit gefährdenden Widersprü-

---

1260 Zitat des ehemaligen IOC-Präsidenten Juan Antonio Samaranch, zitiert in BG v. 27. Mai 2003, BGE 129 III 445, 462.

1261 Siehe bspw. BGE v. 27. Mai 2003, 129 III 445, 463.

1262 So zu Recht *Baddeley*, CaS 2004, 91, 92.

1263 Dies betrifft eine beachtliche Zahl der beizulegenden Streitigkeiten im Bereich des Sports. Siehe Fn. 979.

1264 *Baddeley*, L’association sportive face au droit, S. 273.

1265 So auch *Pinna*, Gazette du Palais du 19/20 mai 2004, 31, 39.

1266 *Pinna*, Gazette du Palais du 19/20 mai 2004, 31, 39.

che ausgeräumt werden, damit sich ein Sportverband und ein Sportler in einem rechtsstaatlich ausgestalteten Schiedsverfahren auf Augenhöhe begegnen können.[1267]

II. Deutsches Sportschiedsgericht (DSS)

Am 1. Januar 2008 hat das Deutsche Sportschiedsgericht seine Tätigkeit aufgenommen. Mit der DIS-Sportschiedsgerichtsordnung (DIS-SportSchO) wurde eine institutionelle Plattform geschaffen, deren Sinn und Zweck darin besteht, die besonderen Bedürfnisse des Sports zu befriedigen.[1268] Das DSS ist vornehmlich auf nationale Konflikte im Bereich des Sports ausgerichtet[1269] und bildet insbesondere in Dopingstreitigkeiten auf nationaler Ebene die erste Rechtsinstanz.[1270] Betreiber des DSS ist die Deutsche Institution für Schiedsgerichtsbarkeit e.V. (DIS). Die DIS ist ein nach den §§ 21 ff. BGB gegründeter Verein mit Sitz in Köln, dessen Vereinszweck nach § 1 seiner Satzung[1271] die Förderung der Schiedsgerichtsbarkeit ist. Im Bereich der Wirtschaftsschiedsgerichtsbarkeit gilt die DIS als die in Deutschland führende Schiedsgerichtsinstitution.[1272]

1. Geschichtliche Hintergründe – die Rolle der NADA und der DIS

Die Errichtung des DSS geht auf eine gemeinsame Initiative der Nationalen Anti Doping Agentur (NADA) und der DIS zurück. Die NADA mit Sitz in Bonn ist Ende 2002 gegründet worden und hat seitdem die Aufgaben der ehemaligen Anti-Doping Kommission des Deutschen Sportbundes

1267 *Pinna*, Gazette du Palais du 19/20 mai 2004, 31, 39.

1268 Siehe *Mertens*, SpuRt 2008, 140.

1269 *Schulze*, IJVO 15 (2008), S. 10.

1270 Siehe § 38.2 DIS-SportSchO, wonach gegen Dopingentscheidungen des DSS Rechtsmittel zum TAS eingelegt werden können; in allen anderen Streitigkeiten ist der Schiedsentscheid des DSS engültig und somit eine Berufung gegen diesen grundsätzlich ausgeschlossen, siehe *Mertens*, SpuRt 2008, 140, 141.

1271 Die Satzung der DIS ist abrufbar unter: http://www.dis-arb.de/de/13/content/satzung-id9 (zuletzt aufgerufen am 04.07.2015).

1272 Siehe *Bredow/Klich*, CaS 2008, 45, wonach sich der Wert der von der DIS administrierten Schiedsverfahren jährlich regelmäßig auf über eine halbe Milliarde Euro beläuft.

und des Nationalen Olympischen Komitees im Kampf gegen Doping übernommen.[1273] Die NADA ist aufgrund ihrer Rechtsform als Stiftung des privaten Rechts aus der mitgliedschaftlichen Struktur des nationalen und internationalen Sports isoliert worden, so dass sie im Rechtsverkehr als autonomer Rechtskörper auftreten kann.[1274] Die NADA ist für den Kampf gegen Doping die maßgebliche Instanz auf nationaler Ebene. Sie trägt insbesondere für die Umsetzung des WADA-Codes und die Fortentwicklung des Dopingkontrollsystems in Deutschland Sorge. So gehört es zu ihrem satzungsmäßigen Auftrag, in Deutschland ein Sportschiedsgericht zu etablieren.[1275] Da die NADA bei der Feststellung eines Verstoßes gegen Anti-Doping-Bestimmungen selbst ermittelnd tätig wird und somit die Errichtung eines Schiedsgerichts innerhalb dieser Organisation die Einhaltung des Gebots unabhängiger und überparteilicher Rechtspflege gefährdet hätte, ist als Konsequenz die DIS als eine von den Sportverbänden unabhängige Institution als Partner für die Errichtung eines Sportschiedsgerichts in Deutschland ausgewählt worden.[1276] Das DSS ist somit nicht an die NADA selbst angegliedert, sondern wird von der DIS mit ihrer guten Infrastruktur und langjährigen Erfahrung in der Wirtschaftsschiedsgerichtsbarkeit betrieben.[1277] Da die NADA in Schiedsverfahren über Dopingstreitigkeiten als Klägerin auftreten kann, soll durch die Angliederung an die DIS die rechtliche Unabhängigkeit gewährleistet werden. Dies ist auf eine Besonderheit für Verfahren in Dopingangelegenheiten zurückzuführen: Sportverbände, wie zum Beispiel der Deutsche Leichtathletikverband (DLV) gemäß § 17.1 DLV-Anti-Doping-Code oder der Bund deutscher Radfahrer gemäß § 16a BDR-Satzung, können das Ergebnismanagement und Sanktionsverfahren[1278] bei Verstößen gegen Anti-Doping-Bestimmungen an die NADA übertragen.

1273 *Adolphsen*, SchiedsVZ 2004, 169, 173.

1274 Die NADA steht außerhalb der hierarchischen Pyramide des Sports, vgl. *Weber*, SchiedsVZ 2004, 193, 197.

1275 *Bredow/Klich*, CaS 2008, 45.

1276 Siehe *Bredow/Klich*, CaS 2008, 45.

1277 Vorwort zur DIS-SportSchO, http://www.dis-arb.de/de/16/regeln/dis-sportschiedsgerichts (zuletzt aufgerufen am 04.07.2015).

1278 Das unter dem Begriff „Ergebnismanagement" zusammengefasste Vorgehen meint die Übernahme der ersten Anhörung bis hin zur Verfahrenseinleitung und auch die Betreibung des erstinstanzlichen Sanktionsverfahrens vor der Deutschen Institution für Schiedsgerichtsbarkeit (DIS), siehe http://www.nada.de/de/recht/ergebnismanagement/ (zuletzt aufgerufen am 04.07.2015).

Vor dem DSS können nicht nur Dopingstreitigkeiten, sondern darüber hinaus sportrechtliche Streitigkeiten unterschiedlichster Art entschieden werden, so zum Beispiel vertrags- und handelsrechtliche Streitigkeiten mit Bezug zum Sport[1279], vereins- und gesellschaftsrechtliche Auseinandersetzungen[1280] bis hin zu vereins- oder verbandsrechtlichen Disziplinarstreitigkeiten[1281].[1282] Die Legitimation für den Erlass einer DIS-Sportschiedsgerichtsordnung (DIS-SportSchO) kann dem Vereinszweck der DIS entnommen werden, da die schiedsgerichtliche Beilegung sportbezogener Streitigkeiten die Schiedsgerichtsbarkeit im Sinne des § 1 der Satzung fördert.

Bereits kurz nach der Errichtung des DSS haben sich im Jahre 2009 ungefähr 40 Sportverbände dazu verpflichtet, Streitigkeiten unterschiedlichster Art mit den ihnen angeschlossenen Sportlern nach der DIS-SportSchO entscheiden zu lassen.[1283] Das DSS zählte im Jahre 2010 noch ca. 12 Verfahren[1284], was angesichts der insgesamt ansteigenden Zahl an Sportrechtsstreitigkeiten eine recht überschaubare Inanspruchnahme der deutschen Schiedsgerichtsinstitution darstellt. Im Jahre 2014 waren es nur 7 Verfahren.[1285] Mögliche Erklärungen für die geringe Anzahl an Schiedsverfahren vor dem DSS sind wohl die im Verhältnis zum TAS kurze Be-

1279 Hierunter fallen bspw. Streitigkeiten über Sponsoringverträge, Veranstalterverträge, Ausrüsterverträge, Fernsehrechteverwertungsverträge, Transfers u.v.m., siehe *Bredow/Klich*, CaS 2008, 45, 46.

1280 Hierunter fallen bspw. Streitigkeiten über die Erteilung oder den Entzug von Lizenzen, Teilhaberechten oder dem Ausschluss eines Sportlers von einem Wettbewerb bzw. aus einem Verein sowie Beschlussmängelstreitigkeiten, siehe *Bredow/Klich*, CaS 2008, 45, 46.

1281 Hierunter fallen bspw. Streitigkeiten über Verstöße gegen Anti-Doping-Bestimmungen und andere Disziplinarstreitigkeiten, siehe *Bredow/Klich*, CaS 2008, 45, 46.

1282 Siehe *Bredow/Klich*, CaS 2008, 45, 46; Vorwort zur DIS-SportSchO, siehe Fn. 1277.

1283 *Berger*, SchiedsVZ 2009, 289, 291; die Anzahl der (nationalen) Sportverbände, die mit dem DSS Kooperationsvereinbarungen geschlossen haben, beläuft sich mittlerweile auf ca. 50 (Stand: Mai 2015).

1284 *Martens*, SchiedsVZ 2010, 317, 318.

1285 Seit seiner Entstehung im Jahre 2008 bis zum 13. Mai 2015 wurden vor dem DSS ca. 62 Verfahren registriert.

stehenszeit[1286] sowie die unterschiedliche Entstehungsgeschichte[1287]. Darüber hinaus überwiegt das Interesse der internationalen Sportverbände, ihre Streitigkeiten vor dem TAS beilegen zu lassen. Dementsprechend geht es in der Sache beim DSS noch weitgehend um Dopingstreitigkeiten im Rahmen nationaler Wettbewerbe. Die Anzahl der Verfahren in anderen Bereichen steigt jedoch stetig.[1288]

2. Organisationsstruktur

Die Anbindung des DSS an die DIS hat zur Folge, dass vor allem in Bezug auf die Besetzung und Funktionen der Vereinsorgane größtenteils Übereinstimmungen in Form von Personenidentität bestehen. Notwendige Organe eines Vereins sind gemäß § 32 BGB die Mitgliederversammlung und gemäß 26 BGB der Vorstand.[1289]

a. Mitgliederversammlung

Das zentrale Organ eines Vereins bildet grundsätzlich die Mitgliederversammlung. Mitglied der DIS kann jede natürliche oder juristische Person werden, die bereit ist und Gewähr dafür bietet, den Vereinszweck, nämlich die Förderung der Schiedsgerichtsbarkeit, zu unterstützen, § 3 Abs. 1 DIS-Satzung. Die DIS hat zur Zeit ca. 1150 Mitglieder, wozu Unternehmen, Richter, Rechtsanwälte und Wissenschaftler aus dem In- und Ausland sowie Verbände und Kammern zählen.[1290] Ein besonderer Bezug zum Sport

---

1286 In den Anfangsjahren lag die Anzahl der Verfahren vor dem TAS ebenfalls nicht über zehn, vgl. *Reeb*, Revue de l'avocat 2002, 8.

1287 Die Entstehung des TAS wurde immerhin vom größten und einflussreichsten Weltsportverband, nämlich dem IOC, vorangetrieben, während das DSS auf Initiative der NADA gegründet wurde.

1288 *Mertens*, in: Sportrechtssymposium Peking (Tagungsband), Sportschiedsgerichtsbarkeit in der Bundesrepublik Deutschland und Europa, 97, 104, abrufbar unter: http://www.taylorwessing.com/uploads/tx_siruplawyermanagement/Sportschiedsgerichtsbarkeit_in_Dt_und_Europa.pdf (zuletzt aufgerufen am 04.07.2015).

1289 *Buchberger*, Die Überprüfbarkeit sportverbandsrechtlicher Entscheidungen durch die ordentliche Gerichtsbarkeit, S. 77 f.; *Hantke*, SpuRt 1998, 186, 187.

1290 Siehe http://www.dis-arb.de/de/12/beitrittserklaerung/uebersicht-id0 (zuletzt aufgerufen am 04.07.2015).

ist für die Mitgliedschaft nicht erforderlich, zumal die DIS über Streitigkeiten jeglicher Art entscheidet, sofern die Parteien die Anwendbarkeit der DIS-Schiedsgerichtsordnung vereinbaren. Das DSS stellt lediglich einen speziellen Verfahrenszweig der DIS mit einer auf sportrechtliche Streitigkeiten zugeschnittenen eigenen Schiedsordnung, der DIS-SportSchO, dar.

Nach § 11 DIS-Satzung wählt die Mitgliederversammlung den Vorstand und den Beirat sowie die Rechnungsprüfer für den Jahresabschluss. Sie genehmigt den Haushaltsplan und beschließt darüber hinaus die Beitragsordnung und Satzungsänderungen.

Beschlüsse der Mitgliederversammlung werden regelmäßig durch die Mehrheit der anwesenden Mitglieder gefasst. Allein für Abstimmungen über Satzungsänderungen ist gemäß § 11 Abs. 5 DIS-Satzung eine qualifizierte 3/4-Mehrheit der abgegebenen Stimmen erforderlich.

b. Vorstand

Gemäß § 7 Abs. 1 DIS-Satzung besteht der von der Mitgliederversammlung gewählte Vorstand aus einem Vorsitzenden, zwei stellvertretenden Vorsitzenden und bis zu 15 weiteren Mitgliedern, die nach Abs. 5 für die Dauer von vier Jahren gewählt werden. Bei der Zusammensetzung des Vorstands sollen die an der Arbeit des Vereins besonders interessierten Berufsgruppen und Organisationen aus verschiedenen Wirtschaftsbereichen ausgewogen berücksichtigt werden.[1291]

Die Hauptaufgaben des Vorstands sind nach § 8 DIS-Satzung die Vorbereitung und Einberufung der Mitgliederversammlung, die Ausführung von Beschlüssen der Mitgliederversammlung, die Beschlussfassung über die Vorlage des Haushaltsplans und des Jahresabschlussberichts sowie die Beschlussfassung über die Aufnahme und Streichung von Mitgliedern aus der Mitgliederliste. Darüber hinaus ist der Vorstand für alle weiteren Angelegenheiten des Vereins zuständig, soweit sich aus der DIS-Satzung nicht etwas anderes ergibt. Der Vorstand bestellt gemäß § 16 Abs. 1 DIS-Satzung die Geschäftsführung und führt nach Abs. 2 sowohl die laufenden Geschäfte als auch die Vereinskasse. Mit der Ernennung von drei Mitgliedern samt ihrer Stellvertreter zur Bildung des DIS-Ernennungsausschusses

---

1291 Siehe § 7 Abs. 4 DIS-Satzung. Dies umfasst auch den Bereich des Sports, der im derzeitigen Vorstand (Stand: 2014) durch ausgewiesene Sportrechtsexperten (bspw. die Professoren Ulrich Haas und Klaus Peter Berger) vertreten wird.

für die Sportschiedsgerichtsbarkeit erfüllt der Vorstand unter Hinzuziehung des Beirats gemäß § 14 Abs. 1 DIS-Satzung eine weitere wichtige Funktion.

c. Geschäftsführung

Die vom Vorstand bestellte Geschäftsführung besteht aktuell aus dem DIS-Generalsekretär und 12 weiteren Mitgliedern.[1292] Sie schlägt dem Ernennungsausschuss für die Sportschiedsgerichtsbarkeit Schiedsrichter und Schlichter zur Benennung und Ersatzbenennung vor und ist hierbei nicht an Weisungen gebunden, § 14 Abs. 2 und Abs. 7 DIS-Satzung. Der Geschäftsführung obliegt des Weiteren die Zusammenstellung der Schiedsrichterliste des DSS, die den Parteien die Auswahl qualifizierter und spezialisierter Schiedsrichter erleichtern soll.[1293] Sofern zu Beginn eines Verfahrens keine Bedenken gegen die Unabhängigkeit und Überparteilichkeit der parteiernannten Schiedsrichter bestehen, bestellt der DIS-Generalsekretär als Leiter der Geschäftsführung die benannten Schiedsrichter.

d. DIS-Ernennungsausschuss für die Sportschiedsgerichtsbarkeit

Der DIS-Ernennungsausschuss für die Sportschiedsgerichtsbarkeit besteht aus drei Mitgliedern und drei stellvertretenden Mitgliedern, die vom DIS-Vorstand unter Hinzuziehung des Beirats für eine Amtszeit von zwei Jahren ernannt werden. Die Mitglieder des DIS-Ernennungsausschusses für die Sportschiedsgerichtsbarkeit sind ehrenamtlich tätig und nicht an Weisungen gebunden.[1294] Eine Wiederwahl ist nach § 14 Abs. 1 DIS-Satzung möglich. Der DIS-Ernennungsausschuss für die Sportschiedsgerichtsbarkeit ist nicht identisch mit dem DIS-Ernennungsausschuss. Dies hängt zwangsläufig mit dessen Funktionen zusammen, die eine gewisse Fachkompetenz und Erfahrung im Bereich des Sports voraussetzen. So benennt

---

1292 Siehe http://www.dis-arb.de/de/9/content/geschaeftsfuehrung-id8 (zuletzt aufgerufen am 04.07.2015).

1293 Siehe Begriffserläuterungen zur DIS-SportSchO unter „Schiedsrichterliste“, abrufbar unter: http://www.dis-sportschiedsgericht.de/ (zuletzt aufgerufen am 04.07.2015).

1294 Siehe *Bredow/Klich*, CaS 2008, 45, 48.

der DIS-Ernennungsausschuss für die Sportschiedsgerichtsbarkeit gemäß § 3.3 DIS-SportSchO im Falle eines Dreierschiedsgerichts den Vorsitzenden des Schiedsgerichts, der in jedem Fall der Schiedsrichterliste des DSS[1295] angehören und Jurist sein muss. Gleiches Benennungsrecht gilt für den Fall, dass eine Streitigkeit vor einem Einzelschiedsgericht entschieden werden soll und sich die Parteien nicht auf einen Einzelschiedsrichter einigen können. Der DIS-Ernennungsausschuss für die Sportschiedsgerichtsbarkeit nimmt ebenso die Ersatzbenennungen vor, falls eine Partei die ihr auferlegte Benennungsfrist tatenlos verstreichen lässt.[1296] Sofern Zweifel hinsichtlich der Unabhängigkeit und Überparteilichkeit eines Schiedsrichters bestehen und eine der Schiedsparteien der Bestellung einer Person zum Schiedsrichter widerspricht, nimmt entgegen dem Regelfall aus § 17.1 DIS-SportSchO nicht der DIS-Generalsekretär, sondern gemäß § 17.2 DIS-SportSchO der DIS-Ernennungsausschuss für die Sportschiedsgerichtsbarkeit die Bestellung der Schiedsrichter vor.

e. Beirat

Der Beirat der DIS besteht gemäß § 9 Abs. 1 DIS-Satzung hauptsächlich aus Vertretern von Organisationen und Berufsgruppen, die in besonderer Weise an der Schiedsgerichtsbarkeit interessiert sind.[1297] Die Mitglieder des Beirats werden auf Vorschlag des Vorstands für eine Dauer von vier Jahren von der Mitgliederversammlung gewählt, § 9 Abs. 2 DIS-Satzung. Insbesondere in Angelegenheiten von besonderer Bedeutung soll dem Beirat seitens des Vorstands die Gelegenheit zur Stellungnahme gegeben werden, § 8 Abs. 2 DIS-Satzung.

1295 Siehe zur Zusammensetzung des Spruchkörpers beim DSS bei Teil 3/Kapitel 3/A./II./1. ab S. 302.

1296 Siehe §§ 12.1, 13.2, 17.2 und 45.3 DIS-SportSchO.

1297 Im aktuellen Beirat (Stand: 2015) ist beispielsweise der Deutsche Olympische Sportbund durch Dr. Holger Niese vertreten, siehe http://www.dis-arb.de/de/10/content/beirat-id48 (zuletzt aufgerufen am 04.07.2015).

f. DIS-Hauptgeschäftsstelle

Die Aufgaben der DIS-Hauptgeschäftsstelle betreffen in erster Linie die schnelle und ordnungsgemäße Abwicklung der vorprozessualen Verfahrensverwaltung[1298] sowie die Kommunikation und Zustellung von Schriftstücken zwischen den Parteien beziehungsweise in Dopingangelegenheiten auch an die NADA.[1299] Gemäß § 6.1 DIS-SportSchO beginnt das Schiedsverfahren mit Zugang der Klage bei der DIS-Hauptgeschäftsstelle. Die Klage muss laut § 6.2 DIS-SportSchO neben einigen weiteren Voraussetzungen bereits die Benennung eines Schiedsrichters enthalten. Die DIS-Hauptgeschäftsstelle übersendet die Klage nach § 8.1 DIS-SportSchO unverzüglich an den Beklagten. Dem Kläger entstehen bereits mit Einreichung der Klage Kosten, die dieser zur Verfahrensfortführung innerhalb einer bestimmten Zahlungsfrist zu begleichen hat, § 7 DIS-SportSchO.[1300] Mit der Übersendung der Klage fordert die DIS-Hauptgeschäftsstelle den Beklagten auf, im Falle eines Dreierschiedsgerichts einen Schiedsrichter zu benennen. Die Parteien sind gemäß § 12.1 DIS-SportSchO an ihre Benennungen gebunden, sobald diese bei der DIS-Hauptgeschäftsstelle eingegangen sind. In der Folge haben die benannten Schiedsrichter gemäß § 16.1 DIS-SportSchO bei der DIS-Hauptgeschäftsstelle die Annahme des Schiedsrichteramtes sowie die Erfüllung der von den Parteien vereinbarten Voraussetzungen zu erklären und darüber hinaus alle Umstände offenzulegen, die Zweifel an ihrer Unparteilichkeit oder Unabhängigkeit begründen könnten. Sollten derartige Zweifel aufkommen, so gibt die DIS-Hauptgeschäftsstelle jeder Partei Gelegenheit, innerhalb einer angemessenen Frist hierzu Stellung zu nehmen, § 16.2 DIS-SportSchO. Unterbleibt die Benennung der Schiedsrichter innerhalb der vorgesehenen Frist[1301] und stellt keine Partei einen Antrag auf Benennung durch den DIS-Ernennungsausschuss für die Sportschiedsgerichtsbarkeit, so kann die DIS-Hauptgeschäftsstelle nach § 39.3 DIS-SportSchO das Verfahren nach Anhörung der Parteien beenden. Anträge, die die Ablehnung eines Schiedsrichters

---

1298 Siehe bspw. § 6.4 DIS-SportSchO, wonach die DIS-Hauptgeschäftsstelle bei Unvollständigkeit der Klage den Kläger unter Fristsetzung zur Ergänzung auffordern kann.

1299 Siehe § 8 DIS-SportSchO.

1300 Gleiches gilt gem. § 10 und 11 DIS-SportSchO im Falle einer Widerklage des Beklagten.

1301 Grundsätzlich 14 Tage, siehe § 12 DIS-SportSchO.

zum Gegenstand haben, sind ebenfalls gegenüber der DIS-Hauptgeschäftsstelle zu erklären und zu begründen, § 18.2 DIS-SportSchO. Nach einem abgeschlossenen Schiedsverfahren übersendet die DIS-Hauptgeschäftsstelle – sofern die Kosten des schiedsgerichtlichen Verfahrens an das Schiedsgericht und die DIS vollständig bezahlt worden sind – Urschriften des Schiedsentscheids an die Parteien und im Falle einer Dopingstreitigkeit zusätzlich zwei Urschriften an die NADA. Die DIS-Hauptgeschäftsstelle hat Informationen über die Durchführung eines Schiedsverfahrens und insbesondere über die beteiligten Parteien, Zeugen, Sachverständigen und sonstigen Beweismittel gegenüber jedermann vertraulich zu behandeln, § 43 DIS-SportSchO.

Die Kompetenzen der DIS-Hauptgeschäftsstelle in einem Rechtsmittelverfahren nach § 45 DIS-SportSchO[1302] betreffen ebenfalls die Administration des Verfahrens, die Kommunikation zwischen den Beteiligten sowie die Zustellung von Schriftstücken.

3. Finanzierung

Gemäß § 5 DIS-Satzung ergibt sich die Finanzierung der DIS aus den Mitgliedsbeiträgen, etwaigen Förderbeiträgen, den Gebühren aus der Durchführung von Schiedsgerichtsverfahren sowie den Einnahmen aus der Durchführung von Veranstaltungen und aus der Herausgabe von Veröffentlichungen. Durch die institutionelle Bindung des DSS an die DIS ist somit gleichzeitig die Finanzierung des Sportschiedsgerichts sichergestellt.

Die dem DSS durch ein Verfahren entstehenden Kosten werden gemäß § 40 DIS-SportSchO durch die Streitparteien weitgehend vollständig beglichen.[1303] Hiernach sind die streitwertabhängigen Honorare der Schiedsrichter, deren Auslagen sowie eine Bearbeitungsgebühr zuzüglich der ge-

1302 Zum vorliegend nicht hervorgehobenen Eilverfahren vor dem DSS siehe § 20 DIS-SportSchO.

1303 *Hofmann*, Zur Notwendigkeit eines institutionellen Sportschiedsgerichts in Deutschland, S. 380. Da § 40 DIS-SportSchO mit § 40 DIS-SchO dem Wortlaut nach weitgehend übereinstimmt, können die Überlegungen Hofmanns auf das DSS übertragen werden; ähnlich verhält es sich auch beim FIBA Arbitral Tribunal (FAT), das ebenfalls durch die Schiedsparteien finanziert wird und somit ohne äußere finanzielle Unterstützung auskommt, vgl. BG v. 14. Dezember 2012 mit Anm. v. *Kahlert/Zagklis*, SpuRt 2013, 115, 117.

setzlichen Mehrwertsteuer zu entrichten. Der Streitwert des Verfahrens wird eigens vom Schiedsgericht nach pflichtgemäßem Ermessen festgesetzt, § 40.2 DIS-SportSchO[1304]. Das Honorar der Schiedsrichter bemisst sich nach einem Stundensatz, der dem Stundensatz des TAS entspricht.[1305] Die DIS-Bearbeitungsgebühr richtet sich gemäß § 40.7 DIS-SportSchO i.V.m. Nr. 21 der Anlage zur DIS-SportSchO nach dem Streitwert des Verfahrens. Sie beträgt mindestens 350 EUR und höchstens 37.500 EUR.[1306] Etwas anderes gilt in Verfahren über Dopingangelegenheiten, deren Streitwert weniger als 25.000 EUR beträgt. In diesen Fällen erhält der Einzelschiedsrichter gemäß § 40.4 DIS-SportSchO i.V.m. Nr. 16 Anlage zur DIS-SportSchO ein Pauschalhonorar in Höhe von 780 EUR zuzüglich Mehrwertsteuer[1307] und die Bearbeitungsgebühr beträgt pauschal 350 EUR zuzüglich Mehrwertsteuer, § 40.7 i.V.m. Nr. 22 Anlage zur DIS-SportSchO.

4. Würdigung

Dadurch, dass das DSS organisatorisch und rechtlich bei der DIS angegliedert ist, profitiert es in großem Maße von der guten Infrastruktur, der langjährigen Erfahrung auf dem Gebiet der Wirtschaftsschiedsgerichtsbarkeit und insbesondere auch von der Unabhängigkeit der DIS im Verhältnis zu den Einrichtungen des organisierten Sports, denen bei der Organisation des DSS keinerlei Mitspracherecht zukommt.[1308] Im Ergebnis ist die Er-

---

1304 Siehe § 40.7 i.V.m. Nr. 1 ff. der Anlage zur DIS-SportSchO.

1305 Im Jahre 2008 betrug dieser Stundensatz noch 150 EUR, siehe *Bredow/Klich*, CaS 2008, 45, 49. Im Jahre 2014 erhielten die Schiedsrichter bei einem Streitwert von bis zu 1.000.000 Schweizer Franken einen Stundensatz von 250 Schweizer Franken. Siehe (auch zu den Stundensätzen bei höherem Streitwert) unter: http://www.tas-cas.org/en/arbitration/arbitration-costs.html (zuletzt aufgerufen am 04.07.2015).

1306 Beim TAS wird die Verwaltungsgebühr ebenfalls streitwertabhängig berechnet und liegt zwischen 100 bis 2.000 Schweizer Franken bei einem Streitwert von bis zu 50.000 Schweizer Franken und kann bis zu 25.000 Schweizer Franken bei einem Streitwert von über 10.000.000 Schweizer Franken ansteigen. Siehe hierzu unter: http://www.tas-cas.org/en/arbitration/arbitration-costs.html (zuletzt aufgerufen am 04.07.2015)

1307 Dauert die mündliche Verhandlung mehr als einen Tag, so wird das Honorar um 390 EUR pro weiteren Sitzungstag erhöht, siehe § 40.4 DIS-SportSchO i.V.m. Nr. 16 Anlage.

1308 *Mertens*, SpuRt 2008, 140, 143.

richtung des DSS mit der Einführung der DIS-SportSchO somit als gelungen zu beurteilen. Denn es besteht grundsätzlich keine Möglichkeit der Einflussnahme seitens der Sportverbände, da diese – im Gegensatz zum TAS – faktisch keinerlei Entscheidungsgewalt innerhalb eines der die DIS verwaltenden Organe (Mitgliederversammlung, Vorstand, Geschäftsführung) haben.[1309] Ein solcher Einfluss sowie die Vertretung etwaiger Sport(verbands-)interessen ist auf der Organisations- und Verwaltungsebene auch nicht erforderlich, da die Administration sportrechtlicher Streitigkeiten aufgrund ihrer Nähe zu handelsrechtlichen und wirtschaftlichen Streitigkeiten keine Bildung spezieller Organe erfordert.[1310] Aus diesem Grund kommt die DIS bei der Wahrnehmung ihrer Aufgaben, nämlich der Verwaltung sportrechtlicher Schiedsverfahren, ohne Verbandsfunktionäre aus und wirkt im Rahmen des Verfahrens durch seinen Geschäftsführer und den DIS-Ernennungsausschuss für die Sportschiedsgerichtsbarkeit lediglich bei der Bestellung des Spruchkörpers mit. Diese Art der Einmischung in das Verfahren ist mit der Besonderheit sportbezogener Schiedsverfahren zu begründen. Während durch die DIS viele Vorzüge der institutionellen Schiedsgerichtsbarkeit, wie zum Beispiel die schnelle Streitbeilegung durch ein professionell administriertes Verfahren, bereits garantiert sind, muss auch die Qualität des Schiedsverfahrens durch die Fachkompetenz der zur Entscheidung berufenen Schiedsrichter sichergestellt werden. Zu diesem Zweck hat der DIS-Ernennungsausschuss für die Sportschiedsgerichtsbarkeit im Falle eines Dreierschiedsgerichts den Vorsitzenden beziehungsweise haben die Schiedsparteien den Einzelschiedsrichter aus einer Schiedsrichterliste zu wählen, die von der Geschäftsführung speziell für Schiedsverfahren mit Bezug zum Sport erstellt wird.[1311] Die Einbeziehung fachkundiger Schiedsrichter ist notwendig, da in sportrechtlichen Schiedsverfahren der Rolle des Vorsitzenden beziehungsweise des Einzelschiedsrichters eine besondere Bedeutung zukommt.[1312] Dies hängt auch damit zusammen, dass ein Schiedsentscheid schwerwiegende Folgen für die Karriere eines Sportlers haben kann und häufig unerfahrene Parteien, die unter Umständen sogar von Anwälten vertreten werden, die mit den

---

1309 *Mertens*, SpuRt 2008, 140, 143.

1310 *Knoepfler/Schweizer*, SZIER 1994, 149, 153, nach deren Ansicht die Probleme im Sport nicht viel komplexer sind als in anderen Bereichen.

1311 Siehe zur Schiedsrichterliste beim DSS bei Teil 3/Kapitel 3/A./II. ab S. 300.

1312 Siehe *Martens*, SchiedsVZ 2009, 99, 100.

Besonderheiten des Sportschiedsverfahrens genauso wenig vertraut sind, involviert sind.[1313]

Rein rechtlich betrachtet hat die Integrierung des DSS in das Vereinsrecht den Vorteil, dass die geschäftsführenden Organe der DIS durch die Mitgliederversammlung direkt (Vorstand) beziehungsweise indirekt (Geschäftsführung, DIS-Ernennungsausschuss für die Sportschiedsgerichtsbarkeit) demokratisch legitimiert sind. Die vielseitig zusammengesetzte Mitgliederversammlung hat regelmäßig ein besonderes Interesse an der Einhaltung und Förderung des Vereinszwecks und eine machtvolle Position inne, indem sie die direkte beziehungsweise indirekte (Wieder-)Wahl der Vereinsorgane vornimmt. Somit wird in der Regel eine den Interessen der Mitglieder entsprechende Führung der Geschäfte durch die gewählten Vereinsorgane gewährleistet, die der Kontrolle der Mitglieder unterliegt.

Der Finanzierungsweise des DSS ist anzulasten, dass sie für einen Sportler schwer zu bewältigende Kosten herbeiführen kann und sich dieser wegen seiner persönlichen finanziellen Lage unter Umständen gegen die schiedsgerichtliche Streitbeilegung entscheiden muss.[1314] Die Kosten stellen demnach einen Nachteil des schiedsgerichtlichen Verfahrens vor dem DSS dar.[1315] Die Methode der Streitwertabhängigkeit zur Berechnung der Kosten eines Schiedsverfahrens gewährleistet zwar Transparenz und Vorhersehbarkeit.[1316] Allerdings trägt gemäß § 35.2 DIS-SportSchO grundsätzlich die unterlegene Partei die Kosten des schiedsgerichtlichen Verfahrens, was für einen Sportler eine erhebliche Belastung bedeuten kann. Zu-

---

1313 Siehe *Martens*, SchiedsVZ 2009, 99, 100.

1314 In jedem Fall wäre eine erzwungene Unterwerfung unter die Schiedsgerichtsbarkeit gegenüber einem Sportler unwirksam, sofern dieser aufgrund der hohen Prozesskosten von einer Schiedsklage absehen muss. Hierin wäre ein Verstoß gegen die in Art. 29a BV bzw. Art. 19 Abs. 4 GG normierte Rechtsweggarantie zu sehen.

1315 Vgl. *Hofmann*, Zur Notwendigkeit eines institutionellen Sportschiedsgerichts in Deutschland, S. 380 und 387, wonach sich die Kosten für ein Verfahren mit einem Streitwert von 50.000 EUR vor einem Dreierschiedsgericht auf ungefähr 12.500 EUR belaufen würden. Dies stelle ein „nicht zu unterschätzendes Manko" des DSS dar; die Kostenregelung der DIS für „angemessen" haltend *Berninger/Theißen*, SpuRt 2008, 185, 187. Den Sportler würde ohne die schiedsgerichtliche Streitbeilegung vor dem DSS nur ein mehrinstanzliches Verbandsverfahren und unter Umständen ein sich daran anschließendes Verfahren vor den ordentlichen Gerichten erwarten. Die Kosten einer solchen Prozedur würden die Kosten für ein Verfahren vor dem DSS womöglich sogar übersteigen.

1316 So *Bredow/Klich*, CaS 2008, 45, 49.

dem sieht die DIS-SportSchO keine Möglichkeit für den Sportler vor, einen Antrag auf Prozesskostenhilfe zu stellen. Sie normiert im Gegensatz zum TAS (Art. R65.2 Abs. 1 TAS-Code)[1317] auch keinen Erlass der Verfahrenskosten für bestimmte Verfahren. Allerdings kann das Schiedsgericht bei der Kostenentscheidung die Umstände des Einzelfalles berücksichtigen und die Kosten „gegeneinander aufheben oder verhältnismäßig teilen", § 35.2 DIS-SportSchO. Davon abgesehen könnte sich das DSS das Basketball Arbitral Tribunal (BAT) in Genf zum Vorbild nehmen, das zwar ebenfalls durch die Schiedsparteien finanziert wird, aber in § 8.1 BAT-Arbitration Rules vorschreibt, dass Streitigkeiten grundsätzlich vor einem Einzelschiedsrichter und nicht wie beim DSS gemäß § 2.1 DIS-SportSchO vor einem Dreierschiedsgericht entschieden werden sollen. Dies senkt die Kosten des Verfahrens und würde in der Folge zu einer größeren Akzeptanz bei jungen oder gering verdienenden Sportlern führen.

III. Reformbedürftigkeit des TAS

Die vorangehende Darstellung verdeutlicht grundlegende Unterschiede zwischen dem TAS und dem DSS. Diese sind nicht zuletzt auf die Entstehungsgeschichte der beiden Schiedsgerichtsinstitutionen zurückzuführen. Während die Errichtung des DSS in erster Linie die Umsetzung und Einhaltung des WADA-Codes auf nationaler Ebene bezweckte, intendierte das IOC mit der Errichtung des TAS ursprünglich die Abschottung des Sports von den Einflüssen staatlicher Gerichtsbarkeit.[1318] Dies diente zumindest in der Anfangsphase eher dem Selbstschutz als der Schaffung eines den staatlichen Gerichten gleichwertigen Streitbeilegungsmechanismus.

1. Das TAS als „institution perfectible"[1319] – Unterschiede zum DSS

Die durch die „Gundel"-Entscheidung vom Schweizerischen Bundesgericht angeregte Umstrukturierung hat mit der Errichtung des CIAS zwar

1317 Siehe oben bei Teil 3/Kapitel 2/A./I./2./b./bb) ab S. 233.

1318 Siehe hierzu oben bei Teil 3/Kapitel 2/A./I./1. ab S. 219 und II./1. ab S. 250.

1319 „Verbesserungswürdige Institution", vgl. BG v. 27. Mai 2003, BGE 129 III 445, 463.

die rechtliche Verselbstständigung des TAS im Verhältnis zum IOC bewirkt. Die faktischen Einflüsse der Dachorganisationen des Sports und der internationalen Sportverbände sind jedoch trotz der Zwischenschaltung dieser Stiftung des schweizerischen Rechts nicht wesentlich verringert worden.[1320] Dies hängt insbesondere mit der verbandslastigen Besetzung des Stiftungsrats (CIAS) zusammen. Kritisch ist in diesem Zusammenhang zu beurteilen, dass der CIAS zugleich leitendes und kontrollierendes Organ des TAS darstellt. Zwar bietet das Stiftungsmodell den Vorteil, dass die Schiedsgerichtsinstitution als „eigener Rechtskörper" auftritt, der in der Regel keinen äußeren Einflüssen ausgesetzt ist,[1321] während beispielsweise ein Verein durch die Stellung der Mitgliederversammlung eher einer gewissen Fremdbestimmung unterliegt, die je nach Konstellation der Mitgliederversammlung sogar die Unabhängigkeit des Vereins in Frage stellen könnte.[1322] Die grundsätzliche Vorteilhaftigkeit des Stiftungsmodells trifft für den Betrieb eines institutionellen Schiedsgerichts allerdings nur dann zu, wenn die die Schiedsgerichtsinstitution verwaltenden Stiftungsorgane selbst unabhängig im Verhältnis zu den potenziellen Schiedsparteien auftreten. Gerade dies muss beim CIAS/TAS angezweifelt werden, wohingegen die Mitgliederversammlung der DIS überwiegend aus Handels- und Wirtschaftsvertretern besteht und somit im Verhältnis zu den Sportverbänden und erst recht zu den Sportlern als rechtlich und faktisch unabhängiges Organ zu bewerten ist. Alle weiteren Organe des DSS werden von dieser Mitgliederversammlung direkt oder indirekt gewählt und einberufen. Insofern ist die rechtliche Ausgestaltung und Organisationsstruktur des DSS transparenter und in Bezug auf die Einhaltung des Gebots unabhängiger und überparteilicher Rechtspflege vorzugswürdig. Darüber hinaus ist eine Rechtfertigung für die verbandslastige Besetzung des CIAS nicht ersichtlich. Denn die Hauptaufgaben des CIAS, nämlich die Gewähr-

---

1320 Vgl. *Knoepfler/Schweizer*, SZIER 1994, 149, 153, nach deren Ansicht das TAS zwar kein Organ des IOC ist, aber dennoch von Personen geleitet wird, die im Verhältnis zu den Dachorganisationen des Sports eine besondere Treuepflicht („une allégeance particulière") innehaben. Siehe oben bei Teil 3/Kapitel 2/A./I./4./a. ab S. 237.

1321 Siehe *Hofmann*, Zur Notwendigkeit eines institutionellen Sportschiedsgerichts in Deutschland, S. 374.

1322 *Hofmann*, Zur Notwendigkeit eines institutionellen Sportschiedsgerichts in Deutschland, S. 374.

leistung der vollständigen Unabhängigkeit[1323] sowie die Sicherstellung der Finanzierung des TAS, könnten unter Umständen besser, in jedem Fall aber glaubhafter durch einen Stiftungsrat wahrgenommen werden, der nicht aus Vertretern seiner Geldgeber, das heißt zum Großteil aus Delegierten der „drei Säulen der Olympischen Bewegung“[1324], besteht. Des Weiteren benötigen die die Schiedsgerichtsinstitution verwaltenden Organe im Gegensatz zu den zur Entscheidung berufenen Schiedsrichtern keine besonderen Fachkenntnisse im Bereich des Sports, da diese das institutionelle Sportschiedsgericht sowie das Schiedsverfahren lediglich administrieren und idealerweise nicht auf die Entscheidungsfindung einwirken. Zur ordnungsgemäßen Wahrnehmung ihrer Aufgaben wären für die CIAS-Mitglieder demnach vielmehr besondere juristische Kenntnisse sowie Erfahrungen im Bereich der Schiedsgerichtsbarkeit von Vorteil.

Die Vorzugswürdigkeit der Organisation des DSS gilt allerdings nicht für die Finanzierungsweise der Schiedsgerichtsinstitution. Denn diesbezüglich sind die Regelungen des TAS angesichts des teilweisen Erlasses der Verfahrenskosten in Berufungsverfahren beziehungsweise der Möglichkeit, Prozesskostenhilfe zu beantragen,[1325] „sportlerfreundlicher“ formuliert. In der Praxis ist ein Verfahren vor dem TAS jedoch weit davon entfernt, günstig zu sein, was den Zugang zu der Schiedsgerichtsinstitution insbesondere für den Sportler erschwert.[1326] In diesem Zusammenhang muss mit der Rechtsprechung des Schweizerischen Bundesgerichts betont werden, dass die Finanzierungsweise des TAS als solche nicht angreifbar ist, da eine bessere Alternative wohl nur schwer vorzustellen wäre.[1327] Zu beanstanden ist allein, dass die den CIAS finanzierenden Sportverbände

1323 Der CIAS wurde mit dem Ziel errichtet, „d'assurer la sauvegarde des droits des parties devant le TAS ainsi que l'entière indépendance de cette institution [...]“, siehe Präambel der *Convention relative à la Constitution du CIAS.*

1324 Siehe Fn. 1076.

1325 Siehe hierzu die seit März 2013 existierenden Vorschriften über die Prozesskostenhilfe beim TAS (Directives sur l'assistance judiciaire au Tribunal arbitral du sport), abrufbar unter: http://www.tas-cas.org/fr/arbitrage/assistance-judiciaire.html (zuletzt aufgerufen am 04.07.2015); siehe für eine ausführliche und kritische Darstellung der Prozesskostenhilfe beim TAS bei *Rigozzi/Robert-Tissot*, in: ASA Special Series No. 41, „Consent“ in Sports Arbitration: Its Multiple Aspects, S. 59, 73 ff.

1326 Vgl. *Rigozzi/Robert-Tissot*, in: ASA Special Series No. 41, „Consent“ in Sports Arbitration: Its Multiple Aspects, S. 59, 73.

1327 BG v. 27. Mai 2003, BGE 129 III 445, 461; *Knoepfler/Schweizer*, SZIER 2003, 577, 589.

gleichzeitig wesentliche Mitwirkungsrechte bei der Besetzung des CIAS für sich beanspruchen und somit – wie soeben aufgezeigt –[1328] entscheidend auf die Organisation und den Betrieb des TAS Einfluss nehmen können.

Die Schwächen des TAS sind nach der vorliegenden Analyse offensichtlich und sprechen zweifellos für das Vorliegen einer „institution perfectible"[1329]. Demnach besteht Reformbedürftigkeit hinsichtlich der Organisationsstruktur, für die im Folgenden Umsetzungsvorschläge erarbeitet werden. Das DSS wirft hingegen in Bezug auf seine rechtliche und organisatorische Verselbstständigung (institutionelle Unabhängigkeit) aufgrund seiner Eingliederung in die DIS keine derartigen Probleme auf und ist allenfalls hinsichtlich der Kosten zu verbessern.

2. Vorschläge für eine transparentere Organisationsstruktur beim TAS

Trotz der zum Teil großen Unterschiede zwischen dem TAS und dem DSS würde man zu weit gehen, sich das TAS in der Rechtsform eines Vereins herbeizuwünschen.[1330] Denn die Einführung einer besonderen Sportschiedsordnung innerhalb der DIS stellt insoweit eine Besonderheit dar, als nicht die Rechtsform des Vereins die Unabhängigkeit der Institution garantiert, sondern vielmehr die Eingliederung des Sportschiedsgerichts in einen bereits bestehenden Verein zur Förderung der Schiedsgerichtsbarkeit, dessen Mitglieder aus verschiedensten Wirtschaftssektoren stammen. Es gilt die Vorteilhaftigkeit einer Stiftung zu nutzen. Diese tritt im Rechtsverkehr als „eigener Rechtskörper"[1331] auf, so dass durch die Einführung konkreter Regelungen „die vollständige Unabhängigkeit des TAS"[1332] weitgehend sichergestellt werden könnte. Dementsprechend müssen ein-

---

1328 Siehe oben bei Teil 3/Kapitel 2/A./I./4./c. ab S. 246.

1329 „Verbesserungswürdige Institution", vgl. BG v. 27. Mai 2003, BGE 129 III 445, 463.

1330 Zumal sich im Anschluss die Frage stellen würde, wer dem Verein beitreten und somit als Mitglied innerhalb der Mitgliederversammlung Entscheidungsbefugnisse erlangen würde. Es wäre nicht überraschend, wenn bei dieser Konstellation ebenfalls die Vertretung der Verbandsinteressen überwiegen würde.

1331 Siehe *Hofmann*, Zur Notwendigkeit eines institutionellen Sportschiedsgerichts in Deutschland, S. 374.

1332 Der CIAS wurde gegründet, „dans le but d'assurer [...] l'entière indépendance [du TAS]", siehe Präambel der *Convention relative à la constitution du CIAS*.

deutige Kriterien entwickelt werden, die die unabhängige Besetzung des CIAS ermöglichen und diesbezügliche Zweifel ausräumen. Dies hätte wohl mehr Rechtssicherheit zur Folge, da der allgemeine Begriff der Unabhängigkeit auf diesem Wege konkretisiert und folglich die Transparenz und Vertrauenswürdigkeit der gesamten Institution gesteigert sowie die Beurteilung der Unabhängigkeit einzelner CIAS-Mitglieder im Einzelfall vereinfacht würde.

Als mögliche Anknüpfungspunkte könnten zum einen die regelmäßig in der internationalen Schiedsgerichtsbarkeit herangezogenen *IBA Guidelines on Conflicts of Interest in International Arbitration*[1333] und zum anderen die im U.S.-amerikanischen Gesellschaftsrecht geltenden Grundsätze zu den sogenannten *independent directors*[1334] innerhalb börsennotierter Unternehmen dienen.

a. Das Konzept der IBA Guidelines on Conflicts of Interest in International Arbitration[1335]

Die *IBA Guidelines* wurden am 22. Mai 2004 von der *International Bar Association* (IBA) und einer Arbeitsgruppe bestehend aus 19 Mitgliedern, die aus 14 verschiedenen Rechtsordnungen stammten, erlassen.[1336] Mit dem Erlass dieser Richtlinien wurden einheitliche Standards zur Beurteilung der Unabhängigkeit und Überparteilichkeit geschaffen, die möglichst für alle an einem internationalen Schiedsverfahren beteiligten Personen Geltung erlangen sollen.[1337] Bezweckt wurde hiermit unter anderem die Steigerung der Rechtssicherheit und -klarheit für die Schiedsrichter, die

---

1333 Die International Bar Association (IBA) ist die weltgrößte Organisation bestehend aus international tätigenden Praktikern, Anwaltskammern und Anwaltssozietäten, die unter anderem die Stärkung der richterlichen Unabhängigkeit bezweckt (http://www.ibanet.org/About_the_IBA/About_the_IBA.aspx). Die *IBA Guidelines on Conflicts of Interest in International Arbitration* (im Folgenden *IBA Guidelines* abgekürzt) sind unter http://www.ibanet.org/Publications/publications_IBA_guides_and_free_materials.aspx abrufbar (beide zuletzt am 04.07.2015 aufgerufen).

1334 Als *independent directors* werden vorliegend die unabhängigen Mitglieder eines Kontrollausschusses innerhalb einer Gesellschaft bezeichnet. Siehe hierzu nachfolgend bei Teil 3/Kapitel 2/A./III./2./b. ab S. 268.

1335 Siehe oben bei Fn. 1333.

1336 Vgl. Punkt 3 der *Introduction* der *IBA Guidelines*.

1337 *Lawson*, Bulletin ASA 2005, 22, 29 f.

sich hinsichtlich der Frage, welche Art von Beziehungen oder Tatsachen sie zur Vermeidung von Interessenkonflikten offenzulegen haben, oftmals in problematischen Situationen befinden.[1338] Der von der Arbeitsgruppe vorgesehene Geltungsbereich erstreckt sich nicht nur auf Wirtschaftsschiedsverfahren, sondern soll möglichst alle Arten von Schiedsverfahren erfassen.[1339] Zwar haben die Richtlinien keine Gesetzeskraft und verdrängen somit kein nationales Recht. Sie sollen dennoch durch eine „solide und vernünftige Anwendung, die weder eine kleinliche noch eine übertrieben formalistische Auslegung der Standards beinhaltet", Beachtung finden.[1340] Die *IBA Guidelines* bestehen aus zwei Teilen. Zum einen kodifizieren sie sieben Grundregeln zur Unabhängigkeit und Überparteilichkeit von Schiedsrichtern, und zum anderen enthalten sie vier Listen[1341], die in einer abgestuften Rangfolge eine Vielzahl unterschiedlicher, nicht abschließender Regelbeispiele aufzählen, welche zu Interessenkonflikten im Rahmen eines Schiedsverfahrens führen könnten.[1342]

Sowohl die Grundregeln als auch die Regelbeispiele sind jedoch auf die Unabhängigkeit und Überparteilichkeit von Schiedsrichtern zugeschnitten und eignen sich nicht oder nur teilweise für die Entwicklung einheitlicher Kriterien zum Zwecke einer unabhängigen Besetzung des CIAS. Die allgemeinen Grundregeln, wie zum Beispiel das Unabhängigkeits- und Überparteilichkeitserfordernis sowie die Pflicht zur Offenlegung von möglichen Interessenkonflikten,[1343] oder einzelne Regelbeispiele der roten Liste, wie beispielsweise das Verbot an die Schiedsrichter, geschäftliche Beziehungen zu einer Streitpartei zu unterhalten,[1344] sollten zwar bestenfalls

---

1338 Vgl. Punkt 1 der *Introduction* der *IBA Guidelines*; siehe auch bei Teil 3/Kapitel 3/B./I. ab S. 317.

1339 Vgl. Punkt 5 der *Introduction* der *IBA Guidelines*.

1340 *Arthur Marriott*, zitiert in *Lawson*, Bulletin ASA 2005, 22, 32. Im Original: The Guidelines are intended „... to be applied with robust common sense and without pedantic and unduly formalistic interpretation."; vgl. auch Punkt 6 der *Introduction* der *IBA Guidelines*.

1341 Zwei rote Listen, eine orangene Liste und eine grüne Liste. Die Farben der Listen schreiben das jeweilige Vorgehen vor, das die Guidelines im Falle eines Interessenkonflikts vorsehen. Siehe hierzu ausführlich *Wilske/Stock*, Bulletin ASA 2005, 45 ff.

1342 *Wilske/Stock*, Bulletin ASA 2005, 45; Punkt 7 der *Introduction* sowie Punkt 1 der *Partie II* der *IBA Guidelines*.

1343 Siehe Regel 1 und Regel 2 im ersten Teil der *IBA Guidelines*.

1344 Siehe bspw. Regel 1 und Regeln 2.1 sowie 2.3 im zweiten Teil der *IBA Guidelines*.

auch für die die Schiedsgerichtsinstitution verwaltenden Personen gelten. Sie bieten allerdings keinen konkreten Anknüpfungspunkt für die Feststellung der Unabhängigkeit und Überparteilichkeit des hier relevanten Personenkreises, da sie in erster Linie die Position des Schiedsrichters betreffen, dessen Unabhängigkeit und Überparteilichkeit im Schiedsverfahren schon allein aufgrund seiner Entscheidungsgewalt sowie der Nähe zu den Streitparteien eine weitaus größere Rolle spielt und somit strenger zu beurteilen ist.

b. Eingliederung von independent directors in den CIAS

Insbesondere im Gesellschaftsrecht monistischer Führungssysteme[1345], wie zum Beispiel dem Board-System in den USA[1346] oder dem Verwaltungsratssystem in der Schweiz[1347], findet die Frage nach der gesellschaftsinternen Machtverteilung sowie den Entscheidungsprozessen und unabhängigen Kontrollmechanismen innerhalb einer Gesellschaft oftmals ein beachtliches öffentliches Interesse.[1348] Das hiermit zusammenhängende Misstrauen ist zumeist auf sozial unverantwortliches Verhalten, fragwürdig oder überhaupt nicht legitimierte Machtpositionen sowie Bestechungsskandale zurückzuführen.[1349] Betrachtet man die Organisationsstruktur des TAS, so erwächst insbesondere aufgrund der Tatsache, dass die Schiedsgerichtsinstitution weitgehend durch den verbandslastig zusammengesetzten CIAS verwaltet, betrieben und gleichzeitig kontrolliert wird, ein ähnliches Misstrauen.

Die U.S.-amerikanischen Regeln der *corporate governance*[1350] sind als Reaktion auf dieses den Gesellschaften entgegengebrachte Misstrauen zu

---

1345 Bei einem monistischen Führungssystem sind die geschäftsführenden und überwachenden Gesellschaftsfunktionen in einem Führungsorgan zusammengefasst, siehe Kodex-Komm/*Kremer*, Rn. 1002.

1346 Siehe Kodex-Komm/*Kremer*, Rn. 94.

1347 Siehe Art. 707 ff. OR.

1348 So bereits zur der Situation in den 1980er Jahren *Windbichler*, ZGR 1985, 50, 53.

1349 *Windbichler*, ZGR 1985, 50, 53. Dieses Misstrauen ist mit den Jahren jedoch nicht abgeklungen.

1350 Mit den Regeln der *corporate governance* sind die Regeln der Gesellschaftsführung gemeint.

dem sogenannten *monitoring model*[1351] übergegangen, welches sich hauptsächlich auf die dem *board of directors*[1352] obliegende Überwachungsfunktion, das heißt auf die Kontrolle und gegebenenfalls Abberufung einzelner Manager beziehungsweise des gesamten Managements[1353] konzentriert.[1354] Entsprechende Regelungen existieren zwar sowohl im schweizerischen Recht[1355] in Bezug auf die Mitglieder des Verwaltungsrats in Aktiengesellschaften (ebenfalls monistisches Führungssystem) als auch im deutschen Recht in Bezug auf die Mitglieder des Aufsichtsrats in

---

1351 Englisch für „Überwachungsmodell".

1352 Mit *board of directors* ist der den U.S.-amerikanischen Gesellschaften vorstehende Verwaltungsrat gemeint.

1353 Mit Management ist die Geschäftsführung gemeint.

1354 *Marchenasi*, Berkeley Business Law Journal 2005, 315, 320; *Windbichler*, ZGR 1985, 50, 54.

1355 Die Art. 707 ff. OR enthalten keine konkreten Regelungen, die die Unabhängigkeit des Verwaltungsrats betreffen. Allerdings steht beispielsweise in den Guidelines für einen Börsengang bei der *SIX Swiss Exchange* (*SIX Swiss Exchange* ist die führende Schweizer Börse), dass das jeweilige Unternehmen „idealerweise" einen unabhängigen Vorstand stellen sollte (siehe *Going Public on Swiss Exchange*, S. 26, abrufbar unter: http://www.six-swiss-exchange.com/issuers/going_public_guide/downloads/livebook.pdf zuletzt aufgerufen am 04.07.2015). Auch mit der Neufassung des von *economiesuisse* (Verband der Schweizer Unternehmen) erarbeiteten *Swiss Code of Best Practice for Corporate Governance* (SCBP) aus dem Jahre 2014 wurden die Anforderungen an die Unabhängigkeit von Verwaltungsrats- und Ausschussmitgliedern verschärft, ohne jedoch den Begriff der Unabhängigkeit zu konkretisieren. Im Gegensatz zur alten Version des SCBP aus dem Jahre 2007 schreibt Art. 12 Abs. 3 mittlerweile vor, dass der Verwaltungsrat in Unternehmen mehrheitlich mit unabhängigen Mitgliedern i.S.d. Art. 14 SCBP zu besetzen ist. Zuvor sollte der Verwaltungsrat „in der Regel" mehrheitlich aus Mitgliedern bestehen, die im Unternehmen keine operativen Führungsaufgaben erfüllen (nicht-exekutive Mitglieder). Die Neufassung des SCBP ist abrufbar unter: http://www.economiesuisse.ch/de/PDF%20Download%20Files/swisscode_d_20140926.pdf (zuletzt aufgerufen am 04.07.2015).

Aktiengesellschaften[1356] (dualistisches Führungssystem[1357]) sowie im europäischen Recht[1358]. Die Erörterung des U.S.-amerikanischen Systems erhält nachfolgend dennoch weitgehend den Vorzug, da die Forderung nach unabhängigen Kontrollgremien in Unternehmen ursprünglich aus dem angelsächsischen Raum stammt[1359], diesbezüglich verbindliche sowie deutlichere Kodifizierungen existieren und der CIAS als das zentrale Organ des TAS eher dem *board of directors* in einem monistischen Führungssystem entspricht. Gleichwohl bleiben die entsprechenden Regeln des schweizerischen, deutschen und europäischen Rechts nicht unberücksichtigt.

aa) Die Rolle der independent directors in Kapitalgesellschaften

Mit dem *monitoring model* sollen sowohl die schlechte Informationspolitik in Gesellschaften als auch die Ausübung von Einflüssen bei der Besetzung des *board of directors* und die vielfach bestehenden persönlichen Verbindungen zwischen dem Management oder (Groß-)Aktionären und dem *board of directors* unterbunden werden.[1360] Dies geschieht, indem die jeweiligen Rollen, nämlich zum einen die Überwachungsfunktion und zum anderen die Geschäftsführung, strikt voneinander getrennt werden.[1361] Das Bedürfnis nach solchen Regelungen ist mit den grundlegen-

---

1356 Im deutschen Aktiengesetz sind die Unabhängigkeitskriterien nicht ausdrücklich geregelt und werden vielmehr aus dem Sinn und Zweck des Aufsichtsratspostens abgeleitet, siehe Kodex-Komm/*Kremer*, Rn. 969 und 1007. Richtlinien bzw. Empfehlungen zur Unabhängigkeit des Aufsichtsrates finden sich jedoch in Art. 161 Abs. 1 AktG i.V.m. Art. 5.4.2 Deutscher Corporate Governance Kodex, wonach dem Aufsichtsrat eine nach seiner Einschätzung angemessene Anzahl unabhängiger Mitglieder angehören soll (abrufbar unter: http://www.dcgk.de/de/kodex.html, zuletzt aufgerufen am 04.07.2015).

1357 Das dualistische Führungssystem trennt die Aufgaben der Geschäftsleitung und der Kontrolle und sieht hierfür zwei unterschiedliche Organe (Geschäftsführung und Aufsichtsrat) vor, siehe Kodex-Komm/*Kremer*, Rn. 1002.

1358 Siehe Empfehlung der Kommission vom 15. Februar 2005 zu den Aufgaben von nicht geschäftsführenden Direktoren/Aufsichtsratsmitgliedern börsennotierter Gesellschaften sowie zu den Ausschüssen des Verwaltungs-/Aufsichtsrats, Abl. EU v. 25. Februar 2005, Nr. L 52/51 ff.

1359 Kodex-Komm/*Kremer*, Rn. 1002.

1360 *Windbichler*, ZGR 1985, 50, 56.

1361 *Windbichler*, ZGR 1985, 50, 56.

den Funktionen des *board of directors* zu begründen, das – wie beispielsweise auch der Verwaltungsrat in der Schweiz – mit eingeschränkter Delegationsbefugnis sowohl die Oberleitung als auch die Oberaufsicht über die Geschäfte der Gesellschaft übernimmt[1362] und somit neben der Hauptversammlung das oberste Gesellschaftsorgan darstellt. Mit der Trennung der Aufgabenbereiche nehmen auch die strukturellen Unterschiede zwischen dem deutschen dualistischen Führungssystem und dem U.S.-amerikanischen beziehungsweise schweizerischen monistischen Führungssystem ab.[1363] Bei der Umsetzung des *monitoring model* kommt neben der Einführung sogenannter *audit committees*[1364] insbesondere den unabhängigen Verwaltungsratsmitgliedern, nämlich den sogenannten *independent directors*, eine entscheidende Rolle zu.[1365] Mangels Beziehungen oder anderer wesentlicher Verbindungen zu den geschäftsführenden Organen sind die *independent directors* in einer besseren Position, um die Geschäftsführung zu überwachen und unter Umständen erforderliche Maßnahmen zu treffen, die dem Schutze der Interessen der Gesellschaft und der Gesellschafter beziehungsweise der Aktionäre dienen.[1366] Ferner kommt ihnen aufgrund ihrer Unabhängigkeit eigene Entscheidungsgewalt zu,[1367] was für die effiziente Wahrnehmung ihrer Überwachungsaufgaben essentiell ist. Die mehrheitliche Besetzung des *board of directors* mit *independent directors* ist folglich ein Indiz für gute Geschäftsführung[1368] geworden.[1369] Nicht zuletzt aus diesen Gründen machen beispielsweise die *NASDAQ-Market*

1362 Vgl. Art. 716a Abs. 1 OR, wonach die Hauptaufgaben des Verwaltungsrats, nämlich unter anderem die Oberleitung der Gesellschaft (Nr. 1) und zugleich die Oberaufsicht über die mit der Geschäftsführung betrauten Personen (Nr. 5) unübertragbar sind.

1363 Kodex-Komm/*v. Werder*, Rn. 94.

1364 Unter *audit committees* werden vorliegend Prüfungsausschüsse verstanden.

1365 *Marchenasi*, Berkeley Business Law Journal 2005, 315, 321; für Deutschland Kodex-Komm/*Kremer*, Rn. 975.

1366 Vgl. Erwägungsgrund (7) der Empfehlung der Kommission vom 15. Februar 2005, Abl. EU v. 25. Februar 2005, Nr. L 52/52.

1367 So *Windbichler*, ZGR 1985, 50, 58, da andernfalls die Vermutung naheliegt, dass eine bereits getroffene Entscheidung des Managements durch das *board of directors* lediglich formal vollzogen wird.

1368 Englisch: „good governance".

1369 *Marchenasi*, Berkeley Business Law Journal 2005, 315, 318; kritisch hierzu *Clarke*, Delaware Journal of Corporate Law 2007, 73, 75 f.

Place Rules[1370] oder das *NYSE-Listed Company Manual*[1371] jeweils eine mehrheitliche Besetzung des *board of directors* mit *independent directors* zu einer Bedingung für den Börsengang einer Gesellschaft. In den jeweiligen Kotierungsregeln finden sich über diese Bedingung hinaus konkrete Kriterien, die die Unabhängigkeit von Mitgliedern des *board of directors* zumindest indizieren und somit das Auftreten von Interessenskonflikten weitgehend verhindern.[1372] Maßgeblich geht es hierbei um die Vermeidung wesentlicher Verbindungen oder Beziehungen gleich welcher Art[1373] zwischen den unabhängigen Verwaltungsratsmitgliedern und dem jeweiligen Börsenunternehmen oder mit ihm verbundenen Tochterunternehmen. Die Unabhängigkeit der externen Mitglieder des *board of directors* ist für eine interessengerechte und uneingeschränkte Ausübung der Überwachungsfunktion und somit für den ordnungsgemäßen Betrieb der Gesellschaft unabdingbar.

bb) Übertragung des monitoring-Gedankens auf den CIAS

Dieser in den Kotierungsregeln zum Ausdruck kommende Grundgedanke zur mehrheitlichen Besetzung des *board of directors* mit *independent directors* könnte sich zur Übertragung auf den CIAS anbieten, um innerhalb dieses Organs ein ausgeglichenes Verhältnis der Interessen beziehungsweise dessen vollständige Unabhängigkeit zu erreichen. Eine Regelung, die die Unabhängigkeit des CIAS betrifft, wurde zwar mit Art. S4 lit. e. TAS-Code, der seinem Wortlaut nach die Ernennung vier unabhängiger CIAS-Mitglieder vorschreibt, in die Statuten des TAS eingeführt. In dieser

---

1370 Siehe Rule 4200 (a) (15) oder Rule 4350 (c) der NASDAQ-Market Place Rules, abrufbar unter: http://www.sec.gov/rules/other/nasdaqllcf1a4_5/nasdaqllcamendrules4000.pdf (zuletzt aufgerufen am 04.07.2015).

1371 Siehe Rule 303A.01 NYSE-Listed Company Manual unter der Überschrift „*Independent directors*“ (http://nysemanual.nyse.com/lcm/) sowie Rules 1 ff. der NYSE-Corporate Governance Rules (http://www.nyse.com/pdfs/finalcorpgovrules.pdf, beide zuletzt aufgerufen am 04.07.2015).

1372 Siehe Rule 4200 (a) (15) NASDAQ-Market Place Rules sowie Rule 303A.02 NYSE Listed Company Manual.

1373 Wesentliche Verbindungen können unter anderen wirtschaftliche, industrielle, beratende, rechtliche, ehrenamtliche oder familiale Verbindungen, aber auch Verbindungen aus dem Bankenbereich oder der Buchhaltung sein, vgl. *Commentary* zur Rule 303A.02 (a) NYSE Listed Company Manual.

Regelung spiegelt sich jedoch einerseits die geringe Präsenz und Bedeutung unabhängiger Mitglieder im CIAS wider.[1374] Andererseits geht aus ihr nicht hervor, was unter dem Begriff der Unabhängigkeit zu verstehen ist. Denn immerhin werden diese vier Mitglieder von den zuvor ernannten 16 CIAS-Mitgliedern kooptiert, welche ihrerseits zu 3/4 von den Dachorganisationen des Sports und den internationalen Sportverbänden direkt ernannt werden.[1375] Aufgrund der grundlegenden Aufgaben und Funktionen des CIAS[1376], die hauptsächlich die Verwaltung und den Betrieb des zur Zeit bedeutendsten Schiedsgerichts im Bereich des organisierten Sports[1377] betreffen, müssen in jedem Fall strengere und konkretere Regelungen in Erwägung gezogen werden, die dem Bedürfnis nach vollständiger Unabhängigkeit[1378] und somit einer absolut vertrauenswürdigen Schiedsgerichtsinstitution gerecht werden.

In Analogie zu den *NASDAQ-Market Place Rules* beziehungsweise dem *NYSE-Listed Company Manual* und in Verbindung mit den Besonderheiten monistischer Führungssysteme, in denen regelmäßig Geschäftsleitung und Kontrolle in einem Organ (*board of directors* beziehungsweise Verwaltungsrat) vereint sind, ist daher eine mehrheitliche Besetzung des CIAS durch unabhängige Personen (*independent directors*) zu fordern. Diese müssen aus Gründen der Rechtssicherheit einem vordefinierten Profil entsprechen, weshalb für die Mehrheit der CIAS-Mitglieder die Unabhängigkeit anhand folgender, nicht abschließender Kriterien weitgehend sichergestellt werden soll.

Eine Person ist insbesondere dann als ein unabhängiges Mitglied des CIAS anzusehen, wenn sie in keiner geschäftlichen, persönlichen oder

---

1374 Lediglich 1/5 der CIAS-Mitglieder müssen gem. Art. S4 lit. e. TAS-Code im Verhältnis zu den Sportorganisationen und internationalen Sportverbänden unabhängig sein.

1375 Siehe hierzu die Anmerkungen bei Teil 3/Kapitel 2/A./I./4. ab S. 237.

1376 Zu nennen sind an dieser Stelle insbesondere die Sicherstellung der Finanzierung, die Gestaltung der Schiedsordnung, die Ernennung und Abberufung von Schiedsrichtern, die Ernennung des Generalsekretärs etc., siehe im Detail Art. S6 TAS-Code.

1377 Die Bedeutung des TAS wird auch durch die Verwendung von Bezeichnungen wie „Cour suprême du sport mondial“ (Zitat des ehemaligen IOC-Präsidenten Juan Antonio Samaranch, zitiert in BG v. 27. Mai 2003, BGE 129 III 445, 462) oder „l’un des principaux piliers du sport organisé“ (siehe bspw. BGE v. 27. Mai 2003, 129 III 445, 463) deutlich.

1378 Vgl. Präambel der *Convention relative à la Constitution du CIAS.*

sonst wesentlichen Verbindung zu einer Sportorganisation, einem internationalen Sportverband oder deren leitenden Organen steht, die einen Interessenkonflikt begründen könnte und deshalb geeignet wäre, ihr Verhalten oder Urteilsbewusstsein zu beeinflussen.[1379]

Dementsprechend ist eine Person insbesondere dann nicht als ein unabhängiges Mitglied des CIAS anzusehen,

I. wenn sie im Laufe der letzten fünf Jahre von einer Sportorganisation oder einem internationalen Sportverband angestellt wurde oder in sonstiger Weise für eine Sportorganisation oder einen internationalen Sportverband tätig war (sogenannte „Cooling-Off-Periode"[1380]);

II. wenn ein direktes Familienmitglied dieser Person im Laufe der letzten drei Jahre in einer führenden oder leitenden Position innerhalb einer Sportorganisation oder einem internationalen Sportverband tätig war;[1381]

III. wenn sie oder ein direktes Familienmitglied Zahlungen, Vergütungen oder sonstige vermögenswerte Zuwendungen oder Annehmlichkeiten[1382] von einer Sportorganisation oder einem internationalen Sportverband beziehungsweise einer mit einer Sportorganisation oder einem internationalen Sportverband verbundenen Person annimmt, die Zweifel an ihrer Fähigkeit, unabhängige Entscheidungen zu treffen, oder sonstige Interessenkonflikte begründen könnten.[1383]

Ergänzend ist zu erwähnen, dass diese formalen Anforderungen die Unabhängigkeit eines CIAS-Mitglieds lediglich indizieren. Über die Einhaltung dieser Kriterien hinaus müssen stets auch inhaltliche Erwägungen angestellt werden, sofern die Eignung einer Person als unabhängiges CIAS-Mitglied in Frage gestellt werden könnte.[1384]

1379 Vgl. *Commentary* zur Rule 303A.02 (a) NYSE Listed Company Manual; Art. 13.1 Empfehlung der Kommission vom 15. Februar 2005, Abl. EU v. 25. Februar 2005, Nr. L 52/56; Kodex-Komm/*Kremer*, Rn. 1005.

1380 Siehe Kodex-Komm/*Kremer*, Rn. 999.

1381 Vgl. in etwa Rule 4200 (a) (15) (C) NASDAQ-Market Place Rules und Rule 303A.02 (b) (i) NYSE Listed Company Manual.

1382 Als Annehmlichkeiten könnten etwa vermögenswerte Geschenke, wie z.B. Eintrittskarten zu Sportveranstaltungen, gelten.

1383 Vgl. in etwa den *Commentary* zur Rule 303A.02 (a) NYSE Listed Company Manual.

1384 So in etwa auch Nr. 1 des Anhang II der Empfehlung der Kommission vom 15. Februar 2005, Abl. EU v. 25. Februar 2005, Nr. L 52/63.

Im Zusammenhang mit der Besetzung des CIAS könnte man in Anlehnung an die Organisationsstruktur des DSS zusätzlich die Einrichtung eines unabhängigen Ernennungs- oder Nominierungsausschusses in Betracht ziehen, der die Einhaltung dieser Kriterien bei der Auswahl der Mitglieder gewährleistet.[1385] Hiermit könnte zwar verhindert werden, dass sich die Mitglieder des CIAS, die bisher direkt oder indirekt von den Dachorganisationen des Sports und den internationalen Sportverbänden gewählt wurden, dem jeweiligen Verband oder der jeweiligen Organisation – beispielsweise zum Zwecke der Wiederwahl – verpflichtet fühlen.[1386] Allerdings stellt sich diesbezüglich wiederum die Frage, wer für die Besetzung eines solchen Ernennungsausschusses zuständig wäre und wie innerhalb dieses Ausschusses die Unabhängigkeit der Mitglieder sichergestellt werden könnte. Angesichts dieses Umstands ist es vermutlich unvermeidbar, dass die Mitglieder des CIAS weiterhin von den „drei Säulen der Olympischen Bewegung“[1387] gewählt werden. Immerhin bekämen diese hierbei die oben genannten Kriterien an die Hand, die für die Mehrheit der CIAS-Mitglieder vorliegen müssten. Dies würde die Vertrauenswürdigkeit der gesamten Institution steigern und zugleich konkrete Anhaltspunkte für eine Überprüfung der Unabhängigkeit durch Dritte bieten. Zur Verstärkung dieses Effekts sollte außerdem für alle CIAS-Mitglieder eine Beschränkung der Amtsdauer vorgeschrieben werden, wodurch etwaige Handlungen oder Entscheidungen, die ausschließlich dem Zwecke einer Wiederwahl dienen, vermieden werden könnten.

B. Zusammenfassende Würdigung

Die vorangehende Untersuchung zeigt eine Gefährdung des Gebots unabhängiger und überparteilicher Rechtspflege im Zusammenhang mit der Besetzung des CIAS und den diesbezüglichen Regelungen im TAS-Code auf. Denn angesichts der Tatsache, dass einem Sportler der Verzicht auf die staatliche Gerichtsbarkeit „freiwilligkeitsschädlich abverlangt“[1388] wird und die Schiedsvereinbarungen in den meisten Fällen die Streitbeile-

1385 Die zentralen Organe des DSS werden demokratisch von der Mitgliederversammlung gewählt. Siehe hierzu oben bei Teil 3/Kapitel 2/A./II./2./a. ab S. 253.

1386 *Windbichler*, ZGR 1985, 50, 61.

1387 Siehe Fn. 1076.

1388 *Schulze*, *studere 2011, 8, 12.

gung vor einem bestimmten institutionellen Sportschiedsgericht vorschreiben, muss die Vertrauenswürdigkeit der Schiedsgerichtsinstitution insoweit garantiert werden, dass keine Zweifel hinsichtlich ihrer institutionellen Unabhängigkeit, das heißt ihrer rechtlichen und organisatorischen Selbstständigkeit, bestehen.

Der DIS ist mit der Angliederung des DSS an die bereits bestehende Vereinsstruktur die Errichtung einer rechtlich und organisatorisch selbstständigen Sportschiedsgerichtsinstitution gelungen, da potenzielle Streitparteien, wie beispielsweise Sportorganisationen oder Sportverbände sowie selbstverständlich auch die Sportler, weder Einfluss auf die Organisation und den Betrieb der Schiedsgerichtsinstitution noch auf die Administration und Ausgestaltung der Schiedsverfahren nehmen können.[1389] Das DSS ist somit über jeden Verdacht der Parteilichkeit erhaben.[1390] Ein anderes Ergebnis ergibt die Untersuchung des TAS, das weitgehend unter der Leitung der Dachorganisationen des Sports und der internationalen Sportverbände steht. Drei Fünftel der CIAS-Mitglieder werden von diesen direkt ausgewählt und die übrigen zwei Fünftel im Wege der Kooptation bestimmt. Ein solch verbandslastiges Besetzungsverfahren des CIAS, dessen Hauptaufgaben essentielle Grundlagengeschäfte, wie beispielsweise die Finanzierung des TAS, die Gewährleistung der vollständigen Unabhängigkeit des TAS, die Änderung der Schiedsordnung, die Besetzung der Schiedsrichterliste, die Bereitstellung der Kammerpräsidenten etc. betreffen, wird der Stellung und herausragenden Bedeutung des TAS für die Welt des Sports nicht gerecht. Deshalb müssen an die Zusammensetzung des CIAS strengere Anforderungen zur Gewährleistung der institutionellen Unabhängigkeit gestellt werden. Durch die Einführung konkreter Regelungen können die Zweifel hinsichtlich der institutionellen Unabhängigkeit des TAS beseitigt und das Vertrauen in die Schiedsgerichtsinstitution gestärkt werden. Dies ist angesichts ihrer wichtigen Funktion als ein die staatliche Gerichtsbarkeit ersetzendes Rechtsprechungsorgan sowie der Tatsache, dass sie vollständig in privatrechtlicher Hand[1391] organisiert ist und somit nur einer eingeschränkten staatlichen Kontrolle unterliegt, von grundlegender Bedeutung.[1392] Auch wenn die geäußerte Kritik aus der

1389 So auch *Berninger/Theißen*, SpuRt 2008, 185, 186.

1390 So auch *Mertens*, SpuRt 2008, 140, 143.

1391 Vgl. zum TAS *Baddeley*, L'association sportive face au droit, S. 271; siehe oben bei Teil 3/Kapitel 2/A./I./2. ab S. 228.

1392 *Kornblum*, Probleme der schiedsrichterlichen Unabhängigkeit, S. 79.

Sicht mancher Autoren nicht ausreicht, um die institutionelle Unabhängigkeit des TAS grundsätzlich in Frage zu stellen, so scheint dennoch Einigkeit darüber zu herrschen, dass ein erhöhtes Bedürfnis nach einer transparenten Organisationsstruktur des TAS besteht, die ohne Bedenken auf die Unabhängigkeit der Schiedsgerichtsinstitution schließen lässt.[1393]

Mehr Transparenz und Unabhängigkeit kann beispielsweise durch die Einführung eindeutiger Regelungen in den TAS-Code erreicht werden, die einerseits die mehrheitliche Besetzung des CIAS mit unabhängigen Mitgliedern vorschreiben und andererseits das Erfordernis der Unabhängigkeit so weit wie möglich konkretisieren. Solche Konkretisierungen finden sich beispielsweise in den auf das sogenannte *monitoring model*[1394] zurückzuführenden Kotierungsregeln der U.S.-amerikanischen Börsen NYSE und NASDAQ. Deren Beachtung gilt als Indiz für gute Geschäftsführung von Gesellschaften im U.S.-amerikanischen monistischen Führungssystem. Diese Regeln eignen sich dementsprechend zur Übertragung auf den CIAS. Folglich dürfen angesichts der materiellen Rechtskraft schiedsgerichtlicher Entscheidungen sowie der Stellung des TAS im Bereich des Sports für die Mehrheit der CIAS-Mitglieder keine wesentlichen Verbindungen zu potenziellen Streitbeteiligten, das heißt insbesondere zu den Dachorganisationen des Sports und den internationalen Sportverbänden, bestehen. Dies kann auf formaler Ebene am besten durch die Einführung einer Cooling-Off-Periode sowohl für das unabhängige CIAS-Mitglied selbst (fünf Jahre) als auch für seine direkten Familienmitglieder in leitenden Positionen (drei Jahre) sowie durch ein Verbot zur Entgegennahme von Zahlungen, Vergünstigungen oder sonstigen vermögenswerten Zuwendungen und Annehmlichkeiten für das CIAS-Mitglied und seine direkten Familienmitglieder sichergestellt werden. Zur Vermeidung unsachgemäßen oder opportunistischen Handelns zum Zwecke der Wiederwahl als CIAS-Mitglied sollte darüber hinaus die Amtsdauer der CIAS-Mitglieder beschränkt werden. Trotz der Einhaltung dieser Anforderungen sind stets auch inhaltliche Erwägungen hinsichtlich der Unabhängigkeit eines CIAS-Mitglieds anzustellen.

1393 *Rigozzi/Hasler/Noth*, in: Arbitration in Switzerland, Introduction to the CAS Code, Rn. 10.

1394 *Marchenasi*, Berkeley Business Law Journal 2005, 315, 318; kritisch hierzu *Clarke*, Delaware Journal of Corporate Law 2007, 73, 75 f.

Kapitel 3: Die Unabhängigkeit und Überparteilichkeit des Spruchkörpers

Aufgrund der materiellen Rechtskraftwirkung schiedsgerichtlicher Entscheidungen gehören die Zusammensetzung des Schiedsgerichts sowie die Wahl der einzelnen Schiedsrichter zu den wichtigsten Faktoren, die in Bezug auf die Einhaltung des Gebots unabhängiger und überparteilicher Rechtspflege im Bereich der institutionellen Sportschiedsgerichtsbarkeit relevant werden.[1395] In diesem Zusammenhang kommt dem Gebot eine Schlüsselfunktion zu,[1396] da die diesbezüglichen Bestimmungen den Mindestanforderungen an ein rechtsstaatliches Verfahren genügen müssen.[1397] Denn nur soweit die Schiedsordnungen eine unabhängige und überparteiliche Zusammensetzung des Spruchkörpers gewährleisten, können unter Umständen die auf der Organisationsebene festgestellten Zweifel hinsichtlich der institutionellen Unabhängigkeit relativiert werden.[1398] Darüber hinaus werden insbesondere die Qualität und das Ansehen eines institutionellen Sportschiedsgerichts durch die Zusammensetzung des Spruchkörpers und durch die Personen, die das Schiedsrichteramt bekleiden, entscheidend geprägt.[1399] Bedeutend sind in diesem Zusammenhang hauptsächlich das Verhältnis der Schiedsrichter zu den Streitparteien sowie das Verhältnis der Schiedsrichter untereinander. Es geht darum, die Entstehung etwaiger Missverhältnisse möglichst zu verhindern und eine gute, neutrale Zusammenarbeit des Schiedsgerichts zu garantieren.[1400]

Im Rahmen der Schiedsgerichtsbarkeit sind grundsätzlich nicht die gleichen Anforderungen an die Unabhängigkeit zu stellen wie bei der staatlichen Gerichtsbarkeit, da die Parteien die den Spruchkörper bildenden Schiedsrichter in der Regel nach subjektiven Maßstäben selbst auswählen

---

1395 *Niedermaier*, Schieds- und Schiedsverfahrensvereinbarungen in strukturellen Ungleichgewichtslagen, S. 126; BG v. 27. Mai 2003 mit Anm. v. *Oschütz*, SchiedsVZ 2004, 208, 211.

1396 *Kornblum*, NJW 1987, 1105; BG v. 27. Mai 2003 mit Anm. v. *Oschütz*, SchiedsVZ 2004, 208, 211 f.

1397 *Kröll*, ZIP 2005, 13, 15; *Scherrer*, CaS 2008, 58, 62.

1398 *Baddeley*, CaS 2004, 91, 92: „[The organic dependance] could nonetheless be of secondary importance if the arbitration panel constituted for each case guaranteed the independance and impartiality required by law, by allowing each party to choose arbitrators which it feels it can trust to be impartial."

1399 *Kornblum*, NJW 1987, 1105.

1400 *Glossner/Bredow/Bühler*, Das Schiedsgericht in der Praxis, 3. Aufl., Rn. 163 f.

und benennen und somit bereits eine gewisse Verbindung besteht.[1401] Durch die Besonderheiten der institutionellen Sportschiedsgerichtsbarkeit, insbesondere die erzwungene Unterwerfung des Sportlers unter die Schiedsgerichtsbarkeit, ist die Einhaltung des Gebots jedoch in besonderem Maße gefährdet, weshalb ein strengerer Maßstab angelegt werden muss.[1402] Denn neben der Gefahr, die Rolle des Schiedsrichters mit der Rolle eines Parteivertreters zu verwechseln und dadurch die persönliche Unabhängigkeit einzelner Schiedsrichter zu riskieren,[1403] stellt im Rahmen der institutionellen Sportschiedsgerichtsbarkeit insbesondere die Unabhängigkeit und Überparteilichkeit von Schiedsrichtern, die beispielsweise aus einer „‚verbandslastig' zusammengestellten Schiedsrichterliste ausgewählt werden müssen, eine nicht zu unterschätzende Problematik" dar.[1404] In diesem Zusammenhang ist auch der Grundsatz der Gleichbehandlung der Parteien durch das Schiedsgericht zu beachten, der nicht nur während des gesamten Schiedsverfahrens gilt, sondern *a fortiori* bereits auf die Zusammensetzung des Schiedsgerichts anwendbar sein muss,[1405] sofern keine

---

1401 *Baddeley*, L'association sportive face au droit, S. 264.

1402 Vgl. bspw. BGH, NJW 1976, 109, 110, nach dessen Ansicht „[j]e nach dem Inhalt der in Frage stehenden Schiedsklausel und den konkreten Umständen, die für die Einsetzung des Schiedsgerichts und die Ernennung der Schiedsrichter bestimmend waren, […] eine strengere oder eine großzügigere Handhabung des Grundsatzes der Überparteilichkeit des Schiedsrichters gerechtfertigt sein [wird]."

1403 *Martens*, SchiedsVZ 2009, 99; *Bucher*, in: Festgabe Kummer, Zur Unabhängigkeit des parteiernannten Schiedsrichters, S. 599, 600, stellt sich bzgl. der Rolle des parteiernannten Schiedsrichters die Frage, ob dieser „[a]ls in völliger Unabhängigkeit waltender unparteiischer Wahrer des Gerechten, der vergisst, welcher Partei er sein Amt verdankt, oder aber als Anwalt ‚seiner' Partei innerhalb des Schiedsgerichts, der es sich zum Ziel setzt, dieser wenn immer möglich zum Erfolg zu verhelfen" tätig wird.

1404 Basler Kommentar ZGB/*Heini*/*Scherrer*, zu Art. 75 ZGB, Rn. 30; diese Problematik betrifft allerdings auch die Schiedsgerichtsbarkeit im Allgemeinen, siehe hierzu *Baumbach*/*Lauterbach*, Grundz § 1025 ZPO, Rn. 7 oder *Jagenburg*, in: FS für Oppenhoff, Schiedsgerichtsbarkeit zwischen Wunsch und Wirklichkeit, S. 147, 158 m.w.N.

1405 *Niedermaier*, Schieds- und Schiedsverfahrensvereinbarungen in strukturellen Ungleichgewichtslagen, S. 130, nach dessen Ansicht auch die Konstituierung des Schiedsgerichts als dem Schiedsverfahren vorgelagerte Stufe von dem im Schiedsverfahren geltenden Gleichbehandlungsgrundsatz umfasst ist; BG v. 19. Februar 2007, BGE 133 III 139, 143: „Enfin, en vertu du principe d'égalité, le tribunal arbitral doit traiter les parties de manière semblable à toutes les étapes de la procédure."

Sondervorschriften die unabhängige Zusammensetzung des Schiedsgerichts gewährleisten.[1406] Aus diesem Grund ist die Möglichkeit, die Auswahl der Schiedsrichter durch die Einführung von Schiedsrichterlisten einzuschränken, grundsätzlich nur dann zulässig, wenn sich aus der Schiedsrichterliste selbst kein grundlegendes strukturelles Übergewicht zugunsten einer Partei ergibt.[1407]

Für institutionelle Sportschiedsgerichte wie das TAS und das DSS ergeben sich somit im Wesentlichen zwei Problemkreise. Zum einen sind das Gebot unabhängiger und überparteilicher Rechtspflege sowie der Gleichbehandlungsgrundsatz der Parteien im Rahmen der Zusammensetzung des Spruchkörpers und zum anderen die in den Art. 363 und 367 Abs. 1 lit. c) Schweizerische ZPO, Art. 180 Abs. 1 lit. c) IPRG sowie § 1036 ZPO normierte persönliche Unabhängigkeit und Überparteilichkeit der Schiedsrichter zu gewährleisten.

A. Verfahren zur Spruchkörperzusammensetzung beim TAS und DSS

Für die Beurteilung der Unabhängigkeit und Überparteilichkeit eines Schiedsgerichts kommt zunächst dem Verfahren zur Zusammensetzung des Spruchkörpers größte Bedeutung zu.[1408] Art. 373 Abs. 4 Schweizerische ZPO, Art. 182 Abs. 3 IPRG sowie § 1042 Abs. 1 S. 1 ZPO normieren allesamt die Pflicht zur Gleichbehandlung der Parteien durch das Schiedsgericht. Diese besagt ganz allgemein, dass sich die Parteien eines Schiedsverfahrens grundsätzlich mit gleichen Waffen gegenüberzustehen haben und dass das Schiedsgericht vergleichbare prozedurale Situationen grundsätzlich auch in gleicher Weise zu beurteilen hat.[1409] Hieraus folgt zugleich das Bedürfnis, die Parteien eines schiedsgerichtlichen Verfahrens vor etwaigen Benachteiligungen aufgrund eines nicht hinnehmbaren Übergewichts zugunsten der jeweils anderen Partei zu schützen. Ein solches Ungleichgewicht kann die Unabhängigkeit und Überparteilichkeit des

1406 Siehe z.B. Art. 368 Abs. 1 Schweizerische ZPO oder § 1034 Abs. 2 S. 1 ZPO.

1407 PHB SportR-*Pfister*/*Summerer*, 2. Aufl., 2. Teil/Rn. 287 (insbes. Fn. 586).

1408 *Baumbach*/*Lauterbach*, § 1034 ZPO, Rn. 1; *Kornblum*, Probleme der schiedsrichterlichen Unabhängigkeit, S. 191.

1409 „Grundsatz der Waffengleichheit", vgl. *Haas*, ZEuP 1999, 355, 363; *Knoll*, in: Arbitration in Switzerland, zu Art. 182 IPRG, Rn. 29.

Spruchkörpers gefährden[1410] und somit die Entscheidung des Schiedsgerichts nicht mehr als von vornherein offen erscheinen lassen.[1411] Für die institutionelle Sportschiedsgerichtsbarkeit muss dies konsequenterweise bedeuten, dass sich die monopolistische Struktur des Sportverbandswesens und die daraus resultierenden Machtverhältnisse[1412] unter keinen Umständen in den Schiedsordnungen widerspiegeln und auf die Zusammensetzung des Spruchkörpers auswirken dürfen.[1413] Denn jegliche Art oder Möglichkeit der unmittelbaren oder mittelbaren Einflussnahme einzelner Interessengruppen auf die Zusammensetzung des Schiedsgerichts würde zumindest zu einem abstrakten Übergewicht zugunsten derjenigen Schiedspartei führen, die dieser einflussnehmenden Interessengruppe zugeordnet werden kann. Ein solches Übergewicht wäre als mögliche „Parteilichkeitsquelle“[1414] zumindest ein Indiz für die fehlende Unabhängigkeit und Überparteilichkeit des unter diesen Umständen zusammengesetzten Spruchkörpers,[1415] was für das Ansehen der jeweiligen Sportschiedsgerichtsinstitution „fatale Folgen“[1416] haben könnte. Diese Indizwirkung muss umso mehr gelten, wenn die dem Sportverbandswesen immanenten Machtunterschiede in einem Schiedsverfahren zum Vorschein kommen. Dies ist bei einer Streitigkeit zwischen einem Sportler und einem Sportverband regelmäßig der Fall. Die folgende Analyse beschäftigt sich also mit der Frage, ob und inwiefern das Gebot der unabhängigen und überparteilichen Rechtspflege durch das Verfahren zur Zusammensetzung des Spruchkörpers in einer vor dem TAS beziehungsweise dem DSS ausgetra-

---

1410 Die Unabhängigkeit und Überparteilichkeit eines Schiedsgerichts ist nur dann sicher, wenn keine Partei bei der Zusammensetzung des Schiedsgerichts ein solches Übergewicht hat, das die andere Partei benachteiligt, siehe *Baumbach/Lauterbach*, § 1034 ZPO, Rn. 5.

1411 Siehe zu dem Zusammenhang zwischen dem „Grundsatz der Gleichstellung der Parteien im Schiedsverfahren“ und der Unabhängigkeit des Schiedsgerichts bei *Kornblum*, Probleme der schiedsrichterlichen Unabhängigkeit, S. 193 m.w.N.; BG v. 27. Mai 2003 mit Anm. v. *Oschütz*, SchiedsVZ 2004, 208, 211.

1412 Siehe hierzu bei Teil 2/Kapitel 1/B./I. ab S. 38.

1413 *Baddeley*, L'association sportive face au droit, S. 265.

1414 „Source de partialité“, siehe *Baddeley*, L'association sportive face au droit, S. 266.

1415 *Baddeley*, L'association sportive face au droit, S. 265 f. mit Verweis auf *Jolidon*, Commentaire du Concordat suisse sur l'arbitrage, Stämpfli & Cie, Bern, 1984, S. 261, 281.

1416 *Mertens*, SpuRt 2008, 140, 142.

genen Streitigkeit zwischen einem Sportverband und einem Sportler gefährdet ist.

I. Zusammensetzung des TAS nach dem Prinzip des Listenzwangs

Gemäß Art. 360 ff. Schweizerische ZPO und Art. 179 Abs. 1 IPRG bestimmen sich die Regeln, gemäß derer das Schiedsgericht zusammengesetzt wird, grundsätzlich nach der von den Streitparteien getroffenen Vereinbarung. Auch im Rahmen der Sportschiedsgerichtsbarkeit vor dem TAS legen sich die potenziellen Streitbeteiligten mehr oder weniger freiwillig[1417] auf die Geltung des TAS-Codes fest, der in den Art. R40 ff. TAS-Code für das ordentliche Verfahren und in den Art. R48, R50 und R53 f. TAS-Code für das Berufungsverfahren Vorschriften bezüglich der Zusammensetzung des Spruchkörpers enthält.[1418] Die Verfahrensordnung des TAS sieht für die Zusammensetzung des Schiedsgerichts eine geschlossene Schiedsrichterliste vor, auf der gemäß Art. R33 Abs. 2 TAS-Code jeder Schiedsrichter, der in einem TAS-Schiedsverfahren auftreten möchte, geführt werden muss (Prinzip des Listenzwangs).[1419]

Aufgrund der Tatsache, dass dem Sportler neben dem Rechtsweg stets auch die Schiedsgerichtsinstitution samt Verfahrensordnung aufgezwungen wird, ist insbesondere in den Fällen, in denen das TAS dazu berufen ist, Streitigkeiten zwischen Sportverbänden und Sportlern zu entscheiden, die Frage nach der Gleichbehandlung der Parteien im Sinne der Art. 373 Abs. 4 i.V.m. Art. 368 Abs. 1 Schweizerische ZPO und Art. 182 Abs. 3 IPRG bei der Zusammensetzung des Schiedsgerichts unausweichlich. Während Art. 368 Abs. 1 Schweizerische ZPO den Grundsatz der Gleichbehandlung im Hinblick auf die Zusammensetzung des Schiedsgerichts

1417 Der Sportler hat in der Regel kein Mitspracherecht, siehe bspw. bei Teil 2/Kapitel 1/B./I. ab S. 38.

1418 Die Festlegung der Parteien auf eine bestimmte Schiedsordnung ist charakteristisch für die institutionelle Schiedsgerichtsbarkeit und stellt insofern keine Besonderheit dar (siehe zur Unterscheidung zwischen institutionellen Schiedsgerichten und Ad hoc-Schiedsgerichten bei Teil 3/Kapitel 1/C. ab S. 212); die Schiedsordnung ist rechtlich wie eine Parteivereinbarung zu behandeln, siehe *Oschütz*, Sportschiedsgerichtsbarkeit, S. 82.

1419 Die Schiedsrichterliste ist abrufbar unter: http://www.tas-cas.org/arbitrage/liste-des-arbitres-liste-generale.html (zuletzt aufgerufen am 04.07.2015).

konkretisiert,[1420] indem ein Schiedsgericht abgelehnt werden kann, wenn eine der Parteien einen überwiegenden Einfluss auf die Ernennung der Mitglieder ausgeübt hat, lässt das IPRG eine entsprechende Konkretisierung vermissen. Liegt jedoch eine strukturell bedingte Benachteiligung einer Partei im Rahmen des Verfahrens zur Ernennung der Schiedsrichter vor, so kann sich dies unmittelbar auf die Beurteilung der Unabhängigkeit und Überparteilichkeit des Spruchkörpers auswirken und stellt zugleich einen Verstoß gegen den allgemeinen Gleichbehandlungsgrundsatz nach Art. 182 Abs. 3 IPRG dar.[1421] In diesen Fällen bietet somit auch das IPRG der benachteiligten Partei Möglichkeiten, sich mithilfe des Ablehnungs- (Art. 180 Abs. 1 lit. c) IPRG) und Anfechtungsrechts (Art. 190 Abs. 1 lit. a) und d) IPRG) zu schützen. Inwiefern die Beschränkung der Streitparteien auf eine geschlossene Schiedsrichterliste eine Ungleichbehandlung und somit ein Übergewicht zugunsten einer Partei zur Folge haben kann, hängt maßgeblich davon ab, wer die Liste aufstellt und welche Personen in sie aufgenommen werden.[1422]

Grundsätzlich wird vom Schweizerischen Bundesgericht ein strenger Maßstab angelegt, wenn es um die Einhaltung der Verfahrensgarantien und insbesondere den Grundsatz der Gleichbehandlung der Parteien geht,[1423] da dieser als Bestandteil der öffentlichen Ordnung unverzichtbar ist[1424]. Nach zutreffender Ansicht der Bundesrichter ist dies auf die Tatsache zurückzuführen, dass die Schiedsgerichtsbarkeit eben nicht wie die staatliche Gerichtsbarkeit umfassend gesetzlich geregelt ist und die Schiedsparteien nicht in demselben Maße die Möglichkeit haben, gegen Schiedsentscheide ordentliche oder außerordentliche Rechtsmittel einzulegen, wie dies bei staatlichen Gerichtsurteilen der Fall ist. Ein unzulässiges Übergewicht einer Partei liegt deshalb schon bei der Besetzung eines Spruchkörpers mit Berufsrichtern vor, wenn diese durch ein Verbandsorgan ernannt worden sind und der Spruchkörper über Streitigkeiten zwischen dem Verband und einem Mitglied oder über Streitigkeiten zwischen

1420 Siehe Kommentar zur Schweizerischen ZPO/*Pfisterer*, zu Art. 368, Rn. 3.

1421 Siehe Kommentar zur Schweizerischen ZPO/*Pfisterer*, zu Art. 368, Rn. 6.

1422 So schon *Kornblum*, Probleme der schiedsrichterlichen Unabhängigkeit, S. 249.

1423 Vgl. bspw. BG v. 10. August 1971, BGE 97 I 488, 489 f.; BG v. 13. Oktober 1954, BGE 80 I 336, 341; *Haas*, ZEuP 1999, 355, 363 m.w.N.

1424 BG v. 19. Februar 2007, BGE 133 III 139, 143; BG v. 11. November 1981, BGE 107 Ia 155, 161 f.; BG v. 13. Oktober 1954, BGE 80 I 336, 343; Kommentar zur Schweizerischen ZPO/*Pfisterer*, zu Art. 368, Rn. 6.

einem Mitglied und einem Nichtmitglied zu entscheiden hat.[1425] Im Folgenden wird unter Anwendung dieses strengen Maßstabs näher untersucht, welche Umstände zu einer Benachteiligung einer Partei führen und in der Folge die Unabhängigkeit und Überparteilichkeit des Spruchkörpers gefährden können.

Ein Verstoß gegen den Gleichbehandlungsgrundsatz stellt grundsätzlich einen Anfechtungsgrund nach Art. 393 lit. d) Schweizerische ZPO beziehungsweise Art. 190 Abs. 2 lit. d) IPRG dar. Wirkt sich ein solcher Verstoß darüber hinaus auf die Unabhängigkeit und Überparteilichkeit des Schiedsgerichts aus, so besteht außerdem ein Anfechtungsgrund wegen vorschriftswidriger Zusammensetzung des Schiedsgerichts gemäß Art. 393 lit. a) Schweizerische ZPO beziehungsweise Art. 190 Abs. 2 lit. a) IPRG.[1426] Grundsätzlich muss beachtet werden, dass jeder mögliche Verstoß gegen eine Verfahrensgarantie nach dem Grundsatz von Treu und Glauben umgehend nach dessen Kenntnisnahme zu rügen ist.[1427]

1. Auswahl und Benennung der Schiedsrichter

Gemäß Art. R33 Abs. 2 TAS-Code sind die Parteien bei der Auswahl und Benennung der Schiedsrichter wegen der Geltung des Prinzips des Listenzwangs nicht völlig frei.[1428] Vielmehr bleibt ihnen nur die Option, eine bestimmte Person aus der geschlossenen TAS-Schiedsrichterliste als Schiedsrichter zur Beilegung ihrer Streitigkeit zu benennen, Art. R38 und Art. R48 TAS-Code. Die Liste enthält gemäß Art. S13 Abs. 2 TAS-Code mindestens 150 Namen. Gemäß Art. S6 Nr. 3 i.V.m. Art. S13 TAS-Code bestimmt alleinig der CIAS die Personen, die für eine Dauer von vier Jah-

1425 BG v. 13. Oktober 1954, BGE 80 I 336, 341.

1426 BG v. 10. Februar 2010, 4A_612/2009, E.3.1.2; BG v. 27. Mai 2003, BGE 129 III 445, 449; siehe insbesondere BG v. 3. Oktober 2011, 4A_530/2011, E.3.2, wo sich der Kläger gemäß Art. 190 Abs. 2 lit. e) IPRG auf einen Verstoß gegen den prozessualen *ordre public* berief und das Bundesgericht den Einwand wegen Vorbringens eines falschen Beschwerdegrundes zurückwies.

1427 BG v. 3. Oktober 2011, 4A_530/2011, E.2.2; BG v. 10. Februar 2010, 4A_612/2009, E.3.1.2; BG v. 20. März 2008, 4A_506/2008, E.3.1.2; BG v. 27. Mai 2003, BGE 129 III 445, 449; Siehe auch Art. 180 Abs. 2 IPRG und Art. 367 Abs. 2 Schweizerische ZPO.

1428 Siehe auch *Adolphsen*, Internationale Dopingstrafen, S. 493 f.

ren[1429] auf die Schiedsrichterliste gesetzt respektive von ihr entfernt werden. Gemäß Art. S14 TAS-Code hat er bei der Besetzung der Schiedsrichterliste darauf zu achten, dass er Personen auswählt, deren Namen und Qualifikationen ihm insbesondere vom IOC, den internationalen Sportverbänden und den NOK zugetragen werden[1430] (Vorschlagsrecht). Jeder von ihnen muss nach Art. S14 TAS-Code eine vollständige Juristenausbildung absolviert haben, eine anerkannte Sportrechtskompetenz sowie allgemeine Sportkenntnisse vorweisen und mindestens eine der Arbeitssprachen des TAS, das heißt Englisch oder Französisch, beherrschen. Soweit dies möglich ist, wacht der CIAS außerdem darüber, dass alle Kontinente und die verschiedenen Rechtskulturen auf der Liste angemessen vertreten sind, Art. S16 TAS-Code. Jeder Schiedsrichter kann Art. S18 Abs. 1 TAS-Code zufolge sowohl im ordentlichen Verfahren nach Art. R38 ff. TAS-Code als auch im Berufungsverfahren nach Art. R47 ff. TAS-Code auftreten. Die Liste wird alle vier Jahre vom CIAS grundlegend überprüft, Art. S13 Abs. 1 TAS-Code. Sollten in einem konkreten Verfahren Zweifel hinsichtlich der Unabhängigkeit und Überparteilichkeit eines Schiedsrichters und ein entsprechendes Ablehnungsbegehren seitens einer Streitpartei zum Ausdruck gebracht werden, so entscheidet auch der CIAS gemäß Art. S6 Nr. 4 i.V.m. Art. R34 und R35 TAS-Code über die Ablehnung des jeweiligen Schiedsrichters.[1431]

Im ordentlichen Verfahren besteht der Spruchkörper des TAS je nach Parteivereinbarung entweder aus einem einzelnen Schiedsrichter oder aus drei Schiedsrichtern, Art. R40.1 TAS-Code. Sofern die Parteivereinbarung diesbezüglich keine besondere Regelung trifft, bestimmt der Präsident der ordentlichen Kammer unter Abwägung der Umstände des Einzelfalls, ob ein Einzel- oder ein Dreierschiedsgericht einberufen wird. Die Art und Weise der Benennung des Schiedsrichters beziehungsweise der Schiedsrichter hängt in erster Linie vom Willen der Parteien ab, Art. R40.2 TAS-Code. Für den Fall, dass sich die Streitbeteiligten innerhalb einer Frist von 14 Tagen nicht auf einen Einzelschiedsrichter einigen können, benennt diesen der Kammerpräsident. Bei einem Dreierschiedsgericht obliegt grundsätzlich sowohl dem Kläger als auch dem Beklagten die Ernennung

1429 Eine Wiederwahl ist zulässig, vgl. Art. S13 Abs. 1 TAS-Code.

1430 Siehe zur alten Fassung von Art. S14 TAS-Code bei Teil 3/Kapitel 3/A./I./2./a. ab S. 287.

1431 BG v. 27. Mai 2003, BGE 129 III 445, 456; BG v. 27. Mai 2003 mit Anm. v. *Oschütz*, SchiedsVZ 2004, 208, 210.

jeweils eines Schiedsrichters aus der Liste innerhalb einer vom Generalsekretär festgesetzten Frist. Sollte diese Frist ohne eine Benennung seitens des Klägers verstreichen, so gilt die Klage als zurückgezogen, Art. R40.2 Abs. 3 TAS-Code. Macht hingegen der Beklagte von seinem Benennungsrecht keinen Gebrauch, so bestimmt der Kammerpräsident einen Schiedsrichter, der sich mit dem vom Kläger ernannten Schiedsrichter auf einen Vorsitzenden des Spruchkörpers einigen muss. Sofern keine Einigung erfolgt, benennt der Kammerpräsident auch diesen. Entscheidungen eines Dreierschiedsgerichts werden im ordentlichen Verfahren gemäß Art. R46 Abs. 1 TAS-Code durch Stimmenmehrheit der Schiedsrichter oder bei fehlender Mehrheit allein durch den Vorsitzenden des Schiedsgerichts getroffen.[1432]

Im Berufungsverfahren hat der Berufungskläger gemäß Art. R48 Punkt 4 TAS-Code bereits mit der Einreichung der Berufungsschrift einen Schiedsrichter aus der Liste zu benennen. Nach der Zustellung der Berufungsschrift kann der Beklagte in den zehn darauffolgenden Tagen ebenfalls einen Schiedsrichter aus der Liste benennen, sofern sich die Parteien nicht auf ein Einzelschiedsgericht geeinigt haben oder der Kammerpräsident unter Berücksichtigung der Umstände die Streitbeilegung vor einem Einzelschiedsgericht anordnet, Art. R53 (i.V.m. Art. R50 Abs. 1) TAS-Code. Sollte diese Frist ohne eine Benennung seitens des Beklagten verstreichen, so wird an dessen Stelle ein Schiedsrichter vom Präsident der Berufungskammer bestellt. Anders als im ordentlichen Verfahren wird der Vorsitzende des Dreierschiedsgerichts nicht von den parteiernannten Schiedsrichtern, sondern gemäß Art. R54 Abs. 2 TAS-Code stets vom Kammerpräsidenten bestimmt. Entscheidungen eines Dreierschiedsgerichts werden auch im Berufungsverfahren gemäß Art. R59 Abs. 1 TAS-Code durch Stimmenmehrheit der Schiedsrichter oder bei fehlender Mehrheit allein durch den Vorsitzenden des Schiedsgerichts getroffen.[1433] Der Kammerpräsident hat nach Eingang der Berufungsschrift auch den Einzelschiedsrichter zu ernennen, sofern die Parteien in der Schiedsvereinbarung ein Einzelschiedsgericht vereinbart haben oder der Kammerpräsident die Beilegung des Streits vor einem Einzelschiedsgericht nach Art. R54 i.V.m. Art. R50 Abs. 1 TAS-Code für geboten hält.

1432 Siehe hierzu auch bei Teil 3/Kapitel 2/A./I./2./b./aa) ab S. 232.
1433 Siehe hierzu auch bei Teil 3/Kapitel 2/A./I./2./b./bb) ab S. 233.

2. Würdigung

Die geschlossene TAS-Schiedsrichterliste und der damit einhergehende Listenzwang bieten insbesondere in Verbindung mit den auf der Organisationsebene bereits aufgezeigten strukturellen Schwächen des TAS ausreichend Anlass für kritische Anmerkungen. Denn das zum Teil undurchsichtige Verfahren zur Besetzung der Schiedsrichterliste und die verbandsmäßigen Einflüsse beim CIAS erwecken Zweifel im Hinblick auf die Unabhängigkeit und Überparteilichkeit des zur Entscheidung berufenen Spruchkörpers.[1434] So wird die TAS-Schiedsrichterliste insbesondere wegen ihrer verbandslastigen Zusammenstellung als problematisch angesehen.[1435] Ein Verstoß gegen den Grundsatz der Gleichbehandlung der Parteien und in der Folge auch gegen das Gebot unabhängiger und überparteilicher Rechtspflege kann somit beim TAS nicht ausgeschlossen werden.[1436]

a. Abschaffung des Kooptationsverfahrens gemäß Art. S14 TAS-Code a.F.[1437]

Noch in der bis zum 1. Januar 2012 geltenden Fassung des TAS-Codes bot Art. S14 TAS-Code a.F. dem IOC, den IF und den NOK die Möglichkeit, dem CIAS Personen inner- oder außerhalb ihrer Reihen verbindlich zur Benennung auf die Schiedsrichterliste vorzuschlagen.[1438] Nach alter Rechtslage wurden hiernach 1/5 der Schiedsrichter jeweils auf Vorschlag vom IOC, von den IF und von den NOK durch den CIAS berufen. Weitere 1/5 der Schiedsrichter wurden nach einer entsprechenden Beratung dieser

---

1434 Vgl. OLG München, SchiedsVZ 2015, 40, 44; *Adolphsen*, Internationale Dopingstrafen, S. 494 m.w.N.

1435 OLG München, SchiedsVZ 2015, 40, 44; Basler Kommentar ZGB/*Heini*/*Scherrer*, zu Art. 75 ZGB, Rn. 30; *Scherrer*, CaS 2008, 58, 60.

1436 Kommentar zur Schweizerischen ZPO/*Pfisterer*, zu Art. 368, Rn. 14, wonach ein solcher Verstoß bei überwiegendem Einfluss einer Partei auf die Zusammenstellung der Schiedsrichterliste gegeben wäre.

1437 In der Fassung des Jahres 2004, abrufbar unter: http://www.tas-cas.org/cias/code-statut-du-cias-et-du-tas.html (zuletzt aufgerufen am 04.07.2015).

1438 *Netzle*, in: Röhricht (Hrsg.), Das Internationale Sport-Schiedsgericht in Lausanne. Zusammensetzung, Zuständigkeit und Verfahren, S. 9, 11; BG v. 27. Mai 2003, BGE 129 III 445, 452.

Organisationen und Verbände mit dem Ziel der Wahrung der Sportlerinteressen und die übrigen 1/5 aus einem von den Sportorganisationen und Sportverbänden unabhängigen Personenkreis ernannt.

Diesem Kooptationsverfahren wurde mitunter zugutegehalten, dass es eine gleichmäßige Beteiligung aller an den Schiedsverfahren des TAS potenziell beteiligten Gruppen und Personenkreisen bei der Besetzung der Schiedsrichterliste sicherte.[1439] Dies spreche mangels alternativer Verfahrensweisen sogar für die Unabhängigkeit des TAS.[1440] Denn durch die Aufteilung seien 2/5 der auf der Liste figurierenden Schiedsrichter gerade nicht durch die Mitglieder der Olympischen Bewegung vorgeschlagen worden,[1441] was bei über 300 Schiedsrichtern zugegebenermaßen eine nicht zu unterschätzende Anzahl ausmacht. Es darf allerdings nicht außer Acht gelassen werden, dass dieses Besetzungsverfahren die Machtverhältnisse innerhalb des CIAS eins zu eins widerspiegelte und deshalb auch die Mehrheit der gelisteten Schiedsrichter der (Sportverbands-)Interessengemeinschaft zugeordnet werden konnte. Aus diesem Grund kann weitgehend auf die im Zusammenhang mit der Besetzung des CIAS geäußerte Kritik verwiesen werden,[1442] wonach es für ein unabhängiges Schiedsgericht keine Rechtfertigung für die institutionelle Etablierung eines strukturellen Übergewichts zugunsten potenzieller Verfahrensbeteiligter geben darf.[1443] Andere Stimmen in der Literatur vertreten hingegen die Ansicht, dass mit der Abschaffung des Kooptationsverfahrens bei der Besetzung der Schiedsrichterliste vielmehr eine Konzentration auf die wesentlichen Fähigkeiten der einzelnen Schiedsrichter erfolgen sollte, anstatt dem CIAS eine stringente und unflexible Aufteilung aufzuzwingen.[1444] Dies stärke die gesamte Institution mehr als die Aufrechterhaltung einer gleichmäßigen schiedsrichterlichen Vertretung derjenigen Parteien, die hinter dieser Institution stehen.[1445] Die Änderung sei somit als Schritt in Richtung

1439 Siehe *Oschütz*, Sportschiedsgerichtsbarkeit, S. 101.

1440 Siehe *Oschütz*, Sportschiedsgerichtsbarkeit, S. 100 f.

1441 Siehe *Oschütz*, Sportschiedsgerichtsbarkeit, S. 100 f.

1442 Siehe oben bei Teil 3/Kapitel 2/A./I./4./a. ab S. 237.

1443 LG München I v. 26. Februar 2014, CaS 2014, 154, 169 (= SpuRt 2014, 113, 120); *Muresan/Korff*, CaS 2014, 199, 206.

1444 Siehe bspw. *Rigozzi/Hasler/Quinn*, in: Jusletter 3. Juni 2013, The 2011, 2012 and 2013 revisions to the Code of Sports-related Arbitration, Rn. 12 ff.

1445 *Rigozzi/Hasler/Quinn*, in: Jusletter 3. Juni 2013, The 2011, 2012 and 2013 revisions to the Code of Sports-related Arbitration, Rn. 13.

„structural independence from the sports governing bodies" zu begrüßen.[1446]

Zu den beiden Ansichten ist einerseits anzumerken, dass die 1/5-Aufteilung zumindest eine einigermaßen transparente Besetzung der Schiedsrichterliste gewährleistete. Durch die Abschaffung des Kooptationsverfahrens mögen nach Art. S14 TAS-Code aus Sicht des CIAS zwar alleinig die Qualifikationen der Schiedsrichter im Vordergrund stehen. Allerdings ist die Auswahl der sich um einen Platz auf der Liste bemühenden Personen an kein System mehr gebunden, wodurch aufgrund der kritikwürdigen Zusammensetzung des CIAS und dessen Kompetenz zur Listenerstellung weitere Zweifel an der Vertrauenswürdigkeit des TAS aufkommen. Darüber hinaus ignoriert diese Entwicklung den Wunsch des Schweizerischen Bundesgerichts, das sich ausdrücklich für eine transparentere Ausgestaltung der Schiedsrichterliste in der Form ausgesprochen hat, dass hinter jedem ernannten Schiedsrichter ein Hinweis auf die Zuordnung zu einer der „fünf Kategorien" des Art. S14 TAS-Code a.F. figurieren sollte.[1447] Des Weiteren garantierte die frühere Einteilung zumindest einen klaren Prozentsatz an Schiedsrichtern, die einerseits zur Sicherstellung der Sportlerinteressen ernannt wurden und andererseits von den Verbänden unabhängig sein sollten. Es ist fraglich, ob und inwieweit ein Sportler auch nach der Änderung dieser Regelung auf diese Garantie vertrauen darf.

Gleichwohl bleibt klarzustellen, dass in dem ehemaligen Kooptationsverfahren nicht die Lösung des Problems gesehen werden darf. Denn betrachtet man die Aufgaben der Schiedsrichter im Lichte des Gebots unabhängiger und überparteilicher Rechtspflege, so ist es durchaus widersprüchlich, systematisch Personen auszuwählen, die ausdrücklich dem Schutze der Interessen bestimmter Personenkreise zu dienen bestimmt sind.[1448] Schiedsrichter haben unabhängig und überparteilich zu sein und

---

1446 *Rigozzi/Hasler/Quinn*, in: Jusletter 3. Juni 2013, The 2011, 2012 and 2013 revisions to the Code of Sports-related Arbitration, Rn. 14.

1447 BG. 27. Mai 2003, BGE 129 III 445, 458 f.

1448 Darüber hinaus muss unter Bezugnahme auf Art. S14 Punkt 4 TAS-Code die Frage erlaubt sein, wessen Interessen 4/5 der Schiedsrichter schützen sollen, wenn nur 1/5 zum Schutze der Sportlerinteressen auf die Liste gewählt werden? So auch *Netzle*, in: Röhricht (Hrsg.), Das Internationale Sport-Schiedsgericht in Lausanne. Zusammensetzung, Zuständigkeit und Verfahren, S. 9, 11 (Fn. 7), mit Verweis auf *Hoxha*, Atlanta '96 and Athletes' Rights, in: The Entertainment & Sports Lawyer, Spring 1996, S. 9; vgl. OLG München, SchiedsVZ 2015, 40, 44.

sind demnach gerade keine Interessenvertreter. Für parteiernannte Schiedsrichter gilt dieser Grundsatz zwar nur mit hinzunehmenden Einschränkungen, die vorwiegend dem natürlichen menschlichen Verlangen geschuldet sind, möglichst zugunsten eigener Vorteile zu handeln und dementsprechend einen dem eigenen Begehren gegenüber wohlgesinnten Schiedsrichter zu wählen.[1449] Allerdings muss zur Befriedigung dieses Verlangens für die Streitparteien eine gleiche Ausgangslage geschaffen werden. Dies konnte durch die Einschränkung, auf die Schiedsrichterliste mit der 1/5-Aufteilung im Sinne des Art. S14 TAS-Code a.F. zurückgreifen zu müssen, insbesondere bei Streitigkeiten zwischen Sportverbänden und Sportlern gewiss nicht gewährleistet werden.

b. Vor- und Nachteile der geschlossenen TAS-Schiedsrichterliste

Der CIAS übernimmt die Besetzung der Schiedsrichterliste, indem er einen den Anforderungen des Art. S14 TAS-Code entsprechenden Personenkreis ernennt. Im Zusammenhang mit der Kritik, die bereits an der Besetzung des CIAS geäußert wurde,[1450] ergeben sich zwangsläufig Folgeprobleme, die sich konkret auf die Besetzung der Schiedsrichterliste des TAS beziehen. Denn mit der Übertragung der grundlegenden Geschäftsaufgaben an den CIAS[1451] wurde durch die Reformierung des TAS zu Beginn der neunziger Jahre zwar die unmittelbare Verbindung des TAS zum IOC beseitigt. Es bestehen jedoch bedeutende Einflüsse der mächtigen Sportorganisationen und internationalen Sportverbände (als Interessengemeinschaft) im Rahmen der Organisationsstruktur des TAS und folglich auch bei der Besetzung der Schiedsrichterliste fort.[1452] So blieb für das Schweizerische Bundesgericht das Prinzip des Listenzwangs auch in der „Lazutina/Danilova"-Entscheidung[1453] der größte Kritikpunkt in Bezug auf die Verfahrensgestaltung vor dem TAS. Vor diesem Hintergrund sind vor allem das Verfahren zur Besetzung der geschlossenen Schiedsrichter-

1449 Siehe *Franzen*, NJW 1986, 299, 300; siehe näher zu den Anforderungen an die Unabhängigkeit parteiernannter Schiedsrichter bei Teil 3/Kapitel 3/B./II./2. ab S. 327.

1450 Siehe oben bei Teil 3/Kapitel 2/A./I./4./a. ab S. 237.

1451 Siehe zu den Funktionen des CIAS bei Teil 3/Kapitel 2/A./I./2./a. ab S. 228.

1452 *Rigozzi*, ZSR 132 (2013) I, S. 301, 305.

1453 Siehe oben bei Teil 3/Kapitel 2/A./I./1./a./bb) ab S. 223.

liste sowie deren Notwendigkeit im Bereich des verbandsmäßig organisierten Sports zu diskutieren.

aa) Förderung schneller und fachkompetenter Entscheidungsfindung

Im internationalen Schiedsverfahrensrecht stellt die Etablierung einer geschlossenen Schiedsrichterliste für Rechtsgebiete, deren Streitigkeiten überwiegend technischer Natur sind, eher die Regel als eine Ausnahme dar.[1454] Dementsprechend könnte vor allem in Streitigkeiten über sportspezifische Fragen die Einschränkung der Wahlmöglichkeit des Sportlers bezüglich der Ernennung eines Schiedsrichters gerechtfertigt sein. Denn für eine geschlossene Schiedsrichterliste sprechen durchaus plausible Argumente, die hauptsächlich deren Notwendigkeit für die Beilegung sportrechtlicher Streitigkeiten in den Fokus rücken. So ist im Bereich des Sports stets das Bedürfnis nach schnellen und insbesondere fachkompetenten Entscheidungen zu beachten, die auf längere Sicht eine konstante Rechtsprechungspraxis bewirken und Gefahren für den reibungslosen Ablauf von verbandsmäßig organisierten Wettbewerben ausschließen sollen.[1455] In diesem Sinne kann die Bindung an eine geschlossene Schiedsrichterliste den Zweck der Sportschiedsgerichtsbarkeit[1456] fördern.[1457] Dieser Zweckrichtung folgend knüpft Art. S14 TAS-Code bei der Besetzung der Schiedsrichterliste an die fachliche Qualifikation der Schiedsrichter als einziges und entscheidendes Kriterium an.[1458] Schiedsrichter beim TAS müssen demgemäß sowohl mit dem Recht als auch mit sportbe-

1454 BG v. 12. Februar 1958, BGE 84 I 48, 50; *Vrijman*, in: CAS 1984-2004, Experiences with arbitration before the CAS, S. 63, 64.

1455 LG München I v. 26. Februar 2014, CaS 2014, 154, 166 (= SpuRt 2014, 113, 117 f.); *Rigozzi/Hasler/Noth*, in: Arbitration in Switzerland, Introduction to the CAS Code, Rn. 6.

1456 Siehe oben bei Teil 2/Kapitel 4/B. ab S. 147.

1457 BG v. 27. Mai 2003, BGE 129 III 445, 457; *Reeb*, Revue de l'avocat 2002, 8, 10.

1458 Aus diesem Grund stellte *Jean-Philippe Rochat* anlässlich der Frühjahrtagung 1996 in Lausanne die geschlossene Schiedsrichterliste als einzige Maßnahme dar, die sicherstelle, dass fachkundige Schiedsrichter über Streitfälle entscheiden, vgl. *Netzle*, in: Röhricht (Hrsg.), Das Internationale Sport-Schiedsgericht in Lausanne. Zusammensetzung, Zuständigkeit und Verfahren, S. 9, 12.

zogenen Sachverhalten vertraut sein.[1459] Nur auf diese Weise kann garantiert werden, dass die Streitparteien innerhalb kürzester Zeit eine Entscheidung von ausgewiesenen Sportrechtsexperten erhalten,[1460] die regelmäßig über die Entwicklung des Sportrechts und die Rechtsprechung des TAS informiert sind.[1461] Dies führt letztlich auch zur Entwicklung einer annähernd einheitlichen Doktrin und steuert zum Erreichen von Entscheidungseinklang vor dem TAS bei.[1462] Das Prinzip des Listenzwangs bezweckt darüber hinaus, dass den Streitparteien einerseits eine konkrete Hilfestellung bei der Suche nach einem fachkompetenten Schiedsrichter zur Verfügung steht und andererseits der Verfahrensablauf bis hin zur Entscheidungsfindung nicht durch die Ernennung unbekannter oder unqualifizierter Schiedsrichter unnötig behindert wird. Diese Gefahr bestünde vielmehr mit der Öffnung der Schiedsrichterliste und der damit einhergehenden Möglichkeit der Parteien, eine beliebige Person als Schiedsrichter zu wählen. Zusätzlich hätte die Öffnung der Liste wohl zur Folge, dass nicht spezialisierte Schiedsrichter geneigt wären, die Position eines Rechtsanwalts für die Partei einzunehmen, durch die sie ernannt wurden.[1463] Nach Ansicht des Schweizerischen Bundesgerichts steht das System der geschlossenen Schiedsrichterliste des TAS deshalb mit der verfassungsrechtlichen Garantie der unabhängigen und überparteilichen Rechtspflege im Einklang.[1464]

Die Bindung der Parteien an eine geschlossene Schiedsrichterliste fördert somit den reibungslosen Ablauf verbandsmäßig organisierter Wettbewerbe und findet nach Ansicht ihrer Befürworter hierin ihre Rechtfertigung. Zu beachten ist außerdem, dass ein zur Entscheidung berufener

---

1459 BG v. 27. Mai 2003 mit Anm. v. *Oschütz*, SchiedsVZ 2004, 208, 210 und 212, wonach „es sich positiv auf die Entscheidungen auswirkt, wenn für Streitigkeiten aus diesem speziellen Wirtschaftsbereich nur Personen als Schiedsrichter zugelassen werden, bei denen nachgewiesen ist, dass sie Erfahrungen im Sportrecht mitbringen."

1460 BG v. 27. Mai 2003, BGE 129 III 445, 457.

1461 Vgl. auch *Reeb*, Revue de l'avocat 2002, 8, 10.

1462 BG v. 27. Mai 2003, BGE 129 III 445, 457.

1463 „Au demeurant, il n'est pas certain que le système dit de la liste ouverte [...] constitue la panacée. Au contraire, sous l'angle de l'efficacité du tribunal arbitral, ce système comporte le risque qu'il y ait, au sein du tribunal, un ou plusieurs arbitres non spécialisés et enclins à agir comme s'ils étaient les avocats des parties qui les ont désignés." Siehe BG v. 27. Mai 2003, BGE 129 III 445, 459 f.

1464 Siehe BG v. 27. Mai 2003, BGE 129 III 445, 457.

Schiedsrichter beim TAS gerade kein Interessenvertreter der Parteien ist,[1465] sondern vielmehr ein unabhängiger Richter[1466] zu sein hat. Die Anzahl der auf der Liste figurierenden Schiedsrichter wird stets erhöht, um ausreichende Unabhängigkeit und Überparteilichkeit des Schiedsgerichts zu gewährleisten.[1467] Heute figurieren über 300 Namen auf der Liste,[1468] so dass die Wahrscheinlichkeit bewusster, wahltaktischer Entscheidungen zum Zwecke der eigenen Vorteilsverschaffung grundsätzlich als gering einzustufen ist. Darüber hinaus wacht der CIAS gemäß Art. S16 TAS-Code über eine angemessene Vertretung der einzelnen Kontinente sowie der verschiedenen Rechtskulturen, was die Unabhängigkeit der Schiedsrichter untereinander stärkt. Zudem darf es weder einen Anspruch auf einen dem eigenen Begehren gegenüber wohlgesonnenen Schiedsrichter, noch auf einen Schiedsrichter, der mit der eigenen Sportart vertraut ist, die eigene Sprache beherrscht oder im selben Staat wohnhaft ist, geben.[1469] Dies gilt für alle potenziellen Streitparteien in einem Schiedsverfahren vor dem TAS. Zwar kommt den Sportverbänden bei der Besetzung der Schiedsrichterliste ein abstraktes Übergewicht zu.[1470] Mitunter wird jedoch gerade im gesetzlich verankerten Recht der Schiedsparteien, einen Schiedsrichter bei begründeten Zweifeln an dessen Unabhängigkeit und Überparteilichkeit abzulehnen, eine ausreichende Kompensation für etwaige Benachteiligungen des Sportlers bei der Besetzung des Schiedsgerichts gesehen.[1471]

1465 *Netzle*, in: Röhricht (Hrsg.), Das Internationale Sport-Schiedsgericht in Lausanne. Zusammensetzung, Zuständigkeit und Verfahren, S. 9, 12.

1466 „[...]puisqu'aussi bien tout arbitre doit, ou du moins devrait, être indépendant des parties [...]“, vgl. BG v. 27. Mai 2003, BGE 129 III 445, 458.

1467 *Rigozzi/Robert-Tissot*, in: ASA Special Series No. 41, „Consent“ in Sports Arbitration: Its Multiple Aspects, S. 59, 72; ursprünglich konnten die Parteien aus 40, ab 1986 aus 60, ab 1994 aus 150 und im Jahre 2012 aus 264 Schiedsrichtern wählen, vgl. *Adolphsen*, Internationale Dopingstrafen, S. 493, Fn. 60 m.w.N.; heute sind es ca. 330 Schiedsrichter, siehe unter: http://www.tas-cas.org/en/arbitration/list-of-arbitrators-general-list.html (zuletzt aufgerufen am 04.07.2015).

1468 *Rigozzi/Hasler/Noth*, in: Arbitration in Switzerland, Introduction to the CAS Code, Rn. 6.

1469 BG v. 27. Mai 2003, BGE 129 III 445, 455; BG v. 27. Mai 2003 mit Anm. v. *Oschütz*, SchiedsVZ 2004, 208, 210.

1470 *Haas*, ZEuP 1999, 355, 362.

1471 *Haas*, ZEuP 1999, 355, 362.

bb) Verbandslastige Besetzung

Trotz der vermeintlichen Vorteile einer geschlossenen Schiedsrichterliste ist insbesondere die Funktion des CIAS, die für die geschlossene Schiedsrichterliste in Frage kommenden Personen zu ernennen, angesichts der Verbandsnähe einiger CIAS-Mitglieder problematisch.[1472] Schiedsrichterlisten wird in der Regel vorgeworfen, dass ihre Besetzung einseitig und willkürlich erfolgt.[1473] Insbesondere beim TAS liegt die Annahme nahe, dass die Dachorganisationen des Sports und die Sportverbände die Mitglieder des CIAS schon mit Blick auf die Besetzung der Schiedsrichterliste ernennen.[1474] Somit kann über die Zusammensetzung des CIAS – zumindest mittelbar – auf die Besetzung der Schiedsrichterliste Einfluss genommen werden.[1475] Unmittelbaren Einfluss nehmen das IOC, die internationalen Sportverbände und die NOK über das in Art. S14 TAS-Code vorgesehene Vorschlagsrecht, das der CIAS bei der Auswahl der zu ernennenden Persönlichkeiten zu berücksichtigen hat.

Dem Sportler steht hingegen weder bei der Benennung seiner „Interessenvertreter" im CIAS,[1476] noch bei der Besetzung der Schiedsrichterliste ein Mitwirkungsrecht zu.[1477] Dabei sind es doch gerade die auf dieser Liste figurierenden Schiedsrichter, die endgültig[1478] und rechtskräftig[1479] über diejenigen Streitigkeiten entscheiden, in denen sich die besagten Sportorganisationen beziehungsweise Sportverbände und Sportler gegenüberstehen. Diese Konstellation ist umso bedenklicher, als dem Sportler die

1472 OLG München, SchiedsVZ 2015, 40, 44; *Rigozzi/Hasler/Noth*, in: Arbitration in Switzerland, Introduction to the CAS Code, Rn. 10.

1473 So bspw. *Jagenburg*, in: FS für Oppenhoff, Schiedsgerichtsbarkeit zwischen Wunsch und Wirklichkeit, S. 147, 162, bzgl. der Sachverständigenliste zur Schiedsgerichtsordnung im Bauwesen aus dem Jahre 1981.

1474 *Rigozzi*, ZSR 132 (2013) I, S. 301, 305; *Baddeley*, CaS 2004, 91, 92.

1475 *Rigozzi*, ZSR 132 (2013) I, S. 301, 305; *Scherrer*, CaS 2008, 58, 62, Fn. 50; *Baddeley*, CaS 2004, 91, 92.

1476 Der CIAS wird zu 60% direkt von den Sportorganisationen und internationalen Sportverbänden und zu 40% im Wege der Kooptation indirekt von diesen besetzt, siehe Art. S4 TAS-Code.

1477 LG München I v. 26. Februar 2014, CaS 2014, 154, 169 (= SpuRt 2014, 113, 120); PHB SportR-*Pfister* 6. Teil/Rn. 154, Fn. 512; *Adolphsen*, Internationale Dopingstrafen, S. 494; eine derartige Konstellation erachtete bereits *Kornblum*, Probleme der schiedsrichterlichen Unabhängigkeit, S. 249 ff., als problematisch.

1478 Vgl. Art. 190 Abs. 1 IPRG.

1479 Vgl. § 1055 ZPO sowie Art. 387 Schweizerische ZPO.

schiedsgerichtliche Beilegung seiner Streitigkeiten regelmäßig aufgezwungen wird.[1480] Wendet er sich also vor dem TAS gegen eine Verbandsentscheidung, so verfügt der beklagte Verband gegenüber dem klagenden Sportler grundsätzlich über einen „gewichtigen Vorteil"[1481], weil der Verband – sei es auch nur theoretisch – direkt oder indirekt die Zusammensetzung der Schiedsrichterliste beeinflussen kann und ihm somit bei der Wahl eines Schiedsrichters ein Wissensvorsprung hinsichtlich dessen fachlicher Eignung sowie unter Umständen dessen persönlicher Einstellung zum jeweiligen Streitgegenstand zukommen könnte.[1482] Diese strukturellen Gegebenheiten widersprechen dem Grundsatz der Gleichbehandlung, da schon die Ausgangssituation für das Schiedsverfahren aus Sicht der Streitparteien nicht als gleichwertig zu beurteilen ist.[1483] Die Folge sind

---

1480 LG München I v. 26. Februar 2014, CaS 2014, 154, 169 (= SpuRt 2014, 113, 120).

1481 *Scherrer*, CaS 2008, 58, 62 f.; *Baddeley*, L'association sportive face au droit, S. 273.

1482 Vgl. *Niedermaier*, Schieds- und Schiedsverfahrensvereinbarungen in strukturellen Ungleichgewichtslagen, S. 72, der von einem Informationsvorsprung spricht, indem die Sportorganisationen und Sportverbände als *repeat player* (siehe hierzu bei Teil 3/Kapitel 3/B./II./3. ab S. 332) den Kontakt zu Fachleuten wie Anwälten und Sachverständigen pflegen.

1483 So rügte bspw. eine Eisschnellläuferin in einem Beschwerdeverfahren vor dem Schweizerischen Bundesgericht die Unabhängigkeit eines Schiedsrichters im Rahmen eines TAS-Dopingschiedsverfahrens. Der Schiedsrichter war ein ehemaliges NOK-Mitglied, Präsident eines internationalen Sportverbands sowie Mitglied der IOC-Kommission für Sport und Recht und bekannte sich im Vorfeld des Verfahrens dazu, eine „harte Linie in Dopingfragen" zu vertreten. Das Bundesgericht sah keinen Anlass, die Unabhängigkeit dieses Schiedsrichters zu bezweifeln (siehe BG v. 10. Februar 2010, 4A_612/2009, E.3.2). Die Ansicht des Schweizerischen Bundesgerichts ist zwar auf den ersten Blick vertretbar, doch die Richter scheinen die dem Prinzip des Listenzwangs anhaftende Ungleichbehandlung der Sportler übersehen zu haben, durch die erst die Zweifel an der Unabhängigkeit begründet werden. Denn das Profil des vom Sportverband ernannten Schiedsrichters lässt zumindest eine Tendenz hinsichtlich der von ihm zu treffenden Entscheidung vermuten. Dies kommt dem beklagten Sportverband zugute, der als Teil der den CIAS bildenden Interessengemeinschaft vom Listenzwang profitiert. Die Beschwerdeführerin ist hingegen aufgrund des Listenzwangs bei ihrer Schiedsrichterwahl eingeschränkt und wird aufgrund der einseitigen Besetzung der Schiedsrichterliste womöglich keinen Schiedsrichter ausfindig machen können, der eine ähnliche Tendenz hinsichtlich ihres Begehrens aufweist. Demzufolge ist ein Ausgleich der vermeintlichen Voreingenommenheit, der bei parteiernannten Schiedsrichtern regelmäßig stattfinden sollte (siehe hier-

zwangsläufig grundsätzliche Zweifel in Bezug auf die Rechtsstaatlichkeit von Schiedsverfahren vor dem TAS, in denen sich ein Sportler und eine Sportorganisation beziehungsweise ein Sportverband gegenüberstehen.[1484] Verstärkt werden diese Zweifel durch die Kompetenz des CIAS, über Ablehnungsbegehren in Bezug auf möglicherweise befangene Schiedsrichter zu entscheiden. Denn es ist bedenklich, dass der CIAS zur Entscheidung über die Ablehnung eines Schiedsrichters berufen ist, den er selbst auf die Schiedsrichterliste gewählt hat.[1485] Da das gesetzliche Ablehnungs- und Abberufungsverfahren nach Art. 367 Schweizerische ZPO und Art. 180 IPRG darüber hinaus keine grundsätzlichen und strukturellen Mängel bei der Zusammensetzung des Schiedsgerichts beheben kann,[1486] sondern dem Sportler nur im Einzelfall als korrektive Maßnahme zur Seite steht,[1487] kann hierin außerdem keine Kompensation für das verbandslastige Besetzungsverfahren gesehen werden. Strukturelle Mängel beim Besetzungsverfahren, die Zweifel an der Unabhängigkeit des Schiedsgerichts aufkommen lassen, können schlimmstenfalls die Schiedsgerichtsqualität der gesamten Institution in Frage stellen und sind somit ausschließlich durch strukturelle Veränderungen und Verbesserungen der jeweiligen Bestimmungen zu beheben.

Aus Sicht der auf der TAS-Schiedsrichterliste figurierenden Personen muss des Weiteren berücksichtigt werden, dass sich ein solcher Listenplatz in der Regel als eine große Ehre darstellt,[1488] um die sich die interessierten

zu bei Teil 3/Kapitel 3/B./II./2. ab S. 327), nach der Verfahrensordnung des TAS nahezu unmöglich. Diese Situation stellt nach der hier vertretenen Auffassung eine strukturell angelegte Ungleichbehandlung zulasten des Sportlers dar.

1484 Vgl. in etwa *Rigozzi*, ZSR 132 (2013) I, S. 301, 305.

1485 Siehe *Rigozzi*, ZSR 132 (2013) I, 301, 307.

1486 BG v. 27. Mai 2003 mit Anm. v. *Oschütz*, SchiedsVZ 2004, 208, 211.

1487 Kommentar zur Schweizerischen ZPO/*Pfisterer*, zu Art. 368, Rn. 5; vgl. zum deutschen Recht MünchKommZPO/*Münch*, zu § 1034 ZPO, Rn. 9.

1488 Siehe bspw. die in der Onlineausgabe des Tagesspiegels vom 20. September 2007 zitierte Aussage von Rechtsanwalt Michael Lehner in dem Beitrag mit dem Titel „Gerichtshof CAS - Sport am grünen Tisch", nach dessen Ansicht es für die TAS-Schiedsrichter eine große Ehre darstellt, „in der IOC-Familie zu sein." Dies mache es ihnen schwer, unabhängig zu entscheiden. Abrufbar unter http://www.tagesspiegel.de/sport/gerichtshof-cas-sport-am-gruenen-tisch/1046624.html (zuletzt aufgerufen am 04.07.2015); vgl. ebenfalls *Baddeley*, CaS 2004, 91, 92.

Personen bei der Geschäftsstelle des TAS erst bewerben müssen.[1489] Schafft es eine Person auf die Schiedsrichterliste, so kann nicht ausgeschlossen werden, dass sie sich der Sportorganisation oder dem Sportverband, von der oder dem sie dem CIAS zur Ernennung auf die Liste vorgeschlagen wurde, gegenüber verpflichtet fühlt.[1490] Zwar ist dies nur eine Vermutung, die weder bewiesen werden kann noch pauschal jedem Schiedsrichter zur Last gelegt werden darf. Eine solche Gefahr besteht aber für jeden einzelnen Schiedsrichter.[1491] Das aktuelle Besetzungsverfahren erzeugt somit offensichtlich ein gewisses Abhängigkeitsverhältnis – sei es auch nur psychologischer Natur – zwischen den Schiedsrichtern und den vorschlagenden Sportverbänden, so dass berechtigte Zweifel hinsichtlich der Unabhängigkeit und Überparteilichkeit der Schiedsrichter angezeigt sind. Dies gilt umso mehr, als ein Schiedsrichter stets für eine Dauer von vier Jahren gewählt wird und der CIAS als „Interessengemeinschaft der Sportverbände“[1492] nach Ablauf dieser Amtszeit über dessen Wiederwahl entscheidet, Art. S13 Abs. 1 TAS-Code. Hierdurch wird ein Schiedsrichter womöglich sogar bewusst – jedenfalls wohl aber unbewusst – dazu motiviert, seine Entscheidungen zum Zwecke seiner Wiederwahl eher nach den Interessen der Sportverbände auszurichten.[1493]

Nicht zuletzt aufgrund dieser Besonderheiten ist zum Schutze des Sportlers ein Mehr an Transparenz bei der Besetzung der Schiedsrichterliste zu fordern. Denn dies würde zumindest „die Glaubwürdigkeit und Integrität des TAS [...] [erheblich][1494] verstärken.“[1495] Möchte beispielsweise ein im Berufungsverfahren klagender Sportler einen Schiedsrichter wählen, der besondere Kenntnisse in seiner Sportart vorweisen kann, so besteht aktuell – sogar bei einer Liste bestehend aus über 300 Schiedsrichtern – die Möglichkeit, dass er ausgerechnet diejenige Person auswählt, die von den Vertretern jenes Sportverbandes vorgeschlagen wurde, gegen

---

1489 Das Bewerbungsformular war für einige Zeit als pdf-Datei („Formulaire de candidature TAS“) abrufbar unter: http://www.tas-cas.org/arbitreslistegen (zuletzt aufgerufen am 10.12.2014).

1490 Siehe *Baddeley*, CaS 2004, 91, 92.

1491 Siehe OLG München, SchiedsVZ 2015, 40, 44.

1492 Siehe hierzu oben bei Teil 3/Kapitel 2/A./I./4./a. ab S. 237.

1493 So schon *Kornblum*, Probleme der schiedsrichterlichen Unabhängigkeit, S. 249.

1494 Eigener Einschub.

1495 Siehe *Netzle*, in: Röhricht (Hrsg.), Das Internationale Sport-Schiedsgericht in Lausanne. Zusammensetzung, Zuständigkeit und Verfahren, S. 9, 12, Fn. 8.

den sich zugleich die Berufungsklage richtet.[1496] Zur Vermeidung einer solchen Situation wurde vom Schweizerischen Bundesgericht angeregt,[1497] die Liste mit einem ausdrücklichen Hinweis zu versehen, der für alle Streitbeteiligten offenlegt, welcher Schiedsrichter auf Vorschlag welcher Sportorganisation beziehungsweise welchen Sportverbandes vom CIAS auf die Liste ernannt wurde. Das Fehlen einer solch wichtigen Information führt zu Unsicherheiten und Misstrauen auf Seiten des Sportlers.[1498] In Berufungsverfahren wird dieses Misstrauen durch die Tatsache verstärkt, dass sich nicht die parteiernannten Schiedsrichter auf den Vorsitzenden des Dreierschiedsgerichts beziehungsweise die Parteien selbst auf einen Einzelschiedsrichter einigen, sondern dieser stets vom Präsidenten der Berufungskammer, einem Mitglied des CIAS, (aus der Liste) ernannt wird.[1499] Dessen Unabhängigkeit erscheint angesichts seiner gleichzeitigen Mitgliedschaft im CIAS zumindest fragwürdig, wodurch die strukturelle Ungleichgewichtslage zugunsten der den CIAS bildenden Interessengemeinschaft auch bei der Zusammensetzung des Spruchkörpers deutlich offenbart wird.[1500] Bedauerlicherweise wurde die Anregung des Schweizerischen Bundesgerichts entgegen vielversprechender Ankündigungen seitens des TAS[1501] bis heute nicht verwirklicht. Sicherlich könnte man die fehlende Umsetzung damit begründen, dass alle Schiedsrichter auf der Liste unabhängig und überparteilich zu sein haben, was in der Konsequenz einen Hinweis auf den vorschlagenden Sportverband überflüssig machen

1496 *Baddeley*, L'association sportive face au droit, S. 273.

1497 BG v. 27. Mai 2003, BGE 129 III 445, 458 f.; BG v. 27. Mai 2003 mit Anm. v. *Oschütz*, SchiedsVZ 2004, 208, 210.

1498 *Scherrer*, CaS 2012, 249, 256.

1499 *Rigozzi/Hasler/Noth*, in: Arbitration in Switzerland, Introduction to the CAS Code, Rn. 10; siehe oben bei Teil 3/Kapitel 2/A./I./2./b./bb) ab S. 233.

1500 Siehe *Rigozzi*, ZSR 132 (2013) I, S. 301, 306, der in Fn. 24 allerdings auch darauf hinweist, dass der Kammerpräsident den parteiernannten Schiedsrichtern in der Praxis drei mögliche Kandidaten nennt, gegen die etwaige Vorbehalte vorgebracht werden können; vgl. auch *Rigozzi/Hasler/Noth*, in: Arbitration in Switzerland, Introduction to the CAS Code, Rn. 10.

1501 In einer Pressemitteilung vom 24 Juni 2003 erklärte der Präsident des TAS, dass der CIAS die Empfehlungen des Schweizerischen Bundesgerichts zur Verbesserung des Betriebs des TAS ernst nehmen würde, siehe *Rigozzi*, ZSR 132 (2013) I, S. 301, 304.

würde.[1502] Diese Argumentation basiert jedoch mehr auf subjektivem Wunschdenken als auf objektiven Gesichtspunkten.

Gleichwohl scheint allein der bloße Vorschlag eines Sportverbandes, eine Person als Schiedsrichter auf die Liste zu setzen, noch nicht ausreichend zu sein, um für diese den Vorwurf der Befangenheit zu begründen.[1503] Eine Gefährdung des Grundsatzes der Gleichbehandlung sowie des Gebots unabhängiger und überparteilicher Rechtspflege ist in der aktuellen Ausgestaltung des Besetzungsverfahrens jedoch allemal zu sehen. Dies gilt umso mehr vor dem Hintergrund, dass Art. 30 BV neben der Unabhängigkeit der Rechtsprechung außerdem einen Anspruch auf „richtige Besetzung" des Gerichts beinhaltet.[1504] Es ist somit der Frage nachzugehen, ob die Gefährdung des Gebots unabhängiger und überparteilicher Rechtspflege mit wichtigen Gründen gerechtfertigt werden kann, aufgrund derer das strukturelle und abstrakte Übergewicht der Sportverbände bei der Zusammensetzung des Spruchkörpers hinzunehmen ist. Für eine geschlossene Schiedsrichterliste im Rahmen der institutionellen Sportschiedsgerichtsbarkeit gibt es jedenfalls gute Argumente, die insbesondere auf die Bedürfnisse des organisierten Sports abstellen. Gegen das Prinzip des Listenzwangs spricht jedoch vor allem die potenzielle Benachteiligung des Sportlers, der im Gegensatz zu den Sportverbänden nicht auf die Besetzung der Schiedsrichterliste einwirken kann und somit möglicherweise schon vor Verfahrensbeginn einer Ungleichbehandlung ausgesetzt ist. Die geäußerte Kritik an dem System der geschlossenen Schiedsrichterliste hängt demnach in erster Linie mit der Organisationsstruktur des TAS zusammen. Welche Bedeutung den Argumenten beizumessen ist, die die Notwendigkeit der geschlossenen Schiedsrichterliste für den Ablauf verbandsmäßig organisierter Wettbewerbe in den Vordergrund rücken, zeigt ein Vergleich mit dem DSS, das für die Zusammensetzung des Spruchkörpers ein alternatives Verfahren vorsieht.

1502 *Zen-Ruffinen*, CaS 2005, 57, 63, der dieses Argument allerdings nur anführt, im Ergebnis die Einführung eines entsprechenden Hinweises jedoch ebenfalls gutheißt.

1503 *Vrijman*, in: CAS 1984-2004, Experiences with arbitration before the CAS, S. 63, 68.

1504 BG v. 30. April 1991, BGE 117 Ia, 166, 168.

II. Zusammensetzung des DSS nach dem Prinzip der Findungshilfe

Nach dem deutschen Zivilprozessrecht sind beim Verfahren zur Zusammensetzung des Spruchkörpers insbesondere das Ernennungsrecht der Parteien sowie der in § 1042 Abs. 1 S. 1 i.V.m. § 1034 Abs. 2 S. 1 ZPO zum Ausdruck kommende Gleichbehandlungsgrundsatz zu beachten,[1505] der als Teil des *ordre public* nicht abbedungen werden kann[1506]. § 1034 Abs. 2 S. 1 ZPO stellt ähnlich wie Art. 368 Schweizerische ZPO eine besondere Ausgestaltung dieses Grundsatzes für diejenigen Fälle dar, in denen einer Partei bei der Besetzung der Schiedsrichterbank ein überwiegender Einfluss zukommt, durch den die andere Partei benachteiligt wird.[1507] Es handelt sich somit um eine vorrangig anwendbare Spezialvorschrift,[1508] die die Streitparteien bereits im Vorfeld des Verfahrens vor Ungleichbehandlungen schützen soll,[1509] indem sie der benachteiligten Partei die Möglichkeit gewährt, eine ordnungsgemäße Ernennung des Schiedsgerichts durch ein staatliches Gericht vornehmen zu lassen. Somit unterscheidet sich § 1034 Abs. 2 S. 1 ZPO von § 1042 Abs. 1 S. 1 ZPO insbesondere im Hinblick auf die Rechtsfolgen. Denn während eine Verletzung des allgemeinen Gleichbehandlungsgrundsatzes nach § 1042 Abs. 1 S. 1 ZPO i.V.m. § 134 BGB stets die Nichtigkeit der Schiedsvereinbarung zur Folge hat, normiert § 1034 Abs. 2 S. 1 ZPO lediglich einen Anspruch auf Mitwirkung staatlicher Gerichte im Rahmen der Schiedsrichterernennung.[1510] Dieser Anspruch präkludiert gemäß § 1034 Abs. 2 S. 2 ZPO zwei Wochen nachdem der (die staatsgerichtliche Mitwirkung) beantragenden Partei die Zusammensetzung des Schiedsgerichts bekannt geworden ist.

§ 1034 Abs. 2 S. 1 ZPO bezieht sich nur auf eine abstrakte beziehungsweise strukturelle Gefährdung des Gleichbehandlungsgrundsatzes.[1511] Umstritten ist allerdings, ob § 1034 Abs. 2 S. 1 ZPO auch Anwendung finden soll, wenn bereits in einer (Verbands-)Satzung beziehungsweise der Schiedsordnung selbst strukturelle Abhängigkeiten dergestalt angelegt

---

1505 *Kröll*, SchiedsVZ 2007, 145, 148 und 153.
1506 *Schwab/Walter*, Schiedsgerichtsbarkeit, Kap. 15, Rn. 1.
1507 MünchKommZPO/*Münch*, zu § 1034 ZPO, Rn. 9.
1508 MünchKommZPO/*Münch*, zu § 1042 ZPO, Rn. 23.
1509 MünchKommZPO/*Münch*, zu § 1034 ZPO, Rn. 2.
1510 MünchKommZPO/*Münch*, zu § 1042 ZPO, Rn. 23.
1511 MünchKommZPO/*Münch*, zu § 1034 ZPO, Rn. 9.

sind, dass sie auf ein Richten in eigener Sache hinauslaufen würden.[1512] In diesem Zusammenhang betonte der Bundesgerichtshof in der „Landseer-Hunde"-Entscheidung[1513] zu Recht, dass schon begrifflich keine die staatliche Gerichtsbarkeit substituierende Schiedsgerichtsbarkeit vorläge, wenn die Schiedsvereinbarung von vornherein nicht auf die Streitbeilegung durch ein unabhängiges und überparteiliches Schiedsgericht ausgerichtet sei.[1514] Denn es könne nicht angehen, die benachteiligte Partei in einem solchen Fall auf die staatsgerichtliche Mitwirkung nach § 1034 Abs. 2 S. 1 ZPO zu verweisen,[1515] zumal nach der Zusammensetzung des Schiedsgerichts die zweiwöchige Präklusionsfrist zu laufen begönne und somit das Gebot der unabhängigen und überparteilichen Rechtspflege unzulässigerweise zur Disposition der Parteien stünde.[1516] Somit sind insbesondere solche Strukturen und verfahrensrechtlichen Regelungen einer kritischen Beurteilung zu unterziehen, durch die einer Partei ein strukturelles Übergewicht bei der Zusammensetzung des Schiedsgerichts und folglich von vornherein ein Vorteil zukommen würde.

Das Verfahren zur Zusammensetzung des Spruchkörpers bestimmen gemäß §§ 1034 Abs. 1 sowie 1035 Abs. 1 ZPO i.V.m. § 24.1 DIS-SportSchO grundsätzlich die Parteien.[1517] Einigen sich die Parteien jedoch auf die Streitbeilegung vor einem institutionellen Sportschiedsgericht, so richten sich der Verfahrensablauf und somit auch die Zusammensetzung des Schiedsgerichts in der Regel nach der Schiedsordnung, sofern diese diesbezügliche Regelungen enthält. Für das Verfahren zur Zusammensetzung des DSS gelten dementsprechend die §§ 2 und 3 DIS-SportSchO.

1512 Siehe ausführlich zu der sog. liberalen und der strengen Ansicht in Bezug auf die Anwendbarkeit von § 1034 Abs. 2 S. 1 ZPO bei *Hofmann*, Zur Notwendigkeit eines institutionellen Sportschiedsgerichts in Deutschland, S. 68 ff.

1513 Siehe BGH, NJW 2004, 2226 ff.

1514 BGH, NJW 2004, 2226, 2227; vgl. zur Abgrenzung von Schiedsgerichtsbarkeit und Verbandsgerichtsbarkeit oben bei Teil 3/Kapitel 1/B. ab S. 208.

1515 BGH, NJW 2004, 2226, 2227.

1516 *Hofmann*, Zur Notwendigkeit eines institutionellen Sportschiedsgerichts in Deutschland, S. 70 m.w.N.

1517 Die Ausgestaltung des Verfahrens ist innerhalb der zwingenden Regeln des Schiedsverfahrensrechts von größtmöglicher Privatautonomie geprägt, siehe *Bredow/Klich*, CaS 2008, 45, 49.

1. Auswahl und Benennung der Schiedsrichter

Bezüglich der Anzahl und Auswahl der Schiedsrichter vor dem DSS differenziert die DIS-SportSchO zwischen zwei Arten an Streitigkeiten. Zu unterscheiden sind einerseits Streitigkeiten, die ausschließlich einen Verstoß gegen Anti-Doping-Bestimmungen zum Gegenstand haben und deren Streitwert weniger als 25.000 EUR beträgt (§ 2.2 DIS-SportSchO) sowie andererseits alle sonstigen Streitigkeiten, die einen Bezug zum Sport aufweisen (§ 1.1 DIS-SportSchO). Streitigkeiten nach § 2.2 DIS-SportSchO werden vorbehaltlich einer abweichenden Parteivereinbarung durch einen Einzelschiedsrichter entschieden, während gemäß § 2.1 DIS-SportSchO für alle anderen Streitigkeiten mit Sportbezug die Streitbeilegung durch ein Dreierschiedsgericht vorgesehen ist, sofern die Parteien keine abweichende Vereinbarung treffen. Sinn und Zweck der Regelung des § 2.2 DIS-SportSchO ist die Begrenzung des Kostenrisikos für die beteiligten Sportler und Verbände.[1518] Eine Unterscheidung zwischen ordentlichen Verfahren und Berufungsverfahren nimmt die DIS-SportSchO im Gegensatz zum TAS-Code[1519] nicht vor.

„Die Schiedsgerichtsbarkeit lebt vom Vertrauen in die Richterschaft."[1520] Diesem Leitsatz folgend hat sich die DIS bei der Ausgestaltung der Verfahrensvorschriften des DSS zur Zusammensetzung des Spruchkörpers gegen die Etablierung einer geschlossenen Schiedsrichterliste entschieden. Zwar stellt das DSS ebenfalls eine Schiedsrichterliste zur Verfügung, auf der aktuell 126 Personen figurieren,[1521] die zum einen Juristen sein und zum anderen besondere Kenntnisse im Bereich des Sportrechts sowie schiedsgerichtliche Erfahrungen vorweisen müssen.[1522] Außer in den Fällen der §§ 3.3 und 3.4 DIS-SportSchO sind die Parteien gemäß § 3.1 DIS-SportSchO bei der Auswahl der Schiedsrichter jedoch nicht auf die Liste beschränkt. Die Liste stellt vielmehr eine Hilfe bei der Suche nach einem geeigneten Schiedsrichter dar. Darüber hinaus können

---

1518 *Bredow/Klich*, CaS 2008, 45, 48.

1519 Siehe oben bei Teil 3/Kapitel 2/A./I./2./b. ab S. 231.

1520 Zitat aus einem persönlichen Gespräch vom 11. April 2012 mit dem früheren Generalsekretär der DIS, Jens Bredow.

1521 Die Schiedsrichterliste des DSS ist online abrufbar unter: http://www.dis-sportschiedsgericht.de/ (zuletzt aufgerufen am 04.07.2015).

1522 Vgl. http://www.dis-sportschiedsgericht.de/ unter „Sportschiedsrichterliste" (zuletzt aufgerufen am 04.07.2015).

sich die Parteien nach § 3.2 DIS-SportSchO direkt bei der DIS Anregungen für die Schiedsrichterauswahl holen. Die Autonomie der Parteien bei der Auswahl der Schiedsrichter wird somit lediglich bei Vorliegen eines Einzelschiedsgerichts sowie bei der Benennung des vorsitzenden Schiedsrichters eines Dreierschiedsgerichts eingeschränkt, §§ 3.3 und 3.4 DIS-SportSchO. Bei Vorliegen eines Dreierschiedsgerichts hat der Kläger nach § 6.2 Nr. 5 DIS-SportSchO bereits mit der Einreichung der Klage einen Schiedsrichter zu benennen. Nach Erhalt der Klageschrift muss der Beklagte gemäß § 12.1 DIS-SportSchO innerhalb von 14 Tagen einen Schiedsrichter benennen, andernfalls kann der Kläger die Benennung eines solchen durch den DIS-Ernennungsausschuss für die Sportschiedsgerichtsbarkeit[1523] beantragen. Der Vorsitzende des Dreierschiedsgerichts wird schließlich stets vom DIS-Ernennungsausschuss für die Sportschiedsgerichtsbarkeit ernannt. Dieser muss in Anlehnung an § 3.3 DIS-SportSchO Jurist sein und auf der Schiedsrichterliste figurieren. Bei Vorliegen eines Einzelschiedsgerichts muss der Schiedsrichter nach § 3.3 DIS-SportSchO als „Vorsitzender" ebenfalls auf der Liste geführt und Jurist sein.[1524] Grundsätzlich wird dieser jedoch von den Parteien bestimmt. Bei fehlender Einigung der Parteien, die aus Gründen der Zeitersparnis bereits bei Einleitung des Schiedsverfahrens gegeben sein muss,[1525] übernimmt der DIS-Ernennungsausschuss für die Sportschiedsgerichtsbarkeit die Benennung, § 3.4 DIS-SportSchO. Sobald der DIS-Hauptgeschäftsstelle die Annahmeerklärung des auserwählten Schiedsrichters beziehungsweise der auserwählten Schiedsrichter vorliegt, bestellt der DIS-Generalsekretär den oder die benannten Schiedsrichter, sofern sich aus der Erklärung keine Umstände ergeben, die Zweifel an der Unabhängigkeit oder Überparteilichkeit begründen könnten, oder keine der Parteien der Bestellung des Schiedsrichters widersprochen hat, § 17.1 DIS-SportSchO. Sollten Zweifel an der Unabhängigkeit oder ein entsprechender Widerspruch vorliegen, so entscheidet der DIS-Ernennungsausschuss für die Sportschiedsgerichtsbarkeit über die Bestellung des oder der benannten Schiedsrichter, § 17.2 DIS-SportSchO. Mit der Bestellung gilt das Schiedsgericht nach § 17.3 DIS-SportSchO als zusammengesetzt.

1523 Siehe zum DIS-Ernennungsausschuss für die Schiedsgerichtsbarkeit bei Teil 3/Kapitel 2/A./II./2./d. ab S. 255.

1524 *Mertens*, SpuRt 2008, 140, 142.

1525 *Bredow/Klich*, CaS 2008, 45, 48.

2. Würdigung

Aus den Verfahrensregeln zur Zusammensetzung des DSS ergibt sich folglich, dass die Auswahl von Personen als Schiedsrichter, die nicht der Schiedsrichterliste des DSS angehören, nur für die parteiernannten Schiedsrichter eines Dreierschiedsgerichts in Betracht kommt. Die Regelungen stellen somit einen Kompromiss zwischen der geschlossenen Schiedsrichterliste des TAS und einer völlig freien Auswahl von Schiedsrichtern dar,[1526] weshalb im folgenden Verlauf die Bezeichnung einer „teilweise offenen Liste" verwendet wird. So kombiniert die DIS-SportSchO verschiedene Methoden zur Zusammensetzung des Schiedsgerichts, indem die Parteien im Falle eines Dreierschiedsgerichts jeweils einen Schiedsrichter frei benennen beziehungsweise sich im Falle eines Einzelschiedsgerichts auf einen Schiedsrichter aus der Liste einigen können und zusätzlich der DIS-Ernennungsausschuss für die Sportschiedsgerichtsbarkeit sowie der Generalsekretär der DIS bei der Wahl des vorsitzenden Schiedsrichters des Dreierschiedsgerichts beziehungsweise des Einzelschiedsrichters im Falle einer fehlenden Einigung als eine Art außenstehende „Anstellungsbehörde" fungieren.[1527] Auf diesem Wege kann das DSS die Besetzung wichtiger Positionen kontrollieren,[1528] um in Bezug auf das Schiedsverfahren einen ausreichenden Standard für fachkompetente und möglichst schnelle Entscheidungen zu garantieren.[1529] Gleichzeitig wird aber die Einhaltung privatrechtlicher Grundprinzipien gewährleistet, die eine Beschränkung des Parteiwillens nur in Ausnahmefällen erlauben.[1530]

Was die Effizienz des Schiedsverfahrens betrifft, so besteht beim Verfahren zur Zusammensetzung des DSS im Falle eines Dreierschiedsgerichts unter Umständen das Risiko, dass parteiernannte Schiedsrichter, die

---

1526 Letzteres ist bei einer sog. „offenen Schiedsrichterliste" der Fall.

1527 *Hofmann*, Zur Notwendigkeit eines institutionellen Sportschiedsgerichts in Deutschland, S. 391, der diese Organe als „*appointing authority*" bezeichnet.

1528 Das DSS behält die Hoheit über die jeweilige Kernbesetzung, siehe *Mertens*, SpuRt 2008, 140, 142.

1529 Unter der Verlinkung „Sportschiedsrichterliste" auf der Internetseite des DSS (http://www.dis-sportschiedsgericht.de/, zuletzt aufgerufen am 04.07.2015) heißt es, dass die Aufnahme auf die Schiedsrichterliste besondere Kenntnisse im Bereich des Sportrechts und schiedsgerichtliche Erfahrung voraussetzt.

1530 *Hofmann*, Zur Notwendigkeit eines institutionellen Sportschiedsgerichts in Deutschland, S. 391.

nicht über die notwendige Expertise verfügen, geneigt sein könnten, die Rolle eines Vertreters derjenigen Partei anzunehmen, von welcher sie ernannt wurden, und es hierdurch zu „gegenseitiger Abhängigkeit und geflissentlichen Vernachlässigen der Objektivität“[1531] kommen könnte. Allerdings behält das DSS nach § 17.2 DIS-SportSchO aufgrund der Funktionen und der Rolle des DIS-Ernennungsausschusses für die Sportschiedsgerichtsbarkeit grundsätzlich genügend Kontrolle, so dass die Verwirklichung des mit der schiedsgerichtlichen Streitbeilegung verfolgten Zwecks, nämlich Streitigkeiten in einem schnellen Verfahren durch fachkompetente Schiedsrichter entscheiden zu lassen, nicht gefährdet ist.[1532]

III. Reformbedürftigkeit des TAS

Die Gegenüberstellung der Verfahren zur Zusammensetzung des TAS und des DSS zeigt wesentliche Unterschiede hinsichtlich der Beachtung von elementaren Verfahrensgrundsätzen, insbesondere der Grundsätze der Gleichbehandlung der Schiedsparteien durch das Schiedsgericht und der Privatautonomie sowie des Gebots der unabhängigen und überparteilichen Rechtspflege, auf. Denn während vor dem DSS die Einhaltung dieser Grundsätze weitgehend gewährleistet ist, treten diesbezüglich beim TAS vor allem wegen der geschlossenen Schiedsrichterliste beachtliche Zweifel auf. Diese sind auf die Stellung und Einflüsse der den CIAS bildenden Sportorganisationen und Sportverbände bei der Besetzung der Schiedsrichterliste zurückzuführen, denen im Falle ihrer Verfahrensbeteiligung bereits strukturbedingt ein abstraktes Übergewicht bei der Besetzung des Spruchkörpers zukommt, insbesondere sofern sie in einem Verfahren einem Sportler gegenüberstehen. Für die Tolerierung eines solchen Über-

---

1531 *Schillig*, Schiedsgerichtsbarkeit von Sportverbänden in der Schweiz, S. 160, nach dessen Ansicht die Streitparteien bei der Wahl ihres Schiedsrichters wohl eher einen „Anwalt“ wählen würden.

1532 Sicherlich wäre die Situation bei der vollständigen Öffnung der Schiedsrichterliste anders zu beurteilen. Denn bestünde theoretisch die Möglichkeit, dass keiner der Schiedsrichter eines Dreierschiedsgerichts auf der Liste geführt ist und somit womöglich keine besonderen Kenntnisse im Bereich des Sportrechts oder schiedsgerichtliche Erfahrungen vorweisen kann, dann wäre der mit der Schiedsgerichtsbarkeit verfolgte Zweck der schnellen, einheitlichen und insbesondere fachkompetenten Entscheidungsfindung mit hoher Wahrscheinlichkeit gefährdet.

gewichts zugunsten der mächtigen Sportverbände und somit gleichzeitig zugunsten potenzieller Streitparteien müsste ein plausibler Grund bestehen, der die Einschränkung der oben genannten Verfahrensgrundsätze rechtfertigt. Andernfalls kann in Verfahren vor dem TAS, in denen ein Sportler eine Verbandsentscheidung angreift, die uneingeschränkte Gewährleistung unabhängiger Rechtsprechung nicht als garantiert angesehen werden, so dass in der Folge auch die materielle Rechtskraftwirkung der Entscheidung bezweifelt werden muss.[1533]

1. Keine Rechtfertigung für geschlossene Schiedsrichterliste

Grundsätzlich widerspricht die Etablierung einer geschlossenen Schiedsrichterliste wegen der damit einhergehenden Einschränkung des Grundsatzes der Privatautonomie einer Grundidee des internationalen und nationalen Schiedsrechts.[1534] Den Beteiligten eines Schiedsverfahrens wird hierdurch die Möglichkeit genommen, das Schiedsverfahren unter Beachtung der rechtsstaatlichen Minimalgarantien selbst auszugestalten und insbesondere die Regeln zur Besetzung des Schiedsgerichts frei zu bestimmen. Dieser Widerspruch wird beim TAS durch die verbandslastige Besetzung der Schiedsrichterliste sowie die hieraus resultierende Einschränkung des Grundsatzes der Gleichbehandlung verstärkt. Etwaige Zweifel an der Unabhängigkeit und Überparteilichkeit des Spruchkörpers sind auf die gesamte Organisation und Struktur der Schiedsgerichtsinstitution zurückzuführen und somit „systembedingt“[1535]. Denn aus den Regelungen über die Organisation des TAS und folglich auch aus den Regelungen über die Zusammensetzung des Schiedsgerichts selbst ergibt sich ein strukturelles Übergewicht zugunsten der mächtigen Sportverbände, die folglich (als Interessengemeinschaft)[1536] im Verhältnis zu den Sportlern eine stärkere Position einnehmen und somit zumindest theoretisch bevorteilt werden. Ob und inwiefern sich dieses strukturelle Übergewicht im konkreten Einzelfall auf die Besetzung des Schiedsgerichts auswirkt, ist unklar und vor allem nur schwer nachweisbar. Einerseits liegt die Annahme nahe, dass auch

1533 So auch *Scherrer*, CaS 2008, 58, 63.

1534 *Hantke*, SpuRt 1998, 186, 187; *Glossner/Bredow/Bühler*, Das Schiedsgericht in der Praxis, 3. Aufl., Rn. 167 ff.

1535 *Schillig*, Schiedsgerichtsbarkeit von Sportverbänden in der Schweiz, S. 159 f.

1536 Siehe oben bei Teil 3/Kapitel 2/A./I/4./a. ab S. 237.

Sportler ein Interesse an einer Entscheidung ihrer Streitigkeit durch einen fachkompetenten Schiedsrichter haben, wenngleich dieser dem CIAS von einer Sportorganisation oder einem Sportverband zur Ernennung auf die Liste vorgeschlagen wurde. Diese Annahme beruht in erster Linie auf dem Vertrauen in die Einhaltung des Grundsatzes, dass Schiedsrichter niemals als Vertreter der Parteiinteressen auftreten dürfen. Andererseits wird eine solch liberale Betrachtungsweise der Schutzbedürftigkeit des Sportlers nicht gerecht, der sich der Sportschiedsgerichtsbarkeit grundsätzlich ohne Wahlmöglichkeit zu unterwerfen hat.

Bei dem Anspruch auf einen unabhängigen und überparteilichen (Schieds-)Richter handelt es sich um ein „droit de l'homme“[1537], so dass diesbezügliche Zweifel ausgeräumt werden und die Streitparteien ein Anrecht auf gleichwertige Mitgestaltungsmöglichkeiten bei der Besetzung des Spruchkörpers haben müssen.[1538] Das Prinzip des Listenzwangs sowie seine konkrete Ausgestaltung beim TAS stehen jedoch dem Grundsatz entgegen, dass ein Schiedsrichter absolut neutral zu sein hat,[1539] und verringern somit die Akzeptanz der gesamten Schiedsgerichtsinstitution.[1540] In der Praxis ist die Gefahr einer ungleichen und unausgewogenen Schiedsgerichtsbesetzung vielleicht eher als gering einzustufen. Angesichts der materiellen Rechtskraftwirkung schiedsgerichtlicher Entscheidungen dürfen die geschilderten rechtlichen Bedenken hinsichtlich der Einhaltung des Gebots unabhängiger und überparteilicher Rechtspflege jedoch weder auf der Organisationebene des TAS noch bei der Zusammensetzung des Spruchkörpers unbeachtet bleiben.

Das stetige Anwachsen der TAS-Schiedsrichterliste macht diese mehr oder weniger überflüssig, da die Anzahl der tatsächlich berufenen Schiedsrichter verhältnismäßig gering bleibt. Der Grund hierfür ist relativ banal. So erkundigt sich im Normalfall jede Streitpartei, die einen Schiedsrichter zu ernennen hat, nach einer geeigneten Persönlichkeit, weil sie ihr „Schicksal nicht einem Ungeeigneten anvertrauen“ und kein allzu

---

1537 Siehe *M'baye*, Buletin ASA 1990, 114, 141, Ausführungen von *Béat Hodler*.

1538 *Knoepfler/Schweizer*, SZIER 2003, 577, 589, bezeichnen das Recht auf freie Schiedsrichterwahl als ein „principe [...] fondamental du droit de l'arbitrage.“

1539 *M'baye*, Buletin ASA 1990, 114, 141, Ausführungen von *Béat Hodler*; *Scherrer*, CaS 2008, 58, 62.

1540 *Rigozzi*, ZSR 132 (2013) I, S. 301 ff.; *Rigozzi*, L'arbitrage international, Rn. 575; *Netzle*, in: Röhricht (Hrsg.), Das Internationale Sport-Schiedsgericht in Lausanne. Zusammensetzung, Zuständigkeit und Verfahren, S. 9, 12.

großes Risiko eingehen möchte.[1541] Da dies in der Regel Persönlichkeiten sind, die Erfahrungen oder besondere Kompetenzen bezüglich Schiedsverfahren vor dem TAS aufweisen,[1542] bildet sich nach einiger Zeit eine relativ kleine Gruppe erfahrener Schiedsrichter heraus, die den Streitbeteiligten als Referenz für die zu treffende Schiedsrichterwahl dient.[1543] Grundsätzlich besteht kein Grund zu der Annahme, dass die Streitparteien von dieser Strategie bei der Suche eines geeigneten Schiedsrichters abweichen würden, wenn ihnen die Liste wie beim DSS lediglich als Hilfestellung zur Verfügung stünde.

Die in der Literatur unternommenen Versuche, die Etablierung einer geschlossenen Schiedsrichterliste zu rechtfertigen, stellen hauptsächlich auf die Notwendigkeit des Listenzwangs zur Erreichung schneller und fachkompetenter Entscheidungen ab. Notwendigkeit besteht allerdings nicht, wenn die schnelle und fachkompetente Entscheidungsfindung durch eine gleich (gut) geeignete Verfahrensweise zur Zusammensetzung des Spruchkörpers erreicht werden kann, durch die die Rechte der Streitparteien weniger beeinträchtigt werden.[1544] Tatsache ist, dass die Streitbeteiligten für die Entscheidung ihrer Auseinandersetzung bisher ausschließlich Schiedsrichter auswählen können, die über umfangreiches und spezialisiertes Fachwissen im Bereich des Sports verfügen. Dies zählt zu den elementaren Vorteilen der institutionellen Sportschiedsgerichtsbarkeit.[1545] Es wird auch nicht bestritten, dass die Beschränkung der Auswahlmöglichkeit der Parteien auf eine geschlossene Schiedsrichterliste die Qualität des Schiedsverfahrens fördert, da infolgedessen nur ein bestimmter Personenkreis mit bestimmten Qualifikationen als Schiedsrichter vor dem TAS auftreten kann. Allerdings muss an dieser Stelle darauf hingewiesen werden, dass das Bedürfnis, Rechtsstreitigkeiten von fachkompetenten (Schieds-)Richtern entscheiden zu lassen, keine Eigenart des organisierten

1541 *Glossner*, Das Schiedsgericht in der Praxis, 2. Aufl., S. 51.

1542 Spezielle Fachkenntnisse hinsichtlich einer bestimmten Sportart sind in der Regel nicht erforderlich, da die vom TAS zu entscheidenden Sachverhalte (bspw. Doping, Schiedsrichterbeleidigung, unsportliches Verhalten etc.) für die meisten Sportarten ähnlich zu beurteilen sind. So auch BG v. 27. Mai 2003, BGE 129 III 445, 458.

1543 Vgl. in etwa *Glossner*, Das Schiedsgericht in der Praxis, 2. Aufl., S. 51.

1544 *Maunz/Dürig/Grzeszick*, GG-Kommentar, zu Art. 20 GG, VII. Rn. 113.

1545 So auch PHB SportR-*Pfister* 2. Teil/Rn. 371; *Haas/Martens*, Sportrecht, S. 125; *Hantke*, SpuRt 1998, 186, 190 m.w.N.; *Monheim*, SpuRt 2008, 8, 11; *Schillig*, Schiedsgerichtsbarkeit von Sportverbänden in der Schweiz, S. 156.

Sports darstellt. Vielmehr müssen Rechtsstreitigkeiten aus allen Lebensbereichen von fachkompetenten Personen entschieden werden, die dabei stets mit Problemen aus unterschiedlichen Rechtsbereichen konfrontiert werden.[1546] Dies gilt auch für Streitigkeiten mit Bezug zum Sport, zumal das sogenannte „Sportrecht" nichts anderes als eine aus vielen Rechtsbereichen bestehende Querschnittsmaterie darstellt.[1547] Aus diesem Grund ist die Annahme verfehlt, dass nur ein relativ kleiner Personenkreis von 300 Personen über die notwendigen Kompetenzen und Fähigkeiten zur Beilegung sportrechtlicher Streitigkeiten verfügen soll.[1548] Es ist ferner nicht einzusehen, warum wegen der Ausgestaltung des Auswahlverfahrens zur Besetzung der TAS-Schiedsrichterliste und des nur schwer nachvollziehbaren Vorschlagrechts der mächtigen Sportverbände[1549] (Art. S14 TAS-Code[1550]) nicht jeder vollständig ausgebildete Jurist die faire Chance erhält, in einem Verfahren vor dem TAS als Schiedsrichter aufzutreten. Denn auch bei Streitigkeiten mit Bezug zum Sport wiederholen sich die verfahrensrechtlichen und materiellrechtlichen Probleme, deren Lösung oftmals in der Anwendung allgemeiner Rechtsgrundsätze liegt und somit keine besonderen Sportrechtskenntnisse voraussetzt.[1551] Überdies hat jeder Schiedsrichter die Möglichkeit, sich mithilfe von Fachzeitschriften oder Präzedenzentscheidungen auf einen Fall oder ein konkretes Rechtsproblem vorzubereiten[1552] und unterhält unter Umständen sogar mehr „emotionale Distanz" zum Streitgegenstand und den Streitbeteiligten als ein von einem Sportverband vorgeschlagener, sportaffiner Schiedsrich-

1546 *Knoepfler/Schweizer*, SZIER 2003, 577, 589.

1547 *Fritzweiler*, NJW 2000, 997 ff., hebt bspw. das Vereins- und Verbandsrecht, das Wettbewerbsrecht, das Arbeitsrecht sowie das Haftungs- und Versicherungsrecht hervor.

1548 Insbesondere wenn man die 300 Schiedsrichter beim TAS mit dem weltweit organisierten Sport, d.h. den vielzähligen Sportorganisationen, -verbänden, -vereinen, deren Mitgliedern und den Sportlern, in Relation setzt.

1549 Gemäß Art. S14 TAS-Code hat der CIAS bei der Besetzung der Schiedsrichterliste darauf zu achten, dass er Personen auswählt, deren Namen und Qualifikationen ihm insbesondere vom IOC, den internationalen Sportverbänden und den NOK zugetragen werden.

1550 Siehe oben bei Teil 3/Kapitel 3/A./I./1. ab S. 284.

1551 Siehe *Knoepfler/Schweizer*, SZIER 2003, 577, 590; *Knoepfler/Schweizer*, SZIER 1994, 149, 153.

1552 Siehe *Knoepfler/Schweizer*, SZIER 2003, 577, 590.

ter.[1553] Diese Verfahrensweise bewährt sich schon seit jeher in der Wirtschaftsschiedsgerichtsbarkeit, deren Entwicklung in keiner Weise durch die freie Schiedsrichterwahl behindert wurde.[1554]

Mithin müssen die vermeintlichen Vorteile der institutionellen Sportschiedsgerichtsbarkeit aus einem System hervorgehen, das den Sportler nicht benachteiligt und keine strukturbedingten Zweifel an der Unabhängigkeit und Überparteilichkeit der Schiedsrichter aufkommen lässt. In diesem Zusammenhang verdeutlicht die Untersuchung des Verfahrens zur Zusammensetzung des Spruchkörpers beim DSS, dass die Etablierung einer geschlossenen Schiedsrichterliste im Bereich der institutionellen Sportschiedsgerichtsbarkeit zur Erreichung schneller und fachkundiger Entscheidungen nicht notwendig ist.[1555] Folglich sollte nach der hier vertretenen Auffassung für den TAS nicht an der geschlossenen Schiedsrichterliste festgehalten, sondern stattdessen eine teilweise Öffnung der Liste erwogen werden, um die geschilderten Bedenken hinsichtlich der Zusammensetzung des Spruchkörpers zukünftig auszuräumen.[1556]

2. Findungshilfe als angemessene, alternative Methode

Mangels Notwendigkeit besteht somit kein Rechtfertigungsgrund für die Beschränkung der Auswahlmöglichkeit des Sportlers auf eine geschlossene Schiedsrichterliste. Angesichts der Strukturen des TAS befinden sich die Parteien in einem Schiedsverfahren, in dem sich ein Sportler und ein Sportverband gegenüberstehen, nicht in der gleichen Ausgangsposition. Demzufolge muss eine alternative Methode zur Zusammensetzung des Spruchkörpers etabliert werden, durch die der Gleichbehandlungsgrundsatz sowie das Gebot unabhängiger und überparteilicher Rechtspflege weitestgehend ohne Einschränkung garantiert werden können. Gegen eine vollständige Öffnung der Liste, das heißt gegen die Möglichkeit, dass

---

1553 *Heermann*, SchiedsVZ 2014, 66, 75; a.A. wohl *Steiner*, SchiedsVZ 2013, 15, 18 (= SpuRt 2014, 2, 4), der eine solche Distanz grundsätzlich für gegeben hält.

1554 Siehe *Knoepfler/Schweizer*, SZIER 2003, 577, 590.

1555 Eine Ausnahme machen *Knoepfler/Schweizer*, SZIER 2003, 577, 590, zu Recht für die Ad hoc-Kammer des TAS, die nur für die Beilegung von Streitigkeiten im Zusammenhang mit den Olympischen Spielen zusammentritt. Dies wird mit dem erhöhten Bedürfnis nach schneller Entscheidungsfindung zur Sicherung der Wettkampfabläufe begründet.

1556 Adolphsen/Nolte/Lehner/Gerlinger/*Lehner*, Sportrecht in der Praxis, Rn. 1618.

auch eine beliebige Person als Einzelschiedsrichter oder neben den parteiernannten Schiedsrichtern als Vorsitzender eines Dreierschiedsgerichts bestimmt werden kann, spricht – insoweit ist den Befürwortern einer geschlossenen Schiedsrichterliste zuzustimmen – das Bedürfnis nach schnellen, fachkompetenten und einheitlichen Entscheidungen. Zu diesem Zweck ist die Besetzung dieser wichtigen Positionen mithilfe einer Liste, auf der ausschließlich ausgewiesene und erfahrene Sport- und Schiedsrechtsexperten figurieren, durchaus für sinnvoll zu erachten.

Die für das TAS hervorgehobenen Zweifel könnten dementsprechend durch die Anpassung der Schiedsrichterliste an das für das DSS charakteristische Prinzip der Findungshilfe weitgehend behoben werden, das lediglich für den Posten des Einzelschiedsrichters beziehungsweise des vorsitzenden Schiedsrichters eines Dreierschiedsgerichts die Beschränkung der Auswahlmöglichkeit der Parteien auf eine Liste vorsieht.[1557] Denn auf diese Weise wird dem Grundsatz der Privatautonomie in angemessenem Maße Rechnung getragen, so dass nicht nur die schwache Stellung des Sportlers gestärkt wird, sondern sich die Streitparteien durch die freie Schiedsrichterwahl sogar auf Augenhöhe begegnen können. Die Streitbeteiligten hätten demnach auch vor dem TAS in einer Vielzahl von Schiedsverfahren[1558] die Wahl zwischen einem Schiedsrichter von der Liste oder einer beliebigen Person, die aus Parteisicht die erforderlichen Fähigkeiten besitzt, um den Rechtsstreit schnell und fachkompetent beizulegen. Geht man mit der hier vertretenen Ansicht davon aus, dass die auf der TAS-Schiedsrichterliste figurierenden Personen im Zweifel nicht ganz unbefangen sind,[1559] so kann mit der teilweisen Öffnung der Schiedsrichterliste vor allem eine Steigerung der Vertrauenswürdigkeit der gesamten Schiedsgerichtsinstitution erreicht werden. Da die Bedenken hinsichtlich der Unabhängigkeit und Überparteilichkeit des Spruchkörpers hauptsächlich bei Streitigkeiten bestehen, in denen sich die der monopolistischen Verbands-

---

1557 Einen ähnlichen Vorschlag unterbreitet *Rigozzi*, L'arbitrage international, Rn. 575, der bereits im Jahre 2005 für die Errichtung einer „liste des Présidents de formation“ plädierte; *Rigozzi/Hasler/Noth*, in: Arbitration in Switzerland, Introduction to the CAS Code, Rn. 7; *Rigozzi*, ZSR 132 (2013) I, 301, 309.

1558 Die völlig freie Auswahlmöglichkeit der Streitparteien kommt lediglich für die Benennung der „Parteischiedsrichter“ (siehe *Glossner*, Das Schiedsgericht in der Praxis, 2. Aufl., S. 49; *Franzen*, NJW 1986, 299 ff.) bei der Streitentscheidung durch ein Dreierschiedsgericht in Betracht.

1559 So in etwa auch *Schillig*, Schiedsgerichtsbarkeit von Sportverbänden in der Schweiz, S. 160.

struktur geschuldete Ungleichgewichtslage zwischen einem Sportler und einem Sportverband bemerkbar macht, wäre bereits die teilweise Öffnung der Liste für diejenigen Streitigkeiten als Fortschritt zu bewerten, in denen sich gerade diese Protagonisten des verbandsmäßig organisierten Sports gegenüberstehen.[1560] Auch wenn die Umsetzung dieses Vorschlags in der Praxis wohl keine großen Änderungen bewirken würde, so fielen immerhin die rechtlichen Wirkungen, nämlich die Beachtung der Privatautonomie sowie die Gleichbehandlung der Parteien und somit ein wenig mehr Klarheit hinsichtlich der strukturellen Unabhängigkeit und Überparteilichkeit des Spruchkörpers, ins Gewicht.[1561]

Man könnte zusätzlich erwägen, im Falle einer teilweisen Öffnung der Liste strengere Anforderungen an die Unabhängigkeit und Überparteilichkeit der parteiernannten Schiedsrichter zu stellen, da durchaus die Gefahr besteht, dass die Streitparteien die Position eines Schiedsrichters mit der eines Parteivertreters verwechseln. Diese Gefahr besteht jedoch stets bei parteiernannten Schiedsrichtern, so dass an die Beurteilung der Unabhängigkeit und Überparteilichkeit sowohl bei einer (teilweise) offenen Liste als auch bei einer geschlossenen Liste ein strenger Maßstab anzusetzen ist.[1562] Der teilweisen Öffnung der Schiedsrichterliste steht im Übrigen nicht entgegen, formale Anforderungen an die Person des Schiedsrichters zu knüpfen, die der Schnelligkeit und Qualität des Schiedsverfahrens zuträglich sind. Zu denken ist in diesem Zusammenhang insbesondere an das Erfordernis einer abgeschlossen Juristenausbildung. In jedem Fall müssen die Regelungen bezüglich der Zusammensetzung des Spruchkörpers besonders sorgfältig abgefasst werden, um den Parteien trotz der bestehenden Ungleichgewichtslage ein gleichberechtigtes Mitwirken bei der Schiedsrichterwahl zu ermöglichen.[1563] Hierzu wäre zumindest die Umsetzung des vom Schweizerischen Bundesgericht geforderten Hinweises auf diejenigen Sportorganisationen oder Sportverbände, die eine bestimmte

1560 Diese Regelung war ursprünglich für solche Streitigkeiten vor dem geplanten, jedoch nie umgesetzten Tribunal Arbitral du Football (TAF) vorgesehen, in die die FIFA involviert gewesen wäre, vgl. *Zen-Ruffinen*, Droit du Sport, Rn. 1483.

1561 So schon *Baddeley*, L'association sportive face au droit, S. 274, die zu Recht darauf hinweist, dass eine solche Lösung keine bedeutenden praktischen Konsequenzen erwarten ließe.

1562 Siehe zur Problematik parteiernannter Schiedsrichter unten bei Teil 3/Kapitel 3/B./II./2. ab S. 327.

1563 PHB SportR-*Pfister/Summerer*, 2. Aufl., 2. Teil/Rn. 282.

Person zur Ernennung auf die Schiedsrichterliste vorgeschlagen haben, wünschenswert.[1564]

Unabhängig von der Frage, ob das Prinzip der Findungshilfe dem Prinzip des Listenzwangs vorzuziehen ist, stellt die Existenz einer Schiedsrichterliste beim TAS grundsätzlich so lange ein Problem dar, wie die aufgedeckten Defizite auf der Organisationsebene nicht beseitigt werden. Denn ein Schiedsgericht muss institutionell unabhängig sein, und dies gilt erst recht, wenn Organisationen oder Verbände und somit potenzielle Streitbeteiligte (mittelbar) auf dessen Verwaltung und unter Umständen sogar auf die Verfahrensabläufe Einfluss nehmen können.[1565] Bestehen die Einflussnahmemöglichkeiten der mächtigen Sportverbände bei der Besetzung der TAS-Schiedsrichterliste fort, so erweist sich trotz einer teilweise offenen Liste weiterhin die Tatsache als problematisch, dass die wichtigen Positionen innerhalb eines Spruchkörpers, nämlich die des Einzelschiedsrichters oder des vorsitzenden Schiedsrichters eines Dreierschiedsgerichts, durch den Präsidenten der Berufungskammer im Hinblick auf die Interessen der einflussnehmenden Gruppe besetzt werden können. Aus diesem Grund stellen einerseits die Kompetenz des CIAS zur Ernennung des Kammerpräsidenten sowie zur Besetzung der Schiedsrichterliste und andererseits das in Art. S14 TAS-Code normierte Vorschlagsrecht der Sportverbände eine Gefahr für das Gebot der unabhängigen und überparteilichen Rechtspflege dar. Als Alternative zur Besetzung der Schiedsrichterliste durch den CIAS könnte beispielsweise die Bildung einer kleineren, mit Aktiven- und Sportverbandsvertretern paritätisch besetzten Auswahlkommission in Betracht gezogen werden, die – ähnlich wie der DIS-Ernennungsausschuss für die Sportschiedsgerichtsbarkeit – die dem Anforderungsprofil entsprechenden Personen auf die Schiedsrichterliste benennt.[1566] Darüber hinaus wäre die Einhaltung des Gebots unabhängiger und überparteilicher Rechtspflege ebenfalls hinreichend gewährleistet, wenn die Benennung des Einzelschiedsrichters oder des Vorsitzenden eines Dreierschiedsgerichts listenunabhängig einer unabhängigen staatlichen Behörde, zum Beispiel einem Gericht oder dem Präsidenten eines solchen, überlassen würde. In diesem Fall hätte keine der Streitparteien einen grö-

---

1564 BG v. 27. Mai 2003, BGE 129 III 445, 458 f.

1565 *Hofmann*, Zur Notwendigkeit eines institutionellen Sportschiedsgerichts in Deutschland, S. 67.

1566 *Holla*, Der Einsatz von Schiedsgerichten im organisierten Sport, S. 212 f.

ßeren Einfluss oder wäre auf andere Weise bevorteilt.[1567] Insgesamt vorzugswürdig ist allerdings die Umsetzung der in Teil 3/Kapitel 2/B. vorgeschlagenen Umstrukturierung des CIAS, so dass dieser als vollständig unabhängiges Organ ohne Rücksicht auf die Interessen potenzieller Streitbeteiligter die Besetzung einer teilweise offenen Schiedsrichterliste selbst vornehmen könnte.

B. Die schiedsrichterliche Unabhängigkeit und Überparteilichkeit

> „L'indépendance d'esprit est indispensable à l'exercice du pouvoir juridictionnel, quelle qu'en soit la source, et elle est l'une des qualités essentielles des arbitres.“[1568]

Die obersten Zivilrichter der Französischen Republik verdeutlichen mit dieser Aussage, dass die schiedsrichterliche Unabhängigkeit und Überparteilichkeit für jede Form von rechtsprechender Gewalt unabdingbar ist und eine der wesentlichen Eigenschaften von Schiedsrichtern darstellt. Dementsprechend ist das Erfordernis der schiedsrichterlichen Unabhängigkeit und Überparteilichkeit gesetzlich auch in den Art. 363 und 367 Abs. 1 lit. c) Schweizerische ZPO, Art. 180 Abs. 1 lit. c) IPRG[1569] sowie § 1036 ZPO ausdrücklich geregelt, die jeweils die Möglichkeit der Ablehnung eines Schiedsrichters wegen fehlender Unabhängigkeit oder Überparteilichkeit vorsehen[1570]. Auch die Schiedsordnungen des TAS und des DSS nor-

---

1567 BG v. 7. November 2011, BGE 138 III 29, 31, wonach der Einzelschiedsrichter durch das Obergericht des Kantons Zürich ernannt wurde; BG v. 13. Oktober 1954, BGE 80 I 336, 344; BG v. 21. Juni 1950, BGE 76 I 87, 95.

1568 Cour de Cassation (2e Chambre civile) v. 13. April 1972, Revue de l'Arbitrage 1975, S. 235.

1569 Art. 180 Abs. 1 lit. c) IPRG benennt zwar nicht das Erfordernis der Überparteilichkeit, eine Trennung der Voraussetzungen der Unabhängigkeit und der Überparteilichkeit wäre jedoch äußerst schwierig und ist darüber hinaus nicht vom Schweizerischen Gesetzgeber intendiert, vgl. *Orelli*, in: Arbitration in Switzerland, zu Art. 180 IPRG, Rn. 8.

1570 Vgl. BG v. 15. März 1993, BGE 119 II 271, 279, wonach die Unabhängigkeit der Schiedsrichter im Einzelfall über die Bestimmungen zur Ablehnung und Abberufung der Schiedsrichter gewährleistet wird.

mieren diese Voraussetzung ausdrücklich in Art. R33 TAS-Code[1571] beziehungsweise § 15 DIS-SportSchO.

Grundsätzlich erfordert das Gebot unabhängiger und überparteilicher Rechtspflege, dass Umstände, die außerhalb der Streitsache liegen, die Entscheidungsfindung nicht zugunsten oder zulasten einer Partei beeinflussen.[1572] Eine Beeinflussung der Streitsache liegt bereits dann vor, wenn die Umstände den Anschein der Voreingenommenheit eines Schiedsrichters erwecken oder andere berechtigte Zweifel an dessen Unabhängigkeit und Überparteilichkeit aufkommen lassen.[1573] Solche Umstände müssen zwar objektiv vorliegen, das heißt rein subjektive, die Unabhängigkeit oder Überparteilichkeit eines Schiedsrichters bezweifelnde Eindrücke einer Partei sind in der Regel nicht ausreichend.[1574] Es dürfen allerdings auch nicht zu hohe Anforderungen an das Vorliegen dieser Umstände gestellt werden, so dass es den Streitparteien nicht zugemutet werden kann, die tatsächliche Befangenheit eines Schiedsrichters nachzuweisen. [1575]

Unter der schiedsrichterlichen Unabhängigkeit und Überparteilichkeit ist – vereinfacht ausgedrückt – sowohl die physische als auch die psychische Distanz der Schiedsrichter im Verhältnis zu den Streitparteien zu verstehen.[1576] Insbesondere die der Überparteilichkeit anhaftende subjektive Komponente macht es schwer, die tatsächliche Unbefangenheit eines

---

1571 Erst mit der zuletzt revidierten Fassung des TAS-Codes, die zum 1. März 2013 in Kraft getreten ist, wurde in Art. R33 TAS-Code das Erfordernis der Überparteilichkeit hinzugefügt, was zwar eine zu begrüßende Klarstellung darstellt, aber in der Praxis aufgrund des Unabhängigkeitserfordernisses wohl kaum von Bedeutung sein wird. Siehe zum Verhältnis von Unabhängigkeit und Überparteilichkeit BG v. 30. Juni 1994, Bulletin ASA 1997, 99, 104.

1572 BG v. 27. Mai 2003, BGE 129 III 445, 454.

1573 BG v. 27. Mai 2003, BGE 129 III 445, 454.

1574 BG v. 27. Mai 2003, BGE 129 III 445, 454 und 466; *Vrijman*, in: CAS 1984-2004, Experiences with arbitration before the CAS, S. 63, 66.

1575 BGH, NJW 1972, 827; gerade in Fällen, in denen den Parteien das Recht zusteht, einen Schiedsrichter zu bezeichnen, darf selbst die Gefahr einer richterlichen Abhängigkeit nicht geduldet werden. Siehe bspw. BG v. 26. Oktober 1966, BGE 92 I 271, 276, E.5.: In diesem Fall arbeitete die Ehefrau eines parteiernannten Schiedsrichters als juristische Mitarbeiterin im Anwaltsbüro des Rechtsvertreters der Partei, die diesen Schiedsrichter ernannt hatte.

1576 BG v. 27. Mai 2003, BGE 129 III 445, 466; *Hofmann*, Zur Notwendigkeit eines institutionellen Sportschiedsgerichts in Deutschland, S. 66; siehe hierzu ausführlicher bei „Das Gebot unabhängiger und überparteilicher Rechtspflege“ ab S. 198.

Schiedsrichters anhand der konkreten Umstände des Einzelfalls zu beurteilen.[1577] Hinzu kommt, dass gerade der Sport gelegentlich so viel Leidenschaft und Emotionen entfacht, dass die Beachtung des Gebots unabhängiger und überparteilicher Rechtspflege im Rahmen der schiedsgerichtlichen Entscheidungsfindung ein recht schwieriges Unterfangen darstellt.[1578] Denn kein Wettbewerb, keine Organisation und kein Schiedsverfahren können vor Störungen von innen oder außen, beispielsweise durch die mächtigen Sportorganisationen, Sportverbände oder Sportler selbst, aber auch durch Regierungen, staatliche Gerichte, politische Bewegungen, Medien, Vorurteile etc. geschützt werden.[1579] Gleichwohl gilt es, diese Störungen im Sinne einer funktionierenden Sportschiedsgerichtsbarkeit so gering wie möglich zu halten, indem zumindest diejenigen Faktoren, die bereits offenkundig eine Gefahr für eine unabhängige Rechtsprechung darstellen, reguliert werden.[1580] Hierzu zählen beispielsweise sämtliche wirtschaftliche, rechtliche, professionelle sowie persönliche Verbindungen des Schiedsrichters zu einer Streitpartei[1581] sowie etwaige eigene Interessen eines Schiedsrichters am Prozessausgang[1582]. Problematisch sind regelmäßig die weniger eindeutigen Fälle[1583], in denen der Sportler seine etwaigen Zweifel an der Unabhängigkeit eines Schiedsrichters mangels objektiver,

1577 So muss sich die fehlende Überparteilichkeit in der Regel nach außen manifestieren, bspw. durch eine mündliche oder schriftliche Äußerung, vgl. *Raeschke-Kessler*, Bulletin ASA 2008, 3, 6.

1578 *Plantey*, in: CAS 1984-2004, Quelques observations sur l'arbitrage sportif international, S. 54, 58.

1579 *Plantey*, in: CAS 1984-2004, Quelques observations sur l'arbitrage sportif international, S. 54, 58.

1580 *Zuck*, SpuRt 2014, 5, 9, ist hingegen der Ansicht, dass aufgrund der Schiedsordnung des TAS, die die Unabhängigkeit ihrer Schiedsrichter vorgibt und Regelungen enthält, mittels derer der Sportler diese im Verfahren rügen kann, eine generalisierende verfassungsrechtliche Kritik zur Besetzung der Schiedsgerichte „ohne Fundament" sei.

1581 *Jagenburg*, in: FS für Oppenhoff, Schiedsgerichtsbarkeit zwischen Wunsch und Wirklichkeit, S. 147, 160, nach dessen Ansicht unbedingt vermieden werden sollte, „Schiedsrichter ‚auf die Bank zu bringen', die irgendwelche persönlichen oder wirtschaftlichen Beziehungen zu den Parteien haben."

1582 *Schwab*/*Walter*, Schiedsgerichtsbarkeit, Kap. 14, Rn. 8.

1583 Als eindeutige, die Unabhängigkeit eines Schiedsrichters gefährdende Tatsache wäre beispielsweise eine enge familiäre Verbindung oder Geschäftsbeziehungen zu einer der Streitparteien (vgl. hierzu Stein/Jonas/*Schlosser*, § 1036 ZPO, Rn. 18 ff., zu gegenwärtigen, früheren und späteren Kontakten zwischen Schiedsrichter und Partei) anzusehen.

nachweisbarer Umstände nur unzureichend begründen kann. Für diese Fälle muss zum Schutze des Sportlers, der bei der Zusammensetzung des Schiedsgerichts und der Wahl der Schiedsrichter in der Ausübung seiner Privatautonomie eingeschränkt ist, zur Beurteilung der tatsächlichen Unabhängigkeit und Überparteilichkeit im Einzelfall ein klarer und greifbarer Maßstab gelten.

In formeller Hinsicht haben die beim TAS und dem DSS zur Streitbeilegung berufenen Schiedsrichter zwar eine Erklärung zu unterzeichnen, nach der sie sich zu Objektivität und Unabhängigkeit verpflichten.[1584] Gleichwohl stellt dieser Abschnitt die für einen Schiedsrichter typischen Interessenskonflikte heraus, die seine persönliche Unabhängigkeit und Überparteilichkeit regelmäßig in Frage stellen können und zum Schutze des Sportlers einer Klarstellung bedürfen. Einer vor Verfahrensbeginn zu unterzeichnenden Unabhängigkeitserklärung darf aufgrund ihrer rein deklaratorischen Wirkung ohnehin nicht allzu große Bedeutung beigemessen werden.

I. Offenlegungspflicht der Schiedsrichter

Nach den nationalen Prozessordnungen sowie den Schiedsordnungen des TAS und des DSS besteht grundsätzlich die Pflicht für jeden Schiedsrichter, alle Tatsachen offenzulegen, die seine Fähigkeit, unabhängige und überparteiliche Entscheidungen zu treffen, beeinflussen könnten.[1585] Welche Tatsachen hiermit gemeint sind, ist jedoch – abgesehen von den soge-

1584 Vgl. Art. S18 Abs. 2 TAS-Code, § 16.1 DIS-SportSchO und *Baddeley*, L'association sportive face au droit, S. 272.

1585 Vgl. Art. 363 Schweizerische ZPO, § 1036 Abs. 1 S. 1 ZPO, Art. R33 Abs. 1 TAS-Code und § 16.1 DIS-SportSchO; Stein/Jonas/*Schlosser*, § 1036 ZPO, Rn. 35; das IPRG normiert zwar keine Offenlegungspflicht, allerdings nimmt das Schweizerische Bundesgericht an, dass ein gutgläubiger Schiedsrichter die Parteien stets über jeden Umstand zu informieren hat, der zu seiner Ablehnung führen könnte, siehe *Leemann*, Bulletin ASA 2011, 10, 13.

nannten absoluten Ablehnungsgründen[1586] – oftmals strittig und geht aus den jeweiligen Vorschriften nicht eindeutig hervor.[1587]

1. IBA Guidelines on Conflicts of Interest in International Arbitration[1588]

Mangels eindeutiger gesetzlicher Regelungen ziehen staatliche Gerichte regelmäßig die *IBA Guidelines* als Werkzeug zur Beurteilung etwaiger Interessenskonflikte heran.[1589] Denn die *IBA Guidelines* typisieren nicht nur mögliche Situationen, die zu Interessenskonflikten führen können. Sie kategorisieren darüber hinaus auch diese Situationen und sorgen somit für mehr Rechtsklarheit hinsichtlich der schiedsrichterlichen Pflicht zur Offenlegung zweifelbegründender Umstände.[1590] Die *IBA Guidelines* dienen somit nicht nur den staatlichen Gerichten als Beurteilungsmaßstab, sondern sie bilden auch für die Schiedsrichter eine Hilfestellung hinsichtlich

---

1586 Auch wenn § 1032 ZPO entgegen des § 1032 Abs. 1 ZPO a.F. nicht mehr auf die Ablehnungsgründe des § 41 ZPO Bezug nimmt, ist unbestritten, dass das Vorliegen eines oder mehrerer dieser Gründe in jedem Fall Zweifel an der Unabhängigkeit und Überparteilichkeit eines Schiedsrichters begründet, siehe *Schwab/ Walter*, Schiedsgerichtsbarkeit, Kap. 14, Rn. 5; § 41 ZPO nennt bspw. familiäre Beziehungen des Richters zu einer Streitpartei oder aber wesentliche Verbindungen zum Streitgegenstand.

1587 So hat das Schweizerische Bundesgericht (BG v. 20. März 2008, 4A_506/2007, E.3.2.) zum Beispiel die Offenlegungspflicht eines Schiedsrichters betreffend seiner Verbandszugehörigkeit in einem ordentlichen Verfahren vor dem TAS, in dem die Parteien um einen beachtlichen Wert stritten, sogar ganz verneint, weil die die Unabhängigkeit bestreitende Partei keine konkreten Hinweise für die Befangenheit lieferte. Insbesondere in ordentlichen Verfahren, in denen die schiedsgerichtliche Streitbeilegung unzweifelhaft auf dem Willen der Parteien basiere und diese sich auf Augenhöhe begegneten, dürften die Streitparteien nicht auf die Unabhängigkeitserklärung vertrauen. Vielmehr könne man erwarten, dass sich die Parteien gewissenhaft über die Schiedsrichter informieren. Ergänzend muss erwähnt werden, dass der im Anfechtungsverfahren vor dem Bundesgericht geltend gemachte Ablehnungsgrund, nämlich die Verbandszugehörigkeit des Schiedsrichters, nach Ansicht des Gerichts mit nicht besonders zeitintensiven Internetrecherchen hätte entdeckt werden können. Die Herleitung einer solchen Informationsbeschaffungspflicht ist allerdings höchst fragwürdig.

1588 Siehe hierzu oben bei Teil 3/Kapitel 2/A./III./2./a. ab S. 266.

1589 Siehe bspw. für die Schweiz: BG v. 20. März 2008, 4A_506/2007, E.3.3.2.1 f.; BG v. 10. Juni 2010, 4A_458/2009, E.3.3.1; BG v. 11. Januar 2010, 4A_258/2009, E.3.1.2; BG v. 11. Januar 2010, 4A 256/2009 E.3.1.2.

1590 *Leemann*, Bulletin ASA 2011, 10, 14.

der Frage, welche Art von Beziehungen oder Tatsachen sie zur Vermeidung von Interessenkonflikten offenlegen müssen.[1591] Die konkrete Einordnung bestimmter Tatsachen als offenlegungspflichtig, durch die die Rechtsstaatlichkeit eines Schiedsverfahrens gefährdet werden könnte, ist überaus wichtig, um den Spielraum für Umgehungen oder fragwürdige Interpretationen möglichst klein zu halten. Dies gilt umso mehr für die Fälle, in denen sich in einem Schiedsverfahren zwei ungleich starke Parteien gegenüberstehen und somit eine Partei bei der Schiedsrichterwahl eine schwächere Position einnimmt. Allerdings berücksichtigen die *IBA Guidelines* die Besonderheiten der institutionellen Sportschiedsgerichtsbarkeit im Allgemeinen und der geschlossenen Schiedsrichterliste beim TAS im Besonderen nicht hinreichend und sind insgesamt eher liberal formuliert.[1592] Dementsprechend ist die Bedeutung der *IBA Guidelines* im Bereich der institutionellen Sportschiedsgerichtsbarkeit im Verhältnis zur Wirtschaftsschiedsgerichtsbarkeit als gering einzuschätzen. Dem Ansehen und der Vertrauenswürdigkeit institutioneller Sportschiedsgerichte wäre es zuträglich, wenn Fragen der schiedsrichterlichen Unabhängigkeit und Überparteilichkeit strenger gehandhabt würden, als dies die *IBA Guidelines* vorsehen.[1593] Dies gilt vor allem für die Frage, ob eine Pflicht zur Offenlegung besteht. Insoweit lassen die *IBA Guidelines* – mit Ausnahme der Fallgruppen aus der roten Liste – den Schiedsrichtern stets einen gewissen Handlungs- und Interpretationsspielraum. Im verbandsmäßig organisierten Sport darf es einen solchen Spielraum aber aufgrund der besonderen Konstellation zwischen Sportverband und Sportler in dieser Form nicht geben. Zudem haben die *IBA Guidelines* auch die Funktion, die Offenlegungspflicht der Schiedsrichter zu begrenzen, indem sie beispielsweise in einer grünen Liste Umstände enumerieren, die ein Schiedsrichter nicht offenzulegen hat.[1594] Dementgegen könnte jedoch mit der Einführung einer umfassenden Offenlegungspflicht bereits ein Großteil der Zweifel hinsichtlich der Wahrung schiedsrichterlicher Unabhängigkeit und Überparteilichkeit ausgeräumt werden. Dessen ungeachtet ist ein Rückgriff auf die Richtlinien zur Einordnung zweifelhafter Situationen keineswegs schädlich.

1591 Vgl. Punkt 1 der *Introduction* der *IBA Guidelines.*

1592 Siehe *Martens*, SchiedsVZ 2009, 99 f.

1593 Siehe *Martens*, SchiedsVZ 2009, 99 f.

1594 Siehe Punkt 6 der *Partie II: Application pratique des règles générales* der *IBA Guidelines.*

2. Erfordernis einer umfassenden Offenlegungspflicht

Kommt es zu einem Interessenkonflikt oder begründet eine Tatsache sonstige Zweifel an der persönlichen Unabhängigkeit oder Überparteilichkeit eines einzelnen Schiedsrichters, so bedeutet dies bei rechtzeitiger Rüge[1595] in der Regel die Unwirksamkeit der Schiedsrichterernennung, was regelmäßig die Ablehnung des betroffenen Schiedsrichters nach Art. 180 Abs. 1 lit. c) IPRG, Art. 367 Abs. 1 lit. c) Schweizerische ZPO oder §§ 1036 f. ZPO zur Folge hat.[1596] Eine nicht rechtzeitig erfolgte Geltendmachung des Ablehnungsgrundes führt zur Verwirkung des Rechts, im Anschluss an das Schiedsverfahren den Schiedsentscheid wegen einer vorschriftswidrigen Ernennung eines Schiedsrichters oder der vorschriftswidrigen Zusammensetzung des Schiedsgerichts nach Art. 190 Abs. 2 lit. a) IPRG, Art. 393 lit. a) Schweizerische ZPO oder § 1059 Abs. 2 lit. d) ZPO anzufechten beziehungsweise aufheben zu lassen.[1597] Ob das Ablehnungsrecht oder die Anfechtungs- beziehungsweise Aufhebungsmöglichkeit ausreichen, um die schiedsrichterliche Unabhängigkeit zu gewährleisten, ist allerdings fraglich. Denn sowohl für den Sportler, der in der Regel wenig Erfahrung im Bereich der schiedsgerichtlichen Streitbeilegung vorweisen kann, als auch für die zur Streitentscheidung berufenen Schiedsrichter führt die Ambivalenz zwischen der Rügepflicht als Voraussetzung für das Ablehnungsrecht einerseits und der Offenlegungspflicht andererseits durchaus zu Beurteilungsschwierigkeiten, insbesondere was die Einleitung weiterer verfahrensrechtlicher Schritte betrifft. Denn stehen nicht genügend Informa-

---

1595 Nach schweizerischem Recht hat die Rüge unverzüglich nach Kenntnisnahme bzw. nach der Möglichkeit der Kenntnisnahme des Ablehnungsgrundes zu erfolgen. Vgl. BG v. 9. Oktober 2012 4A_110/2012, SpuRt 2013, 23 (Originalfassung in Bulletin ASA 2013, 174 ff.), wonach die Pflicht zur sofortigen Einrede einer vorschriftswidrigen Zusammensetzung des Schiedsgerichts auch Ablehnungsgründe betrifft, die bei "gehöriger Aufmerksamkeit“ hätten erkannt werden müssen; nach deutschem Recht genügt gem. § 1037 Abs. 2 S. 1 ZPO eine schriftliche Rüge innerhalb einer Frist von 2 Wochen.

1596 *Hofmann*, Zur Notwendigkeit eines institutionellen Sportschiedsgerichts in Deutschland, S. 66 f.

1597 BG v. 3. Oktober 2011, 4A_530/2011, E.2.2, wonach es der betroffenen Partei nicht gestattet ist, erst den Ausgang des Schiedsverfahrens abzuwarten, um im Falle einer negativen Entscheidung den Schiedsentscheid wegen fehlender Unabhängigkeit oder Überparteilichkeit anfechten bzw. aufheben zu können; BG v. 10. Februar 2010, 4A_612/2009, E.3.1.2; BG v. 20. März 2008, 4A_506/2008, E.3.1.2; *Leemann*, Bulletin ASA 2011, 10, 12 f.

tionen zur Verfügung, so wird der Sportler seine Zweifel an der Unabhängigkeit oder Überparteilichkeit eines Schiedsrichters nur schwerlich begründen können und deshalb sowie wegen der unterlegenen Stellung im Verhältnis zu seinem Sportverband womöglich gehemmt sein, sein Ablehnungsrecht geltend zu machen.[1598] Zusätzlich ist eine Rüge, die sich auf ein Gefühl oder subjektive Eindrücke (Misstrauen) stützt, mangels Nachweisbarkeit in der Regel nicht erfolgsversprechend.[1599] Legt hingegen der Schiedsrichter mehr Tatsachen offen, als er eigentlich müsste, so riskiert er seine eigene Abberufung. Dieser bedenkliche Zustand wird vor dem TAS durch die geschlossene Schiedsrichterliste und die Verbandsnähe der darauf geführten Schiedsrichter verstärkt. Denn während sich ein unerfahrener Sportler erst einmal über die Person des Schiedsrichters informieren muss, haben die Sportverbände diesbezüglich einen Wissensvorsprung, da sie regelmäßig in Schiedsverfahren involviert sind[1600] und darüber hinaus als Interessengemeinschaft die Besetzung der Schiedsrichterliste sowohl durch die Besetzung des CIAS als auch durch die Ausübung ihres Vorschlagsrechts nach Art. S14 TAS-Code mitbestimmen. Aus diesen Gründen kann entgegen der aktuellen Rechtsprechung des Schweizerischen Bundesgerichts zur Aufklärungspflicht von (TAS-)Schiedsrichtern[1601] dem Sportler nicht zugemutet werden, mögliche, die Unabhängigkeit und Überparteilichkeit eines Schiedsrichters gefährdende Umstände erst durch „gezielte Fragestellungen an den Schiedsrichter“[1602] oder andere zeit- und möglicherweise kostenintensive Recherchen herauszufinden. Im Bereich der institutionellen Sportschiedsgerichtsbarkeit muss vielmehr die Pflicht zur Offenlegung sämtlicher Umstände, die Zweifel an der Unabhängigkeit

---

1598 Siehe *Kornblum*, Probleme der schiedsrichterlichen Unabhängigkeit, S. 75 und 226, zu der Besorgnis einer schwächeren Partei, die mächtigere Gegenpartei oder den bzw. die Schiedsrichter zu verärgern. *Kornblum* steht dem Ablehnungsrecht „wegen des Erfordernisses seiner ausdrücklichen und rechtzeitigen Geltendmachung durch die betroffene Partei“ sowie „wegen des zusätzlichen Erfordernisses einer besonderen, die Ablehnung für begründet erklärenden gerichtlichen Entscheidung“ kritisch gegenüber.

1599 BG v. 27. Mai 2003, BGE 129 III 445, 454; *Vrijman*, in: CAS 1984-2004, Experiences with arbitration before the CAS, S. 63, 66.

1600 Siehe zur *repeat player*-Problematik unten bei Teil 3/Kapitel 3/B./II./3. ab S. 332.

1601 Siehe BG v. 9. Oktober 2012, 4A_110/2012, SpuRt 2013, 23 ff. (Originalfassung in Bulletin ASA 2013, 174 ff.).

1602 Siehe BG v. 9. Oktober 2012, 4A_110/2012, SpuRt 2013, 23 (2. Leitsatz) (Originalfassung in Bulletin ASA 2013, 174 ff.).

und Überparteilichkeit eines Schiedsrichters begründen könnten, bei dem Schiedsrichter selbst liegen,[1603] ohne dass die offenzulegenden Umstände tatsächlich einen Ablehnungsgrund darzustellen haben.[1604] Hierdurch könnten die aus der möglichen Verbandsnähe resultierenden Gefahren für die Überparteilichkeit und Unabhängigkeit aufgefangen und neutralisiert werden.[1605] Jeder Schiedsrichter weiß über seine persönlichen, wirtschaftlichen, rechtlichen oder andersartigen Verbindungen zu einer Streitpartei am besten Bescheid.[1606] Zwar wird vereinzelt die Ansicht vertreten, dass die Einhaltung des Grundsatzes der Unabhängigkeit und Überparteilichkeit bei institutionellen Schiedsgerichten nicht so streng zu handhaben sei.[1607] Dem ist jedoch entgegenzuhalten, dass gerade in den Bereichen des verbandsmäßig organisierten Sports und der institutionellen Sportschiedsgerichtsbarkeit, denen Monopolstellungen, verbandsmäßige Einflüsse, strukturell angelegte Abhängigkeiten sowie nur eine eingeschränkte Kontrolle durch staatliche Gerichte immanent sind, eine erhöhte Gefahr einer parteilichen Besetzung der Schiedsrichterbank besteht. Deshalb muss die Unabhängigkeit und Überparteilichkeit in diesem Bereich besonders sichergestellt sein, da der Sportler einerseits auf den ordentlichen Rechtsweg mitsamt seinem Instanzenzug verzichten muss[1608] und andererseits die „Sport(rechts-)familie" klein ist, weshalb regelmäßig dieselben Schiedsrichter ernannt werden[1609]. Mithin kann das Ablehnungsrecht den

1603 MünchKommZPO/*Münch*, zu § 1036 ZPO, Rn. 20, wonach für das Bestehen der Offenlegungspflicht zwar nur „plausible Zweifel" genügen sollten. Es sei aber nicht der gleiche Maßstab wie beim Ablehnungsrecht anzusetzen, da im Rahmen von § 1036 Abs. 1 S. 1 ZPO der Filter des „Berechtigtseins" der Zweifel fehle. Somit handelt es sich dennoch um eine umfassende die Offenlegungspflicht der Schiedsrichter; siehe auch die entsprechenden Offenlegungspflichten vor der Cour Internationale d'Arbitrage der ICC in Paris, vgl. *Derains*, in: Liber Amicorum Guy Horsmans, L'indépendance de l'arbitre, S. 379.

1604 Siehe Stein/Jonas/*Schlosser*, § 1036 ZPO, Rn. 35.

1605 *Raeschke-Kessler*, Bulletin ASA 2008, 3, 8.

1606 MünchKommZPO/*Münch*, zu § 1036 ZPO, Rn. 19.

1607 So *Albers*, Der parteibestellte Schiedsrichter im schiedsgerichtlichen Verfahren der ZPO und das Gebot überparteilicher Rechtspflege, S. 23, der dies darauf zurückführt, dass die institutionellen Schiedsgerichte stets darauf bedacht sind, dass ihre Schiedsentscheide auch durchsetzbar sind, weshalb man von vornherein nur auf Personen zurückgreife, von deren Integrität und Unabhängigkeit man überzeugt sei.

1608 Vgl. zur Schiedsgerichtsbarkeit im Allgemeinen *Franzen*, NJW 1986, 299, 302.

1609 *Martens*, SchiedsVZ 2009, 99.

Sportler vor Gefährdungen des Gebots unabhängiger und überparteilicher Rechtspflege nur dann ausreichend schützen, wenn strengere Anforderungen an die Offenlegungspflicht der Schiedsrichter gestellt werden.[1610] Denn dem „Verlangen nach wahrer Unparteilichkeit"[1611] des Schiedsgerichts muss im Interesse der schwächeren Partei, im Interesse der Öffentlichkeit sowie im Interesse der institutionellen Sportschiedsgerichte selbst kompromisslos nachgegangen werden.[1612]

Wann somit berechtigte Zweifel an der Unabhängigkeit und Überparteilichkeit eines Schiedsrichters vorliegen, muss in der Regel mithilfe einer umfassenden Gesamtwürdigung aller Umstände erfolgen. Zu diesem Zweck sind jedoch die Schiedsrichter in die Pflicht zu nehmen, indem sie gerade all diese Umstände, das heißt sämtliche wirtschaftliche, rechtliche, professionelle sowie persönliche Verbindungen zu einer Streitpartei oder etwaige eigene Interessen am Prozessausgang, ohne explizite Nachfrage offenzulegen haben.[1613] So muss beispielsweise auch das Ermessen, das den Schiedsrichtern hinsichtlich der Offenlegung im Falle der Verwirklichung eines Regelbeispiels der grünen Liste der *IBA Guidelines* zukommt, auf Null reduziert werden. Dies erhöht den Schutz des Sportlers, dem im Nachhinein nicht nachgesagt werden kann, dass er die eine oder andere Tatsache hätte wissen oder selbst in Erfahrung bringen müssen. Die Anwendung strengerer Anforderungen an die Offenlegungspflicht hätte ebenfalls zur Folge, dass die Verletzung dieser Pflicht einen Grund für die Ablehnung eines Schiedsrichters darstellen würde, sofern für die unterlassene Offenlegung einer Information kein Rechtfertigungsgrund ersichtlich ist. Es käme dann nicht mehr darauf an, ob die Tatsache, die hätte offenbart werden müssen, tatsächlich einen Grund zur Annahme der Befangen-

---

1610 *Kornblum*, Probleme der schiedsrichterlichen Unabhängigkeit, S. 82, ist ebenfalls der Ansicht, dass die Einhaltung des Gebots unabhängiger und überparteilicher Rechtspflege durch die bloße Existenz des Ablehnungsrechts nicht ausreichend gewährleistet ist.

1611 *Kornblum*, Probleme der schiedsrichterlichen Unabhängigkeit, S. 245.

1612 So zur Schiedsgerichtsbarkeit im Allgemeinen: *Kornblum*, Probleme der schiedsrichterlichen Unabhängigkeit, S. 245.

1613 Das Schweizerische Bundesgericht macht unverständlicherweise eine Einschränkung, wenn der Schiedsrichter davon ausgehen konnte, dass den Parteien die seine Unabhängigkeit gefährdenden Umstände bekannt waren oder sie sich ohnehin nicht darauf berufen würden, siehe BG v. 14. März 1985, BGE 111 Ia 72, 76.

heit des Schiedsrichters dargestellt hätte oder nicht.[1614] Vielmehr wäre bereits in dem Unterlassen des Schiedsrichters das rechtlich relevante Fehlverhalten zu sehen.[1615] Dies hätte zweifelsohne den positiven Effekt, dass sich jeder Schiedsrichter vor Amtsantritt eingehend mit seiner Eignung als Richter befassen müsste. Denn es sollte auch im Interesse eines jeden Schiedsrichters liegen, seinen Ruf als unbefangenen Streitschlichter zu wahren und im Hinblick auf die Möglichkeit, in zukünftigen Verfahren berufen zu werden, alle Tatsachen offenzulegen, die Misstrauen bezüglich seiner Unabhängigkeit oder Überparteilichkeit erwecken könnten, oder aber das Schiedsrichteramt gar nicht erst anzunehmen.

Im Bereich der institutionellen Sportschiedsgerichtsbarkeit ergeben sich einige Fallgruppen, die zusätzlich zu den Tatbeständen der roten und orangenen Liste der *IBA Guidelines* ein berechtigtes Misstrauen hinsichtlich der schiedsrichterlichen Unabhängigkeit und Überparteilichkeit erwecken können und für die dementsprechend eine umfassende Offenlegung aller zweifelbegründender Umstände zu fordern ist.

II. Spezielle Fallgruppen

Spezielle Situationen, die im Bereich der institutionellen Sportschiedsgerichtsbarkeit das Bedürfnis nach einer umfassenden Offenlegungspflicht verstärken können, stehen insbesondere mit der Beurteilung (früherer) beratender Nebentätigkeiten der in einem schiedsgerichtlichen Verfahren auftretenden Schiedsrichter, der Unabhängigkeit und Überparteilichkeit parteiernannter Schiedsrichter sowie der hiermit zusammenhängenden Problematik der Mehrfachernennung eines Schiedsrichters durch dieselbe Partei zusammen. In Verbindung mit der zu der geschlossenen TAS-Schiedsrichterliste geäußerten Kritik, die hauptsächlich auf die strukturbedingte Nähe der Sportverbände zu den auf der Liste geführten Schiedsrichtern abstellt, sind die Schiedsrichter in diesen Situationen oftmals mit Zweifeln in Bezug auf ihre Unabhängigkeit und Überparteilichkeit konfrontiert.[1616]

1614 *Schlosser*, ZZP 93 (1980), 121, 146, der diesbezüglich auf das U.S.-amerikanische Recht verweist.

1615 *Schlosser*, ZZP 93 (1980), 121, 146, verwendet den Begriff „misconduct".

1616 Dies hängt zum einen mit dem in Art. S14 TAS-Code normierten Vorschlagsrecht der Sportorganisationen und Sportverbände und zum anderen mit der ver-

1. Beratende Nebentätigkeiten

Noch bis vor wenigen Jahren war es den auf der Schiedsrichterliste des TAS figurierenden Personen erlaubt, in Schiedsverfahren, in denen sie nicht als Schiedsrichter zur Streitbeilegung berufen wurden, als Berater oder Parteivertreter zu agieren. Insbesondere im Bereich der internationalen Sportschiedsgerichtsbarkeit erscheint dies zunächst nicht außergewöhnlich, da einige Schiedsrichter, die häufig gleichzeitig als Rechtsanwälte tätig sind, in früheren Schiedsverfahren für die eine oder andere Partei als Schiedsrichter oder Berater aufgetreten sind.[1617] Die Ausübung einer solchen Doppelrolle kann zwar nicht automatisch den Verlust der Unabhängigkeit bedeuten,[1618] da einige geschäftliche oder rechtsberatende Verbindungen, die der Schiedsgerichtsbarkeit gewissermaßen immanent sind, nicht leichthin als Ablehnungsgrund betrachtet werden dürfen.[1619] Dennoch muss selbstverständlich auch ein Schiedsrichter den verfassungsmäßigen Anforderungen an die richterliche Unabhängigkeit genügen. So ruft die Tätigkeit als (Rechts-)Berater von Streitparteien neben der Tätigkeit als Schiedsrichter zumindest Misstrauen hinsichtlich der schiedsrichterlichen Unabhängigkeit und Überparteilichkeit hervor.[1620] Dies ergibt sich ebenfalls aus Regel 3.1 (orangene Liste) der *IBA Guidelines*, wonach ein Schiedsrichter, der innerhalb der letzten drei Jahre für eine Streitpartei beratend tätig war, diesen Umstand offenzulegen hat. Hinzu kommt, dass diese Doppelrolle gerade solchen Parteivertretern oder Beratern, die vor derselben Schiedsgerichtsinstitution in anderen Verfahren gleichzeitig als

---

bandslastigen Zusammensetzung des CIAS, der die TAS-Schiedsrichterliste erstellt, zusammen.

1617 BG v. 27. Mai 2003, BGE 129 III 445, 454.

1618 BG v. 27. Mai 2003, BGE 129 III 445, 454.

1619 BG v. 26. Oktober 1966, BGE 92 I 271, 276; BG v. 30. Juni 1994, Bulletin ASA 1997, 99, 104 m.w.N.

1620 So wurde beispielsweise der Internationale Schwimmverband aufgrund einer Verbandsregel in Schiedsverfahren vor dem TAS stets von seinem ehrenamtlichen Generalsekretär vertreten, während dieser in anderen Verfahren als vorsitzender Schiedsrichter der Berufungskammer auftrat, vgl. *Vrijman*, in: CAS 1984-2004, Experiences with arbitration before the CAS, S. 63, 66; auch die Unabhängigkeit des Zürcher Kassationsgerichts wird bspw. in Frage gestellt, da es Anwälten gestattet, auch als Kassationsrichter tätig zu werden, siehe Anmerkungen (d.Red.) zum Urteil BG v. 4. August 2006, CaS 2006, 575, 584; *Jagenburg*, in: FS für Oppenhoff, Schiedsgerichtsbarkeit zwischen Wunsch und Wirklichkeit, S. 147, 160.

Schiedsrichter auftreten, entscheidende Kenntnisse gegenüber jenen Parteivertretern und Beratern verschafft, die nicht als Schiedsrichter auf der Liste geführt sind.[1621] So kam es vor dem TAS schon vor, dass ein Verbandsmitglied einerseits als Parteivertreter seines Verbandes in einem Berufungsverfahren agierte und gleichzeitig als Vorsitzender eines Dreierschiedsgerichts in einem anderen Berufungsverfahren auftrat.[1622]

Aus guten Gründen erfolgte somit zum 1. Januar 2010 die Einfügung des Art. S18 Abs. 3 TAS, der den Schiedsrichtern die Beratung oder Vertretung von Parteien vor dem TAS verbietet. Art. S18 TAS-Code bezieht sich ausschließlich auf die Schiedsrichter und nicht auf die Kanzleien, in denen diese tätig sind.[1623] Ist jedoch der Schiedsrichter gleichzeitig als Rechtsanwalt in einer Kanzlei tätig, die für ein Schiedsverfahren mit Beteiligung dieses Schiedsrichters einen Parteivertreter stellt, so liegen berechtigte Zweifel vor, den Schiedsrichter für befangen zu halten.[1624] Eine dem Art. S18 Abs. 3 TAS-Code entsprechende Regelung findet sich in der DIS-SportSchO nicht. Insbesondere dort wäre jedoch das ausdrückliche Verbot für Personen, in einem Schiedsverfahren als Schiedsrichter aufzutreten, sofern sie innerhalb eines bestimmten Zeitfensters als Berater oder Parteivertreter für eine der Streitparteien aufgetreten sind, sinnvoll. Durch die teilweise offene Liste wird es dem DIS-Ernennungsausschuss für die Sportschiedsgerichtsbarkeit als Kontrollorgan nach § 17.2 DIS-SportSchO nämlich erschwert, sich Informationen zu den parteiernannten Schiedsrichtern zu beschaffen. Somit ist dieses Verbot – ergänzend zu Regel 3.1 (orangene Liste) der *IBA Guidelines* – zu begrüßen, da es zusätzlich einen wichtigen Schritt in Richtung formelle Unabhängigkeit und Überparteilichkeit der Schiedsgerichtsinstitution bedeutet und sich folglich die Befangenheitsbeschwerden sowie weitere mögliche Interessenskonflikte während der Schiedsverfahren verringern.

1621 *Vrijman*, in: CAS 1984-2004, Experiences with arbitration before the CAS, S. 63, 67.

1622 Siehe *Vrijman*, in: CAS 1984-2004, Experiences with arbitration before the CAS, S. 63, 66, der von eigenen Erfahrungen aus der Praxis berichtet.

1623 TAS 2011/O/2574, Rn. 90 ff. - *UEFA c./ Olympique des Alpes SA/FC Sion.*

1624 Dies begründet *Albers*, Der parteibestellte Schiedsrichter im schiedsgerichtlichen Verfahren der ZPO und das Gebot überparteilicher Rechtspflege, S. 192 f., damit, dass ein Interesse daran besteht, auch künftige Mandate für die Kanzlei zu sichern; vgl. auch den 2. Leitsatz in BG v. 26. Oktober 1966, BGE 92 I 271: „Ein Schiedsrichter ist befangen, wenn seine Ehefrau als Anwältin beim Rechtsvertreter derjenigen Partei arbeitet, die ihn zum Schiedsrichter ernannt hat."

Etwas schwieriger zu beurteilen sind frühere beratende Tätigkeiten eines Schiedsrichters für eine Partei, da diese nicht ohne Weiteres einen Befangenheitsgrund darstellen.[1625] Zwar sollte ein Schiedsrichter auch diese über die in Regel 3.1 (orangene Liste) der *IBA Guidelines* normierte Dreijahresfrist hinaus stets offenlegen müssen.[1626] Solange jedoch kein konkreter Bezug zu der Streitsache besteht, über die der ehemalige Berater nun als Schiedsrichter zu urteilen hat, kann hierin nicht per se ein Grund zur Ablehnung des Schiedsrichters gesehen werden. Es hängt vielmehr von den Umständen des Einzelfalls ab, inwiefern mit einem weiteren zukünftigen geschäftlichen Kontakt zwischen der Streitpartei und dem Schiedsrichter zu rechnen ist und welche Interessen der Unabhängigkeit und Überparteilichkeit des Schiedsrichters entgegenstehen könnten.[1627]

2. Voreingenommenheit parteiernannter Schiedsrichter

Das Recht der Streitparteien, sich im Falle eines Einzelschiedsgerichts auf den Schiedsrichter zu einigen beziehungsweise im Falle eines Dreierschiedsgerichts jeweils einen Schiedsrichter zu benennen, geht auf den das Schiedsrecht beherrschenden Grundsatz der Privatautonomie zurück.[1628] Dieses Recht birgt regelmäßig die Gefahr, dass die Streitparteien die Rolle eines Schiedsrichters fehlinterpretieren, indem sie diese mit der Rolle eines Parteivertreters verwechseln.[1629] Tendenzen dieser Art gefährden die Einhaltung des Gebots unabhängiger und überparteilicher Rechtspflege in hohem Maße, denn selbstverständlich ist auch der von einer Streitpartei ernannte Schiedsrichter zur Unabhängigkeit und Überparteilichkeit ver-

1625 *Schlosser*, ZZP 93 (1980), 121, 129.

1626 *Schlosser*, ZZP 93 (1980), 121, 131 behauptet zu Recht: „Auch der Umstand, daß geschäftliche Kontakte lange zurücklagen, kann nur ein Indiz dafür sein, daß ihre Wiederanknüpfung unwahrscheinlich ist. Nicht aber macht dies allein die Beziehung schon unverdächtig.“; vgl. ebenfalls Stein/Jonas/*Schlosser*, 20. Aufl., § 1032 IV, Rn. 25.

1627 *Schlosser*, ZZP 93 (1980), 121, 130.

1628 Siehe bei Teil 2/Kapitel 1/A./II. ab S. 33.

1629 Siehe Fn. 1403.

pflichtet[1630]. Die Möglichkeit, seinen eigenen „Parteischiedsrichter"[1631] auszuwählen, macht es unbedingt notwendig, gerade bei diesen parteiernannten Schiedsrichtern besonders sorgfältig zu überprüfen, ob Umstände vorliegen, die berechtigte Zweifel an deren Unabhängigkeit oder Überparteilichkeit begründen[1632].

Im Normalfall, das heißt im Falle der freiwillig vereinbarten schiedsgerichtlichen Streitbeilegung, liegt die Annahme nahe, dass die zahlreichen Vorteile der privatautonomen Ausgestaltungsmöglichkeiten, insbesondere die grundsätzlich bestehende Wahlfreiheit der Parteien hinsichtlich der Schiedsrichterernennung, mitunter dazu führt, dass die Zusammensetzung des Schiedsgerichts niemals vollkommen objektiv und unabhängig erfolgt.[1633] Dies hängt damit zusammen, dass eine Partei in der Regel einen Schiedsrichter ernennen wird, dem sie vertrauen kann[1634] und der ihrem Begehren nicht von vornherein ablehnend gegenübersteht.[1635] Hinzutreten können auf der einen Seite ein gewisser Ehrgeiz und das Gefühl des Schiedsrichters, zu „seiner" Streitpartei halten zu müssen sowie auf der anderen Seite die Befürchtung, bei ungünstigem Ausgang des Verfahrens künftig nicht mehr als Schiedsrichter benannt zu werden.[1636] Mithin entsteht ein gewisses Abhängigkeitsverhältnis, welches mitunter auch nur rein psychologischer Natur sein kann.[1637] Doch da die Möglichkeit der

1630 *Albers*, Der parteibestellte Schiedsrichter im schiedsgerichtlichen Verfahren der ZPO und das Gebot überparteilicher Rechtspflege, S. 189; *Netzle*, in: Röhricht (Hrsg.), Das Internationale Sport-Schiedsgericht in Lausanne. Zusammensetzung, Zuständigkeit und Verfahren, S. 9, 12.

1631 *Bucher*, in: Festgabe Kummer, Zur Unabhängigkeit des parteiernannten Schiedsrichters, S. 599, 600.

1632 *Martens*, SchiedsVZ 2009, 99.

1633 So schon *Glossner*, Das Schiedsgericht in der Praxis, 2. Aufl., S. 49.

1634 OLG Karlsruhe, NJW 1957, 1036, 1037.

1635 Vgl. mit einem entsprechenden Beispiel *Glossner*, Das Schiedsgericht in der Praxis, 2. Aufl., S. 49; *Albers*, Der parteibestellte Schiedsrichter im schiedsgerichtlichen Verfahren der ZPO und das Gebot überparteilicher Rechtspflege, S. 21; *Franzen*, NJW 1986, 299; *Glossner/Bredow/Bühler*, Das Schiedsgericht in der Praxis, 3. Aufl., Rn. 223; *Kornblum*, Probleme der schiedsrichterlichen Unabhängigkeit, S. 225 f.

1636 *Raeschke-Kessler*, Bulletin ASA 2008, 3, 8, beschreibt diese Situation als „eine unerwünschte Nähe" zu einer Partei, die zu Lasten der anderen Partei gehen kann; *Bucher*, in: Festgabe Kummer, Zur Unabhängigkeit des parteiernannten Schiedsrichters, S. 599, 604; *Franzen*, NJW 1986, 299.

1637 *Derains*, in: Liber Amicorum Guy Horsmans, L'indépendance de l'arbitre, S. 377, 382, beschreibt diese psychologische Abhängigkeit auf eine anschauli-

Schiedsrichterernennung den Parteien grundsätzlich gleichermaßen zuteil wird, sollten sich die – zumindest subjektiv erhofften – Vorteile im Normalfall ausgleichen,[1638] indem „die entgegengesetzte Parteilichkeit der ‚Parteirichter' die Waage der Gerechtigkeit im Gleichgewicht hält."[1639] Demnach wird häufig dafür plädiert, die Unabhängigkeit und Überparteilichkeit eines parteiernannten Schiedsrichters nicht allzu streng zu behandeln, da diesbezügliche Einschränkungen grundsätzlich dem Willen der Parteien entsprächen, die die Schiedsvereinbarung inklusive der Ernennungsregeln immerhin selbst abgeschlossen hätten.[1640] Zu Recht wird diese Ansicht wegen des Verstoßes gegen den Grundsatz der (uneingeschränkten) Unabhängigkeit und Überparteilichkeit als ein inakzeptabler, gar „zur Hölle" führender Weg bezeichnet.[1641] Und obwohl die Erwartungshaltung bezüglich des Vorliegens eines völlig unabhängigen und

---

che Weise: „Lorsqu'un co-arbitre fait preuve de partialité en faveur de la partie qui l'a désigné, c'est, dans la grande majorité des cas, de façon parfaitement inconsciente, pour ainsi dire en toute bonne foi. Par un curieux phénomène psychologique, malheureusement trop répandu, certains co-arbitres perdent leur indépendance d'esprit dès le moment où il sont désignés par une partie. Il se forme en eux un sentiment de reconnaissance par le seul fait d'avoir été choisi. Le co-arbitre devient alors le champion de la partie qui l'a élu, parce qu'elle l'a élu, et se bat pour elle avec toute la pugnacité dont il est capable, comme le chevalier qui, dans les tournois avait à cœur de défendre les couleurs dont une dame avait orné sa lance."

1638 *Glossner*, Das Schiedsgericht in der Praxis, 2. Aufl., S. 49.

1639 So *Bucher*, in: Festgabe Kummer, Zur Unabhängigkeit des parteiernannten Schiedsrichters, S. 599, 605 ff., der mit überzeugenden Argumenten auch die Vorteile einer gewissen Parteilichkeit von Parteischiedsrichtern herausarbeitet; siehe auch *Franzen*, NJW 1986, 299, 300: „Allein die Besorgnis der Befangenheit des einen Schiedsrichters fördert die Befangenheit des anderen."

1640 Nach *Schwab*/*Walter*, Schiedsgerichtsbarkeit, Kap. 14, Rn. 7 und Stein/Jonas/*Schlosser*, 20. Aufl., § 1032 IV, Rn. 20, kann nur eine „intensive Verbundenheit" des Schiedsrichters mit einer Partei einen Ablehnungsgrund darstellen (bspw. eine Verbundenheit durch die vorherige Kundgabe seiner Rechtsmeinung an eine Streitpartei oder durch ein Angestelltenverhältnis); vgl. auch *Glossner*/*Bredow*/*Bühler*, Das Schiedsgericht in der Praxis, 3. Aufl., Rn. 223; wie bereits erörtert wurde, muss allerdings auch für einen Schiedsrichter das Erfordernis der Unabhängigkeit und Überparteilichkeit uneingeschränkt gelten. Denn schließlich übernimmt er die Funktion eines staatlichen Richters. So auch *Albers*, Der parteibestellte Schiedsrichter im schiedsgerichtlichen Verfahren der ZPO und das Gebot überparteilicher Rechtspflege, S. 189.

1641 So *Schlosser*, ZZP 93 (1980), 121, 135 mit einem kritischen Überblick über die entsprechende Rechtslage im *Common Law* auf den folgenden Seiten.

überparteilichen Schiedsgerichts stets etwas illusorisch ist, wenn die Parteien jeweils einen Schiedsrichter selbst wählen können,[1642] so muss dennoch klar- und sichergestellt sein, dass jeder Schiedsrichter in seiner Funktion als Substitut für den staatlichen Richter die notwendige Distanz zu den Streitparteien einhält.

Von diesem Streitpunkt abgesehen ist aufgrund der bereits herausgestellten Kritikpunkte schwer zu glauben, dass ein durch die entgegengesetzte Parteilichkeit gehaltenes Gleichgewicht auch vor dem TAS erreicht werden kann, da dessen Strukturen und Organisation weniger einem Normalfall als einem Sonderfall entsprechen. Denn während den internationalen Sportverbänden nicht nur über den CIAS, sondern auch über das in Art. S14 TAS-Code normierte Vorschlagsrecht die Mitwirkung bei der Besetzung der Schiedsrichterliste gestattet ist, muss sich der Sportler ohne ein solches Mitwirkungsrecht bei der Auswahl eines Schiedsrichters genau auf diese Liste beschränken. Er muss somit befürchten, dass sich eine Vielzahl der auf der Liste figurierenden Schiedsrichter eher durch verbandsorientierte Ansichten auszeichnet. Somit wäre bereits die für ein rechtmäßiges Schiedsverfahren notwendige Gleichbehandlung der Parteien bei der Ernennung der Schiedsrichter nicht gegeben.[1643] Ebenso stellt es, wie bereits erwähnt,[1644] für viele der TAS-Schiedsrichter eine Ehre dar, auf die Liste gewählt zu werden und somit als Schiedsrichter in einem Verfahren vor dem TAS auftreten zu können.[1645] Dies erzeugt bei manchen Schiedsrichtern unter Umständen das Gefühl, sich gegenüber denjenigen internationalen Sportverbänden, von denen sie zur Ernennung auf die Liste vorgeschlagen wurden, zu Loyalität und Treue verpflichtet zu fühlen. Eine weitere Motivation stellt die Möglichkeit dar, für künftige Streitigkeiten einer Partei erneut als Schiedsrichter benannt zu werden.[1646]

1642 Siehe *Schlosser*, ZZP 93 (1980), 121, 139 f.; siehe auch Stein/Jonas/*Schlosser*, 20. Aufl., § 1032 IV, Rn. 20: „Wollte man mit diesem Grundsatz wirklich Ernst machen, so könnte […] so gut wie jeder von einer Partei benannte Schiedsrichter abgelehnt werden. Allein die Tatsache, daß der Prozeßgegner eine Person als Schiedsrichter bestellt hat, ist geeignet, die Besorgnis ihrer Befangenheit zu begründen.“

1643 Stein/Jonas/*Schlosser*, 20. Aufl., § 1032 IV, Rn. 20.

1644 Siehe oben bei Teil 3/Kapitel 3/A./I./2./b./bb) ab S. 294.

1645 Siehe Fn. 1488.

1646 Siehe in diesem Zusammenhang zur sog. *repeat player*-Problematik unten bei Teil 3/Kapitel 3/B./II./3. ab S. 332; *Kornblum*, Probleme der schiedsrichterlichen Unabhängigkeit, S. 226.

Diese ist bei Sportverbänden aufgrund ihrer regelmäßigen Beteiligung an Schiedsverfahren höher, was sich aus Sicht eines Schiedsrichters gegebenenfalls als lukratives Geschäft herausstellen kann, sofern er sich bei der Entscheidungsfindung deren Interessen annähert.[1647] Nach Ansicht des Schweizerischen Bundesgerichts darf bei einer solchen Betrachtung jedoch nicht außer Acht gelassen werden, dass im Bereich der institutionellen Sportschiedsgerichtsbarkeit wirtschaftliche oder professionelle Beziehungen zwischen Schiedsrichtern und Streitparteien oder deren Rechtsanwälten häufig auftreten und nicht ohne Weiteres einen Ablehnungsgrund darstellen.[1648] Noch nicht einmal freundschaftliche Beziehungen seien als problematisch anzusehen,[1649] so dass grundsätzlich weitere Umstände, die Zweifel an der Unabhängigkeit und Überparteilichkeit hervorrufen, vorgetragen werden müssen[1650]. Außerdem dürfe man von einem Schiedsrichter erwarten, dass er sich zum Zwecke der objektiven Entscheidungsfindung über die Umstände, die zu seiner Ernennung geführt haben, hinwegsetzen kann.[1651] Bedauerlicherweise verkennt das Schweizerische Bundesgericht auch bei dieser Betrachtung, dass mit der Alternativlosigkeit des Sportlers, der Machtstellung der Sportverbände bei der Unterwerfung unter die Schiedsgerichtsbarkeit sowie deren Einflussnahmemöglichkeiten auf die Organisation des TAS ebendiese weiteren, besonderen Umstände vorliegen. Auch wird die Ablehnung eines Schiedsrichters in der Regel daran scheitern, dass die benachteiligte Partei von den Ablehnungsvoraussetzungen keine Kenntnis hat oder diese nicht beweisen kann.[1652] Diese Faktoren machen die Anwendung eines strengeren Maßstabs bei der Frage nach der

---

1647 Siehe hierzu *Albers*, Der parteibestellte Schiedsrichter im schiedsgerichtlichen Verfahren der ZPO und das Gebot überparteilicher Rechtspflege, S. 191 f.; *Kornblum*, Probleme der schiedsrichterlichen Unabhängigkeit, S. 226 m.w.N.; Stein/Jonas/*Schlosser*, 20. Aufl., § 1032 IV, Rn. 24; *Schlosser*, ZZP 93 (1980), 121, 125.

1648 Siehe BG v. 27. Mai 2003, BGE 129 III 445, 466 f.

1649 Siehe BG v. 27. Mai 2003, BGE 129 III 445, 466.

1650 BG v. 27. Mai 2003, BGE 129 III 445, 467.

1651 BG v. 27. Mai 2003, BGE 129 III 445, 467; BG v. 9. November 2000, BGE 126 I 235, 239; BG v. 6. Mai 1993, BGE 119 Ia 81, 85.

1652 *Kornblum*, Probleme der schiedsrichterlichen Unabhängigkeit, S. 226.

Offenlegungspflicht eines parteiernannten Schiedsrichters unbedingt notwendig.[1653]

Ein weiterer Kritikpunkt in Bezug auf die institutionelle Sportschiedsgerichtsbarkeit stellt die Bestellung des Einzelschiedsrichters beziehungsweise des vorsitzenden Schiedsrichters eines Dreierschiedsgerichts dar. Müssen sich die Parteien auf einen Einzelschiedsrichter oder die zwei parteiernannten Schiedsrichter auf einen vorsitzenden Schiedsrichter einigen, dessen Name, wie beispielsweise beim TAS und beim DSS, auf einer Liste zu stehen hat, so besteht im Rahmen einer rechtlichen Auseinandersetzung zwischen einem Sportler und einem Sportverband angesichts der (verbandslastigen) Besetzung der Schiedsrichterlisten zumindest theoretisch die Gefahr, dass die Zusammensetzung des Schiedsgerichts ebenso verbandslastig erfolgt.[1654] Diese Gefahr ist vor dem TAS größer als vor dem DSS, welches den Parteien wenigstens bei der Auswahl der sogenannten „Parteischiedsrichter“[1655] keine Einschränkungen auferlegt. Auf der anderen Seite besteht das Problem, dass im Falle einer teilweise offenen Schiedsrichterliste die Möglichkeiten einer Kontrolle der (Rechts-)Beziehungen zwischen den Streitparteien und den von ihnen ernannten Schiedsrichtern stark eingeschränkt sind, so dass auch in diesen Fällen die Gefahr einer Voreingenommenheit und Parteilichkeit existiert.[1656]

3. Repeat player-Problematik und Mehrfachernennung von Schiedsrichtern

An die Problematik der möglichen Voreingenommenheit parteiernannter Schiedsrichter schließt sich unmittelbar die sogenannte *repeat player*-Problematik an. Als *repeat player* werden diejenigen Parteien bezeichnet, die

---

1653 So auch *Zen-Ruffinen*, CaS 2005, 57, 65, nach dessen Ansicht hierdurch die Glaub- und Vertrauenswürdigkeit des TAS und seiner Entscheidungen gesteigert würden.

1654 *Rigozzi*, ZSR 132 (2013) I, S. 301, 305 f.

1655 Siehe *Glossner*, Das Schiedsgericht in der Praxis, 2. Aufl., S. 49; in der Bezeichnung des parteiernannten Schiedsrichters als „Parteischiedsrichter“ kommt bereits ein gewisser Widerspruch zum Ausdruck, vgl. *Bucher*, in: Festgabe Kummer, Zur Unabhängigkeit des parteiernannten Schiedsrichters, S. 599, 600.

1656 Für Beispiele, die die Problematik der parteiernannten Schiedsrichter veranschaulichen, siehe *Jagenburg*, in: FS für Oppenhoff, Schiedsgerichtsbarkeit zwischen Wunsch und Wirklichkeit, S. 147, 158 f.

regelmäßig in Verfahren vor einem Schiedsgericht beteiligt sind.[1657] Nicht selten vertrauen diese Parteien im Rahmen ihres Ernennungsrechts – unter anderem aus den soeben (Teil 3/Kapitel 3/B./II./2. ab S. 327) aufgezeigten Gründen – demselben Schiedsrichter die Beilegung ihrer Streitigkeiten an, so dass es vorkommen kann, dass ein und dieselbe Person mehrmals als Schiedsrichter in Schiedsverfahren mit Beteiligung derselben Streitpartei auftritt. Da *repeat player* in der Regel um die Notwendigkeit zukünftiger Prozesse wissen,[1658] ist allein die mehrfache Ernennung eines Schiedsrichters ausreichend, um berechtige Zweifel an der Unabhängigkeit und Überparteilichkeit dieses Schiedsrichters zu begründen.[1659] Dies belegt auch Art. 3.1.3. (orangene Liste) der *IBA Guidelines*, wonach eine mehrmalige Ernennung ein und desselben Schiedsrichters innerhalb eines Zeitraums von drei Jahren nach den Umständen des Einzelfalls dazu geeignet ist, berechtigte Zweifel an der Unabhängigkeit und Überparteilichkeit des Schiedsrichters zu erwecken. Diese Zweifel werden darüber hinaus durch die weitgehend fehlende Öffentlichkeit, die oftmals fehlende Transparenz und die eingeschränkte gerichtliche Kontrolle verstärkt.[1660] Dementsprechend muss auch für diese Fälle die Pflicht aufseiten des Schiedsrichters bestehen, vor der Annahme des Schiedsrichteramtes sämtliche (frühere) Ernennungen durch einen Streitbeteiligten offenzulegen, so dass die Parteien frei darüber entscheiden können, ob sie den Schiedsrichter dennoch akzeptieren oder nicht.[1661]

Die mit der *repeat player*-Problematik zusammenhängenden Zweifel begründen im Bereich der institutionellen Sportschiedsgerichtsbarkeit nicht nur das Misstrauen gegenüber dem von einer Partei mehrfach er-

---

1657 *Murray*, ZZPInt 2006, 295, 304.

1658 *Niedermaier*, Schieds- und Schiedsverfahrensvereinbarungen in strukturellen Ungleichgewichtslagen, S. 72.

1659 Siehe bspw. BG v. 9. Oktober 2012 4A_110/2012 E.2, Bulletin ASA 2013, 174, 181 ff.: In diesem Prozess machten die Beschwerdeführer geltend, dass die Tatsache, dass einer der Schiedsrichter mindestens fünf Mal innerhalb weniger Jahre vom Beschwerdegegner bestellt wurde und sich die jeweiligen Streitgegenstände zumindest ähnelten, ausreiche, um einen Mangel an Unabhängigkeit zu belegen; vgl. auch Stein/Jonas/*Schlosser*, 20. Aufl., § 1032 IV, Rn. 24, der das Misstrauen damit begründet, dass Schiedsrichter ihre Ämter gerne zu übernehmen pflegen und an deren Ausübung meist auch gut verdienen.

1660 *Murray*, ZZPInt 2006, 295, 304, der von „unterschwelliger Parteilichkeit" spricht.

1661 Siehe entsprechend Regel 3 von *Part II: Practical Application of the General Standards* der *IBA Guidelines*.

nannten Schiedsrichter, sondern sie nehmen eine komplexere Gestalt an, wenn man sich ein weiteres Mal die Strukturen der institutionellen Sportschiedsgerichte, insbesondere des TAS, vor Augen hält. So treten im Bereich des Sports vor allem Sportverbände als Streitpartei in schiedsgerichtlichen Verfahren auf, die aus diesem Grund als *repeat player* im Sinne der vorstehenden Definition bezeichnet werden können. In der Regel geht es ihnen nicht um den Ausgang eines einzelnen Schiedsverfahrens, sondern sie verfolgen langfristige Interessen.[1662] So erhalten die institutionellen Sportschiedsgerichte über die regelmäßige Verfahrensbeteiligung der *repeat player* nicht nur ihre existenzielle Berechtigung und finanzielle Unterstützung.[1663] Die Sportverbände haben außerdem aufgrund der monopolistischen Struktur des Sportverbandswesens die Macht, das (institutionelle) Schiedsgericht, das über ihre Streitigkeiten entscheiden soll, einerseits zu bestimmen und andererseits sogar auf die Abläufe innerhalb der Schiedsgerichtsinstitution unmittelbar oder zumindest mittelbar Einfluss zu nehmen. Hieraus ergibt sich ein doppeltes Abhängigkeitsverhältnis, das wie folgt beschrieben werden kann: „Ein Schiedsrichter, der zu oft entgegen den Interessen des ‚repeat player' entscheidet, kann nicht erwarten, weitere Fälle zugewiesen zu bekommen. Eine Schiedsgerichtsinstitution, deren Entscheidungen den Interessen des ‚repeat player' widersprechen, kann nicht erwarten, ihre Stammkundschaft zu behalten."[1664]

Wenig verwunderlich erscheint aus den genannten Gründen die in der Rechtsprechung des TAS vertretene Ansicht, nach der aufgrund der Besonderheiten von Schiedsverfahren im Sport eine Ausnahme vom formellen Kriterium des Art. 3.1.3. (orangene Liste) *IBA Guidelines* gemacht werden sollte, wie dies beispielsweise in der „Seeschiedsgerichtsbarkeit"[1665] der Fall sei.[1666] Dies könne damit begründet werden, dass die Gruppe der in Frage kommenden Spezialisten nur sehr limitiert sei.[1667]

1662 So auch *Niedermaier*, Schieds- und Schiedsverfahrensvereinbarungen in strukturellen Ungleichgewichtslagen, S. 72.

1663 Vgl. zur Schiedsgerichtsbarkeit im Allgemeinen: *Murray*, ZZPInt 2006, 295, 304.

1664 So zur *repeat player*-Problematik im Allgemeinen: *Murray*, ZZPInt 2006, 295, 304.

1665 „arbitrage maritime", vgl. BG v. 9. Oktober 2012, 4A_110/2012, E.2.2.1, Bulletin ASA 2013, 174, 182 f.

1666 BG v. 9. Oktober 2012, 4A_110/2012, E.2.2.1, Bulletin ASA 2013, 174, 182 f.

1667 BG v. 9. Oktober 2012, 4A_110/2012, E.2.2.1, Bulletin ASA 2013, 174, 182 f.; so auch das Schweizerische Bundesgericht in BG v. 27. Mai 2003, BGE 129 III

Mehrfachernennungen vor dem TAS seien nach dieser Auffassung nichts Außergewöhnliches[1668] und werden sogar durch die geschlossene Schiedsrichterliste begünstigt. Dass es der wiederholt auftauchenden Argumentation mit der nur limitiert zur Verfügung stehenden Anzahl an Spezialisten an Überzeugungskraft fehlt, wurde bereits bei der Frage nach der Rechtfertigung einer geschlossenen Schiedsrichterliste aufgedeckt.[1669] Darüber hinaus erscheint es widersprüchlich, die Anzahl der auf der Schiedsrichterliste figurierenden Spezialisten stets zu erhöhen und den *repeat player* dennoch die mehrfache Ernennung derselben Person mit der Begründung zu gestatten, es sei nur „un groupe très restreint de spécialistes“[1670] zur Entscheidung über sportrechtliche Streitigkeiten in der Lage.

Eine ebenso liberale Ansicht vertritt das Schweizerische Bundesgericht, indem es eine Parallele zur staatlichen Gerichtsbarkeit zieht.[1671] Es gäbe keine absoluten Ablehnungsgründe und grundsätzlich könne ein staatlicher Richter auch nicht nur aufgrund der Tatsache abgelehnt werden, dass er bereits in einem vorherigen Verfahren als Richter aufgetreten ist.[1672] Deshalb müsse immer im Einzelfall beurteilt werden, ob die Zweifel an der Unabhängigkeit und Überparteilichkeit berechtigt sind.[1673] Diesen Erwägungen muss zum einen entgegengehalten werden, dass der Vergleich mit der Ablehnung eines staatlichen Richters nicht das Ernennungsrecht der Parteien im Rahmen der institutionellen Sportschiedsgerichtsbarkeit berücksichtigt. Erst die mögliche Voreingenommenheit parteiernannter Schiedsrichter im Zusammenspiel mit der häufigen Verfahrensbeteiligung der *repeat player* sowie der nur eingeschränkten Wahlmöglichkeit aus

---

445, 466 f., das die Zulässigkeit einer Mehrfachernennung damit rechtfertigt, dass in dem kleinen Kreise der internationalen Schiedsgerichtsbarkeit oftmals dieselben Personen aus beruflichen oder wirtschaftlichen Gründen wiederholt in Kontakt kommen.

1668 *Rigozzi*, L'arbitrage international, Rn. 947 (Fn. 2672): „Par exemple que l'UCI, dont le siège est à Lausanne, nomme presque systématiquement Me Olivier Carrard, arbitre domicilié à Genève (cf. notamment TAS 2002/A/395 *UCI c. de Paoli et FCI*, Rec. III, p. 306; TAS 2002/A/358 *UCI c. Del Olmo & RFE*, Rec. III, p. 250; TAS 2002/A/431, *UCI c. FFC & Roux*, Rec. III, p. 410; TAS 98/203 *UCI c. F[ois] et FCI*, Rec. II, p. 221).“; vgl. auch BG v. 27. Mai 2003, BGE 129 III 445, 466 f.

1669 Siehe hierzu bei Teil 3/Kapitel 3/A./III./1. ab S. 306.

1670 BG v. 9. Oktober 2012, 4A_110/2012, E.2.2.1, Bulletin ASA 2013, 174, 183.

1671 Siehe BG v. 27. Mai 2003, BGE 129 III 445, 466 f.

1672 Siehe BG v. 27. Mai 2003, BGE 129 III 445, 466 f.

1673 Siehe BG v. 27. Mai 2003, BGE 129 III 445, 466.

einer geschlossenen Schiedsrichterliste begründen die berechtigten Zweifel an der Einhaltung des Gebots unabhängiger und überparteilicher Rechtspflege. Vor einem staatlichen Gericht begegnen sich die Parteien auf Augenhöhe, was bei einer Streitigkeit zwischen einem Sportverband und einem Sportler vor einem institutionellen Sportschiedsgericht in der Regel nicht der Fall ist.[1674] Darüber hinaus ist nur schwer auszumalen, welche nachweisbaren Umstände im Einzelfall zu der Mehrfachernennung noch hinzutreten müssen, damit die Zweifel an der Unabhängigkeit und Überparteilichkeit aus Sicht des Schweizerischen Bundesgerichts als berechtigt angesehen werden können. Aus diesen Gründen muss aus objektiver Sicht bereits in dem Umstand, dass ein und derselbe Schiedsrichter mehrfach von ein und derselben Partei zur Beilegung ihrer Streitigkeiten ernannt wird, ein Ablehnungsgrund gesehen werden, der im Vorfeld des Verfahrens der Offenlegung durch den betroffenen Schiedsrichter bedarf. Erwägenswert wäre in diesem Zusammenhang auch die Veröffentlichung einer stets aktualisierten Liste, auf der die Ernennungen eines Schiedsrichters sowie jeweils die ernennende Partei vermerkt sind. Dies würde die Transparenz der Schiedsgerichtsinstitution sicherlich erhöhen.[1675]

Dem durch die *repeat player*-Problematik entstehenden Misstrauen gegenüber einzelnen Schiedsrichtern sowie gegenüber der gesamten Schiedsgerichtsinstitution kann nur abgeholfen werden, indem die Mehrfachernennung von Schiedsrichtern grundsätzlich untersagt beziehungsweise pauschal als Ablehnungsgrund anerkannt wird. Deshalb ist zu fordern, dass jede Beteiligung eines Schiedsrichters an Schiedsverfahren, in die die eine oder andere Partei in der Vergangenheit involviert war, als ein die Unabhängigkeit und Überparteilichkeit gefährdender Umstand ohne Einschränkungen offenzulegen ist.[1676] Die Anerkennung dieses Umstands als Ablehnungsgrund hätte zudem einen weiteren positiven Effekt zur Folge, durch den die Zweifel an der Unabhängigkeit und Überparteilichkeit in

---

1674 Dies ist auf das Ein-Platz-Prinzip (siehe Fn. 22) und die hieraus resultierende strukturelle Ungleichgewichtslage zurückzuführen, vgl. LG München I v. 26. Februar 2014, CaS 2014, 154, 165 (= SpuRt 2014, 113, 117).

1675 *Zen-Ruffinen*, CaS 2005, 57, 63, erachtet diesen Vorschlag für zu weitgehend.

1676 Siehe auch *Murray*, ZZPInt 2006, 295, 308, bezugnehmend auf den in Kalifornien geltenden Ethikkodices für Schiedsrichter; das Schweizerische Bundesgericht macht unverständlicherweise eine Einschränkung, wenn der Schiedsrichter davon ausgehen konnte, dass den Streitparteien die seine Unabhängigkeit gefährdenden Umstände bekannt waren oder sie sich ohnehin nicht darauf berufen hätten, siehe BG v. 14. März 1985, BG 111 Ia 72, 76.

Bezug auf einzelne Schiedsrichter minimiert würden. Denn darf sich eine Sportorganisation oder ein Sportverband bei der Wahl des Schiedsrichters nicht von vornherein auf eine bestimmte Person festlegen, so bewirkt dies allmählich eine Rotation der auf der Schiedsrichterliste figurierenden Personen, wodurch die Motivation, sich zum Zwecke einer nochmaligen Ernennung in einem späteren Verfahren von bestimmten (Verbands-)Interessen leiten zu lassen, wegfiele. Macht demnach eine Streitpartei von ihrem in Art. 367 Abs. 1 lit. c) Schweizerische ZPO, Art. 180 Abs. 1 lit. c) IPRG und § 1036 Abs. 2 ZPO normierten und in Art. R34 TAS-Code beziehungsweise § 18 DIS-SportSchO konkretisierten Ablehnungsrecht Gebrauch, so ist die Ernennung des betroffenen Schiedsrichters rückgängig zu machen. Andernfalls muss die mehrfache Ernennung eines Schiedsrichters als akzeptiert angesehen werden. In Anlehnung an Art. 3.1.3. (orangene Liste) der *IBA Guidelines* muss die bloße Tatsache, dass ein Schiedsrichter von einer Streitpartei mehrfach ernannt wurde, allerdings nach drei Jahren ihren Misstrauen erregenden Gehalt verlieren.

III. Zusammenfassende Würdigung

Die Kontrolle der schiedsrichterlichen Unabhängigkeit und Überparteilichkeit stellt sich innerhalb der privaten Gerichtsbarkeit insbesondere dann als ein schwieriges Unterfangen dar, wenn die Streitparteien durch die Möglichkeit, einen Schiedsrichter wählen zu dürfen, Einfluss auf die Zusammensetzung des Schiedsgerichts ausüben können. Da die schiedsgerichtliche Streitbeilegung in der Regel jedoch auf dem Willen der Parteien beruht und diese auch das Verfahren zur Zusammensetzung des Schiedsgerichts im Rahmen der gesetzlichen Vorschriften frei bestimmen können, werden die Anforderungen an die Unabhängigkeit und Überparteilichkeit insbesondere bei den parteiernannten Schiedsrichtern grundsätzlich nicht sehr streng gehandhabt. In einer ungünstigeren Konstellation befindet sich jedoch der Sportler im Rahmen der institutionellen Schiedsgerichtsbarkeit vor dem TAS, die wegen vieler und hier unbestrittener Vorteile, aber auch wegen des Schiedszwangs und der strukturellen Ungleichgewichtslage eine Besonderheit darstellt. Dementsprechend sollte das TAS alles in seiner Macht stehende unternehmen, um Zweifel und Misstrauen hinsichtlich der Unabhängigkeit und Überparteilichkeit seiner Schiedsrichter auszuräumen. Denn die privatrechtliche Streitbeilegung beruht ausschließlich auf dem Vertrauen der Parteien in das zur Entscheidung berufene Schiedsgericht.[1677] Dieses Vertrauen muss vor dem TAS erst recht geschützt werden, weil die Streitparteien nicht dieselben Ausgestaltungsmöglichkeiten und Einflüsse in Bezug auf das Schiedsverfahren haben und die schiedsgerichtliche Streitbeilegung nicht auf dem freien Willen der Sportler beruht. Insbesondere das Problem der Voreingenommenheit parteiernannter Schiedsrichter im Zusammenspiel mit der *repeat player*-Problematik lassen wegen der geschlossenen, verbandslastig besetzten Schiedsrichterliste berechtigte Zweifel hinsichtlich der Einhaltung des Gebots unabhängiger und überparteilicher Rechtspflege aufkommen. Diese Zweifel müssen zum Schutze des Sportlers und im Sinne der eigenen Zielbestimmungen des CIAS, nämlich für die vollständige Unabhängigkeit des TAS Sorge zu tragen,[1678] beseitigt werden.

Zwar stellt sich der Kampf gegen die „geistigen Treuepflichten“[1679] beziehungsweise die psychologische Abhängigkeit von Schiedsrichtern als eine äußerst schwierige Mission dar.[1680] Als effektivster und gangbarer Lösungsweg erscheint aber gerade deshalb die Etablierung eines Schutzsystems für die Schiedsrichter vor einer etwaigen (möglicherweise auch unbewussten)[1681] Voreingenommenheit und somit vor sich selbst. Zu diesem Zweck können einerseits eine Erweiterung der Offenlegungspflichten aufseiten der Schiedsrichter sowie andererseits eine teilweise Öffnung der Schiedsrichterliste als Anknüpfungspunkte dienen. Die umfassende Offenlegungspflicht hat den Zweck, die sich aus der Nähe zwischen einer Streitpartei und einem Schiedsrichter ergebenen Gefahren für die persönliche Unabhängigkeit und Überparteilichkeit aufzufangen und zu neutralisieren.[1682] Im Gegensatz zu einem staatlichen Richter, der im Normalfall kei-

---

1677 *Schwab/Walter*, Schiedsgerichtsbarkeit, Kap. 14, Rn. 7; siehe oben bei Teil 3/Kapitel 1/C. ab S. 212.

1678 Siehe die Präambel der *Convention relative à la Constitution du Conseil International de l'Arbitrage en matière de Sport (CIAS)*, in der sich die Vertragspartner mit der Errichtung des CIAS zur Sicherstellung der Beteiligtenrechte vor dem TAS sowie der „entière indépendance“ (vollständigen Unabhängigkeit) dieser Schiedsgerichtsinstitution verpflichtet haben.

1679 „allégeances intellectuelles“, siehe *Derains*, in: Liber Amicorum Guy Horsmans, L'indépendance de l'arbitre, S. 377, 383.

1680 *Derains*, in: Liber Amicorum Guy Horsmans, L'indépendance de l'arbitre, S. 377, 383.

1681 Hierzu ausführlich *Derains*, in: Liber Amicorum Guy Horsmans, L'indépendance de l'arbitre, S. 377, 382.

1682 *Raeschke-Kessler*, Bulletin ASA 2008, 3, 8.

ne besonderen Beziehungen zu den Streitparteien unterhält, muss die Offenlegungspflicht des Schiedsrichters als eine ständige und umfassende Aufklärungs- und Hinweispflicht ausgestaltet sein, die über die Dauer des gesamten Prozesses anhält.[1683] Da insbesondere in der institutionellen Sportschiedsgerichtsbarkeit vor dem TAS aufgrund seiner Strukturen stets eine gewisse Nähe der Schiedsrichter zu den Sportverbänden vermutet werden muss, würden durch eine umfassende Offenlegungspflicht nicht nur die zur Entscheidung berufenen Schiedsrichter zu mehr Wachsamkeit bei der Annahme des Schiedsrichteramtes bewogen, sondern auch die Parteien müssten bei der Wahl ihrer Schiedsrichter eher darauf achten, dass keine Umstände vorliegen, die Misstrauen an deren Unabhängigkeit oder Überparteilichkeit erwecken könnten.[1684]

Des Weiteren muss im Bereich der institutionellen Sportschiedsgerichtsbarkeit die Mehrfachernennung von Schiedsrichtern aufmerksamer und strenger, das heißt zum Beispiel als potenzieller Ablehnungsgrund, beurteilt werden. Ein Schiedsrichter oder die entsprechende Schiedsgerichtsinstitution haben demnach bereits vor Verfahrensbeginn und ohne konkrete Nachfrage die Anzahl der Schiedsverfahren offenzulegen, in die sowohl der Schiedsrichter als auch die ihn ernennende Streitpartei involviert waren. Den Streitparteien bliebe es dann überlassen, die Ablehnung eines Schiedsrichters, der innerhalb der letzten drei Jahre[1685] in einem Schiedsverfahren für eine der Streitparteien als parteiernannter Schiedsrichter tätig geworden ist, zu fordern. Bereits die Möglichkeit der Ablehnung hätte aller Voraussicht nach zur Folge, dass die Zusammensetzung des Schiedsgerichts trotz des Ernennungsrechts der Parteien und der Beteiligung von *repeat player* variabler wäre, wodurch dem Vorwurf der Befangenheit von TAS-Schiedsrichtern eine wichtige Grundlage entzogen wäre.

Kapitel 4: Fazit

Die vorstehende Analyse hat gezeigt, dass die derzeitige Organisationsstruktur des TAS zum Teil schwerwiegende Lücken enthält, die eine ge-

---

1683 *Raeschke-Kessler*, Bulletin ASA 2008, 3, 8.

1684 *Albers*, Der parteibestellte Schiedsrichter im schiedsgerichtlichen Verfahren der ZPO und das Gebot überparteilicher Rechtspflege, S. 188.

1685 Eine Dreijahresfrist erscheint in Anlehnung an Art. 3.1.1. (orangene Liste) *IBA Guidelines* angemessen.

wisse Ansteckungsgefahr auf die Schiedsgerichtspraxis in sich tragen. Aus diesem Grund und damit das TAS seinen eigenen Ansprüchen, nämlich unabhängige und überparteiliche Entscheidungen auf dem Gebiet des verbandsmäßig organisierten Sports zu treffen, gerecht werden kann, müssen Veränderungen innerhalb der Schiedsgerichtsinstitution vorgenommen werden.[1686] Aus der Untersuchung geht hervor, dass sowohl bei der Frage nach der institutionellen Unabhängigkeit des TAS als auch bei der Frage nach der persönlichen Unabhängigkeit und Überparteilichkeit der TAS-Schiedsrichter die Argumentationslinie stets bei dem Verfahren zur Zusammensetzung des CIAS endet. Angesichts der grundlegenden Aufgaben, die dem CIAS zum Beispiel mit der Finanzierung des TAS, der Erstellung der Schiedsrichterliste, der Wahl der Kammerpräsidenten etc. zukommen, liegt hier das Schlüsselproblem, durch das sich das TAS letztlich angreifbar macht. Die Lösung dieses Problems erfordert nach der hier vertretenden Auffassung keine grundlegende Restrukturierung der gesamten Schiedsgerichtsinstitution. Es erscheint vielmehr ausreichend, die Mitgliedschaft im CIAS für die Mehrheit der Mitglieder an besondere, die Unabhängigkeit konkretisierende Voraussetzungen zu knüpfen.[1687] Denn erst durch eine transparente und unabhängige Organisationsstruktur kann das Vertrauen in die Schiedsgerichtsinstitution derart gestärkt werden, dass unter bestimmten Voraussetzungen sogar Einschränkungen des Grundsatzes der Privatautonomie beziehungsweise des Justizgewährungsanspruchs beim Abschluss von Schiedsvereinbarungen zum Zwecke einer schnellen, einheitlichen und fachkompetenten Entscheidungsfindung hinnehmbar erscheinen.[1688] Dem DSS kann hingegen mit der Angliederung an die Vereinsstruktur der DIS und die hierdurch erfolgte Trennung von den Sportverbänden eine unabhängige Organisationsstruktur attestiert werden, die sich nicht nur positiv auf das Ansehen der Schiedsgerichtsinstitution, sondern auch auf die Unabhängigkeit der Schiedsrichter auswirkt.[1689]

Im Zusammenhang mit der Problematik der verbandslastigen Zusammensetzung des CIAS haben die Untersuchung und insbesondere der Vergleich mit dem DSS ferner aufgezeigt, dass eine geschlossene Schiedsrichterliste zwar aus Sicht der Schiedsgerichtsinstitution den geeignetsten Weg zu schnellen und fachkompetenten Entscheidungen darstellt. Es muss

---

1686 *Rigozzi*, ZSR 132 (2013) I, S. 301, 307.
1687 Siehe oben bei Teil 3/Kapitel 2/A./III. ab S. 262.
1688 Siehe zu den Voraussetzungen oben bei Teil 2/Kapitel 4/E./II./3. ab S. 186.
1689 *Mertens*, SpuRt 2008, 180, 184.

allerdings beachtet werden, dass mit der Beschränkung der Auswahlmöglichkeit in den für die Schiedsgerichtsbarkeit bedeutsamen Grundsatz der Privatautonomie eingegriffen wird. Das DSS hat mit einer teilweise offenen Liste, dem Prinzip der Findungshilfe, im Einklang mit diesem Grundsatz ein die Schutzbedürftigkeit des Sportlers berücksichtigendes System etabliert. So sind die Parteien bei der Auswahl ihrer Schiedsrichter weitgehend frei, sofern es sich nicht um die wichtigen Ämter des Einzelschiedsrichters beziehungsweise des vorsitzenden Schiedsrichters eines Dreierschiedsgerichts handelt. Dieses System ermöglicht darüber hinaus einer Vielzahl an Juristen, als Schiedsrichter bei einem institutionellen Sportschiedsgericht tätig zu werden, und verstärkt somit aus Sicht der Sportler die Vertrauenswürdigkeit, da diese nicht ausschließlich an eine verbandslastig erstellte Schiedsrichterliste gebunden sind.

Die Gewährleistung der schiedsrichterlichen Unabhängigkeit stellt für jede Form der Gerichtsbarkeit eine große Herausforderung dar. Insbesondere im Bereich der institutionellen Sportschiedsgerichtsbarkeit vor dem TAS sind aufgrund der vorgenannten Kritikpunkte konkrete Regelungen zu treffen, die zum einen das Fehlen von sichtbaren oder beschreibbaren Verbindungen zwischen einer Partei und einem Schiedsrichter sicherstellen und zum anderen die Gefahr einer vorwiegend subjektiv motivierten Voreingenommenheit eines Schiedsrichters verringern. Jeder Schiedsrichter weiß selbst am besten, welche in seiner Person liegenden Umstände Zweifel an seiner Unabhängigkeit und Überparteilichkeit hervorrufen könnten. Dementsprechend muss Schiedsrichtern eine besondere Pflicht zur Prüfung und Offenlegung solcher Umstände auferlegt werden.[1690] Speziell die in der Praxis recht übliche mehrfache Ernennung desselben Schiedsrichters durch Streitparteien, die regelmäßig an Schiedsverfahren beteiligt sind (*repeat player*), muss zum Schutze der Streitparteien, aber auch zum Schutze des Schiedsrichters vor Interessenkonflikten reguliert werden. So sollte in Anlehnung an Art. 3.1.3. (orangene Liste) *IBA Guidelines* eine mehrfache Ernennung eines Schiedsrichters durch dieselbe Partei innerhalb eines Zeitraums von drei Jahren unter der Voraussetzung einer diesbezüglichen Rüge seitens der nicht-ernennenden Partei als Ablehnungsgrund angesehen werden. Die Durchsetzung einer umfassenden Offenlegungspflicht gelingt nur dann, wenn an ihre Verletzung rechtliche

---

1690 *Martens*, SchiedsVZ 2009, 99, nach dessen Ansicht im Bereich der Sportschiedsgerichtsbarkeit die Schiedsrichter besonders zu prüfen haben, ob bei ihnen Umstände vorliegen, die das Besorgnis der Befangenheit begründen.

Folgen geknüpft werden. Folglich muss die Missachtung der Offenlegungspflicht stets einen potenziellen Ablehnungsgrund nach Art. 363 und 367 Abs. 1 lit. c) Schweizerische ZPO, Art. 180 Abs. 1 lit. c) IPRG beziehungsweise § 1036 ZPO oder bei nachträglicher Kenntnisnahme einen Anfechtungs- beziehungsweise Aufhebungsgrund wegen einer vorschriftswidrigen Ernennung eines Schiedsrichters oder der vorschriftswidrigen Zusammensetzung des Schiedsgerichts nach Art. 190 Abs. 2 lit. a) IPRG, Art. 393 lit. a) Schweizerische ZPO beziehungsweise § 1059 Abs. 2 lit. d) ZPO darstellen.

All die herausgestellten Probleme des TAS gefährden die zweifelsfreie Gewährleistung des Gebots unabhängiger und überparteilicher Rechtspflege, sofern eine Streitigkeit zwischen einer Sportorganisation oder einem Sportverband und einem Sportler beigelegt werden soll.[1691] Es ist bei derzeitiger Betrachtung zweifelhaft, ob in diesen Fällen eine zur staatlichen Gerichtsbarkeit alternative Streitbeilegungsmethode vorliegt.[1692]

1691 *Murray*, ZZPInt 2006, 295, 305.
1692 *Murray*, ZZPInt 2006, 295, 305.

Teil 4: Zusammenfassende Würdigung der Ergebnisse

1. Die vorangehende Untersuchung hat aufgezeigt, welche untergeordnete Stellung ein Sportler im Bereich der institutionellen Sportschiedsgerichtsbarkeit einnimmt. Das Kräfteungleichgewicht zwischen Sportverbänden und Sportlern, das sich aus der Struktur des Sportverbandswesens ergibt, wirkt sich bis hin zur schiedsgerichtlichen Beilegung ihrer Rechtsstreitigkeiten aus. Bereits bei der Frage nach der Wahl des zu beschreitenden Rechtswegs hat sich ein Sportler als Bedingung für die Teilnahme am verbandsmäßig organisierten Spielbetrieb regelmäßig der Schiedsgerichtsbarkeit zu unterwerfen. Hieraus resultieren eine Einschränkung des verfassungsmäßigen Grundsatzes der Vertragsfreiheit sowie ein erzwungener Verzicht auf den verfassungsrechtlich garantierten Justizgewährungsanspruch. Aufgrund des hohen Stellenwertes dieser Rechte bestehen grundsätzlich Zweifel hinsichtlich der Wirksamkeit von erzwungenen Schiedsvereinbarungen im verbandsmäßig organisierten Sport (Teil 2/Kapitel 1 ab S. 27).
2. Die Untersuchung der Wirksamkeit von erzwungenen Schiedsvereinbarungen im Sport am Maßstab der zivilrechtlichen Generalklauseln (Art. 27, 28 ZGB und §§ 138, 826 BGB) hat gezeigt, dass der von den Verbänden praktizierte Schiedszwang gegen verfassungsrechtliche Werte verstößt, sofern keine Notwendigkeit für eine allumfassende schiedsgerichtliche Streitbeilegung besteht. Eine Verletzung der verfassungsmäßigen Rechte des Sportlers ist demnach nur dann gerechtfertigt, wenn das Sportverbandsinteresse an der Erreichung des mit dem Schiedszwang verfolgten Zwecks höher zu bewerten ist als die rechtlich schutzwürdigen Interessen des Sportlers. Hierbei sind insbesondere der individualrechtliche Charakter der Vertragsfreiheit und des Justizgewährungsanspruchs sowie deren verfassungsrechtliche Bedeutung zu beachten, die letztlich die Schutzbedürftigkeit des strukturell unterlegenen Sportlers in den Vordergrund rücken. Als Ergebnis einer allgemeinen, das heißt einzelfallunabhängigen, Betrachtung der Interessenlage hat das Recht des Sportlers, freiwillig auf den Zugang zur staatlichen Gerichtsbarkeit zu verzichten, lediglich bei Streitigkeiten ein Nachsehen, deren staatsgerichtliche Beilegung den Kernbereich des Sports und somit direkt die Sportausübung gefährden können. In die-

sen Fällen ist dem Bedürfnis nach schnellen, fachkompetenten und einheitlichen Entscheidungen zur Aufrechterhaltung des verbandsmäßig organisierten Spielbetriebs der Vorrang einzuräumen, da sich einerseits die Sportverbands- und die Sportlerinteressen in diesem Bereich am ehesten überschneiden und andererseits die (institutionelle) Sportschiedsgerichtsbarkeit die Funktionsfähigkeit des verbandsmäßig organisierten Sports sichert. Mithin hängt die Wirksamkeit erzwungener Schiedsvereinbarungen von deren Reichweite ab. Dies führt im Ergebnis zu einem angemessenen Schutz des Sportlers, der sich weiterhin auf seinen staatlichen Rechtsschutzanspruch berufen kann, sofern die betroffene Streitigkeit keinen engen Bezug zur Sportausübung aufweist und somit außerhalb des Kernbereichs des Sports liegt. Diese Lösung stellt einen Kompromiss zwischen der wohlwollenden Rechtsprechung des Schweizerischen Bundesgerichts, das erzwungene Schiedsvereinbarungen im Sport grundsätzlich für wirksam hält, und der strengeren deutschen Rechtsprechung, die zu einer Unwirksamkeit solcher Schiedsvereinbarungen tendiert, dar. Mit der konsequenten Anwendung der Kernbereichstheorie würden sich mit der Zeit eindeutige Fallgruppen herausentwickeln, was im Ergebnis zu mehr Rechtssicherheit führen würde und einen angemessenen Schutz der betroffenen Interessen zur Folge hätte (Teil 2/Kapitel 2 bis 4 ab S. 51).

3. Die Untersuchung der Organisationsstruktur des TAS und des DSS bringt hinsichtlich der Beachtung des Gebots unabhängiger und überparteilicher Rechtspflege insbesondere beim TAS einige Mängel zum Vorschein, die hauptsächlich mit dem Besetzungsverfahren seines obersten und leitenden Organs, des CIAS, und dessen Kompetenzen zusammenhängen. Angesichts der weitreichenden Kompetenzen und der Tatsache, dass der CIAS als geschäftsführendes und gleichzeitig als kontrollierendes Organ des TAS auftritt, sind die Befugnisse des IOC, der NOK sowie der IF, die gemeinsam mehr als die Hälfte der Mitglieder des CIAS direkt und die übrigen Mitglieder indirekt im Wege der Kooptation bestimmen, bedenklich. Der CIAS tritt als ein Konstrukt der den Verbandssport beherrschenden Organisationen und Verbände in Erscheinung, die aufgrund satzungsmäßiger Verknüpfungen und ihrer Stellung als „Säulen der Olympischen Bewegung" eine Interessengemeinschaft bilden. Die institutionelle Unabhängigkeit einer Schiedsgerichtsinstitution, das heißt deren organisatorische und rechtliche Selbstständigkeit, stellt aber eine der Grundvoraussetzungen für ein rechtsstaatliches und insbesondere unabhängiges Schiedsverfahren dar. Zur

Einhaltung des Gebots unabhängiger und überparteilicher Rechtspflege muss den Streitparteien somit eine vertrauenswürdige Schiedsgerichtsinstitution zur Seite gestellt werden. Dies gilt umso mehr, als den Sportlern die schiedsgerichtliche Streitbeilegung aufgezwungen wird. Ein vertrauenswürdiges System könnte beim TAS dadurch geschaffen werden, dass man – angelehnt an das *monitoring model* im U.S.-amerikanischen Gesellschaftsrecht – für den CIAS eine mehrheitliche Besetzung durch sogenannte *independent directors* (unabhängige Mitglieder) vorschreibt. Das Erfordernis der Unabhängigkeit sollte zusätzlich durch bestimmte Voraussetzungen, wie zum Beispiel die Einhaltung einer „Cooling-Off-Periode" oder das Verbot zur Entgegennahme von Zuwendungen und sonstigen vermögenswerten Annehmlichkeiten, konkretisiert werden (Teil 3/Kapitel 2 ab S. 217).

4. Aufgrund der Tatsache, dass der CIAS auch die Besetzung der TAS-Schiedsrichterliste vornimmt, würde die Umsetzung der hier vorgeschlagenen Umstrukturierung des CIAS womöglich auch die Kritik an der geschlossenen Schiedsrichterliste weitgehend entschärfen. Denn auf diese Weise wäre zumindest gewährleistet, dass die Besetzung der Liste von einem unabhängigen Organ wahrgenommen wird, so dass bereits dem Vorwurf der Verbandslastigkeit eine wichtige Grundlage entzogen werden könnte. Davon abgesehen ist die Notwendigkeit einer geschlossenen Schiedsrichterliste zur schnellen, einheitlichen und fachkompetenten Entscheidungsfindung kritisch zu hinterfragen, da auch mit diesem System Einschränkungen der Privatautonomie verbunden sind. Trotz der Besonderheiten sportrechtlicher Streitigkeiten erscheint es insgesamt vorzugswürdig, sich an dem Prinzip der Findungshilfe zu orientieren, wie es die Schiedsordnung des DSS vorsieht. Auf diesem Wege ist gewährleistet, dass sowohl ein Einzelschiedsrichter als auch ein vorsitzender Schiedsrichter eines Dreierschiedsgerichts die nötige Fachkompetenz besitzen, um sportbezogene Streitigkeiten unter Beachtung der sportrechtlichen Eigenarten sachgemäß beizulegen. Stellt man zudem Minimalvoraussetzungen an die Qualifikationen der parteiernannten Schiedsrichter, wie etwa das Erfordernis einer Juristenausbildung, so ist nicht ersichtlich, aus welchen Gründen diese nicht in der Lage sein sollten, gemeinsam mit dem vorsitzenden Schiedsrichter schnell und fachkompetent über eine sportrechtliche Streitigkeit zu entscheiden. Eine teilweise offene Schiedsrichterliste genügt dementsprechend den speziellen Ansprüchen an eine Sportschiedsgerichtsinstitution und beachtet darüber hinaus den das

Schiedsrecht beherrschenden Grundsatz der Privatautonomie (Teil 3/ Kapitel 3/A. ab S. 280).

5. Letztlich ist zur Gewährleistung der schiedsrichterlichen Unabhängigkeit und Überparteilichkeit für eine Verschärfung der Offenlegungspflichten der streitentscheidenden Schiedsrichter zu plädieren. Dies gilt insbesondere für die Fälle, in denen eine besondere Gefahr der Voreingenommenheit besteht, so zum Beispiel bei der Übernahme beratender Nebentätigkeiten, bei parteiernannten Schiedsrichtern oder in Fällen der Mehrfachernennung eines Schiedsrichters durch dieselbe Partei. So dürfen beispielsweise Schiedsrichter beim DSS auch neben ihrer Funktion als Schiedsrichter in anderen Verfahren für eine Partei beratend tätig sein, was mitunter ihre Unabhängigkeit gefährden könnte. Darüber hinaus muss ein Sportler beim TAS einen Schiedsrichter aus einer geschlossenen Schiedsrichterliste wählen, auf deren Besetzung er im Gegensatz zu den Sportverbänden keinerlei Einfluss nehmen kann. Demgegenüber können sich zwischen den Schiedsrichtern und den Sportverbänden, die die Besetzung der Schiedsrichterliste durch die Wahrnehmung ihres Vorschlagsrechts nach Art. S14 TAS-Code mitbestimmen, besondere faktische Treuepflichten ergeben. Zudem treten Sportverbände weitaus häufiger als Streitpartei in Schiedsverfahren auf, weshalb verhindert werden muss, dass diese mehrmals denselben Schiedsrichter ernennen können, von dem sie womöglich wissen, dass er ihren Begehren wohlwollend gegenübersteht. Ein wichtiger Schritt in Richtung vollständige Unabhängigkeit und Überparteilichkeit sowie Vertrauenswürdigkeit der Schiedsgerichtsinstitution kann mit einer Verschärfung der schiedsrichterlichen Offenlegungspflichten erreicht werden. In der Folge müsste ein Schiedsrichter bereits während des gesamten Verfahrens alle Umstände offenlegen, die ihn und eine der Streitparteien in Verbindung bringen könnten. Im Gegensatz zu der derzeitig geltenden Offenlegungspflicht sowie den Bestimmungen der *IBA Guidelines* soll das schiedsrichterliche Ermessen hinsichtlich der Frage, welche Umstände überhaupt offenzulegen sind, auf ein Minimum reduziert werden, um im Hinblick auf die Beurteilung der Unabhängigkeit und insbesondere der Überparteilichkeit des Schiedsrichters möglichst alle Zweifel auszuräumen. Dies ist angesichts des verbandslastigen Besetzungsverfahrens der TAS-Schiedsrichterliste sachgerechter als den Streitparteien eine Pflicht zur Nachforschung aufzubürden. Inwiefern die offengelegten Umstände geeignet sind, die Unabhängigkeit und Überparteilichkeit eines Schiedsrichters tatsächlich zu beein-

flussen, muss im Einzelfall ermittelt werden. Die Verletzung der Offenlegungspflicht sollte bereits einen Ablehnungsgrund darstellen, sofern für die unterlassene Offenlegung einer Information keine Rechtfertigung besteht (Teil 3/Kapitel 3/B. ab S. 314).

Das TAS ist eine einzigartige Schiedsgerichtsinstitution, deren Besonderheiten vielfach als Qualitätsmerkmal, aber auch als Schwäche angesehen werden. Zusammenfassend muss deshalb konstatiert werden, dass trotz der langen und erfolgreichen Geschichte des TAS weiterhin Handlungsbedarf besteht, um sich dem eigens gesetzten Ziel, die vollständige Unabhängigkeit der Schiedsgerichtsinstitution zu erreichen, weiter anzunähern. Die institutionellen Sportschiedsgerichte müssen selbst beweisen, dass sie unabhängige und überparteiliche Entscheidungen fällen und auch den Sportlern grundsätzlich eine Reihe an Vorteilen bieten. Die Umsetzung der in dieser Arbeit vorgeschlagenen Reformen würde die Akzeptanz der institutionellen Sportschiedsgerichtsbarkeit im Allgemeinen und das Ansehen des TAS im Besonderen sicherlich erhöhen, so dass der freiwillige Verzicht auf den staatlichen Rechtsschutz tatsächlich nur noch eine reine Formsache wäre. Aktuell erscheint es aufgrund der dargestellten Zweifel an der Unabhängigkeit und der Schwächen des TAS-Systems schwierig, die Legitimität und Vorteilhaftigkeit der Schiedsgerichtsinstitution anzuerkennen. Deshalb ist auch das Schweizerische Bundesgericht in die Verantwortung zu nehmen, indem es zukünftig einen kritischeren Blick auf die Schiedsgerichtsbarkeit vor dem TAS und insbesondere auf die Organisation der Schiedsgerichtsinstitution wirft. Es wäre nicht das erste Mal, dass mit einer Entscheidung des Bundesgerichts – sei es auch nur in einem *obiter dictum* – ein Umdenken in eine positive Richtung eingeleitet würde. An Gelegenheiten hierzu mangelt es jedenfalls nicht.

Literaturverzeichnis

Adolphsen, Jens: Grundfragen und Perspektiven der Sportschiedsgerichtsbarkeit, Zeitschrift für Schiedsverfahren 2004, S. 169-175.

Adolphsen, Jens: Internationale Dopingstrafen, Tübingen 2003.

Adolphsen, Jens; *Nolte, Martin*; *Lehner, Michael*; *Gerlinger, Michael* (Hrsg.): Sportrecht in der Praxis, Stuttgart 2012.

Aebi-Müller, Regina E.; *Morand, Anne-Sophie*: Die persönlichkeitsrechtlichen Kernfragen der „Causa FC Sion", Causa Sport 2012, S. 234-247.

Aebi-Müller, Regine E.; Hausheer, Heinz: Sanktionen gegen Sportler - Voraussetzungen und Rahmenbedingungen unter besonderer Berücksichtigung der Doping-Problematik, Zeitschrift des bernischen Juristenvereins 2001, S. 337-384.

Albers, Stephan: Der parteibestellte Schiedsrichter im schiedsgerichtlichen Verfahren der ZPO und das Gebot überparteilicher Rechtspflege, Frankfurt a.M. 1995.

Arbitration in Switzerland – The Practitioner's Guide, hrsg. von Manuel Arroyo, Biggleswade 2013.

Auer, Andreas; *Malinverni, Giorgio*; *Hottelier, Michel*: Droit constitutionnel suisse, Volume II – Les droits fondamentaux, Bern 2000.

Baddeley, Margareta: L'association sportive face au droit – Les limites de son autonomie, Basel/Frankfurt a.M. 1994.

Baddeley, Margareta: La décision Canas: Nouvelles règles du jeu pour l'arbitrage international du sport, Causa Sport 2007, S. 155-161.

Baddeley, Margareta: Thoughts on Swiss Federal Tribunal decision 129 III 445, Causa Sport 2004, S. 91-93.

Baddeley, Margareta:Le sportif, sujet ou objet? La protection de la personnalité du sportif, Zeitschrift für Schweizerisches Recht 1996, Band 115, II. Halbband, S. 135-252.

Bamberger/Roth: Beck'scher Online-Kommentar zum Bürgerlichen Gesetzbuch, hrsg. von Georg Bamberger, Herbert Roth, 33. Edition (Stand: 01.11.2014), München 2014.

Basler Kommentar, Internationales Privatrecht, hrsg. von Heinrich Honsell, Nedim Peter Vogt, Anton K. Schnyder, Stephen V. Berti, 2. Auflage, Basel 2007.

Basler Kommentar, Obligationenrecht I, Art. 1-529 OR, hrsg. von Heinrich Honsell, Nedim Peter Vogt, Wolfgang Wiegand, 4. Auflage, Basel 2007.

Basler Kommentar, Zivilgesetzbuch I, Art. 1-456 ZGB, hrsg. von Heinrich Honsell, Nedim Peter Vogt, Thomas Geiser, 4. Auflage, Basel 2010.

Baumbach/Lauterbach: Zivilprozessordnung: ZPO, hrsg. von Adolf Baumbach, Wolfgang Lauterbach, Jan Albers, Peter Hartmann, 72. Auflage, München 2014.

Belser, Eva Maria: Vertragsfreiheit und Vertragsgerechtigkeit Ein Kommentar zum deutschen Bürgschaftsbeschluss und zum Stand der richterlichen Inhaltskontrolle in der Schweiz, Aktuelle Juristische Praxis 1998, S. 433-445.

Bergmann, Simon: Rechtliche Problemstellung um die Athletenvereinbarung aus Athletensicht, in: Rechtliche Problemstellungen um Athletenvereinbarungen, Recht und Sport 2013, hrsg. von Franz Steinle, S. 59-70.

Berner Kommentar, Obligationenrecht – Inhalt des Vertrags, Art. 19-22 OR, Band IV/1/2/1a, hrsg. von Arthur Meier-Hayoz, Bern 1991.

Berner Kommentar, Zivilgesetzbuch – Die natürlichen Personen, Art. 27 ZGB, Band I/2/2, hrsg. von Heinz Hausheer, 3. Auflage, Bern 1993.

Berner Kommentar, Zivilgesetzbuch – Die Vereine, Art. 60-79 ZGB, Band I/3/2, hrsg. von Hans Michael Riemer, 3. Auflage, Bern 1990.

Berninger, Anja; *Theißen, Christian*: Das Deutsche Sportschiedsgericht in Dopingstreitigkeiten, Zeitschrift für Sport und Recht 2008, S. 185-188.

Borer, Jürg: Wettbewerbsrecht I, Kommentar, Schweizerisches Kartellgesetz, 3. Auflage, Zürich 2011.

Bredow, Jens; *Klich, Thomas*: Eine neue Dienstleistung für den Sport Das Deutsche Sportschiedsgericht nach der DIS-SportSchO, Causa Sport 2008, S. 45-50.

Brückner, Christian: Das Personenrecht des ZGB (ohne Beurkundung des Personenstandes), Zürich 2000.

Brunner, Christoph: Rechtsmittelverzicht in der internationalen Schiedsgerichtsbarkeit: eine Standortbestimmung nach dem Cañas-Urteil (BGE 133 III 235), Aktuelle Juristische Praxis 2008, S. 738-751.

Buchberger, Markus: Die Überprüfbarkeit sportverbandsrechtlicher Entscheidungen durch die ordentliche Gerichtsbarkeit: ein Vergleich der Rechtslage in der BRD und den USA, Berlin 1999.

Bucher, Eugen: Zur Unabhängigkeit des parteiernannten Schiedsrichters, in: Festgabe zum 65. Geburtstag von Max Kummer, hrsg. von Hans Merz, Walter R. Schluep, Bern 1980, S. 599-616.

Candreia, Philipp: Konzerne als marktbeherrschende Unternehmen nach Art. 7 KG, EIZ – Europa Institut Zürich Band/Nr. 83 (2007), S. 52-78.

Clarke, Donald C.: Three concepts of the independent director, Delaware Journal of Corporate Law 2007, 73-111.

Commentaire Romand, Code Civil I (Art. 1 – 359 CC), hrsg. von Pascal Pichonnaz, Bénédict Foëx, Basel 2010, zit.: CR CC I/*Autor*.

Del Fabro, Marco: Am Videobeweis führt im Fussball kein Weg vorbei, Causa Sport 2012, S. 279-296.

Derains, Yves: L'indépendance de l'arbitre, mythe ou réalité, in: Liber Amicorum Guy Horsmans, Brüssel 2004, S. 377-383.

Detterbeck, Steffen: Streitgegenstand, Justizgewährungsanspruch und Rechtsschutzanspruch, Archiv für die civilistische Praxis 1992, S. 325-340.

Dietrich, Marcel: Sportregeln und Kertellrecht – Zum Entscheid des Handelsgerichts des Kantons Aargau vom 19. Oktober 2004, Causa Sport 2004, S. 249-261.

Duve, Christian; *Rösch, Karl Ömer*: Der Fall Pechstein: Kein Startschuss für eine Neugestaltung der Sportschiedsgerichtsbarkeit, Zeitschrift für Schiedsverfahren 2014, S. 216-227.

Engelbrecht, Georg: Sportrecht-Weltvollstreckungsmacht Schweiz?, Zeitschrift für Sport und Recht 2007, S. 104-105.

Epping/Hillgruber: Beck'scher Online-Kommentar zum Grundgesetz, hrsg. von Volker Epping, Christian Hillgruber, 22. Edition (Stand: 01.09.2014), München 2014.

Fallon, Frédéric: L'arbitrage dans le sport en Belgique, Revue juridique et économique du sport (Esport), juin 1994, n° 31, S. 117-123.

Fenn, Herbert: Zur Abgrenzung von Verbandsgerichtsbarkeit und statutarischer Schiedsgerichtsbarkeit, Festschrift für Wolfram Henckel, Berlin/New York 1995.

Fenners, Henk: Der Ausschluss der staatlichen Gerichtsbarkeit im organisierten Sport, Zürich 2006.

Flume, Werner: Allgemeiner Teil des Bürgerlichen Rechts, Zweiter Band, Das Rechtsgeschäft, 3. Auflage, Berlin/Heidelberg/New York 1979.

Reinsch, Michael: Frankfurter Allgemeine Zeitung (Printausgabe): Artikel vom 16.04.2014, Der Preis des Rechtsstaats?, S. 28.

Franzen, Franz: „Parteischiedsrichter" – Ein vermeidbarer Mangel, Neue Juristische Wochenschrift 1986, S. 299-302.

Frésard, Philippe: L'arrêt *Bosman* et les règles de concurrence, in: Droit et sport, Collection CIES, hrsg. von Piermarco Zen-Ruffinen, Bern 1997, S. 169-183.

Fritzweiler, Jochen: Neueste Rechtsprechung zum Sportrecht, Neue Juristische Wochenschrift 2000, S. 997-1000.

Fritzweiler, Jochen; *Pfister, Bernhard*; *Summerer, Thomas*: Praxishandbuch Sportrecht, 2. Auflage, München 2007, zit.: PHB SportR-*Bearbeiter*, 2. Aufl., Teil/Rn.

Fritzweiler, Jochen; *Pfister, Bernhard*; *Summerer, Thomas*: Praxishandbuch Sportrecht, 3. neu bearb. Auflage, München 2014, zit.: PHB SportR-*Bearbeiter* Teil/Rn.

Frowein, Jochen Abr.; *Peukert, Wolfgang*: Europäische Menschenrechtskonvention, 3. Auflage, Berlin 2009.

Fuchs, Christoph: Rechtsfragen der Vereinsstrafe – Unter besonderer Berücksichtigung der Verhältnisse in Sportverbänden, Zürich 1999.

Glossner, Ottoarndt: Das Schiedsgericht in der Praxis, 2. Auflage, Heidelberg 1978.

Glossner, Ottoarndt; *Bredow, Jens*; *Bühler, Michael*: Das Schiedsgericht in der Praxis, 3. Auflage, Heidelberg 1990.

Grätz, Daniel: Missbrauch der marktbeherrschenden Stellung durch Sportverbände – Eine rechtvergleichende Untersuchung des europäischen, deutschen und schweizerischen Missbrauchsverbots, Tübingen 2009.

Grunsky, Wolfgang: Schiedsgerichtsbarkeit im deutschen Fußball, in: Festschrift für Volker Röhricht zum 65. Geburtstag, hrsg. von Georg Crezelius, Heribert Hirte, Klaus Vieweg, Köln 2005, S. 1137-1148.

Haas, Ulrich: Autonomie des Sports gefährdet, Recht im Spiegel der NZZ, Neue Zürcher Zeitung (Nr. 33) vom 10. Februar 2015, S. 18.

Haas, Ulrich: Die Sportgerichtsbarkeit des Tribunal Arbitral du Sport (TAS), Zeitschrift für Europäisches Privatrecht 1999, S. 355-375.

Haas, Ulrich: Die Streitbeilegung durch Schiedsgerichte im internationalen Sport, in: Neue Tendenzen im Prozessrecht, Deutsche Landesberichte und weitere deutsche Beiträge zur Weltkonferenz für Prozessrecht in Salvador/Bahial, Brasilien 2007, hrsg. von Peter Gilles, Thomas Pfeiffer, Heidelberg 2008, S. 9-81.

Haas, Ulrich: Internationale Sportschiedsgerichtsbarkeit und EMRK, Zeitschrift für Schiedsverfahren 2009, S. 73-84.

Haas, Ulrich: Loslösung des organisierten Sports aus der Umklammerung des nationalen Rechts, Schweizerische Juristen-Zeitung 106 (2010), S. 585-593.

Haas, Ulrich: Zur Einführung von Schiedsklauseln durch Satzungsänderungen in Vereinen, Zeitschrift für Unternehmens- und Gesellschaftsrecht 2001, S. 325-349.

Haas, Ulrich: Zwangsschiedsgerichtsbarkeit im Sport und EMRK, Bulletin de l'Association Suisse de l'Arbitrage (ASA) 2014, S. 707-734.

Haas, Ulrich; *Hauptmann, Markus*: Schiedsvereinbarungen in „Ungleichgewichtslagen" – am Beispiel des Sports, Zeitschrift für Schiedsverfahren 2004, S. 175-187.

Haas, Ulrich; *Hossfeld, Anne*: Die (neue) ZPO und die Sportschiedsgerichtsbarkeit, Bulletin de l'Association Suisse de l'Arbitrage (ASA) 2012, S. 312-347.

Haas, Ulrich; *Martens, Dirk-Reiner*: Sportrecht – Eine Einführung in die Praxis, Schriftenreihe Causa Sport, Band 5, Zürich 2011.

Haas, Ulrich; *Köppel, Judith*: Abwehransprüche des Sportlers gegen (angeblich rechtswidriges) Verbandsverhalten vor dem Court of Arbitration for Sport (CAS/ TAS), Jusletter vom 16. Juli 2012, Weblaw AG.

Haas, Ulrich; *Prokop, Clemens*: Die Autonomie der Sportverbände und die Rechtsstellung des Athleten, Juristische Rundschau 1998, S. 45-53.

Haas, Ulrich; *Reiche, Stefanie*: Aufhebung eines Schiedsurteils des CAS, Zeitschrift für Schiedsverfahren 2007, S. 330-336.

Handschin, Lukas: Grenzen der Schiedsgerichtsbarkeit im Sport, in: Sport und Recht, 2. Tagungsband 2005, hrsg. von Oliver Arter, Bern, S. 275-284.

Handschin, Lukas; Schütz, Tony M.: Bemerkungen zum Fall „Pechstein", Zeitschrift für Sport und Recht 2014, S. 179-181.

Hannamann, Isolde: Athletenvereinbarungen aus kartellrechtlicher Sicht, in: Rechtliche Pro-blemstellungen um Athletenvereinbarungen, Recht und Sport 2013, hrsg. von Franz Steinle, S. 43-57.

Hantke, Dietmar: Brauchen wir eine Sport-Schiedsgerichtsbarkeit?, Zeitschrift für Sport und Recht 1998, S. 186-191.

Heermann,, Peter W.: Einführung einer gesetzlich vorgeschriebenen Sportschiedsgerichtsbarkeit durch die Hintertür?, Zeitschrift für Sport und Recht 2015, S. 4-10.

Heermann, Peter W.: Freiwilligkeit von Schiedsvereinbarungen in der Sportgerichtsbarkeit, Zeitschrift für Schiedsverfahren 2014, S. 66-79.

Heermann, Peter W.: Verbandsautonomie versus Kartellrecht – Zu Voraussetzungen und Reichweite der Anwendbarkeit der Art. 81, 82 EG auf Statuten von Sportverbänden, Causa Sport 2006, S. 345-354.

Hesselbarth, Franziska: Schiedsgerichtsbarkeit und Grundgesetz – (Teil-) Verfassungswidrigkeit des reformierten Schiedsverfahrensrechts, Lichtenberg (Odw.) 2004.

Hoffet, Franz: Der Zugang zum Stadion – wettbewerbsrechtliche Aspekte der Stellung von Sportverbänden, Zeitschrift für juristische Ausbildung und Praxis (recht) 1997, S. 182-189.

Hoffmann-Nowotny, Urs Henryk: Doppelrelevante Tatsachen in Zivilprozess und Schiedsverfahren, Zürich 2010.

Hofmann, Karsten: Zur Notwendigkeit eines institutionellen Sportschiedsgerichts in Deutschland – Eine Untersuchung der nationalen Sportschiedsgerichtsbarkeit, Hamburg 2009.

Holla, Matthias: Der Einsatz von Schiedsgerichten im organisierten Sport, hrsg. von Ulrich Haas, Peter Gottwald, Frankfurt a.M. 2006.

Immenga/Mestmäcker: Wettbewerbsrecht, Band 2, GWB, hrsg. von Ulrich Immenga, Ernst-Joachim Mestmäcker, 5. Auflage, München 2014.

Jagenburg, Walter: Schiedsgerichtsbarkeit zwischen Wunsch und Wirklichkeit, in: Festschrift für Walter Oppenhoff zum 80. Geburtstag, hrsg. von Walter Jagenburg, Georg Maier-Reimer, Thomas Verhoeven, München 1985, S. 147-171.

Jolidon, Pierre: Arbitrage et sport, in: Festgabe zum 65. Geburtstag von Max Kummer, hrsg. von Hans Merz, Walter R. Schluep, Bern 1980, S. 633-656.

Jolidon, Pierre: L'arbitrage dans le sport, in: Chapitres choisis du droit du sport, N° 2/1993, Cycle de conférence données à l'Université de Genève, GISS (Groupes Interfacultaire des Sciences du Sport), Médecine et Hygiène, hrsg. von Margareta Baddeley, Louis Dallèves, Genf 1993, S. 51-58.

Kahlert, Heiner; *Zagklis, Andreas*: Anmerkung zu BG v. 14. Dezember 2012, Zeitschrift für Sport und Recht 2013, S. 115-118.

Kaiser, Martin: Rechtliche Aspekte der Kommerzialisierung des Sports, Jusletter vom 16. Juli 2012, Weblaw AG.

Kaiser, Martin: Sportrecht – Berücksichtigung der Interessen des Sports in der Rechtsordnung, Bern 2011.

Kaiser, Martin: Sportrecht: Vom (Spannungs-)Verhältnis von Sport und Recht, Aktuelle Juristische Praxis 2011, S. 192-206.

Karaquillo, Jean-Pierre: Le rôle du Tribunal arbitral du sport en tant qu'instance d'appel externe aux fédérations sportives, in: The proceedings before the Court of Arbitration for Sport, CAS & FSA/SAV Conference Lausanne 2006, hrsg. von Antonio Rigozzi, Michele Bernasconi, Bern 2007, S. 33-43.

Kaufmann-Kohler, Gabrielle; *Rigozzi, Antonio*: Arbitrage international – Droit et pratique à la lumière de la LDIP, 2. Auflage, Bern 2010.

Knoepfler, François; *Schweizer, Philippe*: BGE 119 II 273, Nature juridique de la sentence. Indépendance du tribunal arbitral., SZIER – Zeitschrift für internationales und europäisches Recht 1994, S. 149-153.

Knoepfler, François: Les droits de l'homme et l'arbitrage, SZIER – Zeitschrift für internationales und europäisches Recht 2007, S. 463-479.

Knoepfler, François; *Schweizer, Philippe*: Tribunal fédéral, Ière Cour civile, 27 mai 2003, A. et B. c/ Comité International Olympique, 4P.267/2002, ATF 129 III 445, SZIER – Zeitschrift für internationales und europäisches Recht 2003, S. 577-591.

Kodex-Kommentar, Kommentar zum Deutschen Corporate Governance Kodex, hrsg. von Henrik-Michael Ringleb, Thomas Kremer, Marcus Lutter, Axel v. Werder, 5. Auflage, München 2014.

Köhler, Helmut; *Bornkamm, Joachim*: Gesetz gegen den unlauteren Wettbewerb, Beksche Kurz-Kommentare, 31. Auflage, München 2013.

Kommentar zur Schweizerischen Zivilprozessordnung, hrsg. von Thomas Sutter-Somm, Franz Hasenböhler, Christoph Leuenberger, 2. Auflage, Zürich 2013.

KommZGB: Kurzkommentar ZGB – Schweizerisches Zivilgesetzbuch, hrsg. von Andrea Büchler, Dominique Jakob, Basel 2012.

König, Bernhard: Sind Schiedsabreden auf den CAS/TAS wirksam?, Zeitschrift für Sport und Recht 2004, S. 137-138.

Kornblum, Udo: Das „Gebot überparteilicher Rechtspflege“ und der deutsche schiedsgerichtliche ordre public, Neue Juristische Wochenschrift 1987, S. 1105-1108.

Kornblum, Udo: Probleme der schiedsrichterlichen Unabhängigkeit, München 1968.

Kröll, Stefan: „Schiedsklauseln“ in Satzungen – zur Abgrenzung von Vereinsgericht und Schiedsgericht, Zeitschrift für Wirtschaftsrecht ZIP 2005, S. 13-20.

Kröll, Stefan: Das neue deutsche Schiedsrecht vor staatlichen Gerichten: Entwicklungslinien und Tendenzen 1998-2000, Neue Juristische Wochenschrift 2001, S. 1173-1184.

Kröll, Stefan: Schiedsrechtliche Rechtsprechung 2006, Zeitschrift für Schiedsverfahren 2006, S. 145-157.

Kummer, Max: Spielregel und Rechtsregel, Abhandlungen zum schweizerischen Recht, hrsg. von Hans Merz, Bern 1973.

Langen/Bunte: Kommentar zum deutschen und europäischen Kartellrecht, Band 1, Deutsches Kartellrecht, hrsg. von Hermann-Josef Bunte, 10. Auflage, München 2006.

Lawson, David: Impartiality and Independence of International Arbitrators, Bulletin de l'Association Suisse de l'Arbitrage (ASA) 2005, S. 22-44.

Leemann, Matthias: Challenging international arbitration awards in Switzerland on the ground of a lack of independence and impartiality of an arbitrator, Bulletin de l'Association suisse de l'arbitrage (ASA) 2011, S. 10-32.

Lorenz, Stephan: Vertragsaufhebung wegen unzulässiger Einflußnahme auf die Entscheidungsfreiheit: Der BGH auf dem Weg zur reinen Abschlußkontrolle?, Neue Juristische Wochenschrift 1997, S. 2578-2580.

M'baye, Kéba: Conférence de S.E.M. le Juge Kéba M'baye, Président du Tribunal Arbitral du Sport, Bulletin de l'Association suisse de l'arbitrage (ASA) 1990, S. 114-127.

Magg, Clint: Das Spielervermittlerreglement der FIFA, hrsg. von Wolfgang Portmann, Jean-Fritz Stöckli, Schriften zum schweizerischen Arbeitsrecht, Bern 2012.

Maihold, Dieter: Strategien und Instrumente zivil- und verbandsrechtlicher Dopingverfahren in Deutschland, Zeitschrift für Sport und Recht 2013, S. 95-99.

Maisonneuve, Mathieu: L'arbitrage des litiges sportifs, Paris 2011.

Marchenasi, Daniele: The Concept of Autonomy and the Independent, Berkeley Business Law Journal 2005, 315-354.

Martens, Dirk-Reiner: Die Organisation von Schiedsverfahren im Bereich des Sports aus der Sicht der Schiedsrichter, Zeitschrift für Schiedsverfahren 2009, S. 99-102.

Martens, Dirk-Reiner: Disputes in Sport: Reflections on Dispute Resolution in International Sport Federations, in: Citius, Altius, Fortius, Mélanges en l'honneur de Denis Oswald, hrsg. von Antonio Rigozzi, Dominique Sprumont, Yann Hafner, Basel 2012, S. 429-438.

Martens, Dirk-Reiner: FIBA Arbitral Tribunal – Ein innovatives System zur Streitbeilegung im Sport, Zeitschrift für Schiedsverfahren 2010, S. 317-322.

Martens, Dirk-Reiner; *Feldhoff-Mohr, Julia*: Der Fall Roberts – Ein Slalom zwischen Staatsgericht und Schiedsgericht, Zeitschrift für Schiedsverfahren 2007, S. 11-21.

Maunz/Dürig: Grundgesetz Kommentar, hrsg. von Roman Herzog, Rupert Scholz, Matthias Herdegen, Hans H. Klein, Stand: April 2012, München.

McLaren, Richard H.: The Court of Arbitration for Sport, in: Handbook on International Sports Law, hrsg. von James A.R. Nafziger, Stephen F. Ross, Cheltenham (UK)/ Northampton, MA (USA) 2011, S. 32-64.

Mertens, Karsten: Das Deutsche Sportschiedsgericht (Teil I) – Ein Vergleich mit den allgemeinen Regeln der DIS und dem CAS, Zeitschrift für Sport und Recht 2008, S. 140-144.

Mertens, Karsten: Das Deutsche Sportschiedsgericht (Teil II) – Ein Vergleich mit den allgemeinen Regeln der DIS und dem CAS, Zeitschrift für Sport und Recht 2008, S. 180-184.

Mertens, Karsten: Sportschiedsgerichtsbarkeit in der Bundesrepublik Deutschland und Europa, Tagungsband zum Sportrechtssymposium vom 18. November 2009 in Peking, S. 97-111, online abrufbar unter: http://www.taylorwessing.com/uploads/tx_si ruplawyermanagement/Sportschiedsgerichtsbarkeit_in_Dt_und_Europa.pdf (zuletzt aufgerufen am 28.11.2014).

Monheim, Dirk: Das Ende des Schiedszwangs im Sport – Der Fall Pechstein, Zeitschrift für Sport und Recht 2014, S. 90-94.

Monheim, Dirk: Die Freiwilligkeit von Schiedsabreden im Sport und das Rechtsstaatsprinzip, Zeitschrift für Sport und Recht 2008, S. 8-11.

Monheim, Dirk: Die Vereinbarkeit von Schiedsabreden und Schiedsgerichten im Sport mit dem Rechtsstaatsprinzip, in: Facetten des Sportrechts, Beiträge zum Sportrecht Band 32, hrsg. von Klaus Vieweg, Berlin 2009, S. 93-118.

Monheim, Dirk: Sportlerrechte und Sportlergerichte im Lichte des Rechtsstaatsprinzips – auf dem Weg zu einem Bundessportgericht, hrsg. von Georg Nolte, Rudolf Streinz, München 2006.

Muckel, Stephan: Praktische Konkordanz gegenläufiger Grundrechte im Zivilrecht – Hausverbot im Wohnungseigentumsrecht, Juristische Arbeitsblätter 2010, S. 670-672.

Münch, Joachim: Anmerkung zu BGH, Beschluss v. 6.6.2002, Zeitschrift für Schiedsverfahren 2003, S. 39-43.

Münchener Kommentar zum Bürgerlichen Gesetzbuch, hrsg. von Franz Jürgen Säcker, Roland Rixecker, München:
Band 1: §§ 1-240 BGB, ProstG, AGG, 6. Auflage, 2012.
Band 5: §§ 705-853 BGB, Partnerschaftsgesellschaftsgesetz, Produkthaftungsgesetz, 6. Auflage, 2013.

Münchener Kommentar zur Zivilprozessordnung, hrsg. von Thomas Rauscher, Wolgang Krüger, München:
Band 1: §§ 1-354 ZPO, 4. Auflage, 2013.
Band 3: §§ 1025-1109 ZPO, EGZPO, GVG, EGGVG, UKlaG, Internationales und Europäisches Zivilprozessrecht, 4. Auflage, 2013.

Muresan, Remus; *Korff, Niklas*: Sportschiedsgerichtsbarkeit: Wie weiter nach dem «Pechstein-Urteil» des Landgerichts München, Causa Sport 2014, S. 199-211.

Murray, Peter L.: Die Flucht aus der Ziviljustiz, Zeitschrift für Zivilprozess International 2006, S. 295-313.

Netzle, Stephan: Arbitration agreements by reference to regulations of sports organisations, in: ASA Special Series No. 11 (Arbitration of Sports-Related Disputes), 1998, S. 45-58.

Netzle, Stephan: Das Internationale Sport-Schiedsgericht in Lausanne. Zusammensetzung, Zuständigkeit und Verfahren, in: Sportgerichtsbarkeit, Recht und Sport Band 22, hrsg. von Volker Röhricht, Stuttgart 1997, S. 9-18.

Nicklisch, Fritz: Schiedsgerichtsklauseln und Gerichtsstandsvereinbarungen in Verbandssatzungen und Geschäftsbedingungen, Der Betriebs-Berater 1972, S. 1285-1291.

Niedermaier, Tilman: Schiedsvereinbarungen im Bereich des organisierten Sports - Anmerkung zu LG München I, Urteil vom 26.2.2014 – 37 O 28331/12, Zeitschrift für Schiedsverfahren 2014, S. 280-287.

Niedermaier, Tilman: Schieds- und Schiedsverfahrensvereinbarungen in strukturellen Ungleichgewichtslagen, Tübingen 2013.

Noth, Michael; *Abegg, Barbara*: Neuerungen im CAS-Code 2013, Causa Sport 2013, S. 112-117.

OR Handkommentar, Schweizerisches Obligationenrecht, hrsg. von Jolanta Kren Kostkiewicz, Peter Nobel, Ivo Schwander, Stephan Wolf, 2. Auflage, Zürich 2009.

Oschütz, Frank: Sportschiedsgerichtsbarkeit – Das Schiedsverfahren des Tribunal Arbitral du Sport vor dem Hintergrund des schweizerischen und deutschen Schiedsverfahrensrechts, Beiträge zum Sportrecht Band 18, Berlin 2005.

Oschütz, Frank: Zur Überprüfung von Schiedssprüchen des TAS/CAS durch das schweizerische Bundesgericht, Zeitschrift für Sport und Recht 2007, S. 177-181.

Oschütz, Frank: Zur Unabhängigkeit des Court of Arbitration for Sport (CAS), Zeitschrift für Schiedsverfahren 2004, S. 208-212.

Pachmann, Thilo: Struktur und Governance des nationalen und internationalen Sportverbandswesens, in: Sportrecht, Band I, hrsg. von Jan Kleiner, Margareta Baddeley, Oliver Arter, Bern 2013, S. 19-36.

Paulsson, Jan: Arbitration of International Sport Disputes, in: The Court of Arbitration for Sport 1984-2004, hrsg. von Ian S. Blackshaw, Robert C.R. Siekmann, Janwillem Soek, Den Haag 2006, S. 40-49.

Pfeiffer, Thomas: Rechtsgeschäftliche Entscheidungsfreiheit beim Abschluss von Schiedsvereinbarungen, Zeitschrift für Schiedsverfahren 2014, S. 161-166.

Pfisterer, Stefanie; *Schnyder, Anton K.*: Internationale Schiedsgerichtsbarkeit (in a nutshell), Zürich/St. Gallen 2010.

Philipp, Peter: Rechtliche Schranken der Vereinsautonomie und der Vertragsfreiheit im Einzelsport – Unter besonderer Berücksichtigung der Monopolstellung der Verbände, Zürich/Basel/Genf 2004.

Philipp, Peter: Rechtliche Schranken der Vereinsautonomie und der Vertragsfreiheit im Einzelsport, ZStP – Zürcher Studien zum Privatrecht Band/Nr. 186 (2004), S. 35-69.

Pinna, Andrea: Les vicissitudes du Tribunal arbitral du sport, Gazette du Palais, Mercredi 19 et Jeudi 20 Mai 2004, S. 31-45.

Pinna, Andrea: Réflexions sur l'arbitrage forcé, Gazette du Palais, Dimanche 14 au Mardi 16 décembre 2008, S. 6-12.

Plantey, Alain: Independance of the CAS recognised by the Swiss Federal Tribunal (English Summary), in: The Court of Arbitration for Sport 1984-2004, hrsg. von Ian S. Blackshaw, Robert C.R. Siekmann, Janwillem Soek, Den Haag 2006, S. 50-54.

Plantey, Alain: Quelques observations sur l'arbitrage sportif international. A propos d'un récent arrêt du Tribunal Fédéral Suisse, in: The Court of Arbitration for Sport 1984-2004, hrsg. von Ian S. Blackshaw, Robert C.R. Siekmann, Janwillem Soek, Den Haag (Ned) 2006, S. 54-62.

Raeschke-Kessler, Hilmar: Die Unparteilichkeit und Unabhängigkeit des Schiedsrichters – ein transnationales Rechtsproblem, Bulletin de l'Association suisse de l'arbitrage (ASA) 2008, S. 3-17.

Reeb, Matthieu: Foreword, Recueil des sentences du TAS II (1998-2000), Den Haag/London/New York 2002.

Reeb, Matthieu: Le Tribunal Arbitral du Sport (TAS), 18 ans déjà: une institution devenue majeure, Revue de l'avocat 2002, Publikationen des Schweizerischen Anwaltsverbandes, S. 8-11.

Reeb, Matthieu: The Role and Functions of the Court of Arbitration for Sport (CAS), in: The Court of Arbitration for Sport 1984-2004, hrsg. von Ian S. Blackshaw, Robert C.R. Siekmann, Janwillem Soek, Den Haag 2006, S. 31-39.

Riemer, Hans Michael: Personenrecht des ZGB, 2. Auflage, Bern 2002.

Rietiker, Daniel: Introduire une requête en matière de sport à la Cour européenne des droits de l'homme – obstacles et perspectives, en particulier pour les parties aux procédures devant le Tribunal arbitral du Sport (TAS), Zeitschrift für Schweizerisches Recht 2013, Band 132, I. Halbband, S. 259-281.

Rigozzi, Antonio; *Robert-Tissot, Fabrice*: „Consent" in Sports Arbitration: Its Multiple Aspects, in: ASA Special Series No. 41 (Sports Arbitration: A Coach for Other Players), 2015, S. 59-94.

Rigozzi, Antonio. International Sports Arbitration: Why does Swiss Law Matter?, in: Citius, Altius, Fortius, Mélanges en l'honneur de Denis Oswald, hrsg. von Antonio Rigozzi, Dominique Sprumont, Yann Hafner, Basel 2012, S. 439-461.

Rigozzi, Antonio: L'arbitrage international en matière de sport, Basel 2005.

Rigozzi, Antonio: L'importance du droit suisse de l'arbitrage dans la résolution des litiges sportifs internationaux, Zeitschrift für Schweizerisches Recht 2013, Band 132, S. 301-325.

Rigozzi, Antonio; *Hasler, Erika*; *Quinn, Brianna*: The 2011, 2012 and 2013 revisions to the Code of Sportsarbitration, Jusletter vom 3. Juni 2013, Weblaw AG.

Rigozzi, Antonio; *Robert-Tissot, Fabrice*: La pertinence du „consentement" dans l'arbitrage du Tribunal Arbitral du Sport, Jusletter vom 16. Juli 2012, Weblaw AG.

Rochat, Jean-Philippe: Le règlement des litiges en matière sportive, in: Droit et sport, Collection CIES, hrsg. von Piermarco Zen-Ruffinen, Bern 1997, S. 91-102.

Rochat, Jean-Philippe: Tribunal Arbitral du Sport: Quelle procédure pour quel litige?, in: ASA Special Series No. 11 (Arbitration of Sports-Related Disputes), 1998, S. 11-23.

Scherrer, Urs: „Causa FC Sion": Gerichte weisen Klagen in Hauptverfahren ab, Causa Sport 2012, S. 249-260.

Scherrer, Urs: Vereinsrechtliche Anfechtungsklage und Schiedsgerichtsbarkeit im Sport, Causa Sport 2008, S. 58-65.

Schillig, Mark: Schiedsgerichtsbarkeit von Sportverbänden in der Schweiz, Zürich 2000.

Schlosser, Peter: Der einstweilige Rechtsschutz in Sportangelegenheiten vor und nach Bildung des Schiedsgerichts, Zeitschrift für Schiedsverfahren 2009, S. 84-93.

Schlosser, Peter: Die Unparteilichkeit des Schiedsrichteramtes, Zeitschrift für Zivilprozeß 1980, 93. Band, S. 121-155.

Schlosser, Peter: Kurzkommentar zu LG Frankfurt a.M. v. 7.2.1989, Entscheidungen zum Wirtschaftsrecht 1989, S. 623-624.

Schulze, Götz: Fortentwicklung des Schweizer Vertragsrechts und Präklusion bei der inzidenten Anerkennung eines CAS-Entscheids, Zeitschrift für Sport und Recht 2014, S. 139-143.

Schulze, Götz: Rechtsvereinheitlichung durch Gerichtsstandsmonopolisierung – die sog. Sportrecht-Weltmacht Schweiz, Jahresheft der Internationalen Juristenvereinigung Osnabrück 2008, S. 6-21.

Schulze, Götz: Transnationales Sportrecht – zur Einführung, Rechtszeitschrift der Universität Potsdam, *studere 2011, S. 8-13.

Schütze, Rolf A.: Institutionelle Schiedsgerichtsbarkeit, Kommentar, Köln 2006.

Schütze, Rolf A.; *Tscherning, Dieter*; *Wais, Walter*: Handbuch des Schiedsverfahrens, Praxis der deutschen und internationalen Schiedsgerichtsbarkeit, 2. Auflage, Berlin / New York 1990.

Schwaar, Gilbert: Tribunal Arbitral du Sport: une institution pour le règlement par l'arbitrage des litiges dans le domaine sportif, in: Chapitres choisis du droit du sport, N ° 2/1993, Cycle de conférence données à l'Université de Genève, GISS (Groupes Interfacultaire des Sciences du Sport), Médecine et Hygiène, hrsg. von Margareta Baddeley, Louis Dallèves, Genf 1993, S. 59-65.

Schwab, Karl Heinz; *Walter, Gerhard*: Schiedsgerichtsbarkeit, 7. Auflage, München/ Basel 2005.

Schweizer, Michael: Recht am Wort – Schutz des eigenen Wortes im System des Art. 28 ZGB, hrsg. von Hanz Hausheer, ASR Band/Nr. 783, Bern 2012.

Simon, Gérald: L'arbitrage des conflits sportifs, Revue de l'arbitrage 1995 (N° 2), S. 185-218.

Simon, Gérald: Le conflit sportif: un conflit de normes?, in: Droit et sport, Collection CIES, hrsg. von Piermarco Zen-Ruffinen, Bern 1997, S. 103-107.

St. Galler Kommentar, Die schweizerische Bundesverfassung, hrsg. von Bernhard Ehrenzeller, Philippe Mastronardi, Rainer J. Schweizer, Klaus A. Vallender, 2. Auflage, Zürich/St. Gallen 2008.

Stancke, Fabian: Pechstein und der aktuelle Stand des Sportkartellrechts, Zeitschrift für Sport und Recht 2015, S. 46-51.

Staudinger, Kommentar zum Bürgerlichen Gesetzbuch mit Einführungsgesetz und Nebengesetzen:
Erstes Buch, Allgemeiner Teil, §§ 21-103 BGB, 13. Bearbeitung, Berlin 1995.
Erstes Buch, Allgemeiner Teil, §§ 134-138 BGB, Neubearbeitung, Berlin 2011.
Zweites Buch, Recht der Schuldverhältnisse, §§ 826-829 BGB, Neubearbeitung, Berlin 2014.

Stein, Friedrich; *Jonas, Martin*: Kommentar zur Zivilprozeßordnung, Band IV, Teilband II, §§ 883-1048, 20. Auflage, Tübingen 1988.

Stein, Friedrich; *Jonas, Martin*: Kommentar zur Zivilprozessordnung, Band IX, §§ 916-1068, 22. Auflage, Tübingen 2002.

Steiner, Udo: Das Verhältnis von Schiedsgerichtsbarkeit und staatlicher Gerichtsbarkeit, Zeitschrift für Schiedsverfahren 2013, S. 15-19 (= Zeitschrift für Sport und Recht 2014, S. 2-5).

Steiner, Udo: Gegenwartsfragen des Sportrechts, hrsg. von Peter J. von Tettinger, Klaus Vieweg, Berlin 2004.

Tagesspiegel (Onlineausgabe): Beitrag vom 20. September 2007, Gerichtshof CAS – Sport am grünen Tisch, von Friedhard Teuffel, abrufbar unter: http://www.tagesspiegel.de/sport/gerichtshof-cas-sport-am-gruenen-tisch/1046624.html (zuletzt aufgerufen am 10.12.2014).

Thaler, Daniel: Athletenvereinbarungen und Athletenerklärungen, in: Sport und Recht, 4. Tagungsband 2006, hrsg. von Oliver Arter, Margareta Baddeley, Bern, S. 19-77.

Thomas/Putzo: Kommentar zur Zivilprozessordnung, begr. von Heinz Thomas, Hans Putzo, 20. Auflage, München 1997.

Tuor, Peter; *Schnyder, Bernhard*; *Schmid, Jörg*; *Rumo-Jungo, Alexandra*: Das Schweizerische Zivilgesetzbuch, 13. Auflage, Zürich/Basel/Genf 2009.

Villiger, Mark E.: Handbuch der Europäischen Menschenrechtskonvention (EMRK) – unter besonderer Berücksichtigung der schweizerischen Rechtslage, 2. Auflage, Zürich 1999.

Vollkommer, Max: Zum Rechtsschutz von Lizenzspielern und Lizenzvereinen durch staatliche Gerichte gegenüber der sog. Sportgerichtsbarkeit des Deutschen Fußball-Bundes, Recht der Arbeit 1982, S. 16-37.

Vollmer, Lothar: Kartell-Schiedsklauseln in internationalen Wirtschaftsverträgen, Gewerblicher Rechtsschutz und Urheberrecht Internationaler Teil 1986, S. 589-601.

Vrijman, Emile: Experiences With Arbitration Before the CAS: Objective Circumstances or Purely Individual Impressions?, in: The Court of Arbitration for Sport 1984-2004, hrsg. von Ian S. Blackshaw, Robert C.R. Siekmann, Janwillem Soek, Den Haag 2006, S. 63-68.

Walter, Gerhard: Anmerkung zu BGH, Urteil v. 26.1.1989 (= BGH, NJW 1989, 1477 f.), Juristenzeitung 1989, S. 588-592.

Walter, Gerhard: Sport(schieds-)gerichtsbarkeit und Rechtsmittelverzicht in der Schweiz, Zeitschrift für Sport und Recht 2008, S. 133-137.

Weber, Christian: Die Sportschiedsgerichtsbarkeit nach dem World Anti-Doping Code und ihre Umsetzung in Deutschland, Zeitschrift für Schiedsverfahren 2004, S. 193-198.

Wieczorek, Bernhard; *Schütze, Rolf A.*: Zivilprozessordnung und Nebengesetze, Großkommentar, 3. Auflage, Berlin 1995.

Wilske, Stephan; *Stock, Michael*: Rule 3.3.7 of the IBA Guidelines on Conflicts of Interest in International Arbitration – The Enlargement oft he Usual Shortlist?, Bulletin de l'Association Suisse de l'Arbitrage (ASA) 2005, S. 45-52.

Windbichler, Christine: Zur Trennung von Geschäftsführung und Kontrolle bei amerikanischen Großgesellschaften – Eine „neue“ Entwicklung und europäische Regelungen im Vergleich, Zeitschrift für Unternehmens- und Gesellschaftsrecht 1985, S. 50-73.

Wyler, Rémy: Die Schiedsabrede im Sport, in: Sportgerichtsbarkeit, Recht und Sport Band 22, hrsg. von Volker Röhricht, Stuttgart 1997, S. 43-52.

Wyler, Rémy: La convention d'arbitrage en droit du sport, Zeitschrift für Schweizerisches Recht, Band 116, I. Halbband, S. 45-62.

Wyss, Lukas: Aktuelle Zuständigkeitsfragen im Zusammenhang mit internationalen kommerziellen Schiedsgerichten mit Sitz in der Schweiz, Jusletter vom 25. Juni 2012, Weblaw AG.

Zen-Ruffinen, Piermarco: Droit du Sport, Zürich/Basel/Genf 2002.

Zen-Ruffinen, Piermarco: La nécessaire réforme du Tribunal Arbitral du Sport, in: Citius, Altius, Fortius, Mélanges en l'honneur de Denis Oswald, hrsg. von Antonio Rigozzi, Dominique Sprumont, Yann Hafner, Basel 2012, S. 483-537.

Zen-Ruffinen, Piermarco: Petite Revue de Jurisprudence en Droit du Sport, Causa Sport 2005, S. 57-79.

Zen-Ruffinen, Piermarco; *Schweizer, Philippe*: Petite Revue de Jurisprudence en Droit du Sport, Causa Sport 2007, S. 67-109.

ZGB Kommentar – Schweizerisches Zivilgesetzbuch, hrsg. von Jolanta Kren Kostkiewicz, Peter Nobel, Ivo Schwander, Stephan Wolf, 2. Auflage, Zürich 2011.

Zimmermann, Markus: In dubio pro Schiedsgerichtsbarkeit?, Causa Sport 2014, S. 11-20.

Zöller, Richard: Kommentar zur Zivilprozessordnung, 30. Auflage, Köln 2014.

Zuck, Rüdiger: Die DOSDB-Athletenvereinbarung Sotschi 2014, verfassungsrechtlich betrachtet, Zeitschrift für Sport und Recht 2014, S. 5-10.

Zürcher Kommentar zum IPRG, hrsg. von Daniel Girsberger, Anton Heini, Max Keller, Jolanta Kren Kostkiewicz, Kurt Siehr, Frank Vischer, Paul Volken, 2. Auflage, Zürich 2004.

Zürcher Kommentar, Schweizerisches Zivilgesetzbuch – Einleitung und Personenrecht, 1. Band, hrsg. von August Egger, Arnold Escher, Robert Haab, Hugo Oser, Zürich 1930.